# Sozialpolitik in den USA

Britta Grell • Christian Lammert

# Sozialpolitik in den USA

Eine Einführung

Dr. Britta Grell
Wissenschaftszentrum Berlin
für Sozialforschung
Berlin, Deutschland

Prof. Dr. Christian Lammert
Freie Universität Berlin
Berlin, Deutschland

ISBN 978-3-531-18133-2
DOI 10.1007/978-3-531-18964-2

ISBN 978-3-531-18964-2 (eBook)

Die Deutsche Nationalbibliothek verzeichnet diese Publikation in der Deutschen Nationalbibliografie; detaillierte bibliografische Daten sind im Internet über http://dnb.d-nb.de abrufbar.

Springer VS
© Springer Fachmedien Wiesbaden 2013
Das Werk einschließlich aller seiner Teile ist urheberrechtlich geschützt. Jede Verwertung, die nicht ausdrücklich vom Urheberrechtsgesetz zugelassen ist, bedarf der vorherigen Zustimmung des Verlags. Das gilt insbesondere für Vervielfältigungen, Bearbeitungen, Übersetzungen, Mikroverfilmungen und die Einspeicherung und Verarbeitung in elektronischen Systemen.

Die Wiedergabe von Gebrauchsnamen, Handelsnamen, Warenbezeichnungen usw. in diesem Werk berechtigt auch ohne besondere Kennzeichnung nicht zu der Annahme, dass solche Namen im Sinne der Warenzeichen- und Markenschutz-Gesetzgebung als frei zu betrachten wären und daher von jedermann benutzt werden dürften.

Gedruckt auf säurefreiem und chlorfrei gebleichtem Papier

Springer VS ist eine Marke von Springer DE. Springer DE ist Teil der Fachverlagsgruppe Springer Science+Business Media.
www.springer-vs.de

# Inhalt

Einleitung ........................................................................................... 7

1. **Amerikanische Sozialpolitik in Perspektive: Begriffe, Konzepte und Erklärungsansätze** ............................ 13
   1.1 Begriffe und Konzepte .................................................... 13
   1.2 Wohlfahrtsstaaten im Vergleich ...................................... 18
   1.3 Fazit ............................................................................... 27

2. **Der amerikanische Wohlfahrtsstaat in Zahlen: Ein empirischer Vergleich** ....................................................... 29
   2.1 Ausgaben für den US-Wohlfahrtsstaat im internationalen Vergleich ........................................................................ 30
   2.2 Fazit ............................................................................... 49

3. **Traditionen, Leitideen und Grundkonflikte amerikanischer Sozialpolitik** ..................................................................... 51
   3.1 Die liberale Tradition ..................................................... 53
   3.2 Die republikanische Tradition ........................................ 60
   3.3 Die antiegalitäre Tradition ............................................. 66
   3.4 Fazit ............................................................................... 74

4. **Vom Armenhaus bis zur Teilhabegesellschaft: Die historische Entwicklung** .................................................................... 77
   4.1 Die Anfänge moderner Sozialpolitik: Die Progressive Ära ........... 79
   4.2 Die beiden sozialpolitischen „Big Bangs" ..................... 84
   4.3 „The New Politics of Welfare": Sozialpolitik seit den 1970er Jahren .............................................................. 93
   4.4 Fazit ............................................................................. 102

## 5. Sozialpolitik im Überblick ............... 107

5.1 Arbeitsmarktpolitik: Beschäftigung um jeden Preis ......... 108

5.2 Familienpolitik: Vom Ende des Maternalismus ............ 128

5.3 Gleichstellungs- und Antidiskriminierungspolitik: Vorreiter USA ............ 147

5.4 Bildungspolitik: „Education is life itself" ............ 165

5.5 Wohnungspolitik: Der amerikanische Traum vom Eigenheim ........ 184

5.6 Gesundheitspolitik: Zwischen Staat und Markt ............ 205

5.7 Rentenpolitik: „The Third Rail of American Politics" ......... 222

5.8 Sozialhilfe- und Armutspolitik: Der Kampf gegen „Abhängigkeit" ............ 236

## 6. Fazit: Sozialpolitik in der Krise – Versuch einer Bilanz ......... 261

Literatur ............ 273

# Einleitung

Die USA galten lange Zeit als das Land der unbegrenzten Möglichkeiten. Hier – so ein gängiges Klischee – konnte man es unabhängig von der familiären Herkunft und der Hautfarbe vom Tellerwäscher bis zum Millionär schaffen und wie zuletzt geschehen mit viel Talent auch zum Präsidenten. Auf der Liste der reichsten Menschen der Welt, die das *Forbes Magazine* in regelmäßigen Abständen herausgibt, liegen zwei US-Amerikaner immer ganz weit vorn: Bill Gates und Warren Buffett, die zudem auch noch durch ihre vielfältigen philanthropischen Anstrengungen weltberühmt sind. Daneben existierte aber immer auch schon das andere, das arme Amerika. Wer kennt nicht die Bilder von Obdachlosen, die sich im Winter unter den Zubringerbrücken der Highways in den großen Metropolen an brennenden Öltonnen die Hände wärmen und in Pappkartons übernachten, oder Berichte von überforderten Kirchengemeinden und anderen wohltätigen Einrichtungen, die die langen Schlangen vor ihren Suppenküchen kaum mehr bewältigen können.

Die USA: das Land der extremen Gegensätze, in dem man grandiosen Erfolg haben, aber auch ganz leicht scheitern kann. Obwohl auch in Deutschland die Kluft zwischen Arm und Reich eine beunruhigende Dimension angenommen hat, repräsentieren die Vereinigten Staaten weiterhin in besonderer Weise ein Gesellschaftsmodell der wachsenden sozialen Ungleichheit. Als „Winner-Takes-All Politics" haben zwei renommierte Sozialwissenschaftler in den USA – Paul Pierson und Jacob Hacker – jüngst das Prinzip bezeichnet, das hinter dieser Entwicklung steht. Auch in der Amtszeit von Präsident Barack Obama, der zahlreiche Sozial- und Wirtschaftsreformen angekündigt hatte, sind die Einkommen und Vermögen immer weiter auseinandergedriftet. Auf der einen Seite steigt die Zahl der Millionäre und Superreichen. Der Anteil des wohlhabendsten Fünftels der US-Bevölkerung am Gesamteinkommen ist inzwischen auf über 50 Prozent angewachsen, während sich das ärmste Fünftel mit 4 Prozent begnügen muss.

Mit Beginn der jüngsten Wirtschafts- und Finanzkrise im Jahr 2008, die hin und wieder mit der Großen Depression in den 1930er Jahren verglichen worden ist, hat sich die soziale Lage in den USA noch für mehr Menschen dramatisch zugespitzt: Millionen von Familien haben im Zuge der geplatzten Immobilienblase ihre Wohnungen und Häuser verloren, Langzeitarbeitslosigkeit und ein mangelhaftes Krankenversicherungssystem haben die Anzahl der privaten Insolvenzen in die Höhe getrieben, die ehemals breiten und selbstbewussten Mittelschichten, die für das Selbstverständnis der US-Gesellschaft so entscheidend sind, scheinen wegzubrechen oder zumindest schwer angeschlagen zu sein. Eine weitreichende Verarmung und Verelendung bei gleichzeitiger Konzentration des Reichtums in den Händen einiger weniger, wie sie das Land seit dem Ende des 19. Jahrhunderts nicht mehr erlebt hat, wirft viele Fragen auf wie zum Beispiel die, wie es in den USA mit dem sozialen Sicherheitsnetz bestellt ist und ob bzw. wie sich dieses in den letzten Jahren verändert hat. Was passiert hier eigentlich, wenn man es nicht länger schafft, seinen Lebensunterhalt mit der eigenen Arbeitskraft zu bestreiten, wenn man krank oder zunehmend gebrechlich wird, wenn man nicht mehr die Miete bezahlen kann oder sein Haus verliert? Wie werden in den USA Familien mit Kindern unterstützt?

Vor dem Hintergrund der aktuellen Krise und ihren vielfältigen Herausforderungen haben wir uns die Aufgabe gestellt, die Sozialpolitik der USA mit ihren verschiedenen Facetten und Besonderheiten in diesem Buch einführend darzustellen, zu charakterisieren und auch ein wenig einzuordnen und zu erklären. Wie geht die Gesellschaft in den USA mit den unterschiedlichen sozialen Risiken um, die allen entwickelten kapitalistischen Systemen eigen sind? Wann und wie springt der Staat ein, wenn der Markt versagt und nur unzureichende Erwerbsmöglichkeiten bietet? Wie versucht der Staat den Armen zu helfen? Wie wird der soziale und wirtschaftliche Status verschiedener Bevölkerungsgruppen gesichert? Wie also werden soziale und ökonomische Ressourcen innerhalb der Vereinigten Staaten, die ja trotz aller Rückschläge und Probleme noch immer zu den reichsten Ländern der Welt zählen, verteilt und eventuell auch umverteilt?

Zurzeit liegt auf Deutsch kein aktueller und umfassender Überblick zur US-amerikanischen Sozialpolitik vor, der zudem auch noch eine vergleichende und transatlantische Perspektive einnimmt und sich darum bemüht, den spezifischen nationalen historischen, gesellschaftlichen und politischen Entwicklungen und Rahmenbedingungen gerecht zu werden. Dies mag auch daran liegen, dass das Thema Sozialpolitik in den USA in gewisser Weise sperrig und schwer zugänglich ist. Die USA sind ein riesiges Land, haben ein stark dezentralisiertes politisches System mit einer kaum überschaubaren Vielfalt an Akteuren und sozialen Programmen auf ganz unterschiedlichen Ebenen und zudem noch eine überwältigende Forschungsliteratur zu einzelnen Spezialgebieten. Das erschwert einen strukturierten und fokussierten Überblick. Es besteht die Gefahr, sich einerseits zu sehr in Eigenarten und Details zu verlieren oder andererseits nach allzu simplen Erklärungsmustern zu suchen, mit denen man die zum Teil recht widersprüchlichen empirischen Befunde zu historischen und aktuellen Aspekten amerikanischer Sozialpolitik interpretieren kann.

Der Anspruch, den wir mit unserem Einführungswerk verfolgen, ist daher zuallererst, Interessierten einen Einblick in die äußerst komplexe und fragmentierte Realität des US-Wohlfahrtsstaates zu geben und zudem – basierend auf dem aktuellen Stand der Forschung – einige Hinweise darauf, welche Faktoren für die spezifische Ausgestaltung der dort vorherrschenden Politik verantwortlich sind. Dabei kommt es uns auf mehrere Punkte an, die diese Darstellung sowohl von älteren deutschsprachigen, aber auch vielen internationalen Publikationen zum Thema unterscheiden: Erstens beschränken wir uns nicht nur auf die im engeren Sinne staatlichen Wohlfahrtsleistungen wie die Sozialversicherungssysteme und Einkommenshilfen, sondern beziehen auch die vielfältigen privatwirtschaftlichen Arrangements sozialer Absicherung mit ein, genauso wie steuerpolitische Instrumente, mit denen zum Beispiel Familien mit Kindern, Hausbesitzer, aber auch Bezieher von Niedriglöhnen gezielt vom Staat finanziell gefördert werden. Dies ist ein wichtiger Aspekt von wohlfahrtsstaatlicher Umverteilung, gerade in den USA, und darf daher in einer modernen Abhandlung zur Sozialpolitik nicht fehlen. Zweitens ist uns wichtig, die aktuellen sozialpolitischen Strukturen und Programme nicht isoliert, sondern aus ihrer historischen Entwicklung heraus abzuleiten und zu betrachten, was auch zeigt, dass wir stark von Ansätzen und Arbeiten aus der Schule des historischen Institutionalismus geprägt sind, die in der US-amerikanischen Forschung zum Wohlfahrtsstaat seit den 1980er Jahren eine zentrale Rolle spielt.

Dieser Anspruch spiegelt sich dann auch in der Gliederung und Struktur des Buches wider. Dabei ist es dem Leser bzw. der Leserin freigestellt, ob er oder sie sich auf unsere Gesamtargumentation einlässt, die diesem Buch zugrunde liegt, oder es eher als eine Art Nachschlagewerk zu ausgewählten Themen und Fragestellungen nutzt. Die Kapitel sind so konzipiert, dass sie einzeln gelesen werden können, vielfältige Querverweise machen aber deutlich, dass diese in einem inhaltlichen und argumentativen Zusammenhang stehen. Insgesamt ist das Buch zweigeteilt: In einem ersten Block, der Kapitel eins bis vier umfasst, geht es darum, die theoretischen und empirischen Grundlagen zu legen für eine besseres Verständnis der gegenwärtigen Sozialpolitik und der anhaltenden gesellschaftlichen und politischen Kontroversen und Auseinandersetzungen, die sie begleiten. Das erste Kapitel nähert sich der Sozialpolitik in den USA aus einer konzeptionell-vergleichenden Perspektive. Hier werden zentrale Begriff und Konzepte, aber auch gängige sozialwissenschaftliche Erklärungsansätze zur Sozialpolitik und zum Wohlfahrtsstaat vorgestellt. Das zweite Kapitel widmet sich der empirischen Dimension der US-amerikanischen Sozialpolitik, erneut aus einer international vergleichenden Perspektive, und klärt darüber auf, wie viele Ressourcen in die verschiedenen Bereiche (Gesundheit, Altersvorsorge, Sozialhilfe etc.) fließen und wie sich diese Verteilung auf die Einkommen, den Wohlstand und die Armut auswirkt. Mit diesen beiden Kapiteln wird ein erster analytischer Rahmen für die folgenden Ausführungen vorgegeben und werden zugleich auch einige gängige und aus unserer Sicht zu simple Annahmen und Ansätze zur Erklärung US-amerikanischer Sozialpolitik infrage gestellt. Im dritten Kapitel beschreiben wir – ausgehend davon, dass neben Interessen auch Ideen und Ideologien einen erheblichen Einfluss auf die Ausprägung von Wohlfahrtsstaatlichkeit nehmen – dann die für die Sozialpolitik der USA wesentlichen politischen Traditionen, Leitbilder sowie gesellschaftlichen und politischen Konflikte. Es ist nämlich nicht nur – wie häufig angenommen wird – der ausgeprägte Liberalismus, der die Entwicklung und Ausrichtung der amerikanischen Sozialpolitik bestimmt, sondern es spielen auch andere ideengeschichtliche Strömungen wie der Republikanismus oder antiegalitäre Traditionen eine beträchtliche Rolle. In Kapitel vier werden dann die historischen Entwicklungsphasen skizziert, in denen die Grundpfeiler des heutigen Systems der sozialen Absicherung in den USA entstanden sind und die Aufschluss darüber geben können, warum sich bestimmte Bereiche der sozialen Absicherung in den USA in vielerlei Hinsicht anders entwickelt haben, als uns das aus Deutschland oder Westeuropa vertraut ist. Auch hier wollen wir einigen weitverbreiteten Grundannahmen, wie zum Beispiel, dass die USA in jeder Hinsicht ein sozialpolitischer Nachzügler waren und sind, eine etwas weniger eurozentristische Perspektive entgegensetzen.

Den zweiten Block des Buches stellt Kapitel fünf mit seinen zahlreichen Unterkapiteln dar, das sich mit ausgewählten Feldern von Sozialpolitik befasst. Hier haben wir uns dafür entschieden, auch solche Themen wie Bildungs-, Wohnungs- oder Gleichstellungspolitik in den Überblick aufzunehmen, die in traditionellen sozialstaatlichen Betrachtungen meist ausgeblendet oder vernachlässigt werden, aber für das Verständnis der US-Gesellschaft und ihres Sozial- und Wirtschaftsmodells unseres Erachtens unverzichtbar sind. In jedem Unterkapitel gehen wir nach einer kurzen Einführung zu den Besonderheiten des jeweiligen Politikfeldes auf seine spezifischen historischen Entstehungsbedingungen und Dynamiken ein, einschließlich der konstitutiven rechtlichen Grundlagen und Reformen, bevor dann die aktuellen Strukturmerkmale der sozialpolitischen Vorkehrungen, darunter die wichtigsten Programme, ihre Finanzierung und Leistungen, darge-

# Einleitung

stellt werden und am Ende ein Ausblick gegeben wird auf zukünftige Entwicklungsperspektiven.

Im Schlusskapitel verzichten wir weitgehend auf eine zusammenfassende Präsentation aller Ergebnisse und Erkenntnisse der vorangegangenen Kapitel. Wir diskutieren hier vielmehr, aufbauend auf diesen, die zentralen Probleme und Herausforderungen, vor denen unserer Einschätzung nach die Sozialpolitik in den USA infolge der jüngsten Finanz- und Wirtschaftskrise und deren Auswirkungen steht. Die Fertigstellung des Manuskripts fiel in die Phase des Präsidentschaftswahlkampfes von 2012, in dem auch sozialpolitische Themen wie die Zukunft und Finanzierbarkeit der öffentlichen Gesundheitsprogramme oder der gesetzlichen Rentenversicherung von Bedeutung waren. Uns geht es aber weniger darum zu spekulieren, wie sich ein Sieg der jeweiligen Kandidaten auf die weitere Sozialpolitik konkret auswirken könnte. Hier sollen vielmehr die grundsätzlichen Reformperspektiven bzw. die strukturellen Hindernisse und Probleme ausgelotet werden, mit denen Sozialpolitik in den USA gegenwärtig zu tun hat, unabhängig vom Personal, das in den nächsten Jahren im Weißen Haus, in den Ministerien oder auf der subnationalen Ebene in diesem Bereich aktiv sein wird. In diesem Zusammenhang sei auch noch auf das verwiesen, was in diesem Buch ganz offensichtlich fehlt: Wir konzentrieren uns auf die Bundesebene und vernachlässigen weitgehend die föderale Komponente von Sozialpolitik sowie auch das weite Feld der karitativen und philanthropischen Einrichtungen und Aktivitäten, die beide die sozialpolitischen Entwicklungen in den USA nachhaltig beeinflusst haben. Eine stärkere Berücksichtigung dieser Aspekte hätte den Rahmen eines Einführungswerkes aber bei Weitem gesprengt.

Die Idee zu diesem Buch ist entstanden, weil wir uns seit Längerem in Lehre und Forschung mit Sozialpolitik in den USA auch in vergleichender Perspektive beschäftigt haben und Lust dazu hatten, die so gewonnenen Erkenntnisse und Einsichten zusammenzutragen, gemeinsam zu diskutieren und einem interessierten Publikum zur Verfügung zu stellen. Wir hoffen, dass unsere Ausführungen dabei helfen, manche Aspekte der US-Gesellschaft besser zu verstehen, und Anregungen bieten für weiterführende Recherchen und Debatten über die Geschichte, Gegenwart und Zukunft von Sozialpolitik in den USA und anderswo.

Berlin, September 2012

*Britta Grell*
*Christian Lammert*

# 1. Amerikanische Sozialpolitik in Perspektive: Begriffe, Konzepte und Erklärungsansätze

Um die empirische Realität und Komplexität der Sozialpolitik in den USA zu erfassen, ist es unerlässlich, sich in einem ersten Schritt konzeptionell dem Phänomen Sozialpolitik zu nähern. Gerade ein vergleichender Blick auf ihre unterschiedlichen Ausprägungen in der westlichen Welt kann den spezifischen Charakter der US-amerikanischen Sozialpolitik stärker konturieren. Dabei muss nicht nur gefragt werden, was unter Sozialpolitik zu verstehen ist, welche Bereiche, Aufgabenfelder und Zielsetzungen sie umfasst und was ihre strukturellen Grundlagen sind. Es geht auch darum, die gesellschaftlichen und institutionellen Faktoren zu bestimmen, die für die jeweiligen nationalen Systeme und Eigenheiten von Sozialpolitik verantwortlich sind. In der komparativen Wohlfahrtsstaatsforschung existieren hierzu mehrere konkurrierende Erklärungsansätze und unzählige Typologien, die viele Gemeinsamkeiten, aber auch abweichende Entwicklungsmuster festgestellt haben und den Ursachen hierfür nachgegangen sind. Erst eine solche konzeptionell-vergleichende Perspektive ermöglicht es, die Sozialpolitik in den USA differenziert zu betrachten und das besondere Zusammenspiel von öffentlichen und privaten Akteuren und Mechanismen besser zu verstehen.

## 1.1 Begriffe und Konzepte

In der öffentlichen Meinung, aber auch in der sozialwissenschaftlichen Forschung zum US-amerikanischen Wohlfahrtsstaat dominieren zwei Thesen, die für die aufgeworfenen Fragen wichtig sind: Zum Ersten, der US-amerikanische Wohlfahrtsstaat sei im internationalen Vergleich ungewöhnlich schwach ausgeprägt, und zum Zweiten, die USA seien, historisch betrachtet, ein sozialpolitischer Nachzügler (vgl. Garfinkel u. a. 2010: 1). Die Bestätigung oder die Widerlegung solcher Thesen hängt in erster Linie davon ab, was man unter Wohlfahrtsstaat oder Sozialpolitik versteht, welche Politikbereiche dazu gerechnet und welche Funktionen Sozialpolitik zugeschrieben werden. Die Vertreter der eingangs zitierten Thesen führen an, dass die USA weit weniger als die meisten europäischen Staaten für die soziale Absicherung ihrer Bürger ausgeben würden. Zudem reklamieren sie, dass die USA erst viele Jahrzehnte nach Deutschland und anderen Ländern zentrale Sozialversicherungsprogramme eingeführt haben. Einer solchen Argumentation liegt die Annahme zugrunde, dass Sozialpolitik in erster Linie eine staatliche bzw. öffentliche Angelegenheit ist, die vor allem dem Zweck dient, bestimmte soziale Risiken wie beispielsweise Krankheit, Arbeitslosigkeit oder Erwerbsunfähigkeit im Alter abzusichern. Das Ausmaß oder die Generosität der Sozialpolitik lässt sich dann anhand des Betrages, genauer: des Anteils am Bruttoinlandsprodukt, bemessen, den ein Staat zur Absicherung dieser Risiken aufwendet (vgl. Kap. 2 zur Analyse der wohlfahrtsstaatlichen Ausgaben).

Aus einer solchen Perspektive kann der US-Wohlfahrtsstaat in der Tat als rückständig, fragmentiert und unvollständig charakterisiert werden. Von den großen Sozialversicherungsleistungen gab es in den USA vor 1935 lediglich eine Unfallversicherung für Arbeiter („workers' compensation"). Eine gesetzliche Renten- und Arbeitslosenversicherung folgte erst im Zuge der New-Deal-Gesetzgebung in den 1930er Jahren, und erst in den 1960er Jahren wurden im Zuge der Reformen der Great Society unter der Johnson-Administration eine öffentliche Krankenversicherung für Senioren (Medicare) und ein Gesundheitsprogramm für Bedürftige (Medicaid) eingeführt (vgl. hierzu Kap. 5.6). Das hier erkennbare dominante Prinzip ist soziale Sicherheit, das – synonym zum englischen Begriff „social security" – zu einem Leitbild der wohlfahrtsstaatlichen Entwicklung geworden ist. Der fast globale Aufstieg des Begriffs der sozialen Sicherheit vollzog sich innerhalb eines nur geringen Zeitraumes zwischen 1933 und 1948, als er sogar dem Sozialrechtskatalog der „Universal Declaration of Human Rights" der Vereinten Nationen vorangestellt wurde. Nach Kaufmann (2003: 73) wird seine Entstehung dem unmittelbaren Umkreis von Präsident Franklin Delano Roosevelt zugeschrieben. Folglich trägt auch die am 14. August 1935 in den USA verabschiedete gesetzliche Grundlage seiner Sozialreformen den Namen „Social Security Act".

Allerdings ist soziale Sicherheit nicht die einzige Zielsetzung und Werteidee, mit der man den Wohlfahrtsstaat begründen kann. Gerechtigkeit, Freiheit und Solidarität sind alternative Ideale und Orientierungen, die im Kontext von Sozialpolitik und Wohlfahrtsstaatlichkeit diskutiert werden und Beachtung finden. Bei einem solchen breiteren und stärker normativen Verständnis rücken dann Verteilungs- und Umverteilungsaspekte in modernen Demokratien in den Mittelpunkt. Leitbilder und Vorstellungen von den wesentlichen Aufgaben und Zielsetzungen sozialpolitischer Maßnahmen sind selbstverständlich nicht überall gleich stark ausgeprägt und auch nicht statisch, sondern unterliegen bestimmten nationalund regional determinierten ideologischen Denk- und Wertetraditionen und

## 1.1 Begriffe und Konzepte

müssen in den jeweiligen Gesellschaften immer wieder neu ausgehandelt werden (vgl. zu den für die Sozialpolitik relevanten Traditionen in den USA Kap. 3). Mit bestimmten Leitideen korrespondieren auch gewisse Strukturkategorien, die in unterschiedlicher Gewichtung in allen Wohlfahrtssystemen vorhanden sind. Im Kontext des Sicherheitsbegriffs wurde bereits auf die Kategorie des Risikos verwiesen. Die Bedeutung der modernen Wohlfahrtsstaaten bzw. der von ihnen im Zuge der Industrialisierung etablierten Sozialversicherungen besteht demnach darin, dass sie die Bürger gegen die zentralen Risiken des Lebens absichern helfen, wenn der Arbeitsmarkt als primärer Produzent von Wohlfahrt ausfällt. Wohlfahrt soll dabei definiert werden als die Deckung der Grundbedürfnisse eines Menschen bzw. das Erreichen eines von der jeweiligen Gesellschaft als angemessen angesehenen Lebensstandards. Aus einer solchen Perspektive kann Sozialpolitik auch verstanden werden als Legitimation der etablierten ökonomischen Ordnung und als komplementäres Element in der kapitalistischen Marktwirtschaft.

Dagegen rücken Denkansätze, die in der Tradition des britischen Soziologen Thomas H. Marshall stehen und in Europa eine wesentlich größere Verbreitung haben als in den USA, den Aspekt der sozialen Rechte gegenüber dem der Risikoabsicherung in den Vordergrund. Hier wird eine starke Verbindung zwischen Ungleichheit und dem Staatsbürgerstatus hergestellt. Demnach kann „die Ungleichheit eines Systems sozialer Ungleichheit […] nur unter der Voraussetzung akzeptiert werden, dass die Gleichheit des Staatsbürgerstatus anerkannt ist" (Marshall 1981: 38). Die Mitgliedschaft in einer Gesellschaft ist bei Marshall definiert durch unterschiedliche Rechte und Pflichten der Bürger. Bei den Staatsbürgerrechten wird unterschieden zwischen bürgerlichen, politischen und sozialen Rechten, die sich nacheinander im 18., 19. und 20. Jahrhundert herausgebildet haben und unterschiedlichen Logiken folgen. Unter sozialen Rechten, die als eine Errungenschaft des 20. Jahrhunderts gelten, verstehen Marshall und seine Anhänger das Anrecht auf ein Mindestmaß an wirtschaftlicher Wohlfahrt und Sicherheit, das Anrecht auf einen vollen Anteil am gesellschaftlichen Erbe und das Anrecht auf ein Leben als zivilisiertes Wesen entsprechend den vorherrschenden gesellschaftlichen Standards (ebd.: 40). Dieser Konzeption und Sichtweise folgend übernimmt der Wohlfahrtsstaat also nicht nur die Funktion eines Retters, wenn der Markt als Wohlfahrtsproduzent ausfällt. Vielmehr ist er selbst ein zentraler Legitimationsbaustein der demokratischen Herrschaftsordnung und bestimmt, wer zur Gesellschaft gehört. Aus dieser zentralen Inklusionsfunktion von modernen Wohlfahrtsstaaten lassen sich auch sozialpolitische Forderungen und Rechte ableiten.

In der US-amerikanischen Gesellschaft mit ihrer starken liberalen Tradition und der damit verbundenen Betonung von Individualismus und Eigenverantwortung (vgl. hierzu Kap. 3) spielt der Markt eine besondere Rolle bei der Verteilung von Lebenschancen und der Versorgung der Bürger. Dem Staat wird hier weniger Vertrauen entgegengebracht. Er soll in erster Linie die notwendigen Rahmenbedingungen schaffen, damit der Markt ausreichend Reichtum und Wohlfahrt produzieren kann. Die vergleichende Forschung hat den Arbeitsmarkt in seiner Funktion als Wohlfahrtsproduzent allerdings bislang nur am Rande thematisiert und den Blick in erster Linie auf den Staat selbst gerichtet. Neben dem Markt und dem Staat muss aber auch noch die Familie als eine zentrale Institution der Wohlfahrtsproduktion berücksichtigt werden (Esping-Andersen u. a. 2002). Damit folgen wir in dieser Studie der Definition von Franz-Xaver Kaufmann, der Wohlfahrtsproduktion wie folgt definiert:

> „Wohlfahrtsproduktion ist somit ein gleichzeitig auf mehreren Ebenen soziologisch rekonstruierbarer Prozess, der gleichzeitig den Staat, die Erwerbswirtschaft, den Wohlfahrtsstaat und die Privathaushalte involviert." (Kaufmann 2002: 210)

Die USA unterscheiden sich nun von den meisten anderen westlichen Sozialstaaten insbesondere darin, wie und welche Aufgaben und Relevanz sie diesen verschiedenen Sektoren zuschreiben. Dieser Aspekt, der aus unserer Sicht ganz zentral zum Verständnis der US-amerikanischen Sozialpolitik ist, findet in der aktuellen Debatte und komparativen Forschung indes (noch) viel zu wenig Berücksichtigung. Dies ist umso erstaunlicher, da der britische Soziologe Richard Titmuss bereits in den 1970er Jahren auf diese Differenzierung aufmerksam gemacht hat, als er verschiedene institutionelle Ausprägungen der Wohlfahrtsproduktion identifizierte. Titmuss (1976; 1983) unterschied idealtypisch drei verschiedene Modelle nach der Rolle, welche sie dem Staat im Verhältnis zu anderen Wohlfahrtsproduzenten zuweisen: Im ersten Modell dominieren der Markt und die Familie als primäre Wohlfahrtsproduzenten. Staatliche Institutionen springen hier erst ein, wenn die ersten beiden Instanzen versagen. Dieses residuale Modell steht deutlich in der Tradition der britischen Armengesetzgebung aus dem frühen 19. Jahrhundert. Beim zweiten Modell besteht die Funktion staatlicher Sozialpolitik nicht vornehmlich darin, Lückenbüßer zu sein, sondern vielmehr darin, den im Zuge von Industrialisierung und Modernisierung erreichten sozialen Status der Bürger abzusichern. Sozialversicherungsprogramme sind hierfür das zentrale Instrument, aber auch die Bildungspolitik gewinnt an Bedeutung. Dem dritten Modell liegt dann das umfassendste Verständnis von staatlicher Sozialpolitik zugrunde. Der Staat stellt den Bürgern hier Leistungen zur Verfügung, unabhängig von sozialen Statusunterschieden und ihrer Position auf dem Arbeitsmarkt. Die Leistungen sind somit universell und leiten sich aus der Mitgliedschaft zu einer bestimmten nationalen Gemeinschaft ab. In der vergleichende Wohlfahrtsstaats-

## 1.1 Begriffe und Konzepte

forschung werden die USA zumeist dem ersten, das heißt dem residualen Modelltypus zugeordnet: Hier greifen staatliche Instanzen erst ein, wenn die anderen Wohlfahrtsproduzenten versagen. Zudem sei die staatliche Unterstützung immer mit strengen Anspruchskriterien, Auflagen und Kontrollen verknüpft.
Wie bei den meisten sozialwissenschaftlichen Typologien kann man mit diesen idealtypischen Modellen und Zuordnungsversuchen den komplexen Realitäten von Gesellschaften nur bedingt gerecht werden. Dies gilt auch für die verschiedenen, zum Teil wenig kohärenten Ausprägungen von Wohlfahrtssystemen. Mit Blick auf die USA müssen nur die Sozialversicherungen genannt werden, um deutlich zu machen, dass es auch hier durchaus Status erhaltende Elemente gibt. Titmuss hat in seinen späteren Arbeiten allerdings eine Reihe von Präzisierungen vorgenommen, die für das Verständnis US-amerikanischer Sozialpolitik überaus hilfreich sind. Er differenziert nicht nur Institutionen der Wohlfahrtsproduktion, sondern unterscheidet auch nach der Art der Leistungen, die durch diese generiert werden. Unter sozialen Wohlfahrtsleistungen fasst Titmuss, angelehnt an gängige Definitionen: öffentliche Sozialversicherungen, Gesundheitsprogramme und Sozialhilfen. In Abgrenzung dazu hebt er aber auch noch die Bedeutung von beschäftigungsbezogenen und fiskalen Wohlfahrtsleistungen hervor. Unter den Ersteren versteht er soziale Transfers und Vorsorgeprogramme, die nicht vom Staat, sondern über die Arbeitgeber zur Verfügung gestellt werden und die somit in erster Linie privat organisiert sind. Der Bereich von „fiscal welfare" zeichne sich dagegen dadurch aus, dass hier Staat und Markt in gewisser Weise zusammenkämen, indem der Staat private bzw. beschäftigungsbezogene Sozial- und Versicherungsleistungen über das Steuersystem subventioniere. Erst anhand des spezifischen Mischungsverhältnisses dieser drei Arten von Wohlfahrtsleistungen ließen sich Sozialstaaten angemessen kategorisieren.

Nach Titmuss, dessen Position wir uns anschließen wollen, wäre es daher verfehlt, Sozialpolitik auf staatliche Maßnahmen im Sinne von öffentlich organisierten und direkten Transferprogrammen zu reduzieren. Damit würden nicht nur wichtige Bereiche wie Bildungs-, Familien-, Arbeitsmarkt- und Steuerpolitik außer Acht gelassen, mit denen der Staat regulierend in die Gesellschaft, die Wirtschaft oder sogar in die Privatsphäre der Familie interveniert, um bestimmte sozialpolitische Zielsetzungen wie Kindeswohl, Integration, Chancengleichheit etc. zu erreichen. Damit bliebe auch der für die USA nicht nur in Bezug auf die Ausgaben äußerst relevante Bereich der betrieblichen Sozialleistungen und Steuervergünstigungen unberücksichtigt, von dem ein Großteil der Bevölkerung ganz erheblich profitiert.

## 1.2 Wohlfahrtsstaaten im Vergleich

Aber kommen wir zunächst zurück zu der Stellung, welche die USA in internationalen Vergleichen zu sozialpolitischen Themen und Fragestellungen in der Regel einnehmen. Lange Zeit dominierte hier die Vorstellung von einem ausgeprägten „American Exceptionalism". Hiermit wurde begründet, warum die USA in vielerlei Hinsicht so gar nicht in gängige Erklärungsmuster zur historischen und gegenwärtigen Entwicklung von Sozialpolitik zu passen schienen. Obwohl sich auch hier alle zentralen Struktur- und Organisationsprinzipien finden lassen, die sich in den europäischen Sozialstaaten seit dem 19. Jahrhundert etabliert haben, spielten die USA in der vergleichenden Wohlfahrtsstaatsforschung, die lange von europäischen Wissenschaftlern dominiert war, lediglich die Rolle eines Ausreißers. Und in der Tat lassen sich die Strukturen und Entwicklungsmuster der Sozialpolitik in den USA nur sehr begrenzt mit den gängigen theoretischen Erklärungsansätzen fassen.

In der vergleichenden Wohlfahrtsstaatsforschung wird Sozialpolitik zumeist auf einer sehr breiten Definitionsebene als das staatliche Eingreifen in die sozialen und ökonomischen Verhältnisse moderner Gesellschaften charakterisiert. Sozialpolitik operiert in dieser Perspektive an der Schnittstelle zwischen Politik, Markt und Gesellschaft als ein Instrument zur Regulierung bestimmter gesellschaftlicher Subsysteme. Lange Zeit wurde in der vergleichenden Wohlfahrtsstaatsforschung Sozialpolitik als ein notwendiger und wesentlicher Faktor für die Genese moderner Staatlichkeit insgesamt betrachtet. Der radikale wirtschaftliche und gesellschaftliche Wandel zur Jahrhundertwende, der sich in der Industrialisierung, Urbanisierung, sozialen Verelendung und der Herausbildung neuer Risiken manifestierte, machte Sozialpolitik im ausgehenden 19. Jahrhundert zu einem Instrument der Legitimierung dieser gewaltigen Transformationsprozesse. Solche funktionalistischen Erklärungsansätze wohlfahrtsstaatlicher Entwicklung sehen in der Industrialisierung den zentralen Prozess, der auf der einen Seite neue und weitreichende soziale Probleme erzeugt habe, zugleich aber auch durch das damit einhergehende ökonomische Wachstum die notwendigen Ressourcen und Mittel zu ihrer Bewältigung bereitgestellt habe (Rimlinger 1993; Wilensky 1985). In einer solchen Perspektive spielen der jeweilige historische Kontext und damit auch die politischen Machtverhältnisse in den Staaten eine nur untergeordnete Rolle. Zentraler Indikator für die Bestimmung von Sozialstaatlichkeit bzw. deren Qualität sind die öffentlichen Ausgaben für soziale Belange. Diese werden zudem immer in den Kontext der industriellen Entwicklung gesetzt.

Dieser Theorieansatz ist allerdings in mehrfacher Hinsicht begrenzt. Wenn überhaupt, kann er lediglich die Formierung und Entwicklung von westlichen

## 1.2 Wohlfahrtsstaaten im Vergleich

Wohlfahrtsstaaten bis in die 1970er Jahre hinein erklären. Spätesten mit dem Übergang zu modernen Dienstleistungsgesellschaften müssen andere Faktoren hinzugezogen werden. Ferner lässt die Höhe der staatlichen Sozialausgaben, die im Grunde als Ausdruck des Stands der wirtschaftlichen Entwicklung betrachtet wird, nur beschränkte Aussagen über die unterschiedlichen Verteilungswirkungen von Sozialpolitik zu.

Aus dieser Kritik heraus formierte sich eine Forschungsrichtung, die die Bedeutung von politischen Machtkonstellationen und ideologischen Einflüssen auf die sozialpolitische Entwicklung betont. Diesen konflikttheoretischen Erklärungsansätzen liegt eine stärker klassentheoretische Gesellschaftsauffassung zugrunde (Kaufmann 2003: 28). Der Konflikt zwischen Kapital und Arbeit wird dabei als das dynamisierende und seine politische Schlichtung im Rahmen unterschiedlicher Parteikonstellationen als das erklärende Moment der wohlfahrtsstaatlichen Entwicklung betrachtet (Korpi 1978 u. 1983; Esping-Andersen 1985). Implizit und zum Teil auch explizit basieren diese Ansätze auf der normativen Vorstellung, dass eine weitgehende Transformation der kapitalistischen Produktionsverhältnisse in Richtung einer stärkeren Kontrolle der Wirtschaft durch die Arbeitnehmer bzw. den durch sie kontrollierten demokratischen Staat ein wünschenswerter Endzustand wohlfahrtsstaatlicher Entwicklung darstellt.

Ein weiterer Erklärungsansatz verweist auf die Relevanz institutioneller Faktoren für die Entwicklung von Wohlfahrtsstaaten. Einmal implementierte sozialpolitische Programme schaffen eine Verwaltungsbürokratie und einen Kreis von Leistungsempfängern, die ein eigenständiges Interesse an den Programmen entwickeln und so die zukünftigen Reformmöglichkeiten mitbestimmen (Evans u. a. 1985; Weir u. a. 1988; Rieger 1992). Hier stehen weniger die Konsequenzen der wohlfahrtsstaatlichen Entwicklung in Form von Rechtsansprüchen oder Sozialaufwendungen im Zentrum des Interesses als vielmehr die Prozesse der politischen und administrativen Problemlösungen. Kaufmann (2003: 29) verweist zu Recht darauf, dass sich diese verschiedenen Erklärungsversuche nicht grundsätzlich widersprechen müssen. Sie bringen „vielmehr unterschiedliche Aspekte der wohlfahrtsstaatlichen Entwicklung in den Vordergrund und können mit Bezug auf viele Fragestellungen als sich ergänzende Perspektiven eingesetzt werden".

Die Kritik an eher funktionalistischen Theorieansätzen und Forschungssträngen, die modernisierungstheoretischen Grundannahmen folgen wie der, dass die Herausbildung von umfassenden nationalen sozialen Sicherungssystemen eigentlich nur eine Frage der Zeit sei, führte dazu, dass sich die vergleichenden Untersuchungen von Wohlfahrtsstaaten seit den 1970er Jahren dann vermehrt auf die Frage konzentrierten, wie offensichtlich anhaltende Länderunterschiede zu erklären sind. Denn dem kaum zu leugnenden Pluralismus an wohlfahrtsstaatlichen Arrangements in Europa und Nordamerika war mit den traditionellen Ansätzen nicht wirklich beizukommen.

Einen Meilenstein stellte in diesem Zusammenhang eine Studie des dänischen Soziologen Gøsta Esping-Andersen (1990) dar. Seine Theorie basiert zum Teil auf den bereits erwähnten Klassikern der vergleichenden Wohlfahrtsstaatsforschung, den Studien von Wilensky (1975) und Titmuss (1976 u. 1983), stellt aber verstärkt die jeweiligen ideologischen Positionen (sozialdemokratisch, liberal, konservativ) hinter den unterschiedlichen Wohlfahrtsstaatsmodellen in den Vordergrund und entwickelt so eine empirisch gesättigte und fundierte Typologie von sogenannten „Welfare Regimes". Damit richtet sich Esping-Andersen auch gegen die These von der Konvergenz sozialstaatlicher Entwicklungen. Ausgangspunkt seiner bis heute viel beachteten Typologie ist ähnlich wie bei Titmuss die jeweilige Aufgabenverteilung zwischen Staat, Markt und Familie bei der Wohlfahrtsproduktion. Auch deshalb spricht Esping-Andersen nicht von Wohlfahrtsstaaten, sondern bewusst von Regimen.

Mit diesem Ansatz wurde zum ersten Mal überzeugend infrage gestellt, dass das Leistungsniveau, gemessen an der Höhe der öffentlichen Sozialausgaben, der zentrale Indikator zur Bestimmung des Ausmaßes von Wohlfahrtsstaatlichkeit ist (Esping-Andersen 1990: 19). Vielmehr, so die These, seien Wohlfahrtsregime insbesondere nach ihren dekommodifizierenden und stratifizierenden Wirkungen zu klassifizieren und zu beurteilen. Unter Dekommodifizierung wird verstanden, ob und inwieweit den Bürgern ein Leben unabhängig vom Markt gestattet wird. Für den Grad der Dekommodifizierung sind drei Aspekte entscheidend: zum Ersten die Regeln, nach denen staatliche Unterstützung erfolgt, zum Zweiten das Ausmaß der gewährten Lohnersatzleistungen für Erwerbslose und letztlich der Umfang der garantierten sozialen Rechte (ebd.: 47 ff.). Die dekommodifizierende Wirkung sozialer Sicherungssysteme hängt also mit der Höhe von Einkommensersatzleistungen, ihrer (maximalen) Bezugsdauer und den Zugangsbedingungen zusammen. Mit stratifizierenden Wirkungen ist gemeint, inwieweit es Wohlfahrtsregimen gelingt, soziale Ungleichheiten zu reduzieren. In diesem Zusammenhang wird auch betont, dass diese nicht nur auf das Problem der sozialen Ungleichheit reagieren, sondern vielmehr eigene Systeme der sozialen Stratifizierung hervorbringen können.

Auf der Grundlage der empirischen Anwendung dieser beiden Faktoren Dekommodifizierung und Stratifizierung hat Esping-Andersen drei Typen von Wohlfahrtsregimen entwickelt:

## 1.2 Wohlfahrtsstaaten im Vergleich

- **Das liberale Wohlfahrtsregime.** Es findet sich vor allem in den angelsächsischen Ländern, also auch in den USA, und ist durch einen hohen Anteil an bedürftigkeitsgeprüften Leistungen gekennzeichnet. Universelle Leistungen und Sozialversicherungen sind demgegenüber eher schwach ausgeprägt. Das Spektrum möglicher Reformen ist durch die Normen der in diesem Regime dominanten liberalen Ethik stark begrenzt. Dem Staat kommt in erster Linie die Aufgabe zu, den Markt zu fördern. Folglich sollen soziale Leistungen eine möglichst geringe dekommodifizierende Wirkung haben. Eine Umverteilung von Einkommen und Wohlstand von oben nach unten wird begrenzt durch einen restriktiven Zugang zu sozialen Leistungen und durch einen insgesamt nur begrenzten Leistungsumfang.

- **Das konservative Wohlfahrtsregime.** Dieser Typ, den man unter anderem in Deutschland findet, ist dagegen weit stärker auf die Gewährung sozialer Sicherheit ausgerichtet, was primär dazu dient, existierende soziale Statusunterschiede in den Gesellschaften zu erhalten bzw. zu stabilisieren. Da traditionelle gesellschaftliche Institutionen wie zum Beispiel die Kirchen in diesem System großen Einfluss haben, sind die Verpflichtung zum Erhalt traditioneller Familienformen und das Subsidiaritätsprinzip stark ausgeprägt. Soziale Rechte sind klassen- und statusgebunden, und im Gegensatz zum liberalen Typ ist die Bedeutung privater sozialer Absicherung eher marginal. In Übereinstimmung mit dem liberalen Typ ist auch hier die vertikale Umverteilung aufgrund der intendierten Aufrechterhaltung von Statusunterschieden eher gering.

- **Das sozialdemokratische Wohlfahrtsregime.** Dieser Typ, der in den skandinavischen Ländern vorherrschend ist, zeichnet sich durch eine Mischung aus dekommodifizierenden und universalistischen Sozialleistungen aus. Hier sind Höhe und Art der Leistungen so gestaltet, dass sie auch den Interessen der neuen Mittelschichten zugutekommen. Das sozialdemokratische Wohlfahrtsregime zielt auf eine maximale individuelle Unabhängigkeit des Bürgers sowohl vom Markt als auch von der Familie ab. Im Vergleich zu den beiden anderen Regimetypen sind auch die umverteilenden Wirkungen weitaus höher.

Solche vergleichenden Typologien und Erklärungsansätze, die zum Teil auf einem sehr hohen Abstraktionsniveau argumentieren und versuchen, weitreichende und umfassende gesellschaftliche und wirtschaftliche Veränderungsprozesse in ihrem Einfluss auf die Ausprägung der jeweiligen Wohlfahrtssysteme zu erfassen, sind aus mehreren Gründen hilfreich: zum einen, um ein konzeptionelles Gerüst und Verständnis von Sozialpolitik zu entwickeln; zum anderen, um Gemeinsamkeiten und Abweichungen bei den Entwicklungsmustern von nationalen Sozialpolitiken herausstellen zu können. Aus dem Blick geraten dann aber jene Forschungsergebnisse und Arbeiten, die die spezifischen gesellschaftlichen und politischen Bedingungen und Konstellationen in den USA reflektieren und somit auch einen wichtigen Beitrag zum besseren Verständnis der amerikanischen Sozialpolitik beisteuern können. Hier werden nämlich eine Reihe von interessanten Erklärungsvariablen untersucht, die in den meisten international vergleichenden Studien gar nicht oder nur am Rande thematisiert werden.

*„American Exceptionalism" – US-spezifische Erklärungsansätze*

Die wichtigsten Beiträge zur Erhellung des US-amerikanischen Sonderwegs im Bereich der Sozialpolitik stammen, was wenig überraschend ist, aus der Geschichtswissenschaft. So gehört die Entwicklung der Wohlfahrts- und Sozialpolitik zu den Themenfeldern, zu denen in den USA seit den 1980er Jahren eine kaum mehr zu überschauende Zahl von historiographischen Studien und Publikationen erschienen ist, viele von ihnen hochgradig spezialisiert. Auf der Suche nach den Ursachen des amerikanischen Sonderwegs hin zur modernen Sozialstaatlichkeit reichen die Antworten von den antifeudalen revolutionären Ursprüngen des Landes über die besonders ausgeprägte individualistische und antiautoritäre Kultur bis hin zur föderalen Struktur, die umfassende zentralstaatliche Lösungen für soziale Probleme bis heute blockiert.

So haben sich US-Historiker unter anderem mit der Frage beschäftigt: „Do presidents matter?" (vgl. u. a. Leuchtenburg 1983; Bernstein 1996; Skocpol 1996). Sie versuchten zu ergründen, warum es unter bestimmten Regierungen mehr sozialpolitische Initiativen von Seiten des Bundes gegeben hat als unter anderen. Einerseits werden persönliche Erfahrungen und psychologische Faktoren als Erklärung für unterschiedliche sozialpolitische Auffassungen von US-Präsidenten herangezogen (Schild 2003: 25), andererseits spiegelten diese auch die jeweiligen Stimmungen und Probleme des Landes zu unterschiedlichen Zeiten wider (Hofstadter 1955). Stephen Skowroneks These von den „politics of disjunction" (1993: 39 ff.) geht davon aus, dass bestimmte Präsidenten wie Hoover, Carter und Bush senior im Verlauf ihrer Amtszeit vor enormen wirtschaftlichen und sozialen Herausforderungen gestanden haben, die umfangreiche Reformen benötigt hätten, aber nicht willens oder in der Lage dazu gewesen seien, diese in Gang zu setzen. Im Ergebnis seien sie mit Abwahl gestraft und durch Präsidenten mit einer umfangreichen und zum Teil radikalen Reformagenda ersetzt worden, namentlich Roosevelt, Reagan und Clinton.

## 1.2 Wohlfahrtsstaaten im Vergleich

Eine unmittelbare kausale Verbindung zwischen dem sozialpolitischen Aktivismus der Bundesregierungen und der Stärke bzw. Militanz von sozialen Protestbewegungen stellen die beiden Soziologen Francis Fox Piven und Richard Clowen in ihren viel beachteten, aber auch umstrittenen Studien „Regulating the Poor: The Functions of Public Welfare" (1971) und „Poor People's Movements" (1977) her. So behaupten sie zum Beispiel einen engen Zusammenhang zwischen den umfangreichen Sozialreformen der Great Society unter Präsident Lyndon B. Johnson und den sozialen Protesten und Unruhen zu dieser Zeit. Mit dem Ausbau von sozialen Rechten und Programmen hätten die politischen Eliten das damalige revolutionäre Potenzial befrieden wollen. Zu einer ihrer zentralen Thesen für die USA zählt der Befund, dass die sozial Benachteiligten hier besonders radikale Form des Protestes wählen müssen, um gehört zu werden und von der Regierung Zugeständnisse zu erzwingen, da sich in den USA weder eine Linkspartei noch eine einflussreiche progressive Gewerkschaftsbewegung etablieren konnte, die ihre Interessen im politischen System vertritt. Einen empirischen Beleg hierfür bieten die Erfolge der hauptsächlich von afroamerikanischen Frauen getragenen „Welfare Rights Movement", der es in den 1960er Jahren gelang, mit zum Teil spektakulären Aktionen die Rechte der Armutsbevölkerung zu stärken. Im Zuge ihrer Proteste wurden die Zugangsbedingungen zur Familienfürsorge erleichtert, so dass die Zahl der Eltern mit Kindern, die staatliche Unterstützung erhielten, in den Jahren zwischen 1965 bis 1968 um annährend 60 Prozent anstieg (Piven/Cloward 1977: 475).

Die Politologinnen und Soziologinnen Margaret Weir, Ann Shola Orloff und Theda Skocpol haben genauso wie andere meist feministische US-Autorinnen (vgl. Weir u. a. 1984; Gordon 1990; Skocpol 1992, 1993 u. a.; Amenta u. a. 1992), in ihren diversen historischen Arbeiten ebenfalls auf die herausragende Bedeutung von sozialen Bewegungen bei der Formation und Entwicklung des amerikanischen Sozialstaates hingewiesen. Demzufolge hätte im Vergleich zu anderen Ländern hier weniger die Arbeiterbewegung eine entscheidende Rolle gespielt. Treibend seien vielmehr bürgerliche Wohlfahrtsorganisationen sowie Frauenverbände und andere professionelle Interessenvertretungen zum Beispiel von Landwirten und später von Rentnern gewesen. Insgesamt teilt vor allem Theda Skocpol, eine der zentralen Protagonistinnen der neueren historischen Soziologie (vgl. Spohn 2005), die weitverbreitete Einschätzung von dem verspäteten „welfare state building" in den USA nicht. Vielmehr verweist sie darauf, dass im späten 19. und frühen 20. Jahrhundert in den USA in manchen Bundesstaaten wahrscheinlich mehr Menschen auf sozialpolitische Leistungen zurückgreifen konnten als im alten Europa. Allerdings wurden diese weniger in ihrer Funktion als industrielle Produzenten (Lohnarbeiter), sondern in ihrer Eigenschaft als Kriegsveteranen oder alleinstehende Mütter vom Staat unterstützt. Aus einer solchen Perspektive wird dem US-Wohlfahrtsstaat dann gar eine Vorreiterrolle zugeschrieben. Bei der Erklärung dieses abweichenden Musters sozialpolitischer Dynamik wird zudem die Bedeutung spezifischer Partei- und sektoraler Interessen hervorgehoben. Zu Beginn sollten zum Beispiel über die Einführung von speziellen Pensionen für Soldaten und deren Angehörige Anreize geschaffen werden, damit sich US-Bürger im Bürgerkrieg für die Nordstaatenarmee entschieden. Kriegsteilnehmer der Südstaaten erhielten dagegen keinerlei sozialstaatliche Unterstützung. Später dann, nach Beendigung des Bürgerkrieges, setzten sich inzwischen einflussreiche Veteranenverbände für den Ausbau sozialer Sicherungssysteme ein, mit Unterstützung der Republikanischen Partei, die so zur dominierenden politischen Kraft in den USA im ausgehenden 19. Jahrhundert avancieren konnte. In einer solchen Perspektive liegt das entscheidende Moment wohlfahrtsstaatlicher Entwicklung in den USA weniger auf der Ebene von „policies", sondern vielmehr auf der Ebene von „politics", also in der politischen Durchsetzung bestimmter Interessen im politischen System (vgl. Weir 1992: 25). Hierzu sind auch – im negativen Sinne – die agrarwirtschaftlichen Interessen in den Südstaaten zu zählen, die noch lange nach der Abschaffung der Sklaverei und dem Endes des Bürgerkrieges ein disproportionales Gewicht beibehielten, was gerade im Bereich der Sozialpolitik immer wieder zur Verhinderung von weitreichenden Reformen führte.

Noch stärker aus der Perspektive eines „American Exceptionalism" argumentieren jene Autoren, die ein von den europäischen Ländern abweichendes Werte- und Normensystem in den USA zur Erklärung der amerikanischen Sozialpolitik heranziehen (vgl. hierzu ausführlich Kap. 3). Die These hier: Religiös motivierte Moralvorstellungen, ein ausgeprägtes Erfolgsstreben sowie ein starker Individualismus hätten den Aufbau umfassender sozialer Sicherungssysteme behindert (vgl. Hartz 1955; Lipset/Marks 2000; Schild 2003). Hinzu kämen spezifische liberale Freiheits- und Gerechtigkeitsideale, die seit über 200 Jahren den politischen Diskurs in den USA maßgeblich beeinflusst hätten und in einem deutlichen Gegensatz zu der in Westeuropa gängigen Überzeugung stünden, der Staat solle aktiv und gestaltend Einfluss auf Wirtschaft und Gesellschaft nehmen. Soziale Ungleichheit und Armut werden demnach in der Regel in den USA erst in dem Moment als ein politisches Problem wahrgenommen, wenn es hierdurch zu einer Blockade von Aufstiegschancen kommt. Erst wenn dies der Fall ist, wie etwa während der Weltwirtschaftskrise in den 1930er Jahren für die weiße Arbeiterschicht oder nach dem Zweiten Weltkrieg für die schwarze Bevölkerung, sieht sich die Politik in den USA dazu legitimiert, mit diversen Gesetzen und staatlichen Programmen die Bedingungen für Chancengleichheit und soziale Mobilität (wieder) herzustellen (Schild 2003: 39). Ansonsten sind wohlfahrtsstaatliche Leistungen und Errungenschaften in den USA von einflussreichen sozialkonservativen und (neo-)liberalen Strömungen wesentlich aggressiver als bislang in Westeuropa immer wieder als unmittelbare Bedrohung der individuellen Freiheit attackiert worden, zum Teil auch als „unamerikanisch". Dieses Motiv findet sich bei zahlreichen republikanischen Präsidenten von Herbert C. Hoover über Ronald Reagan bis George W. Bush wieder, aber ganz aktuell auch in der Tea-Party-Bewegung. Spätestens seit den 1980er Jahren hat sich ein breiter gesellschaftlicher Konsens, der weit ins liberale Lager hineinreicht, durchgesetzt, dass staatliche Unterstützung keine falschen Abhängigkeiten produzieren darf und an strikte Auflagen hinsichtlich einer eigenverantwortlichen Lebensführung gebunden sein muss. Allerdings zeigen Umfrageergebnisse auch immer wieder Ambivalenzen in der US-Bevölkerung, was die Leistungen des Wohlfahrtsstaates und deren Akzeptanz angeht (vgl. Cook/Barret 1992; Mettler 2011).

Es lassen sich für die USA aber auch noch weitere, nicht immer eindeutig ideologische Motive für die traditionelle Ablehnung einer größeren sozialpolitischen Rolle der Bundesregierung, insbesondere mit Blick auf eine stärkere Regulierung und Intervention in die Verteilungsdynamiken der freien Marktwirtschaft, anführen. Zunächst das bereits im Kontext der liberalen Tradition erwähnte Misstrauen vor allem gegenüber zentralstaatlichen Instanzen, die man häufig mit Bürokratie, Ineffizienz und Überheblichkeit in Verbindung bringt. Dies hat auch etwas mit der Größe des Landes zu tun hat und der sehr heterogenen Zusammensetzung der Bevölkerung, die in gewisser Weise das Potenzial nationaler Solidarität schwächt. Insbesondere das territoriale Ausmaß und die ethnische Vielfalt des Landes haben zu einer Vielzahl an sektionalen Auseinandersetzungen in der Geschichte der USA geführt. An erster Stelle ist der Nord-Süd-Konflikt zu nennen, in dem sich nicht nur unterschiedliche Auffassungen zur Sklavenfrage festmachen lassen, sondern auch gegensätzliche Gesellschafts- und Wirtschaftsauffassungen: auf der einen Seite, im Norden, die von einer städtisch dominierten Industriegesellschaft und auf der anderen Seite, im Süden, die von einer traditionellen Agrargesellschaft. Weder die US-Präsidenten noch die sonstigen Politiker standen solchen Konflikten jemals neutral gegenüber, sondern waren auch immer aktiver Teil dieser Auseinandersetzungen. Viele Kongressabgeordnete versuchten in erster Linie die partikularen Interessen ihrer Wahlkreise zu bedienen, um so ihre Wiederwahlchancen zu maximieren, womit Sozialpolitik in den USA vom 19. Jahrhundert bis zum heutigen Zeitpunkt nur selten in erster Linie objektiven Notwendigkeiten folgte. Tiefgreifende gesellschaftliche und sektionale Spaltungen, die Ausdruck unterschiedlicher regionaler und sozialer Interessen sind, verhinderten häufig auch – wie schon erwähnt – die benötigten Mehrheiten im US-Kongress für bestimmte Reformprojekte (Glazer 1988). So brauchte beispielsweise Präsident Franklin D. Roosevelt zur Durchsetzung seiner wegweisenden New-Deal-Gesetzgebung die Unterstützung rassistischer Kongressabgeordneter aus den Südstaaten, die auf keinen Fall einer Aufweichung des Systems der Rassentrennung in ihrer Heimat zugestimmt hätten. In der Folge führten entsprechende Zugeständnisse bei den neu eingeführten Sozialprogrammen zunächst zu einer Ausweitung der Unterschiede bei den Lebensbedingungen von Weißen und Schwarzen, weil vom New Deal in erster Linie die Industriearbeiterschaft profitieren konnte (vgl. hierzu Kap. 4). Als Präsident Lyndon B. Johnson in den 1960er Jahren mehr politische Teilhabe der afroamerikanischen Bevölkerung forderte, stieß er zunächst auf eine breite Unterstützung, insbesondere im Norden. Diese löste sich aber schnell wieder auf, nachdem Martin Luther King zu einer Kampagne zur ökonomischen Gleichstellung der Schwarzen im ganzen Land aufgerufen hatte. Föderale (Wirtschafts-)Interessen und das rassistische Erbe spielten demnach in den USA immer eine beträchtliche Rolle bei den Auseinandersetzungen um die Ausrichtung und Reichweite von Sozialpolitik. Sozialhilfeprogramme werden in einem solchen gesellschaftlichen Kontext nicht als soziales Recht im Sinne Marshalls verstanden, sondern werden bestimmten ethnischen Gruppen zugeordnet, im Falle der Sozialhilfe insbesondere der schwarzen Bevölkerung (Gilens 1999). Die ethnische Fragmentierung und insbesondere der Rassismus haben so verhindert, dass ein breiter gesellschaftlicher Konsens für einen ausgebauten Wohlfahrtsstaat entstehen konnte (Lieberman 1998).

Auch das Selbstverständnis der USA als Einwanderungsgesellschaft hat einen Beitrag dazu geleistet, dass sich das Wohlfahrtssystem in den USA in einer ganz bestimmten Weise herausgebildet hat. Insbesondere die Zersplitterung der Arbeiterschaft in unterschiedliche Migrantengruppen und Communities hat nach Ansicht vieler Historiker dazu geführt, dass von der Arbeiterbewegung in den USA kein bedeutender sozialrevolutionärer Druck ausgegangen ist. Vergleichsweise schwache Gewerkschaftsorganisationen sowie das Fehlen einer linken Partei auf der Bundesebene würden auf das Grundproblem eines mangelnden Klassenbewusstseins in der Arbeiterschaft verweisen (Lipset/Marks 2000). So konnte die Arbeiterklasse kein Gegengewicht zum dominanten Prinzip des Individualismus aufbauen, weil das Proletariat in den USA im Gegensatz zu vielen europäischen

Ländern kein homogenes Ganzes bildete, sondern in streng voneinander getrennte ethnische und religiöse Gruppen zerfiel. Das hatte auch weiterreichende Konsequenzen für die Möglichkeit des Ausbaus sozialer Sicherungssysteme. Durch die Fragmentierung der Gesellschaft fehlte es an der Kohärenz, die die notwendige Legitimation von Sozialpolitik darstellt. Auch mangelte es an den für eine breite Akzeptanz von Wohlfahrtsleistungen erforderlichen Kontakten und Beziehungen zwischen Steuerzahlern und Leistungsempfängern. Folglich mussten vielfach private Akteure die Lücken schließen, die der Staat hinterlassen hatte.

Nicht vergessen werden sollte in der langen Liste der US-spezifischen Einflussfaktoren die grundsätzliche Haltung der Arbeitgeber und Unternehmensorganisationen gegenüber staatlicher Sozialpolitik. Eine Zeitlang wurde besonders intensiv die Rolle von Unternehmern während des New Deals in den 1930er Jahren diskutiert (vgl. Manza 2000). Überwiegend ist man sich einig, dass die Privatwirtschaft, insbesondere viele Kleinunternehmen und ultrakonservative Firmen und Arbeitgeber, der Einführung von gesetzlichen Sozialversicherungen und nationalen Fürsorgeleistungen anfangs sehr skeptisch gegenüberstanden (Quadagno 1984; Domhoff 1996), aber sich mit der Zeit mit dem sich eher inkrementell ausgebauten System arrangiert haben. Allerdings, so der allgemeine Befund, sind Wirtschaftskreise in den USA im Vergleich zur Gesamtbevölkerung insgesamt wesentlich negativer gegenüber Sozialleistungen eingestellt (vgl. Amenta 1998). Diese Debatte ist eingebettet in eine weiterreichende Auseinandersetzung hinsichtlich der Autonomie staatlicher Bürokratien und Gesetzgeber gegenüber dem gerade in den USA bekanntlich besonders mächtigen Wirtschaftsinteressen und der Frage, wer hier wirklich die zentralen politischen und parlamentarischen Entscheidungen bestimmt.

## 1.3 Fazit

Der Überblick zu verschiedenen Erklärungsansätzen aus der vergleichenden Wohlfahrtsstaatsforschung und auch jener Ansätze, die primär die spezifische sozialpolitische Entwicklung und Situation in den USA in den Blick nehmen, zeigt einerseits, dass sich in den USA im Prinzip die gleichen Strukturelemente und Merkmale wiederfinden lassen wie in anderen westlichen Staaten auch. Die These vom „American Exceptionalism", die in den Sozialwissenschaften, der Politik und der öffentlichen Meinung weiterhin auf große Zustimmung stößt, muss daher ein Stück weit relativiert werden. Allerdings setzt sich der „Baukasten Sozialpolitik" in den USA doch deutlich anders zusammen als in Europa, und dies lässt sich primär aus der Geschichte, den dort dominanten Wertetraditionen, spezifischen politischen Konfliktlinien und Entscheidungsstrukturen sowie der Bevölkerungszusammensetzung ableiten. Die Erfahrungen als Einwanderungsland und der „Rassenkonflikt" haben in Kombination mit vergleichsweise stark dezentralisierten politischen Entscheidungsstrukturen und -prozessen mit Sicherheit zu einer Fragmentierung des sozialen Sicherungssystems beigetragen. Ein breiter sozialstaatlicher Konsens hat sich so nie etablieren können. Staatliche Sozialpolitik blieb bis in die Gegenwart mit einem großen Misstrauen behaftet. Einzelne ethnische und religiöse Gruppen konkurrierten häufig eher um ausgewählte soziale Programme, anstatt sich zusammen für universelle Leistungen und die Ausweitung sozialer Rechte einzusetzen. Insbesondere die bis heute anhaltende Marginalisierung und Sonderstellung der schwarzen Bevölkerung hat eine auf breiter Solidarität basierende Wohlfahrtsstaatsentwicklung massiv gebremst. Die in den USA in weiten Teilen der Geschichte dominante liberale Tradition hat nicht zu einer vergleichbaren sozialen Mobilisierung wie in vielen europäischen Ländern geführt, in deren Folge die herrschenden politischen Eliten in einer Art Konzessionsentscheidung bzw. im Sinne einer sozialen Befriedungsstrategie einen Ausbau sozialer Sicherung und einen verstärkten Schutz der armen Bevölkerung hätten forcieren müssen. Die empirischen Besonderheiten des US-amerikanischen „sozialpolitischen Baukastens" in einer vergleichenden Perspektive sind das Thema des folgenden Kapitels.

## 2. Der amerikanische Wohlfahrtsstaat in Zahlen: Ein empirischer Vergleich

Lange Zeit wurde der amerikanische Wohlfahrtsstaat als zurückgeblieben (Wilensky 1965) charakterisiert, und noch vor wenigen Jahren stellte der US-amerikanische Politologe Christopher Howard (2003) die Frage, ob dieser „unusually small" sei. Solche Einschätzungen zum Umfang und Charakter der US-Sozialpolitik hängen natürlich von den Daten ab, die man im Vergleich zu anderen Wohlfahrtssystemen heranzieht. Das Adjektiv „gezügelt" bekam die Sozialpolitik in den USA in der vergleichenden Forschung vor allem deswegen verpasst, weil der Indikator zur Bestimmung des Niveaus von Wohlfahrtsstaatlichkeit bis vor Kurzem in erster Linie der Umfang bzw. die Höhe von öffentlichen Sozialausgaben war (vgl. Obinger/Wagschal 2000). Dabei wurde gefragt, wie viel ein Staat insgesamt für Soziales ausgibt, ohne dabei zwischen verschiedenen Kategorien, Programmstrukturen und Leistungsprofilen zu differenzieren. Um die internationale Vergleichbarkeit zu gewähren, wurden die Sozialaufwendungen zumeist in Relation zur Wirtschaftskraft des jeweiligen Landes gemessen und differenziert nach der Bevölkerungszahl berechnet.

Mit Blick auf über 20 untersuchte OECD-Mitgliedsstaaten schien die These vom gezügelten Wohlfahrtsstaat USA durchaus einiges an Plausibilität aufzuweisen. Die Vereinigten Staaten fanden sich im Vergleich immer im untersten Feld des Rankings wieder: 1950 landeten sie noch auf dem vorletzten Platz, mit Sozialausgaben von 4,0 Prozent des Bruttoinlandsprodukts (BIP), nur ganz knapp vor Japan. 1980 hatten sie dann mit 13,74 Prozent vier weitere Länder hinter sich gelassen (Kanada, Australien, Portugal und Griechenland), um sich dann 1995 wieder mit dem drittletzten Platz zu begnügen, mit einem Anteil der Sozialausgaben von 16,26 Prozent am BIP (Wagschal 2000: 46). Inzwischen liegen umfassendere und verlässlichere Datensammlungen von Seiten der OECD und der „Luxembourg Income Study" vor, die einen fundierten internationalen empirischen Vergleich unterschiedlicher Wohlfahrtssysteme ermöglichen, nicht nur hinsichtlich des Gesamtausgabenniveaus, sondern auch differenziert nach unterschiedlichen Ausgabenkategorien. Zudem lassen diese Datensätze auch Aussagen über die Effektivität der unterschiedlichen Systeme zu, zum Beispiel mit Blick auf die jeweiligen Umverteilungswirkungen. Im Folgenden wird in einem ersten Schritt die empirische Dimension der US-amerikanischen Sozialpolitik in einer international vergleichenden Perspektive nachgezeichnet, und zwar zum einen in Bezug auf die Ausgabenseite und zum anderen hinsichtlich ihrer umverteilenden Wirkungen. Das Kapitel wird abgeschlossen von einer genaueren Betrachtung der Verteilung der sozialpolitischen Ausgaben sowie der Probleme Armut und Ungleichheit in der US-amerikanischen Gesellschaft.

## 2.1 Ausgaben für den US-Wohlfahrtsstaat im internationalen Vergleich

Beginnen wir aber mit den einfachsten Indikatoren zur Bestimmung des Umfangs von Wohlfahrtsstaatlichkeit, den öffentlichen Sozialausgaben. Abbildung 1 zeigt diese im Vergleich mit anderen entwickelten Industrienationen in Relation zur Wirtschaftsleistung (in Prozent des BIP) für den Zeitraum von 1980 bis 2007. Aus diesen Daten lässt sich dann leicht die gängige Einordnung des US-amerikanischen Wohlfahrtsstaates als rückständig, unterentwickelt und im internationalen Vergleich als ungewöhnlich „mickrig" ablesen. Von den fünf hier berücksichtigten Ländern geben die USA deutlich am wenigstens für Soziales aus. Der Trend zeigt zwar seit den 1980er Jahren leicht nach oben, aber das gilt auch für die Vergleichsstaaten Kanada, Deutschland, Schweden und Großbritannien. Im Jahr 2007 gaben die USA 16,7 Prozent ihrer Wirtschaftskraft für Soziales aus und lagen damit deutlich unter dem Durchschnitt aller OECD-Staaten, der 2007 bei rund 19 Prozent des BIP lag. Deutlich darüber lagen noch Deutschland mit knapp über 25 Prozent des BIP und Schweden mit 27,3 Prozent des BIP.

Ein ganz ähnliches Bild ergeben auch die Sozialausgaben pro Kopf. Die USA haben im Jahr 2007 durchschnittlich $ 6.244 für Soziales pro Einwohner ausgegeben, mehr als Großbritannien ($ 6.186) und Kanada ($ 5.336), aber deutlich weniger als Deutschland ($ 7.131) und Schweden ($ 9.108).[1] Hier scheint sich zu bestätigen, dass die liberalen Wohlfahrtsregime bei den öffentlichen Sozialaufwendungen deutlich weniger generös sind als ihre konservativen oder sozialdemokratischen Pendants.

Allerdings bleiben bei einer Betrachtung des Gesamtumfangs öffentlicher Sozialausgaben etwaige Schwerpunktsetzungen in der Ausgabenstruktur der einzelnen Länder, die ja überaus aufschlussreich sein können, unberücksichtigt. Man bedenke nur, welch weitreichende Rolle wohlfahrtsstaatliche Institutionen und Sozialpolitik heute im Leben der meisten Bürger und Haushalte spielen: Kinder

---

[1] Alle Daten sind Ausgaben pro Kopf und in konstanten Preisen (2000) und Kaufkraftparitäten (PPP) berechnet.

2.1 Ausgaben für den US-Wohlfahrtsstaat im internationalen Vergleich    31

*Abbildung 1:*   Gesamte öffentliche Sozialausgaben (% des BIP) (1980–2007)

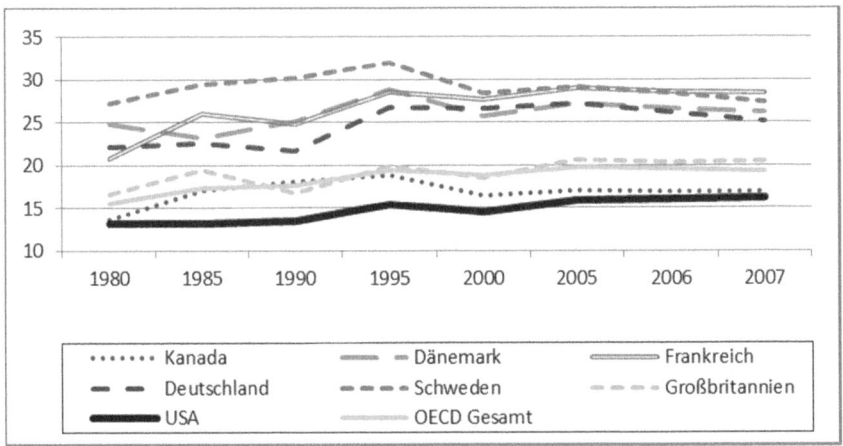

Quelle: OECD (2010)

gehen in öffentliche Schulen, Einkünfte aus gesetzlichen Rentenversicherungen machen einen Großteil des Einkommens von älteren Menschen aus, und wenn wir krank oder erwerbsunfähig werden, greifen mehr oder weniger umfassende Versicherungsprogramme. Hinzu kommen Essens- und Wohnbeihilfen für die Bedürftigsten, während in vielen Ländern über den Arbeitgeber gewährte Pensionsansprüche und Gesundheitspläne, die vom Staat steuerlich subventioniert werden, der Mittelschicht einen höheren Schutz gegenüber bestimmten sozialen Risiken bieten. Sozialausgaben variieren in ihren umverteilenden Wirkungen und beziehen sich auf unterschiedliche Segmente der Bevölkerung. Integriert man dies in die Analyse, so lassen sich deutliche Differenzen in den Strukturen der jeweiligen nationalen Wohlfahrtssysteme erkennen. Zusätzlich ist zu bedenken, dass es für alle sozialen Programme bestimmte Regularien gibt, die festlegen, wer Zugang zu ihnen hat und welche Arten von Leistungen überhaupt angeboten werden. In den einzelnen Unterkapiteln zu den verschiedenen sozialpolitischen Aufgabenfeldern wird noch detaillierter auf deren spezifische Funktionsmechanismen eingegangen. Hier sollen lediglich in einer vergleichenden Perspektive die unterschiedlichen Arten von Sozialleistungen dargestellt werden. Um die Strukturen und Schwerpunktsetzungen der US-amerikanischen Sozialpolitik im Vergleich zu denen in anderen Ländern erfassen zu können, werden hier im Rückgriff auf eine Studie des amerikanischen Wirtschaftswissenschaftlers Irwin Garfinkel und seiner Kollegen (Garfinkel u. a. 2010) die Sozialausgaben in vier Kategorien unterteilt: erstens Ausgaben für die Alterssicherung, zweitens Ausgaben für Gesundheit und Bildung, drittens geldwerte Sozialleistungen, die nicht in die Altersabsicherung fließen, und viertens Sachleistungen außerhalb der Gesundheitsversorgung. Eine solche Kategorisierung lässt Aussagen darüber zu, in welche Sektoren die jeweiligen Wohlfahrtsregime in erster Linie investieren und welche sozialpolitischen Zielsetzungen und Umverteilungsmuster damit einhergehen. Ein gängiger Ansatz zur Erklärung der steigenden Sozialausgaben in der westlichen Welt verweist auf spezifische demographische Entwicklungsdynamiken: Die steigende Überalterung der Gesellschaften führe zu einer Explosion der Kosten im Bereich der Alterssicherung und im Gesundheitswesen. Und in der Tat: Wie aktuelle Daten zeigen, geben alle Wohlfahrtsregime in den entwickelten Demokratien, einschließlich der Vereinigten Staaten, inzwischen am meisten für die Rente und die Krankenversorgung aus. Dabei gibt es einen Unterschied zwischen den USA und den meisten anderen OECD-Ländern: In den USA sind die Gesundheitsausgaben in den letzten Jahrzehnten regelrecht explodiert und nehmen ganz eindeutig bei den Kosten die Spitzenposition ein.

Die in Abbildung 2 und 3 dokumentierten Unterschiede in der Höhe der Ausgaben für die Alterssicherung hängen mit dem Anteil der Bevölkerung zusammen, der über 65 Jahre ist und daher Renten bzw. Pensionen beziehen kann. Sie können jedoch auch auf Abweichungen bei der Generosität von Rentenleistungen verweisen. Schaut man sich in Abbildung 2 die Entwicklung der öffentlichen Ausgaben für die Alterssicherung im Zeitraum von 1980 bis 2007 an, so kann allenfalls von einem leichten Anstieg der Kosten für die Alterssicherung gesprochen werden, in einigen Fällen sind die Ausgaben sogar leicht rückläufig. Bedenkt man die demographische Entwicklung, so ist zu vermuten, dass hier die Generosität der öffentlichen Rentenleistungen reduziert worden ist. Am Beispiel Schwedens lässt sich das anhand der Daten auch klar ablesen: Dort wurde zu Beginn der 1990er Jahre eine neue Säule in die Alterssicherung eingeführt, die auf privater Vorsorge basiert. Zugleich kürzte man die öffentlichen Aufwendungen für die öffentliche Rentenversicherung. Aus Abbildung 2 lässt sich auch ablesen, dass die drei liberalen Wohlfahrtsregime (Großbritannien, Kanada und die USA) immer noch deutlich weniger für die Alterssicherung ausgeben als die konservativen bzw. sozialdemokratischen Regime in Deutschland und Schweden. Allerdings stehen die Ausgaben auch im Zusammenhang mit der jeweiligen wirtschaftlichen Entwicklung dieser Länder, da sie in Prozent des Bruttoinlandsproduktes angegeben sind. Ein etwas anderes Bild ergibt sich, wenn man die Aufwendungen für die Alterssicherung pro Kopf berechnet. Lagen diese in den USA im Jahr 1980 noch bei rund $ 1.188, war

2.1 Ausgaben für den US-Wohlfahrtsstaat im internationalen Vergleich 33

*Abbildung 2:* Öffentliche Ausgaben für die Alterssicherung (% des BIP), 1980–2007

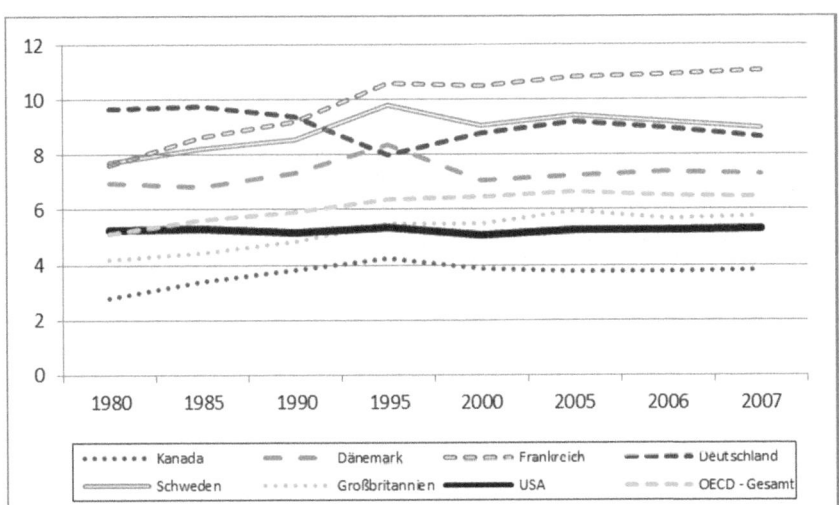

Quelle: OECD (2010)

dieser Wert 2007 auf $ 2.044 angestiegen. Ähnliche Entwicklungstrends finden wir auch in Deutschland oder Schweden. Insgesamt sind die Ausgaben für die Alterssicherung pro Kopf in den vergangenen 30 Jahren recht deutlich angestiegen.

Die OECD-Länder lassen sich auch danach differenzieren, ob sie eine Einheitsrente oder eine einkommensbezogene Unterstützung im Alter vorsehen. So sind beispielsweise die Rentenzahlungen in Deutschland über das gesamt 20. Jahrhundert hinweg immer abhängig von den vorangegangenen Erwerbseinkünften gewesen, während in Schweden und Dänemark lange Zeit alle die gleiche Rentenleistung bezogen. Die USA folgen hier weitgehend dem deutschen Modell: Die Leistungen basieren auf den zuvor erzielten Lohneinkommen. Allerdings sind die Rentenleistungen in den USA stärker progressiv gestaffelt: Das heißt, je geringer die Erwerbseinkommen waren, desto höher ist der Anteil, der dann später von der gesetzlichen Rente abgedeckt wird. Zudem haben die USA auch eine Mindestrente eingeführt (vgl. hierzu Kap. 5.7). Interessant sowohl mit Blick auf die allgemeine Ausgabenentwicklung als auch auf das Verhältnis von öffentlichen und privaten Aufwendungen ist die Dynamik der privaten Sozialausgaben für die Alterssicherung im internationalen Vergleich (vgl. Abb. 3).

34    2. Der amerikanische Wohlfahrtsstaat in Zahlen: Ein empirischer Vergleich

*Abbildung 3:* Freiwillige private Ausgaben zur Alterssicherung (% des BIP), 1980–2007

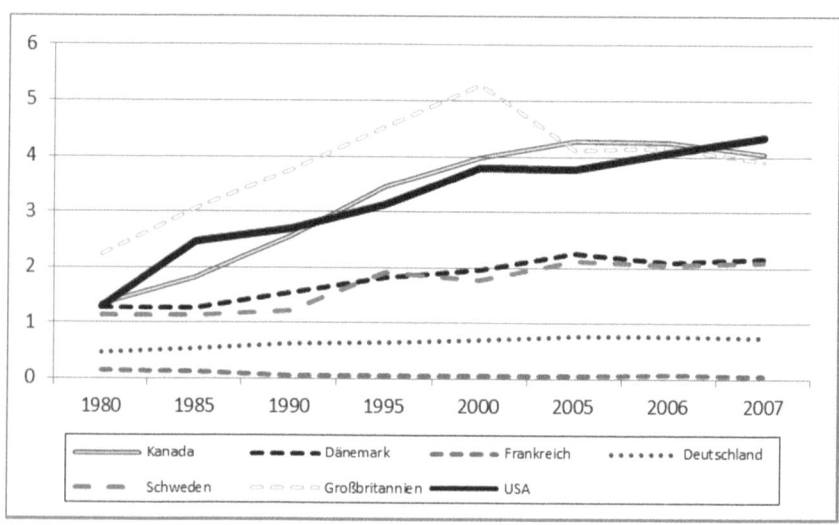

Quelle: OECD (2010)

Zwei Trends lassen sich für die empirische Dimension der US-amerikanischen Sozialpolitik bereits festhalten: zum Ersten die enorme Zunahme der privaten Sozialausgaben für die Alterssicherung. Lag dieser Wert im Jahr 1980 noch bei rund 1,3 Prozent des BIP, gaben Haushalte in den USA im Jahr 2007 rund 3,7 Prozent des BIP für die private Altersvorsorge aus. Zugleich wird aus Abbildung 3 deutlich, dass in den liberalen Wohlfahrtsregimes Kanada und USA deutlich mehr Geld in die private Altersabsicherung investiert wird als in Deutschland oder Schweden. In Schweden liegen die diesbezüglichen Ausgaben immer noch klar unter denen in den USA. In Deutschland ist kaum eine Veränderungen in der Ausgabenhöhe zu erkennen, was damit erklärt werden kann, dass hier bislang nur eine freiwillige private Zusatzrentenversicherung eingeführt worden ist (die sogenannte Riester-Rente).

In Abgrenzung zur Alterssicherung sind die Gesundheitsausgaben nicht nur von demographischen, sondern auch von technologischen Entwicklungen beeinflusst. Insbesondere die Einführung neuer Behandlungsmethoden treibt hier die Kosten hoch. Darüber hinaus muss auch berücksichtigt werden, welche Behandlungsmethoden und Arzneien überhaupt von den verschiedenen Krankenversi-

2.1 Ausgaben für den US-Wohlfahrtsstaat im internationalen Vergleich 35

*Abbildung 4:* Öffentliche Ausgaben für Gesundheit (% des BIP), 1980–2007

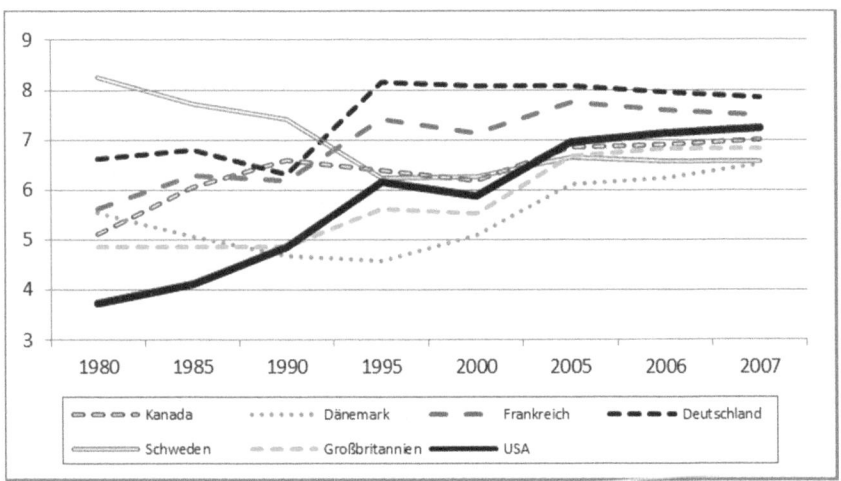

Quelle: OECD (2010)

cherungen in den jeweiligen Ländern abgedeckt und übernommen werden. Ein mit vielfältigen Behandlungs-, Heilungs- und anderen medizinischen Angeboten verbundener höherer administrativer Aufwand sollte sich ebenso in der Ausgabenentwicklung widerspiegeln. Entsprechend den vielfältigen Einflussfaktoren zeigt sich dann auch im Vergleich der öffentlichen Gesundheitsausgaben der Untersuchungsländer seit 1980 ein sehr disparates Bild.

Abbildung 4 dokumentiert eindrücklich, dass die öffentlichen Ausgaben für das Gesundheitswesen weitaus größeren Schwankungen unterworfen sind als die Ausgaben für die Alterssicherung. Auffällig ist allerdings auch, dass in den USA im Vergleich zu den anderen Ländern eindeutig der stärkste Anstieg der staatlichen Gesundheitsausgaben von 3,8 Prozent des BIP im Jahre 1980 auf 7,2 Prozent des BIP 2007 zu verzeichnen ist. Damit haben sich die USA im Untersuchungssample von der letzten Position im Jahr 1980 inzwischen auf Platz zwei katapultiert. Lediglich in Deutschland liegen die öffentlichen Sozialausgaben noch darüber. Diese Daten sind aber nur von begrenzter Erklärungskraft, wenn man sich die Struktur der verschiedenen Gesundheitssysteme vergegenwärtigt. In Deutschland kann von einem universellen Krankenversicherungssystem gesprochen werden, in dem jeder Bürger im Krankheits- und Notfall vergleichsweise umfassend versorgt wird. Eine solche Versicherungspflicht ist in den USA erst im Zuge

*Abbildung 5:* Freiwillige private Gesundheitsausgaben (% des BIP), 1980–2007

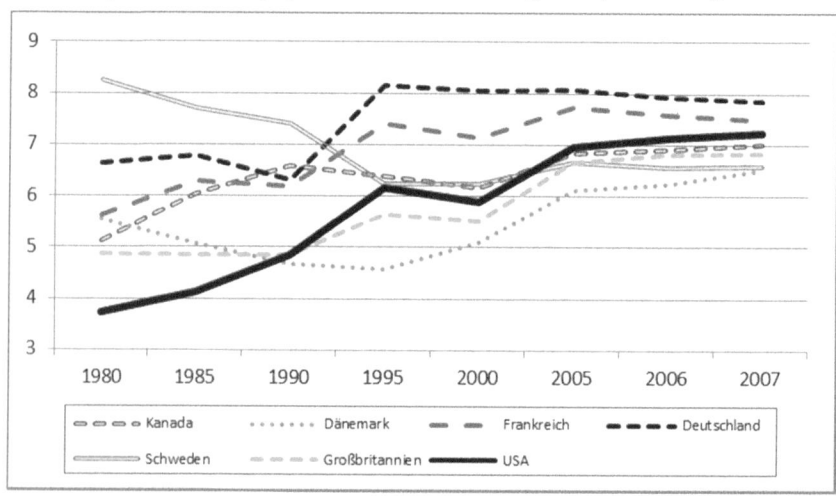

Quelle: OECD (2010)

der jüngsten Gesundheitsreform der Obama-Administration eingeführt worden (vgl. hierzu Kap. 5.6). Bislang existierten in den USA öffentlich finanzierte Gesundheitsprogramme nur für Rentner und Bedürftige. Der Großteil der arbeitenden Bevölkerung musste sich privat gegen Erkrankungen und Unfälle absichern. Dies wird deutlich, wenn man sich die privaten Gesundheitsausgaben anschaut, die in der Tat einen „American Exceptionalism" im internationalen Vergleich widerspiegeln.

Bei der Ausgabenkategorie der privaten Gesundheitsausgaben liegen die USA deutlich über den Vergleichsländern Kanada, Schweden und Deutschland. In Schweden ist der Wert gar nicht abzubilden, weil er so niedrig ist, und in Kanada und Deutschland bewegten sich die privaten Gesundheitsausgaben zwischen 1980 und 2005 bei etwa einem Prozent des BIP. In den USA hingegen lag dieser Wert bereits 1980 bei circa 2,5 Prozent des BIP und war 2005 auf 5,6 Prozent angestiegen.

Der Ausnahmecharakter des US-amerikanischen Wohlfahrtsregimes in der Ausgabenstruktur und die herausragende Bedeutung privater sozialer Absicherung werden dann besonders deutlich, wenn alle freiwilligen privaten Sozialausgaben zusammengerechnet werden wie in Abbildung 6. Hier nehmen die USA eine absolute Spitzenposition im internationalen Vergleich ein. Die freiwilligen privaten

2.1 Ausgaben für den US-Wohlfahrtsstaat im internationalen Vergleich

*Abbildung 6:* Freiwillige Private Sozialausgaben (% des BIP), 1980–2007

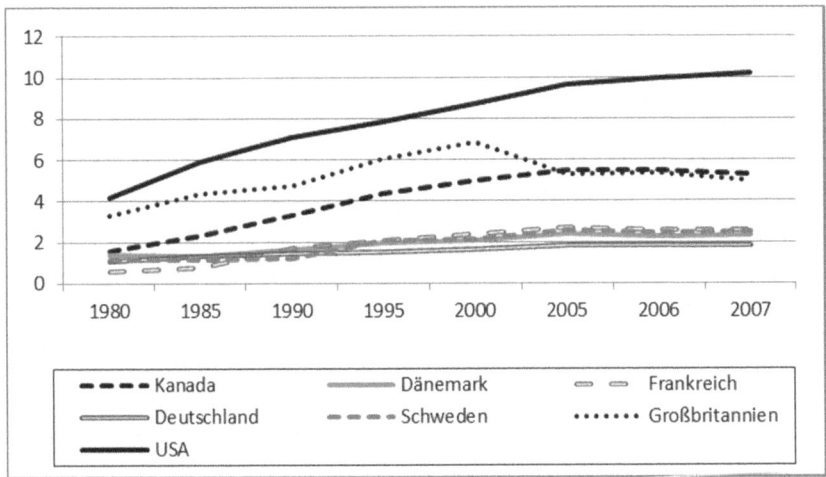

Quelle: OECD (2010)

Sozialausgaben lagen 2007 bei über 10 Prozent des BIP. Kanada, Deutschland und Schweden gaben hier deutlich weniger aus. So lässt sich als Zwischenfazit festhalten, dass die USA im internationalen Vergleich bei den öffentlichen Sozialausgaben durchaus als rückständig und geizig charakterisiert werden können, dafür aber im Bereich der privaten sozialen Absicherung führend sind.

Was lässt sich nun zu den restlichen drei Ausgabenkategorien sagen? Bei den Bildungsausgaben liegen die USA mit 5,6 Prozent des BIP im Mittelfeld der OECD-Länder (Garfinkel u. a. 2010: 48). Die Spitzenposition nimmt hier Schweden mit 8,25 Prozent des BIP ein, Irland gibt mit 4,5 Prozent am wenigsten für Bildung aus. Im Vergleich mit den anderen englischsprachigen Nationen investieren die USA deutlich mehr Geld in den Bildungssektor. Die Bildungsausgaben der USA übertreffen auch die von Deutschland, Italien und den Niederlanden. Im Schnitt der OECD-Länder liegen sie nach den Ausgaben für Altersversorgung und Gesundheit auf Rang drei. Wie aber auch bei den Gesundheits- und Rentenausgaben muss man jedoch nicht nur die öffentlichen Ausgaben betrachten. Dies ergäbe ein unvollständiges Bild, da ein Großteil der Bildungsausgaben – und hier insbesondere im tertiären Bereich – in den USA ebenfalls privat finanziert werden. Addiert man öffentliche und private Ausgaben, so liegt der Betrag bei rund 7,6 Prozent des BIP, was die USA in die Spitzengruppe bei den Bildungsausgaben bringen würde. Ein differenzierterer Blick zeigt aber auch, dass hier ein Großteil der Mittel in die Universitätsausbildung fließt. Bei den Aufwendungen für Schule und Kinderbetreuung liegen die USA im internationalen Vergleich dagegen lediglich im letzten Drittel.

Mit Blick auf die oben genannten Ausgabenkategorien folgen die Sozialausgaben, die nicht für die Alterssicherung reserviert sind, auf Rang vier. Hierzu gehören in erster Linie Mittel zur finanziellen Unterstützung von Arbeitslosen und Ausgaben für die Sozialhilfe. Zusammen mit Kanada geben die USA in dieser Kategorie im internationalen Vergleich sehr wenig aus. Bei beiden Ländern sind es weniger als 3 Prozent des BIP, die sie in geldwerte Sozialleistungen (ohne Alterssicherung) stecken. Australien beispielsweise gibt rund doppelt so viel hierfür aus und liegt damit im OECD-Durchschnitt. Deutschland und Belgien mit 8,5 bzw. 7,75 Prozent führen das Ranking in dieser Ausgabenkategorie an (ebd.: 49). Ein ähnliches Bild ergibt sich bei den Sachleistungen wie beispielsweise Lebensmittelmarken. Auch hier liegen die USA zusammen mit Kanada am unteren Rand im Feld der OECD-Länder, das von den skandinavischen Ländern angeführt wird. Schweden gibt mit rund 6 Prozent des BIP am meisten für soziale Sachleistungen aus. Mit Blick auf die Ausgabenstruktur fällt für die USA somit nicht nur die hohe Relevanz privater Sozialausgaben auf. Ferner dominieren bei den öffentlichen Sozialausgaben die Aufwendungen für Altersabsicherung und Gesundheit, die annähernd 80 Prozent des gesamten staatlichen Sozialbudgets ausmachen. In Deutschland dominieren ebenfalls diese beiden Ausgabentypen. Sie machen in der Addition allerdings nur rund 75 Prozent der gesamten öffentlichen Sozialausgaben aus, in Schweden und Kanada addieren sich die beiden Ausgabentypen lediglich zu rund 60 Prozent der Gesamtausgaben.

*Brutto- und Nettosozialausgaben im internationalen Vergleich*

Aus der Analyse der quantitativen Dimensionen von Sozialpolitik sollte deutlich geworden sein, dass ein verengter Blick auf die öffentlichen Ausgaben keinesfalls den komplexen Charakter der Sozialpolitik in den USA erfassen kann. Der ganze Bereich der an den Arbeitsplatz gebundenen Sozialausgaben (beschäftigungsbezogene Wohlfahrtsleistungen) bleibt hierbei ebenso unterbeleuchtet wie die fiskalen Wohlfahrtsleistungen. Zum Bereich der „fiscal welfare" gehören sowohl die Generierung sozialpolitischer Leistungen über das Steuersystem wie im Falle des „Earned Income Tax Credit" (vgl. hierzu Kap. 5.8) als auch die steuerliche Subventionierung privater Investitionen in die Vorsorge und soziale Absicherung. Die öffentlichen Sozialausgaben werden in den neueren Studien der OECD jetzt unter der Überschrift Bruttosozialausgaben aufgeführt (Adema 2009). Aus

## 2.1 Ausgaben für den US-Wohlfahrtsstaat im internationalen Vergleich

diesen werden dann die Nettosozialausgaben berechnet. Ausgangspunkt dieser neuen Kalkulation ist die Frage, wann die Sozialausgaben berechnet werden, vor der Besteuerung oder danach? Dahinter steht die Auffassung, dass es nicht entscheidend ist, wie viel Mittel der Staat für Soziales einsetzt, sondern wie viel davon bei den Haushalten und Bürgern tatsächlich am Ende auch im Geldbeutel ankommt. Schweden ist in diesem Zusammenhang ein gern zitiertes negatives Beispiel. Zwar sind die Leistungen aus der schwedischen Rentenversicherung im internationalen Vergleich relativ großzügig, was auch heißt, dass hier viel Geld aus den öffentlichen Kassen fließt. Allerdings müssen diese Rentenleistungen von den Bürgern versteuert werden. Ein Teil des Geldes holt sich der Staat also über die Steuern gleich wieder zurück, was den realen Wert der Rentenleistungen erheblich senkt. Andere Länder wie beispielsweise die USA besteuern die öffentlichen Renten nicht.

Grob vereinfacht kommt man von der Brutto- zu der Nettosozialleistungsquote in vier Schritten: In einem ersten Schritt wird die öffentliche Nettosozialleistungsquote berechnet. Dafür werden von den Bruttosozialausgaben die vom Staat einbehaltenen direkten Steuern und Sozialabgaben abgezogen, um so den tatsächlichen Umfang an öffentlichen Sozialausgaben zu bestimmen. In einem zweiten Schritt müssen dann auch die indirekten Steuern auf den Verbrauch abgezogen werden. Durch sie wird nämlich der Wert der sozialen Transfergelder minimiert. Die Bürger können weniger davon konsumieren, bzw. der Staat bekommt einen Teil der Sozialausgaben über die Besteuerung des Konsums wieder zurück in seine Kassen. In einem dritten Schritt müssen dann noch die sozialen Transfers über das Steuersystem bzw. die Steuersubventionen für eine private soziale Absicherung hinzuaddiert werden. Diese Gelder sind bislang nicht auf der Ausgabenseite des Staates erschienen, sondern als Verlust auf der Einnahmeseite des Staates. Da hier aber mit direkten Sozialtransfers vergleichbare Leistungen generiert werden, ist es nur sinnvoll, diese Einnahmeverluste zu den Sozialausgaben hinzuzuaddieren. In einem letzten Schritt müssen dann zu diesen nun berechneten öffentlichen Nettosozialausgaben noch die obligatorischen und auch die freiwilligen privaten Sozialausgaben addiert werden. In der folgenden Abbildung 7 sind sowohl die Brutto- als auch die Nettosozialausgaben für ausgewählte OECD-Länder für das Jahr 2010 festgehalten.

Hier zeigt sich eine interessante Veränderung in Bezug auf das Ausgabenniveau der in den Vergleich einbezogenen Länder. Während in den konservativen bzw. sozialdemokratischen Wohlfahrtsregimen Deutschland und Schweden die Bruttosozialausgaben über dem Niveau der Nettosozialausgaben liegen, ist das Verhältnis in den beiden liberalen Wohlfahrtsregimen USA und Kanada genau

40    2. Der amerikanische Wohlfahrtsstaat in Zahlen: Ein empirischer Vergleich

*Abbildung 7:*    Von Brutto- zu Nettosozialausgaben (% des BIP), 2007

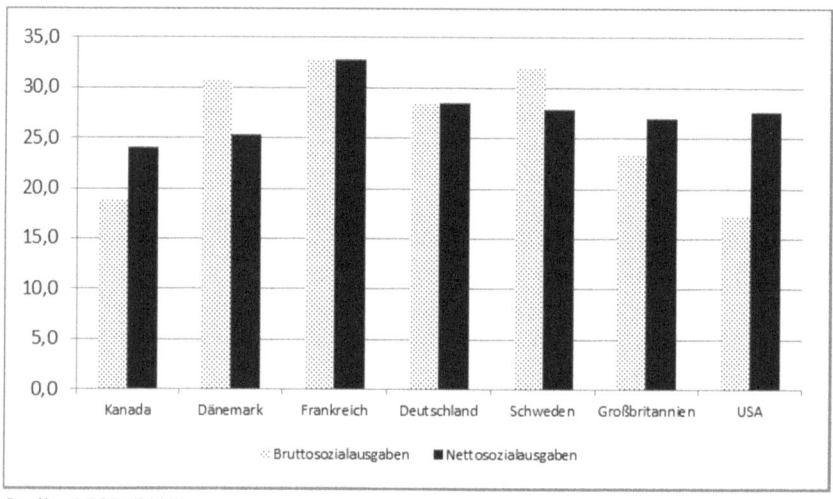

Quelle: OECD (2010)

umgekehrt: Das Ausgabenniveau der Nettosozialausgaben liegt über dem der Bruttosozialausgaben, und das besonders stark ausgeprägt im Falle der USA. Der weiße Balken zeigt die öffentlichen Sozialausgaben gemessen am Bruttoinlandsprodukt (BIP), also das, was der Staat für Soziales ausgibt, ohne Berücksichtigung von Steuern (fiskale Wohlfahrtsleistungen) und der privaten sozialen Absicherung (private bzw. beschäftigungsbezogene Wohlfahrtsleistungen). Hier bestätigt sich, was man hinsichtlich der sozialpolitischen Ausrichtung der jeweiligen Länder bereits vermutet hat. In den USA lagen die Ausgaben in dieser Kategorie bei 17,1 Prozent des BIP, bei Kanada, dem zweiten liberalen Wohlfahrtsregime in Nordamerika, waren es 18,6 Prozent des BIP, während sie in Deutschland 29,7 Prozent und in Schweden 34,6 Prozent des BIP betrugen.

Noch deutlicher werden die Veränderungen im Ausgabenniveau, wenn die freiwilligen privaten Sozialausgaben hinzuaddiert werden. Hier kann eindeutig von einer Konvergenz der Ausgabenniveaus gesprochen werden, wie auch in Abbildung 7 anhand des schwarzen Balkens deutlich wird. Nehmen wir erneut Schweden und die USA zur Illustration, weil hier die Ausgabenniveaus bei den Bruttosozialausgaben am stärksten auseinander liegen. Addiert man die freiwilligen Sozialausgaben, so liegen die Nettogesamtsozialausgaben in den USA bei 27,2 Prozent des BIP und in Schweden bei 29,3 Prozent des BIP. Eine anfäng-

2.1 Ausgaben für den US-Wohlfahrtsstaat im internationalen Vergleich

*Abbildung 8:* Sozialausgaben von ausgewählten OECD-Staaten (Ranking von höchsten Ausgaben zu den niedrigsten, 2007)

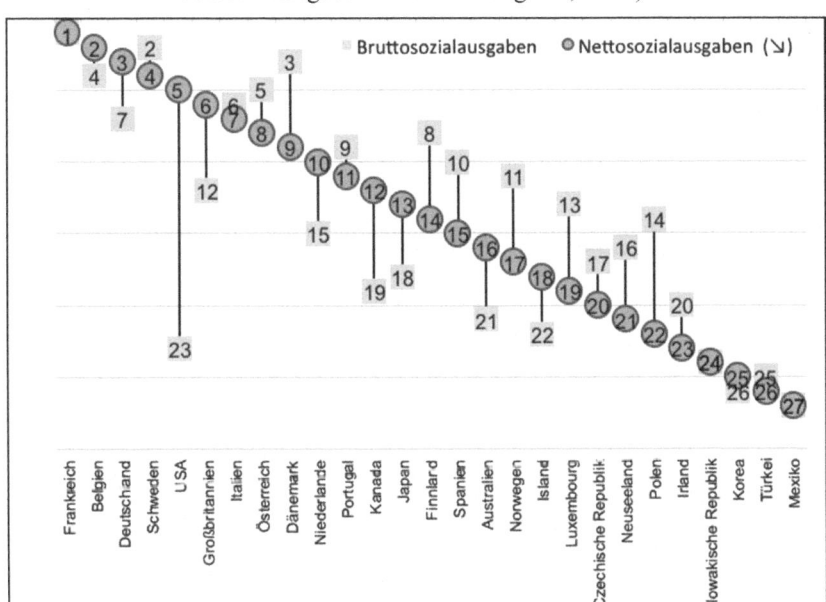

Quelle: OECD (2010)

liche Differenz von 17,5 Prozentpunkten ist nun auf bescheidene 2,1 Prozentpunkte zusammengeschrumpft. Und auch mit Blick auf die anderen Länder kann von einer Konvergenz der Ausgabenniveaus gesprochen werden.

Erstellt man ein Länderranking der Sozialausgaben wie in Abbildung 8, dann klettern die USA vom Platz 23 bei den Bruttosozialausgaben auf Platz 5 bei den Nettosozialausgaben, der mit Abstand größte Sprung im Ländersample.

*Armut und Ungleichheit in den USA in vergleichender Perspektive*

Die festgestellten Unterschiede in den Ausgabenniveaus, dem spezifischen Mix aus privater und öffentlicher sozialer Absicherung, und bei den jeweiligen Schwerpunktsetzungen in der Sozialpolitik lassen aber nur begrenzte Aussagen über die Wirkung von Sozialausgaben zu. Ein Mehr an Ausgaben setzt sich nicht unbedingt unmittelbar in weniger Armut oder weniger Einkommensungleichheit um. Die Redistributionseffekte von Sozialprogrammen sind unterschiedlich. Auch für die

42      2. Der amerikanische Wohlfahrtsstaat in Zahlen: Ein empirischer Vergleich

*Abbildung 9:*   Armutsraten (unter 50 Prozent des Medianeinkommens) vor Steuern und Transfers

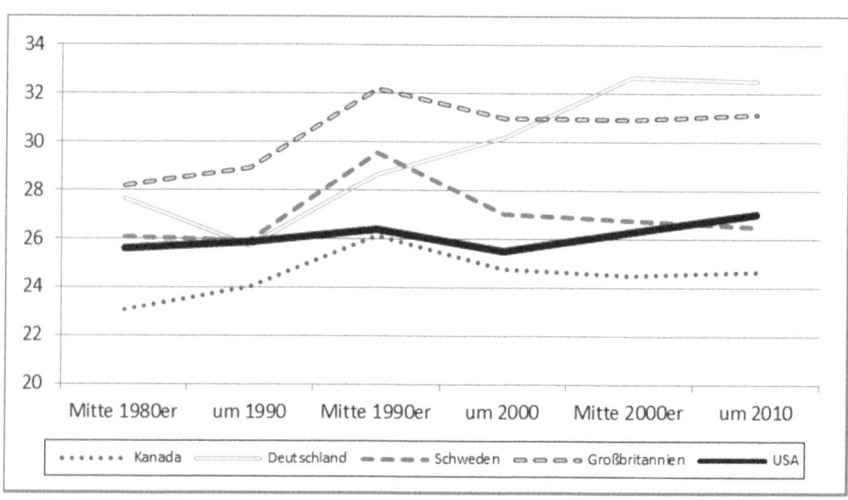

Quelle: OECD (2010)

Fragestellung der Bekämpfung von Armut und Ungleichheit durch spezifische Wohlfahrtssysteme und Programme kann ein internationaler Vergleich recht aufschlussreich sein. Er soll uns vor allem Auskunft geben über die „Effektivität" der US-amerikanischen Sozial- und Armutspolitik.

Bevor wir uns den spezifischen Umverteilungsmustern einzelner Programme und Leistungen zuwenden, soll geklärt werden, welchen Einfluss die verschiedenen nationalen Steuer- und Transfersysteme insgesamt darauf haben, ob jemand mit keinem oder nur wenig Einkommen arm bleibt. Um diese Wirkung zu bestimmen, werden die Armutsraten zu zwei Zeitpunkten gemessen und dann miteinander verglichen: bevor die Steuer- und Transfersysteme zum Einsatz kommen und danach. Die ersten Daten beziehen sich also in erster Linie auf die Resultate der Marktmechanismen. Wie hoch sind die Armutsraten mit Blick auf die reinen Markteinkommen? In der folgenden Abbildung 9 sind die Armutsraten (unter 50 Prozent des Medianeinkommens) angezeigt.

Hier wird zuerst deutlich, dass die USA bei den Armutsraten vor Steuern und Transfers im Sample eher im unteren Feld liegen. Im Jahr 2010 betrug die Armutsrate, bezogen auf die Markteinkommen, 27 Prozent. Deutschland und Schweden haben in dieser Kategorie deutlich höhere Armutsraten von über 30 Prozent

2.1 Ausgaben für den US-Wohlfahrtsstaat im internationalen Vergleich 43

*Abbildung 10:* Armutsraten (unter 50 Prozent des Medianeinkommens) nach Steuern und Transfers

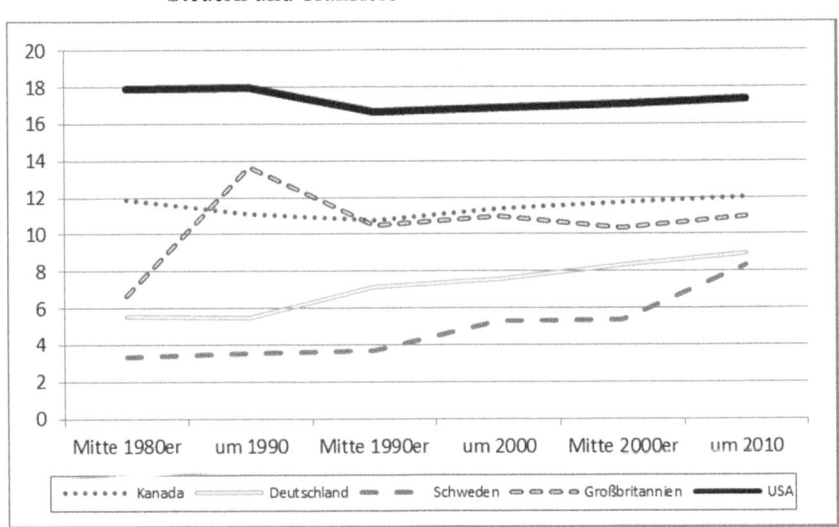

Quelle: OECD (2010)

aufzuweisen. Der Markt allein produziert demnach in liberalen Wohlfahrtsregimen weniger Armut als in den europäischen Ländern mit einem ausgebauten Sozialstaat. Konservative Kritiker in den USA nehmen solche Zahlen immer wieder gern zum Anlass, um eine weitere Kürzung sozialpolitischer Leistungen zu fordern, um so die wohlfahrtssteigernde Wirkung des Marktes zu erhöhen. Zieht man allerdings die Armutsraten heran, nachdem die Steuer- und Transfersysteme auf die Markteinkommen gewirkt haben, dann ergibt sich ein ganz anderes Bild.

Zwar konnten alle hier untersuchten Länder mithilfe ihrer Wohlfahrts- und Steuersysteme die Armutsraten senken, aber in unterschiedlichem Ausmaß. Die geringsten Effekte auf die Armutsraten zeigen sich in den USA, wo die Armutsraten im Schnitt um 10 Prozentpunkte verringert werden konnten. In Schweden sanken die Armutsraten mit staatlicher Hilfe dagegen um fast 24 Prozentpunkte. Auch Großbritannien und Kanada sind weit effektiver in der Reduzierung der Armutsraten im Vergleich zu den USA. Zu einem ähnlichen Ergebnis kommt man bei der Untersuchung der Einkommensungleichheit. Auch hier gelingt es den USA am schlechtesten, mit Sozial- und Steuerpolitik eine gerechtere Einkommensverteilung herbeizuführen. Abbildung 11 gibt Auskunft über das Ausmaß

*Abbildung 11:* Ungleichheitsreduzierung durch soziale Transfers und Steuern

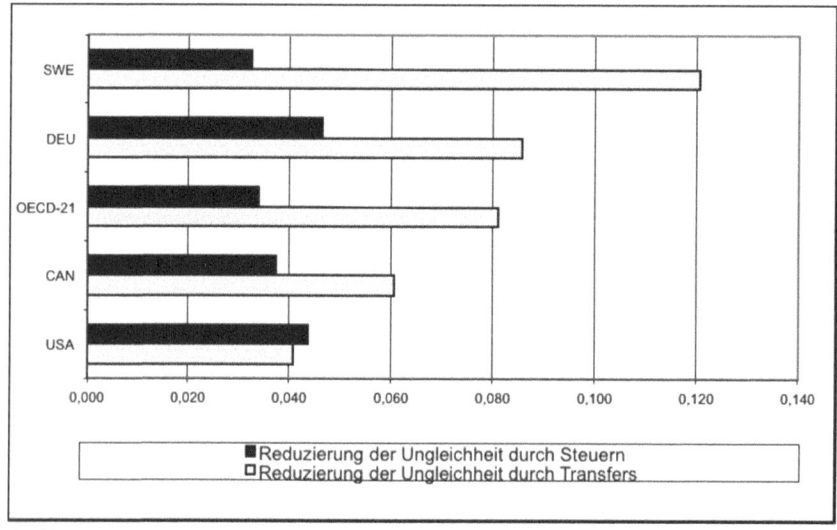

Quelle: OECD (2010)

der Reduzierung der Ungleichheit durch Transferleistungen (also direkte Sozialpolitik) und das Steuersystem (indirekte Sozialpolitik).

Hier wird ein weiteres Charakteristikum des US-amerikanischen Wohlfahrtssystems deutlich: Umverteilung wird viel stärker über das Steuersystem generiert und weniger über die Transferprogramme. Das erklärt zum Teil auch die erheblichen Differenzen, die sich bei den Redistributionseffekten im internationalen Vergleich gezeigt haben. Wird in erster Linie über die Steuersysteme umverteilt, so bleiben die Bevölkerungsgruppen außen vor, die kein Erwerbs- oder sonstiges Einkommen haben, das besteuert werden kann. Genau diese Gruppen sind auf soziale Transferprogramme angewiesen, deren umverteilende Wirkung in den USA im internationalen Vergleich aber sehr schwach ausgeprägt ist. Umverteilung konzentriert sich so auf einen recht kleinen Bevölkerungsteil, bestimmte Gruppierungen bleiben hiervon völlig ausgeschlossen.

Allerdings lassen sich auch für die Transferprogramme selbst Unterschiede bei den Wirkungsweisen und Umverteilungsmustern feststellen. Hier ist wichtig zu fragen, wer überhaupt die jeweiligen Sozialleistungen in Anspruch nehmen kann und wie diese verteilt werden. Garfinkel u. a. (2010: 51 ff.) haben auch hier eine hilfreiche Kategorie entwickelt, um Sozialprogramme unter diesem Gesichtspunkt vergleichen zu können. Die Autoren unterteilen Sozialleistungen in drei Gruppen, die sie Böden („floors"), soziale Netze („safety nets") und Bühnen („platforms") nennen. Bei den Böden handelt es um Sozialleistungen, die den Bürgern unabhängig von ihrem jeweiligen Einkommen und anderen Bedarfskriterien zur Verfügung gestellt werden. Hierzu zählen beispielsweise die kostenlose Schulausbildung, eine öffentliche Gesundheitsversorgung sowie in einigen Fällen Familienbeihilfen in Form von Kinder- oder Elterngeld. All diese Programme haben einen universellen Charakter, weil im Prinzip alle Staatsbürger und manchmal auch legale Migranten hiervon profitieren können. Auch Sozialversicherungsprogramme für Arbeitnehmer kommen diesem universalistischen Ideal sehr nahe. Hierunter fallen beispielsweise Renten- und Arbeitslosenversicherungen: Arbeitnehmer zahlen Versicherungsbeiträge und können dann Leistungen aus diesen Programmen beziehen, wenn sie erwerbslos werden oder in Rente gehen.

Demgegenüber bieten soziale Netze ihre Leistungen einem weitaus kleineren Kreis von Bürgern an. Sie richten sich vorrangig an Arme, die auf staatliche Hilfen angewiesen sind, um ein Auskommen zu haben. In den USA zählen zu dieser Art von Leistungen Programme wie Medicaid, Head Start, Wohnungs- sowie Ernährungsbeihilfen. Diese Programme sind also in erster Linie an jene Individuen gerichtet, deren Einkommen und Vermögen unter bestimmte Grenzen fällt und die weitere Kriterien der Bedürftigkeit erfüllen. Bühnen schließlich umfassen jene Programme, die zwar eine breite Anspruchsbasis haben, die aber dennoch restriktiver gehandhabt werden als die „floors" und deren Leistungen primär an wohlhabendere Haushalte und Individuen gerichtet sind. Zu solchen Leistungen und Programmen zählen in den USA private Renten- und Krankenversicherungen, die den Bürgern oftmals über den Arbeitgeber angeboten und die zum Großteil steuerlich subventioniert werden. Der Hauptunterschied zu den zuerst genannten Leistungen ist: Es besteht kein Anrecht auf diese und auch keine gesetzliche Verpflichtung der Arbeitnehmer, an Pensions- oder anderen Vorsorgeplänen teilzunehmen. Trotzdem werden diese Programme öffentlich finanziert oder zumindest subventioniert.

Wie lässt sich nun der US-amerikanische Wohlfahrtsstaat im internationalen Vergleich charakterisieren, wenn man diese Unterscheidung zugrunde legt? Erneut stößt man auf erhebliche Differenzen zwischen den Ländern. In den meisten Wohlfahrtsregimen dominieren sozialpolitische Maßnahmen, die Garfinkel u. a. als „floors" bezeichnet haben, also universelle Sozialleistungen bzw. gesetzliche Sozialversicherungen, für die eine Versicherungspflicht (in etwa 70 Prozent aller Fälle) besteht, während die anderen beiden sozialpolitischen Kategorien weniger verbreitet sind. Die Ausnahme hier bilden wieder einmal die USA, in denen die "floors" lediglich rund 50 Prozent aller Sozialleistungen ausmachen. Die anderen 50 Prozent setzen sich aus sozialen Netzen bzw. Bühnen zusammen. Transferleistungen für Bedürftige machen rund 5.7 Prozent des BIP aus, in den skandinavischen Ländern sind es lediglich etwa 3 Prozent. Auf die Bühnen entfallen in den USA circa 12 Prozent des BIP, während diesbezügliche Ausgaben in den anderen Ländern mit unter 9 Prozent des BIP deutlich unter diesem Wert liegen. Die Sonderstellung der USA resultiert zum einen aus dem großen Brocken der Gesundheitsausgaben, welche die Sozialausgaben auch hier in die Höhe treiben, und aus der besonderen Bedeutung, die privaten Formen der sozialen Absicherung hier zukommt. Die Sozialpolitik in den USA ist somit weniger orientiert an universellen Transferprogrammen, die allen Bürgern allein aufgrund ihres Staatsbürgerstatus zugestanden werden. Vielmehr dominieren freiwillige und oftmals von privaten Akteuren angebotene Versicherungsprogramme, die vom Staat steuerlich subventioniert werden. Wer sich diese Programme nicht leisten kann, der muss sich verstärkt auf die Programme aus der Kategorie "soziale Netze" verlassen, zumeist recht bescheidene, bedürftigkeitsgeprüfte Geld- und Sachleistungen, die aus allgemeinen Steuermitteln finanziert werden.

*Sozialausgaben und Armut in den USA*

Zum Schluss dieses bereits faktenreichen Kapitels wollen wir den Fokus noch einmal allein auf die gegenwärtige Situation in den USA legen und herausstellen, wie sich die sozialpolitischen Ausgaben und Kosten im Einzelnen verteilen und welche Auswirkungen dies auf die Armutsraten und deren Entwicklung in der amerikanischen Gesellschaft hat. Die bislang hauptsächlich präsentierten OECD-Daten sind weitgehend recht abstrakt auf der Makroebene angesiedelt. Was fehlt, sind eine genauere Betrachtung der Mikroebene und eine Idee, wie spezifische Haushalts- und Personengruppen in den USA von staatlicher Sozial- und Steuerpolitik erreicht und gefördert werden.

Eine exakte Quantifizierung der sozialpolitischen Ausgaben in den USA ist allerdings nicht einfach und ist – wie bereits erwähnt – maßgeblich davon abhängig, wie Sozialpolitik definiert wird. Alle folgenden Daten stammen aus dem „Statistical Abstract of the United States", den das US-amerikanische Zensusbüro in regelmäßigen Abständen herausgibt. Nach diesen Angaben lagen die Ausgaben für Soziales 2009 bei über $ 3,6 Billionen. In dieser Zahl sind alle sozialpolitischen Leistungen und Transfers an Rentner, Kranke, Arbeitslose und Sozialhilfebezieherinnen erfasst. Die beiden größten Ausgabenposten sind mit $ 1,52 bzw. $ 1,17 Billionen die Zahlungen aus der gesetzlichen Rentenversicherung und Auf-

## 2.1 Ausgaben für den US-Wohlfahrtsstaat im internationalen Vergleich 47

wendungen für Gesundheitsleistungen, gefolgt von steuerfinanzierten Einkommensbeihilfen ($ 682 Milliarden). Rund $ 2 Billionen davon sind Transferzahlungen der unterschiedlichen Regierungsebenen in den USA an die Individuen und Haushalte und können so als öffentliche Sozialausgaben bezeichnet werden. Im Vergleich zu 1990 haben sich diese Ausgaben annähernd vervierfacht. Mit $ 892 Milliarden liegen die Gesundheitsausgaben deutlich vor den Ausgaben für die Rente mit $ 699,5 Milliarden. Die Aufwendungen für die Unterstützung von Arbeitslosigkeit betrugen 2009 $ 130 Milliarden und für Einkommensbeihilfen $ 217,9 Milliarden. Zu letzteren gehören Ausgaben im Rahmen des „Supplemental Income Security Programs", der Sozialhilfe für Behinderte und bedürftige Senioren ($ 47 Milliarden), die Familienfürsorge „Temporary Assistance for Needy Families" (TANF) ($ 20 Milliarden) sowie für Lebensmittelmarken ($ 54 Milliarden). Die Frage ist, wer von diesen Sozialleistungen in welchem Umfang profitieren kann. Bei den steuerfinanzierten Transferleistungen, den sozialen Netzen, um den Terminus von Garfinkel u. a. zu verwenden, lassen sich doch enorme Unterschiede feststellen. Insgesamt erhielt in den USA im Jahr 2010 jeder dritte Haushalt Leistungen aus bedarfsgeprüften Sozialhilfeprogrammen. Dazu gehören Geld- und Sachleistungen aus dem Programm TANF, das hauptsächlich alleinerziehende Mütter in Anspruch nehmen, sowie dem Bundesprogramm „Supplemental Nutrition Assistance Program" und anderen Ernährungsbeihilfen, außerdem Wohngeld und Gesundheitsleistungen im Rahmen des Programms Medicaid. Unter den weißen Haushalten waren es nur gut 20 Prozent, die diese Form der staatlichen Unterstützung bezogen, bei den schwarzen 50,9 und bei hispanischen Haushalten 53,3 Prozent. Lediglich 6,5 Prozent der Haushalte erhielten monetäre Leistungen im Rahmen der Sozialhilfeprogramme, 24,5 Prozent nahmen Medicaid in Anspruch, 11,3 Prozent bezogen Essensmarken. Afroamerikaner sind allgemein überdurchschnittlich stark auf die sozialen Netze angewiesen. Dies zeigt sich besonders ausgeprägt bei den Lebensmittelhilfen für Bedürftige, die derzeit von jedem vierten schwarzen Haushalt bezogen werden.

Leistungen aus diesen Programmen gehen in erster Linie an Familien, die unter der Armutsgrenze leben, und lassen so auch Rückschlüsse über das Ausmaß der Armutsproblematik in den USA zu. Nach den jüngsten Daten des „Census Bureau" lag die offizielle Armutsrate in den USA 2010 bei 15,1 Prozent. Die Armutsrate ist damit in drei aufeinanderfolgenden Jahren insgesamt um 2,6 Prozentpunkte angestiegen (Blank u. a. 2011). Damit lebten im Jahr 2010 46,2 Millionen Amerikaner in materieller Armut. Die Armutsraten unterscheiden sich deutlich mit Blick auf die Hautfarbe: Lebten 2010 lediglich 9,4 Prozent aller Weißen

48    2. Der amerikanische Wohlfahrtsstaat in Zahlen: Ein empirischer Vergleich

*Abbildung 12:* Verteilung der Einkommensquintile, 1970-2010

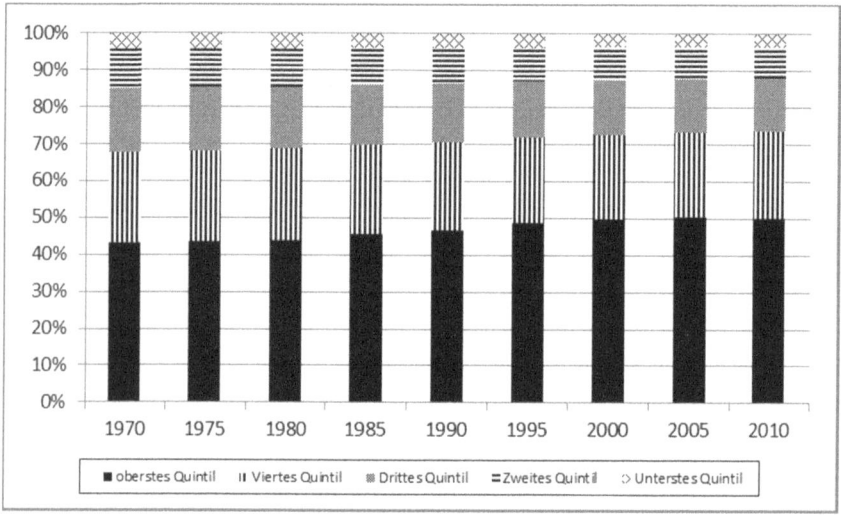

Quelle: Blank u. a. 2010: 41 ff.

unter der Armutsgrenze, war von Armut fast jeder vierte Schwarze (27,4 Prozent) und Latino (26,6 Prozent) betroffen. Die Armutsrate bei den Asiaten lag demgegenüber bei lediglich 12,1 Prozent, also leicht über dem Wert der weißen Bevölkerung. Infolge der jüngsten Finanz- und Wirtschaftskrise hat die Zahl der in Armut lebenden US-Amerikaner eine Rekordgrenze erreicht. Noch nie zuvor, seitdem Armut in den USA offiziell gemessen und erfasst wird, dem Jahr 1959, ging es so vielen Menschen materiell ausgenommen schlecht. Dies ist nicht zuletzt auch auf die gestiegene Einwohnerzahl der USA zurückzuführen (die Armutsrate selbst ist die Höchste seit 1993, liegt aber noch 7,3 Prozentpunkte unter den Werten von 1959). Überproportional von Armut betroffen sind Kinder unter 18 Jahren (20,7 Prozent). Weit besser stehen die Rentner mit einer Armutsrate von 9 Prozent dar.

Neben der Armut ist aber insbesondere die ungleiche Verteilung der Einkommen ein stark diskutiertes Phänomen in den USA. Die momentan gängige Methode zur Beschreibung der Einkommensverteilung ist die Unterteilung der Bevölkerung in fünf Einkommensgruppen (Quintile), um dann zu sehen, wie sich die Einkommen auf diese verteilen. Nach Berechnungen der Zensusbehörde gingen 2010 lediglich 3,3 Prozent der Geldeinkommen an die unteren 20 Prozent in der

Einkommensverteilung. Demgegenüber entfielen mehr als 50 Prozent aller Einkommen auf die obersten 20 Prozent und sogar 21,7 Prozent auf die obersten 5 Prozent. Wie in Abbildung 12 deutlich wird, hat sich die Verteilung der Einkommen in den letzten Jahrzehnten kontinuierlich zugunsten der reichen Haushalte verschoben. Das unterste Quintil geht zunehmend leer aus.

## 2.2 Fazit

Die hier präsentierten Daten machen deutlich, wie schwierig es ist, die Generosität und Effizienz von verschiedenen Wohlfahrtsregimen genauer zu bestimmen. Zu unterschiedlich sind die Wirkungsmechanismen einzelner Leistungen und Programme, die jeweiligen Wechselwirkungen zwischen sozialpolitischen und anderen Maßnahmen wie auch der jeweilige gesellschaftliche und demographische Kontext. Trotzdem lassen sich mit Blick auf die USA einige Spezifika festhalten, die für die Einschätzung, ob wir es bei den Vereinigten Staaten weiterhin mit einem gezügelten Sozialstaat zu tun haben oder uns um neue Einordnungen bemühen müssen, nicht ganz unwichtig sind. Dazu gehört an erster Stelle der besondere Mix bei den Sozialausgaben, der die USA doch deutlich von den anderen entwickelten Demokratien absetzt. Hier ist beachtlich, wie hoch inzwischen die öffentlichen Aufwendungen für Rentner und Kranke ohne eine Privatversicherung ausfallen. Kein anderes Land gibt anteilig so viel für die Absicherung der beiden sozialen Risiken Alter und Krankheit aus. Das heißt gleichzeitig aber auch, dass andere Sozialleistungen wie zum Beispiel die Arbeitslosenunterstützung oder monetäre Hilfen für erwerbsfähige Erwachsene im internationalen Vergleich recht niedrig ausfallen und restriktiv gehandhabt werden. Des Weiteren ist der Anteil der privaten Sozialausgaben in den USA deutlich höher als in den von uns herangezogenen Vergleichsländern Deutschland, Großbritannien, Schweden und Kanada. In den USA hat sich ein riesiger privater Versicherungsmarkt etabliert, der in erster Linie vermittelt über die Arbeitgeber den Beschäftigten individuelle oder Gruppenversicherungen anbietet, zum Teil als Ergänzung zu bestehenden gesetzlichen Sozialversicherungen, zum Teil aber auch als Ersatz, wie im Gesundheitsbereich.

Lange Zeit wurde der Wohlfahrtsstaat in den USA als rückständig und als besonders geizig kritisiert, was in erster Linie daran lag, dass die Großzügigkeit von Sozialpolitik vorrangig anhand der öffentlichen Sozialausgaben gemessen wurde. Unter Berücksichtigung der privaten Aufwendungen für sozialpolitische Zwecke und unterschiedlicher Schwerpunktsetzungen kann im internationalen Vergleich aber durchaus von einer gewissen Konvergenz hinsichtlich der Ausgabenniveaus gesprochen werden. Kurzum: Der US-Wohlfahrtsstaat ist größer und vor allem teurer als gemeinhin angenommen. Allerdings ist hiermit noch keine Neubewertung der Effektivität des US-amerikanischen Systems bei der Bekämpfung von Armut und Einkommensungleichheiten verbunden. Bei der Umverteilungskapazität schneiden die USA (weiterhin) eindeutig schlechter ab als alle anderen nordamerikanischen und auch westeuropäischen Länder. In den folgenden Kapiteln werden die finanziellen Aspekte und Entwicklungen, aber auch andere strukturelle und institutionelle Besonderheiten der US-Sozialpolitik noch genauer unter die Lupe genommen.

## 3. Traditionen, Leitideen und Grundkonflikte US-amerikanischer Sozialpolitik

„Interessen (materielle und ideelle), nicht Ideen, beherrschen das Handeln der Menschen. Aber: die ‚Weltbilder', welche durch ‚Ideen' geschaffen wurden, haben sehr oft als Weichensteller die Bahnen bestimmt, in denen die Dynamik der Interessen das Handeln fortbewegte."

(Max Weber)

Auch wenn sich in den Sozialwissenschaften nach wie vor heftig über das Verhältnis von Interessen und Ideen und ihren jeweiligen Einfluss auf Politik und Gesellschaft gestritten wird, so fällt immer wieder auf, wie omnipräsent ideologische, das heißt von starken Ideen und Wertevorstellungen getragene Positionen und Strukturen gerade in sozialpolitischen Auseinandersetzungen sind. Darauf wies vor langer Zeit nicht nur Max Weber hin, der in der Sozialpolitik eine besondere ideelle Macht am Werke sah – im alten Europa des ausgehenden 19. Jahrhunderts vor allem die sozialistischen Hoffnungen der Arbeiter –, sondern auch nachfolgende Soziologen und Wissenschaftler. So ist allgemein akzeptiert, dass widerstreitende konservative, liberale und sozialdemokratische Strömungen und Ideologien, aber auch religiöse Überzeugungen einen nicht unbeträchtlichen Einfluss auf die Herausbildung moderner Wohlfahrtsstaaten genommen haben (vgl. Oorschot 2007; Pfau-Effinger 2009). Jenseits strukturalistischer Erklärungsansätze, in deren Zentrum ökonomische Variablen oder klassentheoretische Annahmen stehen (vgl. hierzu Kap. 1), gab es immer auch schon Autoren und Untersuchungen, die mehr oder minder explizit auf die Bedeutung von kulturellen Faktoren verwiesen haben, um wesentliche Länderunterschiede bei der Organisation und Großzügigkeit von Sozialleistungen erklären zu können. Das gilt für die Pionierstudien zu wesentlichen Differenzen zwischen dem US-amerikanischen, sowjetischen und europäischen Wohlfahrtsmodell von Rimlinger (1971), der neben politisch-institutionellen Faktoren die Rolle von Ideen betont hat, genauso wie für spätere Versuche, den sozialpolitischen Sonderweg der USA auf dort vorherrschende Traditionen und kulturelle Normen wie einen „kompetitiven Individualismus" sowie den damit verbundenen ausgeprägten Anti-Etatismus bzw. Anti-Paternalismus zurückzuführen (vgl. z. B. Levine 1988; Shell 1989; Lipset 1996). In vielerlei Hinsicht ist das wissenschaftliche und politische Interesse an dem Verhältnis von Wertorientierungen und Wohlfahrtsstaat in den letzten Jahren eher gewachsen, was insbesondere für die USA zutrifft, wo die Kontroversen hinsichtlich der ethischen Grundlagen und moralischen Implikationen von Sozialpolitik in der Regel sehr zugespitzt verlaufen und sich immer wieder als äußerst wirkmächtig erwiesen haben (vgl. Handler/Hasenfeld 2007; Béland/ Waddan 2011; Wincott 2012). So ist gerade für die US-amerikanische Sozialpolitik etwa die Unterscheidung zwischen „würdigen" und „unwürdigen Armen" schon immer von entscheidender Bedeutung gewesen, nicht nur, aber auch vor allem in gesellschaftlichen Umbruch- und Krisensituationen (Fraser/Gordon 1994; Steensland 2008; Edelmann 2012).

Es ist uns jedoch wichtig, darauf hinzuweisen, dass die Vorstellung von der *einen* dominanten politischen Kultur in den USA, nämlich der (wirtschafts-)liberalen, wie sie häufig in Überblickswerken auftaucht, der Komplexität der amerikanischen Gesellschaft nicht gerecht wird. Begreift man politische Kultur als das langfristige Ergebnis und die intellektuelle Verarbeitung historisch einschneidender Ereignisse und kollektiver Erfahrungen, die zur Privilegierung bestimmter Handlungsoptionen führen, so lassen sich für die USA eine Reihe von sich verstärkenden, zum Teil aber auch konfligierenden Einflüssen und ideengeschichtlichen Strömungen identifizieren, die auf diese eingewirkt haben. Idealtypisch unterscheiden wir in den folgenden Ausführungen in Anlehnung an Forschungsergebnisse der neueren US-amerikanischen Historiographie und Politikwissenschaft (vgl. hierzu Smith 1993 und 1997, der die These von den multiplen Traditionen der US-amerikanischen Politik und Kultur aufgestellt hat, und Hero 2003) zwischen drei relevanten Denktraditionen, die unseres Erachtens für die inhaltlichen und organisatorischen Grundzüge der US-amerikanischen Sozialpolitik von Bedeutung sind: die liberale, die republikanische sowie die antiegalitäre Tradition. Sie alle hatten Anteil an der Herausbildung einer für Westeuropäer oftmals schwer verständlichen amerikanischen Wohlfahrtskultur,[2] die – befördert durch einen starken Föderalismus und unterschiedliche Besiedlungs- und Einwanderungsgeschichten – auch noch spezifische regionale Ausprägungen aufzuweisen hat. Während die ersten beiden Traditionsstränge und die mit ihnen verbundenen normativen Orientierungen und Topoi wie Individualismus, Freiheit und Gleichheit, Demokratie und Konstitutionalismus, Bürgergesellschaft und (lokale) Selbstverwaltung sowohl in der Selbst- als auch in der Fremddarstellung häufig als Kern einer distinkten „amerikanischen Ideologie" beschrieben wurden, auch „American Creed" (Myrdal 1944) oder „American Ethos" (McClosky/Zal-

---

2   Der Begriff Wohlfahrtskultur betont die ideellen und normativen Prämissen von Sozialpolitik wie unterschiedliche Gerechtigkeitsvorstellungen oder Haltungen zur Bedeutung von Familie, Arbeit etc. (vgl. Pfau-Effinger 2009).

ler 1984) genannt, haben antiegalitäre Strömungen in der internationalen Rezeption und insbesondere der vergleichenden Wohlfahrtsstaatsforschung bislang relativ wenig Aufmerksamkeit erfahren.

## 3.1 Die liberale Tradition

Für die USA dürfte außer Zweifel stehen, dass dort die protestantische Arbeitsethik und der „bürgerlich-kapitalistische Geist" mit ihrer Betonung von persönlicher und unternehmerischer Freiheit als Triebkraft der Wirtschafts- und Sozialpolitik überaus folgenreich waren. Wer sich mit dem amerikanischen System auseinandersetzt, wird fast unausweichlich auf das Argument von einem wirkmächtigen liberalen Konsens stoßen. Dieser habe zum einen mit Westeuropa vergleichbare sozialstaatliche Entwicklungen verhindert, garantiere zum anderen aber den Zusammenhalt einer ansonsten sozial und ethnisch stark fragmentierten Gesellschaft. Bis heute gilt ein machtvolles liberalistisches Erbe – verstanden als ein grundlegendes Misstrauen gegenüber dem Staat und anderen Autoritäten, verbunden mit einer starken Eigeninitiative und -verantwortung der Bürger – als herausragendes Kennzeichen und Fundament der US-amerikanischen politischen Kultur und Demokratie.

Vor dem Erfahrungshintergrund einer ausgeprägten Sozialstaatstradition in Deutschland symbolisieren die USA also ein gesellschaftliches Gegenmodell, das durch die Dominanz des Marktprinzips sowie durch eine schwache institutionelle Verankerung der Idee von einer öffentlichen Verantwortung für die grundlegenden sozialen Belange aller Bürger gekennzeichnet ist (Kaufmann 2003: 83). Tatsächlich wird man in der Bundesverfassung der USA im Gegensatz zu zahlreichen in jüngerer Zeit reformierten Verfassungen der Einzelstaaten vergeblich nach einer Art Sozialstaatsklausel suchen. Es findet sich auch keine Verpflichtung der Regierenden, eine Einheitlichkeit der Lebensbedingungen im Staatsgebiet sicherzustellen oder etwa über den Mechanismus eines regionalen Finanzausgleiches zumindest anzustreben (vgl. Sunstein 2003).

Zu den sozialpolitischen Leitbildern und Maximen, die man unmittelbar mit der liberal-kapitalistischen Tradition in den USA in Verbindung bringt, zählen eine hohe Eigenverantwortung bei der Daseinsvorsorge, die Bevorzugung von privatwirtschaftlichen Lösungen bei der sozialen Absicherung, individuelle (Wahl-) Freiheit und Wettbewerb sowie eine besonders ausgeprägte Leistungs- und Erwerbsorientierung, die der Zweckrationalität bzw. Berufsethik des „asketischen Protestantismus" (Max Weber) entspricht. Wirtschaftlicher Erfolg gilt nach der calvinistischen Prädestinationslehre als Zeichen von Durchsetzungskraft und göttlicher Auserwählung, Armut dagegen als Ausdruck moralischer Schwäche und Gottes Strafe. „Der Zusammenhang von individueller Arbeit, Leistung und Erfolg war und ist konstitutiv für das amerikanische Selbstverständnis und zugleich die Grundlage des ‚amerikanischen Traums'" (Vorländer 2008: 203), dem weiterhin fast unerschütterlichen Glauben an die Möglichkeit des gesellschaftlichen Aufstiegs und an den ewigen Fortschritt im „Land der unbegrenzten Möglichkeiten". Und dies obwohl die soziale Mobilität in den USA diversen empirischen Untersuchungen zufolge schon seit Längerem eher niedriger ausfällt als in vielen anderen OECD-Staaten. Dies trifft sowohl auf die „short-term" als auch auf die „intergenerational mobility" zu, das heißt sowohl auf die individuellen, den einzelnen Lebenszyklus betreffenden Aufstiegschancen als auch auf die Möglichkeiten von Kindern, einen höheren Lebensstandard als ihre Eltern zu erreichen (vgl. Herz 2006; Garfinkel u. a. 2010: 87 ff.; DeParle 2012).

Zum „American Dream" und einem „possessiven Individualismus" (MacPherson 1962) passt auch eine spezifische Vorstellung von Gleichheit und sozialer Gerechtigkeit, die sich wesentlich stärker als etwa in Deutschland gegen die Diskriminierung von Frauen oder ethnischen Minderheiten im öffentlichen und wirtschaftlichen Leben richtet (vgl. hierzu Kap. 5.3), die zugleich aber durchaus bereit ist, erhebliche Einkommensunterschiede und für ein so wohlhabendes Land eine doch bemerkenswert hohe Verbreitung und Persistenz von Armut zu tolerieren (vgl. hierzu Kap. 2). Darauf weisen nicht zuletzt die Ergebnisse von regelmäßig stattfindenden Meinungsumfragen hin: Trotz einer wachsenden Besorgnis über das erreichte Ausmaß an sozioökonomischer Ungleichheit in ihrem Land favorisieren US-Amerikaner demnach immer noch weitaus weniger als Westeuropäer umverteilende Maßnahmen; stattdessen sehen sie als wichtigste sozialpolitische Aufgabe ihrer Regierung die (Wieder-)Herstellung von Chancengleichheit an (McCall/Kenworthy 2009).

Auch in der akademischen Debatte über den sozialpolitischen Sonderweg der USA wird meist mit Bezugnahme auf Alexis de Tocqueville (Über die Demokratie in Amerika, 1835), Richard Hofstadter (The American Political Tradition, 1948) oder auch Louis Hartz (The Liberal Tradition in America, 1955) auf die anhaltende Vorherrschaft und Wirkmächtigkeit klassischer liberaler Normen und Ideen verwiesen (vgl. hierzu z. B. Rimlinger 1971; Wilensky 1975; Levine 1988; Lipset 1996; Lockhart 2003). Das zentrale Argument der sogenannten Konsens-Schule, die bis in die 1970er Jahre hinein dominant war, lautet: Das spezifische bürgerlich-liberale Weltbild der US-Amerikaner mit ihrer besonderen Wertschätzung von Individualismus, Privateigentum, Leistungsstreben, Unternehmergeist, sozialer Mobilität und Selbstbestimmung ist seit der Gründung der Vereinigten

## 3.1 Die liberale Tradition

Staaten mehr oder minder unverändert und unangefochten geblieben. Es rührt im Wesentlichen daher, dass es im eigenen Land aufgrund des Fehlens einer feudalen Vergangenheit keine ähnlich starren Herrschaftsstrukturen und Klassenbarrieren wie in Europa zu überwinden gab. Die US-Amerikaner, so die oft zitierte Formulierung des französischen Adligen Tocqueville (1805–1859), hatten den großen Vorteil gegenüber den Europäern, „dass sie die Demokratie erlangten ohne demokratische Revolutionen durchmachen zu müssen, und dass sie als Gleiche geboren" waren, „anstatt es erst zu werden" (1959: 242). Die Vereinigten Staaten waren die „erste neue Nation" (Lipset 1979) mit einem damals bislang unerreichten Ausmaß an religiösen und politischen Freiheiten sowie beträchtlichen ökonomischen Chancen. Das hat nach Hartz zur Verfestigung einer Geisteshaltung sowohl in der Bevölkerung als auch unter den Eliten geführt, die er als „natürlichen Liberalismus" (1955: 5) bezeichnet hat. Diese liberalen Grundüberzeugungen, die sich in der Unabhängigkeitserklärung und vor allem in den „Bill of Rights"[3] der Verfassung niedergeschlagen haben, seien weit bis ins 20. Jahrhundert hinein hegemonial geblieben, wobei die Locke'sche Idee von der Autonomie des Individuums und seinen natürlichen Rechten zunächst die ideologische Klammer zwischen Eigentum und Freiheit und später zwischen Kapitalismus und Demokratie darstellte.[4]

Dies kann auch erklären, warum sich nationale Politik in den USA über lange Zeit auf den Schutz der ökonomischen Sphäre und des freien Wettbewerbs konzentrierte, da es für individuelle Interessen übersteigende Formen des kollektiven politischen Handelns oder weiterreichende staatliche Interventionen in Markt und Gesellschaft entweder keine Notwendigkeit oder keine hinreichende Akzeptanz gab. Auffällig ist darüber hinaus, dass weder die vielfältigen religiösen und ethnischen Spaltungen noch der Gegensatz zwischen ländlichem und städtischem Leben, noch der wachsende Antagonismus zwischen Kapital und Arbeit irgendwann in dauerhafte und klar voneinander abgrenzbare (partei-)politische Organisationsformen mündeten. Selbst als in den USA die soziale Frage am Ausgang des

---

3   Die „Bill of Rights", die ersten zehn im Jahr 1789 vom Kongress verabschiedeten Zusatzartikel der Verfassung, gestehen allen US-Bürgern im Einklang mit Werten der Aufklärung unveräußerliche Grundrechte zu, darunter das Recht auf Religions-, Meinungs-, und Versammlungsfreiheit, das Recht auf einen fairen Gerichtsprozess sowie auf den Schutz individuellen Eigentums vor staatlicher Beschlagnahmung. In diesen Zusatzartikeln ist auch das Recht der US-Bürger zum Besitz und Tragen von Waffen verankert.
4   Neben dem englischen Aufklärer John Locke (1632–1704), der als Schutzheiliger der politischen Philosophie des amerikanischen Liberalismus gilt, wird dem schottischen Ökonomen und Moralphilosophen Adam Smith mit seinem Werk „Der Wohlstand der Nationen" (erschienen 1776) entscheidender Einfluss auf die wirtschaftsliberalen Ideen der Gründungsväter eingeräumt.

19. Jahrhunderts, dem sogenannten „Gilded Age",[5] im Zuge der rapiden Industrialisierung, Urbanisierung und verstärkten Einwanderung aus den armen Ländern Süd- und Osteuropas immer drängender wurde und diverse Reformbewegungen hervorbrachte, blieben politische und intellektuelle Strömungen, die das bürgerlich-kapitalistische System in Frage gestellt oder zumindest eine eindeutig sozialdemokratische Richtung vertreten hätten, vergleichsweise schwach (vgl. Shefter 1986; Weir u. a. 1988). Die Bedingungen, die in Deutschland und anderen europäischen Ländern in dieser Zeit den Ausbau wohlfahrtsstaatlicher Strukturen in Form von ersten Sozialversicherungen für die Industriearbeiterschaft vorantrieben – die Tradition eines autoritären, aber auch fürsorglichen Obrigkeitsstaates, vor allem jedoch die Angst der Herrschenden vor der Ausbreitung sozialrevolutionärer Strömungen –, waren in dem „Land of the Free", das mussten auch linke zeitgenössische Beobachter aus Europa einräumen, so nicht vorhanden. So hat etwa der deutsche Soziologe Werner Sombart der Frage, warum es in den Vereinigten Staaten keinen Sozialismus gibt, 1906 ein ganzes Buch gewidmet. Er kam ähnlich wie zuvor Marx und Engels zu Beginn des 20. Jahrhunderts zu dem Schluss, dass der vergleichsweise hohe Lebensstandard der US-amerikanischen Arbeiter diese gezähmt habe. An Roastbeef und Apple Pie seien alle sozialistischen Utopien zuschanden gekommen.

Dass der amerikanisches Liberalismus spätestens im Laufe der vielfältigen Umbrüche und Krisen des 20. und 21. Jahrhunderts allerdings einen Bedeutungswandel bzw. eine nicht unerhebliche Ausdifferenzierung erfahren hat, zeigt sich allein darin, dass der Begriff liberal im Alltagsverständnis der US-Amerikaner, aber auch in Medienberichten und Meinungsumfragen inzwischen nicht mehr mit der Befürwortung von Laisser-faire-Prinzipien oder anderen wirtschaftsliberalen Positionen gleichgesetzt wird. Meist ist genau das Gegenteil der Fall. Es ist zumindest aus europäischer Sicht zu einer Verkehrung der Terminologie gekommen: Liberal steht seit dem New Deal und den zahlreichen Sozialreformen in den Nachkriegsjahrzehnten (vgl. hierzu Kap. 4) in der Regel für eine Haltung, die staatliche Interventionen und politische Maßnahmen zugunsten von Lohnabhängigen, Einkommensschwachen und Minderheiten gutheißt. Demgegenüber werden die „klassischen Liberalen" in den USA mit ihrer oftmals kategorischen Ablehnung von „big government" in der Innenpolitik als Konservative oder Libertäre und etwa ab den 1970er Jahren auch als Neokonservative oder Neoliberale bezeichnet bzw. grenzen sich selbst auf diese Weise von den Sozialliberalen

---

5   Der Begriff „Gilded Age" (vergoldetes Zeitalter) stammt von Mark Twain und bezieht sich auf die Zeitspanne von 1876 bis 1914, in der die Kehrseite des wirtschaftlichen Aufschwungs und des technologischen Fortschritts in großer Armut und weitverbreiteter Korruption, insbesondere in den Großstädten, bestand (vgl. hierzu Kap. 4).

## 3.1 Die liberale Tradition

ab (vgl. zur Bedeutungsverschiebung Lowi 1995 und Kloppenberg 2008). Inwiefern der Sozialliberalismus des 20. und 21. Jahrhunderts, wie er von verschiedenen demokratischen Präsidenten und Politikern, angefangen bei Franklin D. Roosevelt über Lyndon B. Johnson, den Kennedy-Clan bis hin zu Barack Obama, verkörpert wird, allerdings einen eindeutigen Bruch mit dem Lockeanismus der Gründungsväter bedeutete oder vielmehr nur eine geringfügige und notwendig gewordene Erweiterung und Modernisierung des privatwirtschaftlich fundierten amerikanischen „Welfare Capitalism",[6] ist bis heute umstritten.

Betrachtet man die zentralen sozialpolitischen Kontroversen und Entwicklungslinien in den USA seit dem 19. Jahrhundert etwas genauer, wie wir es beispielhaft in den folgenden Kapiteln tun werden, so zeigen sich eine Reihe von Eigenheiten, aber auch Ambivalenzen und ungelöste Konflikte, die als ein Vermächtnis der zweifelsohne einflussreichen liberalen Tradition im Spannungsverhältnis zwischen ihren Grundprinzipien Freiheit und Egalität interpretiert werden können. In gewisser Weise drängen sie aber auch zu einer Modifizierung der These von einem ungebrochenen antietatistischen Konsens, der dem Aufbau eines umfassenden sozialen Sicherungssystems in den USA schon immer im Wege gestanden habe.

Erstens kann bezogen auf die Bevölkerung von einer durchgehenden und umfassenden Ablehnung von Sozialstaatlichkeit, wie sie häufig unterstellt wird, kaum die Rede sein. Es lassen sich diesbezüglich nicht nur deutliche Einstellungsunterschiede zwischen den Anhängern der verschiedenen (partei-)politischen Lager feststellen. Es gibt auch offensichtliche Differenzen mit Blick auf Einkommen und Hautfarbe. So betonen Anhänger der Demokraten, Einkommensschwache und Afroamerikaner grundsätzlich stärker als Anhänger der Republikaner, Wohlhabende und Weiße die sozialpolitische Verantwortung der Bundesregierung, zum Beispiel bei der Gesundheitsversorgung (vgl. Griffin/Newman 2008: 39 ff.; Kaiser Family Foundation 2012).

Zweitens scheinen viele US-Amerikaner eine aus deutscher Sicht eher paradox anmutende Kombination aus Haltungen zu pflegen: Während sie die meisten öffentlichen Sozialleistungen und -programme durchaus positiv bewerten und für diese zum Teil sogar mehr Mittel einfordern, lehnen sie – wenn sie allgemein nach den zentralen staatlichen Aufgaben befragt werden – ein in den Markt eingreifendes Wohlfahrtssystem aus ideologischen Gründen weiterhin mehrheitlich ab (vgl. hierzu Free/Cantril 1968; Hochschild 1981; Feldman/Zaller 1992; Mett-

---

6 Der Begriff „Welfare Capitalism" kennzeichnet das System betrieblicher Sozialleistungen, das Großunternehmen in den USA ab Ende des 19. Jahrhunderts herausgebildet haben und das von staatlicher Seite durch erhebliche Steuersubventionierungen unterstützt wird (vgl. hierzu Kap. 4 und 5.1).

ler 2011). Dies kann als Ignoranz, politische Verblendung oder Strukturkonservatismus gedeutet werden, aber in gewisser Weise auch als Hinweis auf ein grundlegend anderes Politikverständnis als in Europa, das dem Staat – in den USA in der Regel „government" und nicht „state" genannt – eine rein funktionelle, aber keine abstrakt-idealistische Bedeutung zumisst.

Und schließlich haben verschiedene Studien aus der Schule des historischen Institutionalismus nachgewiesen (z. B. Skocpol 1995; Pierson 1996; O'Connor u. a. 1999; Mittelstadt 2001; Quadagno/Street 2005), dass die gesellschaftliche und politische Unterstützung von einzelnen sozialstaatlichen Leistungen und Programmen in den USA im Wesentlichen auch immer davon abhängig war, welche Interessen von ihnen bedient wurden und welche Bevölkerungsgruppen von ihnen Gebrauch machen konnten. Das „individualistische Ethos" und das traditionell zwiespältige Verhältnis der US-Amerikaner zu einem interventionistischen Sozialstaat haben zum Beispiel nicht verhindert, dass bereits zu Beginn des 19. Jahrhunderts ein umfangreiches System öffentlich-finanzierter Schulen entstehen konnte, das dem in europäischen Ländern weit voraus war (vgl. hierzu Kap. 5.4), oder dass die Bundesregierung schon frühzeitig Pensionsansprüche für Soldaten und Kriegswitwen schuf, um diese für ihren patriotischen Einsatz zu belohnen (vgl. hierzu Kap. 4). Auch die Sozialversicherungssysteme zur Einkommensabsicherung im Alter (Social Security und Medicare), von denen nicht nur arme Haushalte, sondern insbesondere die Mittelschichten profitieren, erfreuen sich einer großen Beliebtheit (vgl. hierzu Kap. 5.7). Auch wenn bemerkenswert ist, wie viele ihrer Nutznießer anscheinend nicht wissen, dass es sich hierbei um einen Versicherungsschutz handelt, den es ohne staatliche Eingriffe in dieser Form nicht geben würde. So erklärten kürzlich in einer repräsentativen Meinungsumfrage unter älteren Menschen in den USA mehr als die Hälfte aller Befragten, niemals eine wohlfahrtsstaatliche Leistung in Anspruch genommen zu haben, obwohl ihr Haupteinkommen aus der gesetzlichen Rentenversicherung stammt (Mettler 2011: 39).

Besonders unbeliebt sind in den USA ganz offensichtlich Sozialtransfers, die nicht auf einer Art Vertragsverhältnis beruhen, in dem Leistungen und Gegenleistungen in einer weitgehend kalkulier- und kontrollierbaren Beziehung zueinanderstehen. In den meisten sozialpolitischen Diskussionen in den Vereinigten Staaten dominiert eine seltsam dichotome Logik von „contract versus charity" (Fraser/Gordon 1992: 47), wobei Vorstellungen von unabdingbaren sozialen Rechten zum Schutz der Menschenwürde und als integraler Teil des Bürgerstatus („social citizenship"), wie sie in westeuropäischen Ländern gesellschaftlich und institutionell mehr oder minder fest verankert sind, weitgehend fehlen. Diese Geringschätzung

## 3.1 Die liberale Tradition

von sozialen Rechten, die auch als ein Ausdruck der spezifischen amerikanischen liberal-kapitalistischen Tradition verstanden werden kann, zeigt sich besonders ausgeprägt im Umgang mit Armutsproblemen und in der Familienpolitik.

Obwohl Familien mit Kindern in den USA seit den 1970er Jahren eine Reihe von speziellen Steuervergünstigungen zugestanden wird (vgl. hierzu Kap. 5.2) und Ehe und Kleinfamilie in der politischen Rhetorik nicht nur der Konservativen eine zentrale Stellung einnehmen, gilt die familiäre Sphäre weiterhin als privater Raum, in den der Staat nach vorherrschender Ansicht im Normalfall nicht zu intervenieren hat. Zwar wird von allen Männern und Frauen, seit einiger Zeit auch von alleinerziehenden Müttern mit Kleinkindern, grundsätzlich verlangt, ihren Lebensunterhalt durch Erwerbsarbeit zu bestreiten (vgl. hierzu Kap. 5.8). Im Gegenzug gibt es jedoch keine universellen Sozialleistungen wie Kinder-, Eltern- oder Erziehungsgeld und auch keinen rechtlichen Anspruch auf einen Kita- oder Kindergartenplatz. In der Locke'schen Welt des freien, selbstbestimmten, Eigentum bildenden und vertragsfähigen Bürgers bleiben Kinderkriegen und Kinderbetreuung bzw. die Bewältigung des Problems der Vereinbarkeit von Beruf und Familie im Prinzip eine Privatangelegenheit (vgl. hierzu kritisch Morgan 2006: 135 ff.).

Die USA sind nicht nur der einzige OECD-Staat, der seinen Angestellten nach der Geburt von Kindern keine bezahlte Elternzeit garantiert, die USA heben sich auch dadurch hervor, dass ihr Sozialsystem noch nie ein Existenz sicherndes Mindesteinkommen für alle Bedürftigen vorgesehen hat. Die auch für andere westlich-kapitalistische Länder typische Unterscheidung zwischen den „deserving poor", denjenigen, die aufgrund von unverschuldeten Schicksalsschlägen und Beeinträchtigungen einer kollektiven Verantwortung unterstehen, und den „undeserving poor", den „Schmarotzern", denen ein Missbrauch von Sozialleistungen auf Kosten der Gemeinschaft unterstellt wird, ist hier besonders prononciert (vgl. Kap. 5.8). US-Amerikaner neigen deutlich stärker als Westeuropäer dazu, die Ursachen für Armut in individuellem Fehlversagen und in Charakterschwächen zu suchen (van Oorschot/Halman 2000; Somers/Block 2001). Diese weitverbreitete malthusische Sichtweise erklärt sich jedoch nicht allein aus dem liberalistischen Erbe und der daraus resultierenden Idealisierung des Selfmademan. Vielmehr erschließt sich der moralische Rigorismus und Eifer, mit dem Arbeitslose und Arme in den USA oftmals für ihre Situation selbst verantwortlich gemacht werden und mit der eine Abhängigkeit von staatlicher Hilfe von fast allen politischen Lagern verurteilt und bekämpft wird, erst, wenn man andere Traditionen in der Geschichte der Vereinigten Staaten – namentlich die republikanische und die antiegalitäre – hinreichend berücksichtigt.

## 3.2 Die republikanische Tradition

Der Republikanismus gilt nicht erst seit dem jüngsten amerikanischen Historikerstreit – der Kommunitarismusdebatte in den 1980er und 1990er Jahren – als die politische und philosophische Tradition in den USA, die eine ähnlich große historische Bedeutung wie der Liberalismus für sich beanspruchen kann.[7] Ihre zum Teil widersprüchlichen sozialpolitischen Implikationen haben bislang weniger Aufmerksamkeit auf sich gezogen als die demokratietheoretischen. Und doch gibt es einige republikanische Grundprinzipien wie das Ideal der lokalen Gemeinschaft („community") und des Bürgerengagements („civic engagement") sowie spezifische Vorstellungen von Unabhängigkeit, die für das Verständnis von wohlfahrtsstaatlichen Entwicklungen, aber auch aktueller Kontroversen in den USA relevant sind – etwa im Bereich der Wohnungs- und Rentenpolitik (Stichwort „ownership society"; vgl. Kap. 5.5), in der Sozialhilfepolitik (Stichwort „welfare dependency"; vgl. Kap. 5.8) oder hinsichtlich der Rolle religiöser Organisationen (Stichwort „charitable choice"; vgl. Kap. 4).

Der Republikanismus als politische Strömung und Denktradition fußt auf der aristotelischen Vorstellung von einer guten staatlichen Ordnung, in der sich freie und gleichgestellte (männliche) Bürger zu einer demokratischen Gemeinschaft zusammenschließen, um ein tugendhaftes und selbstbestimmtes Leben zu führen. Im Unterschied zum klassischen Liberalismus wird jedoch davon ausgegangen, dass sich demokratischer Wille und Allgemeinwohl nicht aus vorpolitischen, pluralen und individuellen Interessen einfach ableiten lassen, sondern in einem öffentlichen Prozess unter der möglichst weitreichenden Partizipation aller Mitglieder der Gemeinschaft erst bewusst hergestellt werden müssen. Die Tradition des atlantischen Republikanismus (vgl. hierzu Pocock 1993; Bellah u. a. 1996) geht vor allem auf die amerikanische Revolution und die Demokratievorstellungen von Thomas Jefferson zurück, Hauptverfasser der Unabhängigkeitserklärung, dritter Präsident der USA und einer der wichtigsten westlichen Staatstheoretiker seiner Zeit. Für Jefferson gab es einen inneren Wesenszusammenhang zwischen privatem Eigentum, persönlicher Freiheit und demokratischer Selbstregierung.

---

7 In der philosophischen Kommunitarismusdebatte geht es in erster Linie um eine Kritik am politischen Liberalismus und an dessen Vernachlässigung von Gemeinschaft und moralischen Fragen. Dem liberalen Marktradikalismus, Wettbewerb und Individualismus setzen die Kommunitaristen Solidarität, Gemeinsinn und Verantwortungsbewusstsein entgegen, also Tugenden bzw. kollektive Werte, die in den USA mit der politischen Tradition des Republikanismus identifiziert werden. Bis heute ist allerdings umstritten, inwieweit die republikanische Tradition des 19. Jahrhunderts in den USA im Liberalismus aufgegangen ist und daher eher als eine seiner Unterströmungen zu betrachten ist (vgl. Sandel 1995; Jaeger 1997; Vorländer 1997).

## 3.2 Die republikanische Tradition

Sein an philosophischen Grundüberlegungen von Montesquieu orientiertes Ideal waren überschaubare lokale Gemeinschaften von durch ausreichenden Landbesitz wirtschaftlich unabhängigen Bürgern, die sich weitgehend selbst versorgen und verwalten können. Freiwillige Zusammenschlüsse und Netzwerke von sittsamen und eigenverantwortlichen Kleineigentümern, Handwerkern und Farmern sollten das bewerkstelligen und regeln, was in anderen Ländern die Regierungen übernahmen, und somit den Dualismus zwischen Staat und Gesellschaft tendenziell aufheben.

Die Furcht der damaligen Republikaner und Anti-Föderalisten[8] galt vor allem der Bevormundung durch eine zu starke Zentralregierung und später der Industrialisierung sowie Urbanisierung, weil diese die agrarischen und föderativen Grundlagen der von ihnen favorisierten Form des Zusammenlebens in kleinen Einheiten mit einer weitgehend homogenen Bevölkerungsstruktur bedrohten. Die Produktion in großen Industrieanlagen, so Jefferson in einer Streitschrift zur ökonomischen Entwicklung von Virginia, untergrabe die Unabhängigkeit, die für Staatsbürger im Sinne des Republikanismus erforderlich sei: „Abhängigkeit erzeugt Unterwürfigkeit und Bestechlichkeit, erstickt den Keim der Tugend und schafft Werkzeuge, die für ehrgeizige Bestrebungen taugen" (zit. nach Sandel 1995: 60 f.). Das beste Mittel, um von staatlicher Seite dieser Gefahr von sittlicher Verderbnis, Korruption und Abhängigkeit entgegenzuwirken, bestand aus republikanischer Sicht nicht in einer Beschränkung der Macht der Industriellen oder in einem Ausbau öffentlicher Wohlfahrt, sondern in der Bereitstellung von Land an Besitzlose, um diese zu eigenverantwortlichen und produktiven Mitgliedern der Gemeinschaft zu machen (Zundel 2000: 23 ff.). Beispielhaft für eine solche, von republikanischen Vorstellungen inspirierte Politik waren der „Homestead Act" von 1862, mit dem die Bundesregierung bis dahin unbesiedelten Boden zur kostenlosen Bewirtschaftung freigab, sowie eine Reihe ähnlicher Gesetze, die in den folgenden Jahrzehnten vom Bund und von den Einzelstaaten als Maßnahmen zur wirtschaftlichen Entwicklung, aber auch mit dem Ziel der Armutsbekämpfung verabschiedet wurden. Sie leiteten das größte Landumverteilungsprogramm zugunsten von mittellosen Familien in der Geschichte der USA ein, von dem zwischen 1863 und 1939 etwa 1,5 Millionen Siedler, darunter viele neue Einwanderer, profitieren konnten (Shanks 2005: 3).

---

8   Hinsichtlich dieser Zuordnungen gibt es immer wieder Verwirrung. Während in der Gründungsphase der USA die Anhänger von Jefferson noch als Republikaner bezeichnet wurden, ging aus der von ihnen 1792 gegründeten Demokratisch-Republikanischen Partei später die heutige Demokratische Partei hervor. Als Anti-Föderalisten galten die damaligen Republikaner deswegen, weil sie den Einfluss der Bundesregierung (federal government) begrenzen wollten und sich für die Eigenständigkeit der Einzelstaaten einsetzten.

Obwohl der Agrar-Republikanismus mit seinem egalitären und tugendhaften Anspruch spätestens mit der unaufhaltsamen Ausbreitung des Industriekapitalismus und der Schließung der *frontier* Ende des 19. Jahrhunderts „historisch gescheitert ist" (Dahl 1976: 27), blieben einige seiner Leitbilder wie Dezentralität, lokale Demokratie und Selbstverwaltung sowie der besondere moralische Status des Grund- und Hauseigentümers in der populären Vorstellungswelt sowie im (sozial-)politischen Denken der USA präsent (vgl. Kap. 5.5). Dies erklärt zum Beispiel die bis heute ungewöhnlich starke Souveränität der Einzelstaaten und vielerorts auch die weitreichenden Kompetenzen der Kommunen in der Sozialpolitik, die erhebliche regionale Disparitäten bei der wohlfahrtsstaatlichen Absicherung und Versorgung erzeugt sowie die sozialräumlichen Ungleichheiten in den USA tendenziell noch verschärft (vgl. Béland 2010: 58 ff.).

Zu den republikanischen Grundüberzeugungen gehört aber auch die Auffassung, es sei die vornehmliche Aufgabe von öffentlicher Politik, die zur Selbstregierung nötigen Voraussetzungen und Charaktereigenschaften der Bürger zu stärken (Sandel 1995: 55). Dies schließt einerseits eine positive staatliche Förderung ihrer ökonomischen Unabhängigkeit ein, etwa durch großzügige steuerliche Subventionierungen unternehmerischer Aktivitäten, Regierungsprogramme zur Steigerung des Eigenheimerwerbs oder die staatliche Unterstützung anderer privatwirtschaftlicher Formen der sozialen Absicherung wie individuelle Renten- und Sparkonten. Diese Steuersubventionen sind in den USA äußerst populär und machen einen wesentlichen Teil des „Hidden Welfare State" (Howard 1997) aus (vgl. Kap. 4; 5.6 und 5.7). Diese Auffassung kann andererseits jedoch auch zur Legitimierung von paternalistischen und punitiven sozialpolitischen Maßnahmen dienen, etwa zur Kontrolle von „Habenichtsen" und „Tugendlosen", die im Widerspruch zu liberalen Grundüberzeugungen stehen (King 1999). Beispiele für den erziehenden und strafenden Staat als Ausdruck eines republikanischen und protestantisch-puritanischen Erbes finden sich nicht nur zuhauf in der Vergangenheit (vgl. Piven/Cloward 1971; Katz 1986), sondern auch noch heute im Umgang mit den Teilen der Bevölkerung, die nicht den gängigen Verhaltens- und Charakteranforderungen einer tendenziell sozialkonservativen, da religiös geprägten Mittelschichtgesellschaft entsprechen: Drogenabhängige, junge unverheiratete Mütter, straffällig gewordene Jugendliche, Schulabbrecher, in der informellen Ökonomie Beschäftigte, Armutsmigranten, Obdachlose und all diejenigen, für die in den USA der häufig diffamierende und rassifizierende Begriff der „underclass" benutzt wird (vgl. kritisch hierzu Gans 1995; Wacquant 2009). All diese Gruppierungen müssen sich, wenn sie in Notlagen überhaupt (noch) einen Anspruch auf staatliche Unterstützung und gesellschaftliche Solidarität geltend machen können,

## 3.2 Die republikanische Tradition

oftmals entwürdigenden Überprüfungen ihrer Bedürftigkeit und weitreichende Einmischungen in ihre Privatsphäre gefallen lassen, die zum Teil an Praxen und Ideologie der kommunalen Armenfürsorge vergangener Jahrhunderte erinnern.[9]
Dem besonderen Stellenwert von Bürgertugenden und -pflichten im politischen Denken entspricht aber auch eine kaum überschaubare Zahl an karitativen Organisationen, unabhängigen Vereinigungen und privaten Stiftungen in den USA, die sich der Wohltätigkeit und dem Gemeinnutz verschrieben haben. In der deutschen Perzeption ist es gerade die Vielfalt und auch die hohe Professionalität des amerikanischen Assoziationswesens, die meist positiv, zum Teil sogar bewundernd mit dem republikanischen Erbe in den USA in Verbindung gebracht wird. Die USA galten schon immer als das „Land der gelebten Subsidiarität" (Tocqueville 1835 [1959]) und des „Gewirrs von frei gewachsenen Sekten, Vereinen und Clubs" (Weber 1906 [1986]), als eine „nation of joiners" (Schlesinger 1944) mit einer außergewöhnlichen „partizipativen politischen Kultur" (Almond/Verba 1963). Auch in aktuellen Ländervergleichen nehmen die Vereinigten Staaten in Bezug auf die Spendenfreude und Bereitschaft ihrer Bevölkerung zur Übernahme ehrenamtlicher Tätigkeiten („volunteering") weiterhin eine Sonderposition ein. Dem aktuellen „World Giving Index" zufolge sind die USA neben Kanada weltweit das führende Land in Bezug auf private Wohltätigkeit. Demnach haben im Jahr 2011 65 Prozent aller US-Amerikaner mindestens einmal Geld für einen guten Zweck gegeben, und 43 Prozent haben sich in ihrer Freizeit ehrenamtlich engagiert (im Vergleich zu 49 bzw. 26 Prozent aller Deutschen; Charities Aid Foundation 2012: 42).

Ähnlich wie der ausgeprägte Individualismus hat der Voluntarismus in den USA sowohl unterschiedliche Erscheinungsformen als auch diverse ideologische und historische Hintergründe (vgl. Bellah 1967). Seine Wurzeln werden meist im vorrevolutionären Amerika ausgemacht: in den ersten Kolonien der vor religiöser Verfolgung im alten Europa geflohenen Puritaner und anderer protestantischer Sekten, die in Struktur und Organisation auf die jeweiligen lokalen Bedingungen abgestimmt und vom Engagement jedes Einzelnen abhängig gewesen seien, sowie in den vielfältigen Pioniererfahrungen des Aufeinanderangewiesenseins, der Solidarität und Gemeinschaft bei der weiteren Eroberung und Besiedlung des Kontinents. Der Historiker Daniel Boorstin (1965: 66) hat den aus seiner Sicht

---

9  Kennzeichnend für die kommunale Armenfürsorge im 18. und 19. Jahrhundert war, dass Unterstützung („poor relief") meist in Form von Naturalien und nur in seltenen Fällen durch Geld gewährleistet wurde. Ein weiteres Prinzip war das der Abschreckung zum Beispiel durch öffentliche Zurschaustellung und Disziplinierung der Bedürftigen, um Menschen von der Beantragung der Armenhilfe ab- und zur Arbeitsaufnahme anzuhalten (vgl. zur Geschichte der Armenfürsorge in den USA Katz 1986 und Kap. 5.8).

wesentlichen Unterschied zur europäischen Erfahrung, der das Selbstverständnis und die Mentalität der US-Amerikaner entscheidend geprägt habe, auf die knappe Formel gebracht: „Community before government".

Hinzu kamen weitere historische Besonderheiten: Nach dem Bürgerkrieg gründeten befreite Sklaven überall im Land eigene Kirchen, die sich in herausragender Weise zum Zentrum des schwarzen Gemeinschaftslebens, der Selbsthilfe sowie karitativer und politischer Aktivitäten entwickeln sollten (vgl. Pinn 2005). Aber auch die großen Einwanderungswellen sowie die gravierenden Folgen der Industrialisierung haben relativ früh eine Reihe von ethnisch orientierten Selbsthilfeorganisationen, weitverzweigte philanthrophische Tätigkeiten sowie erste Formen der institutionalisierten Sozialarbeit hervorgebracht, zum Beispiel die „Charity Organization Societies" oder die berühmte Reformbewegung der „Settlement Houses" für Arme, die ab Mitte des 19. Jahrhunderts vor allem in den Großstädten des Nordens aktiv war (vgl. Bellah u.a. 1996; Bane u.a. 2000; Jaeger 2001).

Dabei sind neben republikanischen Idealen religiöse Überzeugungen, Motive und Strukturen nicht trotz, sondern gerade wegen des Fehlens einer Staatskirche bis heute ganz eindeutig die zentralen Quellen sozialreformerischer Initiativen und privater Wohltätigkeit in den USA geblieben, womit sie sowohl konservative als auch progressive Züge tragen können bzw. eine Kombination aus beiden (vgl. Wuthnow 2004). Schätzungen zufolge werden auch zu Beginn des 21. Jahrhunderts mehr als Hälfte aller nichtstaatlichen sozialen Dienst- und Hilfsleistungen von Kirchengemeinden verschiedenster Konfessionen und anderen Gruppierungen mit religiösem Hintergrund („faith-based initiatives") erbracht (vgl. Wing u.a. 2009; Putnam/Campbell 2010); im Bereich der unmittelbaren Armutslinderung, etwa bei der Nahrungsversorgung in Form von Suppenküchen und Lebensmitteltafeln, sind es über 70 Prozent (Grell 2010: 133).

Unabhängig von ihren sonstigen politischen Überzeugungen haben sich fast alle US-Regierungen in den letzten Jahrzehnten positiv auf das ausgeprägte bürgerschaftliche Engagement als lebendigen Kern der republikanischen Tradition bezogen und sich bemüht, mit diversen Kampagnen und staatlichen Programmen das sozialpolitische Potenzial der Freiwilligen und Spender in Wirtschaft und Gesellschaft, insbesondere das von religiösen Gemeinschaften und Einrichtungen, moralisch aufzuwerten und auch praktisch zu nutzen. Vorläufiger Höhepunkt dieser auch in den USA wegen der formalen Trennung von Staat und Kirche nicht unstrittigen Entwicklung war die Initiative von Präsident George W. Bush, 2001 unter dem Dach des Weißen Hauses ein „Office of Faith-based and Communi-

## 3.2 Die republikanische Tradition

ty Initiatives" einzurichten, um eine an religiös-moralischen Grundsätzen orientierte Sozialarbeit gezielter finanziell zu fördern und institutionell einzubinden. Ideologische Unterstützung für diese und ähnliche Initiativen eines „Compassionate Conservatism" auf Seiten der Republikaner oder eines „Dritten Weges" auf Seiten der Demokraten in der Sozialpolitik lieferte eine Gruppe von namhaften Akademikern und Philosophen, die sich Anfang der 1990er Jahre zum „Kommunitaristischen Netzwerk" zusammengeschlossen haben (vgl. Joas 1995; Lange 2000). Einer ihrer wichtigsten Wortführer, der Soziologieprofessor Amitai Etzioni, fungierte in den 1990er Jahren als Berater von Präsident Bill Clinton und intellektualisierte dessen Programm einer „New Democratic Party", das mit dem wohlfahrtsstaatlichen Etatismus der New-Deal-Anhänger und der Fokussierung auf benachteiligte Minderheiten brach und das Moralische vom Staat auf die „Gemeinschaft" übertragen wollte. Mit ihrer doppelten Kritik am exzessiven Individualismus und Ökonomismus der Neoliberalen sowie am Bürokratismus eines staatszentrierten Sozialliberalismus haben die Kommunitarier der alten republikanischen Debatte um die angemessene Aufgabenverteilung zwischen Staat, Markt und Zivilgesellschaft neuen Auftrieb verliehen. Obwohl sich einige ihrer Wortführer öffentlich für eine umfassende Gesundheitsreform und gegen die weitere Privatisierung der Altersvorsorge eingesetzt haben, steht im Zentrum ihrer sozialpolitischen Ideen das Prinzip einer strikten Subsidiarität: Jeder habe zunächst die moralische Verpflichtung, sich nach besten Kräften selbst zu helfen; an zweiter Stelle kämen Familie, Freunde, Nachbarn und die lokale Gemeinschaft; nur in Ausnahmefällen, wenn die Fähigkeit zur individuellen und kommunalen Selbsthilfe versage, hätten Staat und Gesellschaft die Verpflichtung, die Grundbedürfnisse derer zu decken, die wirklich nicht für sich selbst sorgen können (Etzioni 1995: 169 f. u. 295).

Damit teilt auch das kommunitaristische Denken trotz seiner Wertschätzung von sozialer Verantwortung und Bürgersinn die überaus zwiespältige US-amerikanische Leidenschaft für Unabhängigkeit, die sich nicht zuletzt aus den Erfahrungen der amerikanischen Revolution und der jungen vorindustriellen Republik speist. Der ausgeprägte Selbsthilfegedanke beruht nämlich auf einer Vorstellung von menschlicher Würde, bei der Abhängigkeit von anderen, aber insbesondere von staatlicher Hilfe per se als degradierend und korrumpierend und manchmal sogar als „unamerikanisch" (Haskins 2006: 15) erachtet wird, ohne dieses Verhältnis in einen geschichtlichen, ökonomischen und ideologischen Kontext einzuordnen und nach seinen Voraussetzungen zu befragen (vgl. hierzu kritisch Fraser/Gordon 1997; Schram 2006). Damit jedoch eröffnen neo-republikanische Positionen, die in beiden großen US-amerikanischen Parteien verankert sind, auch Anknüpfungspunkte zu ausgesprochen populistischen sowie antiliberalen und antiegalitären Vorstellungen und Programmatiken, bei denen nicht nur lokale Selbstorganisation und Selbsthilfe, sondern auch Fragen nach der Moral und nach der Wertigkeit von Menschen eindeutig vor rechtstaatlichen und gesamtgesellschaftlichen sozialpolitischen Lösungen stehen.

### 3.3 Die antiegalitäre Tradition

Antiliberale und antiegalitäre Vorstellungen und Strömungen – so die These von den multiplen politischen Traditionen der USA – sind keine randständigen Phänomene in der Geschichte der Vereinigten Staaten geblieben, sondern auch heute noch äußerst populär und wirkmächtig. Hierzu zählen Rassismus („white supremacy") und Sozialdarwinismus als säkularisierte Form der calvinistischen Prädestinationslehre sowie Nativismus, nationaler Chauvinismus und andere Ideologien der Ungleichheit, wie sie sich aktuell in diversen Bürgermilizen oder der einflussreichen Tea-Party-Bewegung in verschiedenen Ausprägungen und Kombinationen wiederfinden lassen (vgl. Burghart/Zeskind 2010; Williamson u. a. 2011).

Eine der Grundlagen dieser spezifischen Traditionslinie, von einigen Autoren auch „Ascriptive Americanism" genannt (z. B. Smith 1997; Frederickson 2003), ist die Doktrin der „Manifest Destiny",[10] die schon von den Pilgrimfathers vertretene Überzeugung, ein von Gott auserwähltes Volk zu sein und von ihm einen Auftrag zur Verbreitung der eigenen Werte und Lebensweise erhalten zu haben. Diese Mission wurde von vielen US-amerikanischen Intellektuellen, Politikern und religiösen Führern im 18. und 19. Jahrhundert nicht nur – wie heute meist üblich – imperialistisch, sondern auch offen rassistisch ausgelegt (vgl. Stephanson 1995; Mann 2007). Mit ihr konnte man unter anderem den Genozid an den Ureinwohnern legitimieren. So hat sich etwa einer der beliebtesten Präsidenten der Vereinigten Staaten und gleichzeitig gefeierter Friedensnobelpreisträger, Theodore Roosevelt (1848-1919), ganz ohne Scham als ausdrücklicher Befürworter des „erfolgreichen Rassenkrieges" der weißen Siedler gegen die „minderwertigen und rückständigen Indianer" bekannt. In einem seiner populären Werke „The Winning of the West" (1889/96), in dem er die Bedeutung der Westexpansion für das

---

10  Die Popularisierung der Bezeichnung „Manifest Destiny" geht auf den New Yorker Journalisten John L. O'Sullivan zurück, der 1845 in der Zeitschrift *The United States Democratic Review* zur Annexion von Texas aufrief und dies damit begründete, dass es die offenkundige Bestimmung der US-amerikanischen Nation sei, „sich auszubreiten und den gesamten Kontinent in Besitz zu nehmen, den die Vorsehung uns für die Entwicklung des großen Experiments Freiheit und zu einem Bündnis vereinigter Souveräne anvertraut hat" (zit. nach Adams 2008: 188). Vgl. zur Begriffsgeschichte Stephanson 1995.

## 3.3 Die antiegalitäre Tradition

Wohl der amerikanischen Nation darlegte, schrieb er, ihre Ausrottung sei „letzten Endes ebenso nützlich wie unvermeidlich gewesen" (zit. nach Mann 2007: 144). Der weitverbreitete Glaube an die grundlegende biologische oder zumindest kulturelle Überlegenheit der angloamerikanischen und protestantischen Siedler (WASPs) war auch einer der treibenden Faktoren bei der gewaltsamen Annexion mexikanischen Territoriums und anderen kriegerischen Interventionen Mitte des 19. Jahrhunderts (vgl. Stephanson 1995). Missionarische Motive spielten auch bei diversen sozialen Reformbewegungen im Inland eine Rolle, die sich der „Amerikanisierung" der Armen in den Industriestädten verschrieben hatten, um sie zu besseren Menschen, Arbeitern und loyalen Staatsbürgern zu machen (vgl. Herrmann 2001). Gleichzeitig kam es im Zuge populistischer und rassistischer Mobilisierungen aber auch immer wieder zu Migrationsbeschränkungen, die sich nach dem Ersten Weltkrieg zunächst gegen Neueinwanderer jüdischen und katholischen Glaubens aus Süd- und Osteuropa und später gegen asiatische Zuwanderer aus Japan und China richteten (Lee 2004), sowie zu Hetzkampagnen gegen politische (Links-)Radikale, die in der Regel als fremdländisch stigmatisiert wurden (Higham 2002: 158 ff.).

Mit den gegen Ende des 19. Jahrhunderts zuerst in Europa aufgekommenen „wissenschaftlichen Lehren" des Sozialdarwinismus und der Eugenik wurden zudem Konzepte der „natürlichen Selektion" und des „survival of the fittest" auch in den USA immer häufiger auf die Beziehungen von Menschen und Völkern übertragen und in einigen Kreisen sogar zur Idee einer angelsächsischen bzw. nordischen Überlegenheit hypostasiert. Während fanatische amerikanische Eugeniker wie Madison Grant (1865–1937) in ihren Werken eine nordische Herrenrasse von Blondhaarigen und Blauäugigen konstruierten und forderten, die Abkömmlinge „minderer Rassen" an der Verheiratung und Fortpflanzung zu hindern,[11] betonten hochangesehene Soziologie-Professoren wie William Graham Sumner (1840–1910) die Wichtigkeit des Wettbewerbs zwischen Individuen innerhalb einer Gesellschaft. Sumner, der ähnlich wie Friedrich Hayek und andere aggressive Befürworter des Freihandels und eines Laisser-faire-Kapitalismus zum Vorbild und Ideengeber eines spezifischen US-amerikanischen Konservatismus im 20. Jahrhundert avancierte – verkörpert von republikanischen Politikern wie Barry Goldwater, Ronald Reagan oder Newt Gingrich (vgl. Hodgson 1996;

---

11 Und dies mit einigem Erfolg: In der Eugenik waren die USA international lange Zeit Vorreiter. In über 40 Bundesstaaten der USA existierten Anfang des 19. Jahrhunderts Gesetze, die zum einen die Heirat zwischen „Minderbemittelten", „Epileptikern" und „Schwachsinnigen" verboten und zum anderen Zwangssterilisationen aus eugenischen Gründen erlaubten. Insgesamt sollen in der Zeit zwischen 1907 und 1964 60.000 bis 100.000 Menschen in den USA im Auftrag des Staates sterilisiert worden sein (vgl. Reilly 1991: 2).

O'Connor 2004) –, sprach sich eindeutig gegen den Ausbau sozialstaatlicher Leistungen aus. Diese würden den Prozess der natürlichen Auslese nur hemmen und darauf hinauslaufen, die schwächsten Mitglieder einer Gesellschaft künstlich zu stärken, womit sie den allgemeinen Fortschritt behindern würden (zit. nach Vorländer 1997: 147 ff.). Etwa ein halbes Jahrhundert später zeigte sich einer der führenden liberalen Intellektuellen der US-amerikanischen Nachkriegsära, der Historiker Richard Hofstadter, überzeugt davon, dass ein Schlüssel zum Verständnis der wohlfahrtsstaatlichen Kontroversen der USA genau in diesen biologistisch inspirierten Vorstellungen von der Rolle der Schwachen und Tüchtigen begründet liege: Die Idee eines umverteilenden und schützenden Sozialstaates sei ein direkter Angriff auf die sozialdarwinistischen Ideen und deren moralische Imperative gewesen, von denen die meisten amerikanischen Frauen und Männer seit Kindesbeinen an in ihrem Denken beeinflusst worden seien (Hofstadter 1944: 11).

Entscheidend für die Herausbildung einer spezifisch US-amerikanischen Form gesellschaftlicher sowie institutioneller Diskriminierung und Hierarchisierung, die mit einer langfristigen Schwächung von bürgerlichen und sozialen Rechten einherging, war jedoch das aus der Kolonialzeit stammende System der Massenversklavung von Afrikanern. Thomas Jefferson, glühender Anhänger von republikanischen Idealen, besaß nicht nur wie die meisten der Gründungsväter selbst schwarze Sklaven, er war zudem von ihrer biologischen und intellektuellen Minderwertigkeit überzeugt (vgl. Hofstadter 1948). Worauf zahlreiche Historiker hingewiesen haben, ist das besondere Paradox, dass die „erste neue Nation" als eine demokratische Republik mit einem universalistischen Credo und zugleich als ein offenes Apartheid-Regime gegründet wurde, das Indianer und Schwarze entmenschlichte und grundsätzlich von der Staatsbürgerschaft ausschloss (vgl. z. B. Omi/Winant 1994; King/Smith 2005).

Obwohl der Handel mit Sklaven in den USA bereits 1807 gesetzlich verboten war und der amerikanische Bürgerkrieg (1861–1865) der offiziellen Geschichtsschreibung zufolge von den Nordstaatlern für deren Befreiung gefochten wurde, blieb die danach erfolgte rechtliche Gleichstellung in großen Teilen des Landes weitgehend formal. Zwar bekamen männliche Afroamerikaner nach der Niederlage der Konföderation vom Kongress endlich alle politischen Rechte zugesprochen, inklusive des Wahlrechts. Diese Bürgerrechte konnten aber erst ein ganzes Jahrhundert später – nach Tausenden von Toten, zahlreichen Aufständen und langwierigen Kämpfen sowohl auf der Straße als auch in den Institutionen – tatsächlich überall realisiert oder zumindest eingeklagt werden (vgl. hierzu auch Kap. 5.3).

Die Ansicht von der anhaltenden Wirkmächtigkeit einer „color line" in den USA, die scharfsinnige Beobachter wie W.E.B. Du Bois (1903) oder Gunnar

## 3.3 Die antiegalitäre Tradition

Myrdal (1944) bereits frühzeitig vertraten, hat sich inzwischen auch eine wachsende Zahl von renommierten US-amerikanischen Wohlfahrtsstaatsforschern zu eigen gemacht (vgl. Manza 2000): Nicht nur hätten gängige Überzeugungen von „weißer Suprematie" sowie diverse Formen institutionalisierter Diskriminierung in den USA die Herausbildung einer geeinten und starken Arbeiterbewegung erschwert sowie eine vollständige Demokratisierung des Landes behindert. Das rassistische Erbe sei auch maßgeblich schuld daran, dass in den USA bis heute kein umfassendes, von der Zentralregierung gesteuertes System der sozialen Absicherung mit universalistischen Elementen wie in den westeuropäischen Ländern entstehen konnte. Ein unterentwickelter Wohlfahrtsstaat sei demnach einer der Preise, die das Land dafür zu zahlen hatte, dass Afroamerikaner so lange aus der nationalen Gemeinschaft ausgeschlossen wurden (Quadagno 1994: 4). Die Politologin und Philosophin Judith Shklar (1991: 64) behauptet sogar: Die starke Idealisierung eines Erwerbseinkommens („earning a living") als definierendes Element von Staatsbürgerschaft und Unabhängigkeit in den USA ließe sich aus der schmerzhaften Erinnerung an die Sklaverei ableiten.

Zahlreiche Studien zur Entstehung des modernen US-Wohlfahrtsstaates in den 1930er Jahren zeigen zudem, wie eine spezifische historische Konfiguration von Institutionen, politischen Machtkonstellationen und ökonomischen Interessen das grundsätzlich egalitär ausgerichtete New-Deal-Bündnis unter der Führung von Präsident Franklin D. Roosevelt zu einer Reihe von Kompromissen trieb, die langfristig zu Lasten von Afroamerikanern, anderen ethnischen Minderheiten und auch Frauen gingen (vgl. Gordon 1994; Roberts 1996; Lieberman 1998; Brown 1999; Alston/Ferry 1999; Reese 2001; Katznelson 2005). Demnach wirkte die republikanische Tradition der ausgeprägten „states' rights", zusammen mit dem besonders starken Gewicht der Südstaaten-Vertreter im legislativen Prozess,[12] als wirkmächtiger Bremsklotz bei dem Aufbau universaler Sicherungssysteme und bei der Einführung bundeseinheitlicher Standards in der Sozialpolitik, die bis heute in vielen Bereichen immer noch fehlen. Da der wirtschaftliche Wettbewerbsvorteil des Südens auch nach Abschaffung der Sklaverei auf der brutalen

---

12 Von den 1870er Jahren bis Anfang der 1960er Jahre existierte in den Südstaaten eine Art Einparteiensystem, das heißt, die demokratischen Kandidaten konnten dort aufgrund ihrer Unterstützung der Rassensegregation stets mit ihrer Wiederwahl rechnen. (Die Kandidaten der Republikanischen Partei galten für die weiße Bevölkerung dagegen als unwählbar, weil ihre Partei für die Rechte von Afroamerikanern eingetreten war.). Damit wurden die Abgeordneten und Senatoren aus den Südstaaten im Gesetzgebungsprozess auf Bundesebene besonders einflussreich, weil sie – dem Senioritätsprinzip folgend – einen Großteil der Ausschussvorsitzenden im US-Kongress stellten. Der „Solid South" begann erst zu bröckeln, als sich demokratische Präsidenten wie Harry S. Truman und später John F. Kennedy der Bürgerrechtsbewegung zuwandten (vgl. Alston/Ferrie 1999).

Ausbeutung der vornehmlich schwarzen Landarbeiterschaft, auf extrem niedrigen Löhnen sowie gewerkschaftsfreien Betrieben basierte, nutzten die Südstaaten-Demokraten ihre Machtposition in wichtigen Kongressausschüssen immer wieder, um Regelungen zu blockieren, die ihr modernes System der Leibeigenschaft in Frage gestellt hätten.

Die 1935 durchgesetzte Regelung, Farmarbeiter und Hausangestellte von der neu geschaffenen Renten- und Arbeitslosenversicherung auszuschließen, betraf in der unmittelbaren Nachkriegszeit vermutlich mehr als drei Fünftel aller im Land lebenden Afroamerikaner (Lieberman 2003: 36). Zudem stellten die „Dixiecrats" aus dem Süden bei der Einführung der Arbeitslosenunterstützung und der Einkommensbeihilfen für bedürftige Mütter und deren Kinder sicher, dass nicht der Bund, sondern die Einzelstaaten die Kontrolle über die Zugangsbedingungen und die Leistungshöhe erhielten (vgl. hierzu auch Kap. 4 und 5.1). Das Ergebnis war, dass bis in die 1960er Jahre hinein afroamerikanische Familien, aber häufig auch mittellose Immigrantinnen vor allem in ländlichen Regionen der USA gar keine oder nur sehr niedrige Sozialleistungen bekamen und fast vollständig der Willkür lokaler Verwaltungen ausgesetzt waren (Gordon 1994; Mink 1998; Reese 2001).

Selbst im Bereich der Arbeitsbeziehungen und Wohnungspolitik beugten sich die New-Deal-Reformer dem Druck von Segregationsanhängern, zu denen auch Teile der Arbeiterbewegung zählten. Die meisten Afroamerikaner blieben zunächst von Mindestlohnbestimmungen und von der Mitgliedschaft in den mehrheitlich weißen Gewerkschaften ausgeschlossen. Die „Federal Housing Administration", zuständig für die Eigenheimförderung der Bundesregierung, weigerte sich längere Zeit, Kredite an Schwarze zu vergeben (vgl. hierzu auch Kap. 5.5). Selbst bei der Umsetzung der 1943 verabschiedeten GI Bill, mit der nach dem Zweiten Weltkrieg die gesellschaftliche und berufliche Wiedereingliederung von Soldaten gefördert wurde, kam es zu offenen Diskriminierungen von Afroamerikanern (Katznelson 2005: 133 ff.). Und noch in den 1970er Jahren verhinderte ein Bündnis von konservativen Südstaatendemokraten und Republikanern im Kongress die Verabschiedung des von der Nixon-Regierung vorgebrachten „Family Assistance Plan" und des später von der Carter-Administration favorisierten „Program for Better Jobs and Income", die jeweils beide Ansätze zur Etablierung eines bundesweit standardisierten Mindesteinkommens enthalten hatten. Diese Mindestsicherung wäre insbesondere ethnischen Minderheiten zugutegekommen. Beide Gesetzesinitiativen wurden bereits in den wichtigsten Senatsausschüssen abgewiesen und später nie wieder aufgegriffen (vgl. Steensland 2006).

Die sozialpolitischen Strukturen, die sich ausgehend vom New Deal in den Nachkriegsjahrzehnten etablieren sollten, basierten somit ursprünglich auf einem

## 3.3 Die antiegalitäre Tradition

klassenübergreifenden Kompromiss von vornehmlich weißen Interessengruppen, von denen sich einige lange Zeit erfolgreich gegen die Aufhebung von Rassenschranken und -diskriminierung zur Wehr setzten und damit den Weg bereiteten für ein vergleichsweise dezentralisiertes und fragmentiertes Wohlfahrtssystem. Erst im Zuge der schwarzen Bürgerrechtsbewegung und den Studentenrevolten kam es zu einem deutlichen Umschwung in Gesellschaft und Politik: Nachdem das Bundesverfassungsgericht 1954 zuerst die Rassentrennung in öffentlichen Schulen und Universitäten verboten hatte, folgte in den 1960er Jahren die Verabschiedung einer Reihe von Bundesgesetzen, die den Einzelstaaten und Kommunen Diskriminierungen bei der Ausübung des Wahlrechts, in den Arbeitsbeziehungen und bei der Wahl des Wohnorts auf der Grundlage der Hautfarbe untersagten (vgl. Hamilton/Hamilton 1997). Auch das von Nativisten durchgesetzte Quotengesetz von 1924 zur Verhinderung der Einwanderung von „dysgenischen Italienern" und osteuropäischen Juden wurde 1965 abgeschafft. 1967 hoben die höchsten Richter außerdem das in vielen US-Bundesstaaten geltende Verbot von Eheschließungen zwischen Schwarzen und Weißen auf. Nach und nach wurden auch die Zugangsbeschränkungen zu Sozialleistungen abgebaut. Ende der 1960er Jahre fielen zum Beispiel wichtige Grundsatzentscheidungen des Obersten Gerichtshofes in Bezug auf die Sozialhilfegewährung, welche die bis dato in vielen Bundesstaaten und Kommunen übliche Behördenpraxis, Geldzahlungen aufgrund des „unmoralischen Lebenswandels", der Hautfarbe oder der Herkunft von Hilfe suchenden Antragstellern zu verweigern, als verfassungswidrig erklärten und insgesamt zu einem größerem Schutz der Armutsbevölkerung vor Verwaltungswillkür führten. Damit büßte die für die Fürsorgetradition in den USA grundlegende Unterscheidung zwischen würdigen und unwürdigen Armen gegenüber der Idee von sozialer Unterstützung als einem Rechtsanspruch für eine kurze Zeit an Bedeutung ein.

Im Zuge des „War on Poverty" legten die Kennedy- und die Johnson-Regierung darüber hinaus diverse staatliche Programme und Maßnahmen auf, die unter der Überschrift „Affirmative Action" die Diskriminierung von Frauen und ethnischen Minderheiten im Ausbildungssystem und auf dem Arbeitsmarkt bekämpfen sollten und zur Herausbildung einer spezifischen US-amerikanischen Gleichstellungskultur führten, die nur bedingt in das klassische liberale Politikmuster passt (vgl. hierzu Kap. 4 und 5.3). „Race" sowie die Inkorporation von Migranten in das Sozial- und Wirtschaftssystem blieben in den USA allerdings auch in den folgenden Jahrzehnten weiterhin wesentliche Streitpunkte, die immer wieder mit heftigen politischen Auseinandersetzungen und gesellschaftlichen Polarisierungen verbunden sind. So sind die unmittelbaren Nachfahren der

Sklaven, die Afroamerikaner, noch deutlich vor den Latinos bis heute diejenige Gruppe in den USA, die – gemessen an ihrem Gesamtanteil an der Bevölkerung – am stärksten von Einkommens- und Bildungsarmut, medizinischer Unterversorgung, räumlicher Segregation sowie Kriminalität und Inhaftierung betroffen ist (vgl. hierzu Bobo/Lawrence 2010; Edelmann 2012 und Kap. 2).

In den 1980er und 1990er Jahren war eine Reaktion auf die starke ethnische Segregation und Unterschichtung der US-amerikanischen Gesellschaft die Wiederbelebung von anthropologischen Theorien zu einer spezifischen „Kultur der Armut", die in den USA schon immer einen tendenziell rassistischen Subtext hatten (vgl. hierzu kritisch O'Connor 2001; Wacquant 2009). Während die meisten Sozialliberalen versuchten, Armut weiterhin strukturell zu erklären – und zwar mit den fehlenden Beschäftigungschancen infolge des wirtschaftlichen Strukturwandels (Stichwort Deindustrialisierung), mit sozialräumlicher Segregation und Isolation (Stichwort Ghettoisierung) und einem mangelhaften und diskriminierenden Ausbildungssystem –, verfestigte sich in der Öffentlichkeit das Bild von der „Welfare Queen" als dem Hauptproblem: eine alleinerziehende Mutter im Teenageralter, die anstatt zu heiraten, eine Schulausbildung abzuschließen oder eine Arbeit zu suchen, lieber außereheliche Kinder in die Welt setzt, um möglichst viel staatliche Unterstützung zu erschleichen.[13] Dieses Stereotyp speist sich „aus nahezu jeder Qualität, die historisch gesehen in der Antithese zur Unabhängigkeit" verkörpert ist: „schwarz, weiblich, verelendet, keine Arbeitnehmerin, eine Hausfrau und Mutter, fast selbst noch ein Kind" (Fraser/Gordon 1997: 211).

Spätestens nach Ende des Kalten Krieges entwickelten sich Erklärungsansätze, die Sozialhilfemissbrauch und die diversen Fehlanreize von „welfare" in den Vordergrund rückten, mithilfe von einflussreichen Medien und Forschungseinrichtungen zum Mainstream in der US-amerikanischen Armutsdebatte (vgl. hierzu kritisch Jencks 1992; Mink 1998; Schram 2006; Mayer 2008). Die sozialliberale Agenda, eine gesellschaftliche Inklusion durch (begrenzte) materielle Teilhabe und positive Anreize (Investitionen in Ausbildung, Sozialarbeit und Infrastruktur) sicherzustellen, galt zu diesem Zeitpunkt als weitgehend diskreditiert (Weaver 2000). Anknüpfend an sozialdarwinistische und neoliberale Ideologien kam es im Zuge der Diskussionen um die vermeintlichen Pathologien der „underclass" mit unterschiedlichen Akzentuierungen zu einer Reaktivierung der

---

13  Stellvertretend für die sozialliberale Position in den 1980er Jahren sei hier die schon mittlerweile klassische Studie „The Truly Disadvantaged: The Inner City, the Underclass, and Public Policy" (1987) des Soziologen William Wilson genannt. Zu den wichtigsten konservativen Intellektuellen in dieser Debatte zählten Lawrence M. Mead (1988) und Charles Murray, der in seinem äußerst einflussreichen Buch „Losing Ground" (1984) zu großzügige sozialstaatliche Leistungen für die anhaltende Armut in den USA verantwortlich machte.

## 3.3 Die antiegalitäre Tradition

Vorstellung von „unwürdigen und demoralisierten Armen", die nur mit Zwang aus ihrer materiellen Not und von ihrem sozialschädlichen Verhalten zu befreien seien. Sozialhilfe und Unterschicht waren zudem ganz offensichtlich zu Codewörtern für „race" geworden (Gilens 1999: 3). Dass so viele US-Amerikaner und Politiker „welfare" mit dem Zerfall und der Armut afroamerikanischer Familien in Verbindung brachten, beförderte die Unterstützung für eine radikale Sozialhilfereform, die 1996 den durch den New Deal begründeten und in den 1960er Jahren ausgebauten Rechtsanspruch von bedürftigen Familien mit Kindern auf bundesstaatliche Hilfe zugunsten einer zeitlich befristeten und stark konditionierten Unterstützung einfach abschaffte (vgl. hierzu Kap. 5.8).

Ein Grundkonflikt US-amerikanischer Sozialpolitik, der zuletzt in aller Schärfe nach den Ereignissen rund um Hurrikan Katrina im Jahr 2005 aufgebrochen ist, bleibt daher die Frage, mit welchen Mitteln und staatlichen Initiativen die offensichtlich weiterhin anhaltende gesellschaftliche Benachteiligung und Schlechterstellung von Schwarzen in den USA zu überwinden ist. Die diesbezügliche Kontroverse in Wissenschaft und Politik, gerade auch über die Ursachen von Deprivation und Armut sowie über die Gründe des Versagens verschiedener sozialpolitischer Strategien und Instrumente in der Vergangenheit, hält unvermindert an. Auf der einen Seite stehen diejenigen, die von einem post-rassistischen Zeitalter ausgehen und deswegen auf „colorblind policies" setzen; auf der anderen Seite diejenigen, die dem Faktor „race" in den US-Gesellschaft trotz der Wahl von Barack Obama zum ersten schwarzen Präsidenten auch im 21. Jahrhundert noch immer eine wichtige Bedeutung zumessen (vgl. zu dieser Debatte Bobo 2011; King/ Smith 2012). Gerade in Bezug auf die Sozialpolitik geben einige Studien Hinweise darauf, dass die „color line" nicht wirklich verschwunden ist, sondern sich in gewisser Weise ausdifferenziert hat. Demnach sind sozialpolitische Leistungen für mittellose Familien in Bundesstaaten mit einem hohen Bevölkerungsanteil von Afroamerikanern in der Regel deutlich niedriger als in mehrheitlich „weißen" Staaten, aber auch der Anteil von hispanischen Migranten hat inzwischen anscheinend einen negativen Einfluss auf die Großzügigkeit von Sozialpolitik: Dort, wo viele Latinos wohnen, gehen die Behörden tendenziell strikter mit Bedürftigen um als in Gebieten mit weniger Migration aus Lateinamerika (Schram u. a. 2003; Fellowes/Rowe 2004; Hero/Preuhs 2007).

Dies verweist auf ein erhebliches Konfliktpotenzial in der US-amerikanischen Gesellschaft, das eng mit der seit den 1990er Jahren stetig gewachsenen Zahl von „Undokumentierten" zusammenhängt. Es wird geschätzt, dass aktuell 11,5 Millionen Menschen ohne offizielle Einreise- und Aufenthaltserlaubnis in den USA leben, mehr als die Hälfte von ihnen sind Arbeitsmigranten aus dem

Nachbarland Mexiko (Hoefer u. a. 2012). Vieles deutet darauf hin, dass sich die Auseinandersetzungen um die bürgerlichen und sozialen Rechte von Einwanderern und ihren Kindern, insbesondere dann, wenn sie sich „illegal" im Land aufhalten, im 21. Jahrhundert zu einem Lackmustest für die US-amerikanische Demokratie und ihr Selbstverständnis entwickeln könnten – ähnlich wie im 20. Jahrhundert die Frage der rechtlichen und gesellschaftlichen Gleichstellung der afroamerikanischen Bevölkerung. Allein in den Jahren 2010 und 2011 wurden auf subnationaler Ebene 164 Gesetzesinitiativen gegen Immigranten auf den Weg gebracht; in sechs Bundesstaaten haben die Landesparlamente inzwischen zum Teil offen fremdenfeindliche Gesetze verabschiedet, um weitere Zuwanderung zu unterbinden und die Rechte von Nicht-Staatsbürgern erheblich einzuschränken (vgl. Gordon/Raja 2012).

Angesichts vieler ungelöster Probleme und sozialer Verwerfungen im Zuge der letzten großen Wirtschafts- und Finanzkrise ist nicht ausgeschlossen, dass solche antiliberalen und xenophoben Strömungen in den USA in den kommenden Jahren noch weiteren Auftrieb erhalten werden. Viel – auch die zukünftige Ausrichtung der Sozialpolitik in den USA – wird davon abhängen, wie Politik und Gesellschaft, insbesondere Anhänger einer egalitären, pluralistischen und offenen Bürgergesellschaft, auf diese bedrohliche Entwicklung reagieren werden.

## 3.4 Fazit

Sowohl in der öffentlichen Wahrnehmung als auch in der Fachliteratur wird die der US-Sozialpolitik zugrunde liegende politische Kultur in der Regel als liberal, kompetitiv und individualistisch beschrieben mit wirkmächtigen Leitbildern und Grundprinzipien wie eine starke Eigenverantwortung und möglichst wenig Staat. Wie wir in den folgenden thematischen Kapiteln zu einzelnen Politikfeldern noch näher sehen werden, trifft dieser Befund in vielerlei Hinsicht zu, etwa bei der Alters- oder Gesundheitsvorsorge, wo individuelle (Wahl-)Freiheit und Wettbewerb sowie privatwirtschaftliche Lösungen bei der sozialen Absicherung traditionell eine größere Rolle spielen als etwa in Deutschland. Die durch die liberale Tradition stark ausgeprägte Leistungs- und Erwerbsorientierung zeigt sich darüber hinaus nicht nur – wie zu erwarten war – im Umgang mit Mittellosen und Arbeitslosen, die in den USA nur mit minimaler öffentlicher Unterstützung rechnen können, sondern vor allem auch in der Familienpolitik, wo ein vermeintlich geschlechtsneutrales „dual breadwinner model" als Grundorientierung dient.

Es wäre jedoch zu kurz gegriffen, die Sozialpolitik und ihre Besonderheiten in den USA lediglich mit Rückgriff auf ihre spezifischen liberalen Wurzeln

## 3.4 Fazit

erklären zu wollen. Zum Ersten ist der Liberalismus auch in den USA umkämpftes Terrain und nicht auf liberale Haltungen und Werte Locke'scher Prägung zu reduzieren. Zum Zweiten bietet er für die politische Praxis auch keine eindeutigen Handlungsanweisungen. Und zum Dritten ist nach Smith (1997: 9) festzuhalten, dass die politische Kultur der USA weniger durch die ihr zugeschriebenen „einzigartigen amerikanischen Elemente" gekennzeichnet ist, sondern durch ein komplexes Muster von offensichtlich inkonsistenten Kombinationen verschiedener Traditionen (Liberalismus, Republikanismus und Anti-Egalitärismus), die von wiederkehrenden Konflikten und Auseinandersetzungen begleitet werden und sich auch gegenseitig beeinflussen können. Zu berücksichtigen sind darüber hinaus auch geographische sowie zeitliche Komponenten. So waren antiegalitäre Strömungen damals wie heute schon immer stärker ein ländliches als ein urbanes Phänomen und lassen sich Regionen und Bundesstaaten in den USA auch danach unterscheiden, ob sie eher von einer „moralistischen", „individualistischen" oder „traditionalistischen" Subkultur geprägt sind (vgl. hierzu Elazar 1994). Während die moralistische Subkultur das öffentliche Interesse und das Gemeinwesen hochhalte, betone die individualistische Chancengleichheit und Freiheit und die traditionalistische die Bedeutung von Familie und religiösen Gemeinschaften. Außerdem sind die Vereinigten Staaten auch allgemein bekannt für ihre bemerkenswerten politischen und kulturellen Pendelbewegungen, bei denen auf eher sozialliberale Phasen ein deutlicher Rechtsruck folgte und umgekehrt, und für die ausgeprägte Machbarkeits-, Planungs- und Zukunftseuphorie. Die Letztere trägt einerseits oftmals starke missionarische Züge wie zum Beispiel beim „Krieg gegen die Armut" in den 1960er Jahren, kann aber auch schnell bei unerwarteten Schwierigkeiten in Desillusionierung, einen extremen Pragmatismus oder auch sozialpolitischen Rückzug umschlagen, bei dem dann die Lösung von strukturellen Problemen und Herausforderungen mehr oder minder aufgegeben wird.

Erst die Berücksichtigung all dieser widerstreitenden und verschiedenen Dimensionen politischer Kultur und Strömungen macht das Bild komplett: Wer sozialpolitische Entwicklungen, deren Widersprüche und die spezifischen Kontroversen in den USA etwa um die Gleichstellung von Minderheiten, die staatliche Förderung von Wohneigentum, das Bildungssystem oder den Umgang mit Armut in den USA verstehen will, kommt nicht umhin, sich sowohl mit dem liberalen, dem bürgerschaftlich-republikanischen als auch dem rassistischen Erbe des Landes und deren gegenwärtigen Erscheinungsformen auseinanderzusetzen.

## 4. Vom Armenhaus bis zur Teilhabegesellschaft: Die historische Entwicklung

Wer die heutigen sozialstaatlichen Strukturen und Kontroversen über das Gesundheitswesen, die Altersvorsorge oder etwa die Gleichstellungspolitik in den USA verstehen will, sollte mit den historischen Hintergründen der wichtigsten Sozialgesetzgebungen und -programme vertraut sein. Grundsätzlich ist man sich in der vergleichenden Forschung einig, dass westliche Wohlfahrtsstaaten mindestens drei Etappen durchlaufen haben: zunächst die Gründungs- und Konsolidierungsphase (1870 bis zum Ersten Weltkrieg), daraufhin die goldenen Jahre der Expansion (1945 bis Mitte der 1970er Jahre) und schließlich eine Epoche des Rück- bzw. Umbaus, im Englischen „retrenchment" oder auch „restructuring" genannt, die in etwa mit dem ersten Ölpreisschock einsetzte und bis dato anhält (vgl. Flora/Heidenheimer 1981; Pierson 1991). Die Geburtsstunde des modernen „welfare state" wird fast immer mit der Einführung der ersten nationalen Sozialversicherungen (gegen Arbeitsunfälle, Krankheit, Altersarmut und Arbeitslosigkeit) gleichgesetzt. Die weitere Entwicklung hingegen wurde hingegen lange Zeit, anknüpfend an Thomas H. Marshall (vgl. Kap. 1), anhand der Kriterien Ausbau von sozialen Rechten als Bürgerechte („social citizenship") und finanzielle Aufwendungen für öffentliche Sozialleistungen (und deren Anteil am Bruttoinlandsprodukt) analysiert und bewertet.

In der auf den US-amerikanischen Wohlfahrtsstaat fokussierten Forschung überwog bis vor Kurzem die Auffassung von den beiden außergewöhnlichen sozialpolitischen „big bangs" in der Geschichte der Vereinigten Staaten (Leman 1977). Demnach war der berühmte New Deal in den 1930er Jahren eine Art verspäteter Urknall, der die rechtlichen und strukturellen Grundlagen für die wichtigsten Sozialleistungen legte, die in den 1960er Jahren durch eine zweite große Welle von innenpolitischen Reformen, dem „War Against Poverty" bzw. der Great Society, ergänzt wurden. Darüber hinaus ist die Wahrnehmung weit verbreitet, bei diesen sozialpolitischen Vorstößen habe es sich um einen nachholenden, wenn auch immer unvollständig gebliebenen Anpassungsprozess an westeuropäische Standards gehandelt, initiiert von außergewöhnlichen charismatischen Präsidenten wie Franklin D. Roosevelt (1933–1945) oder John F. Kennedy (1961–1963). Gerade in der deutschen Rezeption (vgl. hierzu Eichenhofer 1990; Kaufmann 2003; Schild 2003) dominiert bis heute die Vorstellung von den USA als einem in vielerlei Hinsicht hinterherhinkenden „semi-welfare state" (Katz 1986), der nur in massiven Krisensituationen sozial- und wirtschaftspolitisch in den Markt interveniere, aber ansonsten im Großen und Ganzen eine Laisser-faire-Haltung verfolge.

Ausgehend von der Überzeugung, dass es keine evolutionäre oder lineare Entwicklung von Wohlfahrtsstaaten gibt, hat eine Reihe von renommierten US-Wissenschaftlern dieser aus ihrer Sicht doch eher einseitigen und eurozentristischen Perspektive inzwischen ihre eigene Interpretation des amerikanischen „welfare state building" entgegengesetzt (vgl. z. B. Weir u. a. 1988; Skocpol 1992 u. 1995; Amenta 1998; Thelen 1999). Damit soll nicht zuletzt der Vorwurf der Rückständigkeit und der schon immer eingeschränkten Reichweite US-amerikanischer Sozialpolitik zurückgewiesen oder zumindest relativiert werden. Zahlreiche Studien, die im Kontext der sogenannten historisch-institutionalistischen Schule entstanden sind, haben gezeigt, dass es zum einen bereits vor der New-Deal-Gesetzgebung in vielen Bundesstaaten wichtige Vorläufer nationaler Sozialprogramme gab, die der stark dezentralisierten demokratischen Staatsform entsprachen und die zum Teil mehr Menschen als ihre entsprechenden Pendants in Europa erreichten (Orloff 1993: 136). Zum anderen verweisen die „Institutionalisten" auf grundlegende qualitative Unterschiede zwischen der westeuropäischen und US-amerikanischen Sozialpolitik: Dazu gehören Differenzen bei den Zielgruppen genauso wie die strukturelle Besonderheit in den USA, dass soziale Leistungen hier zu einem wesentlich größeren Teil über den privaten Sektor (die Arbeitgeber, Finanz- und Versicherungsunternehmen, aber auch karitative Einrichtungen) bereitgestellt und von staatlicher Seite durch massive Steuervergünstigungen bezuschusst werden; all das, was US-Autoren mit jeweils unterschiedlicher Fokussierung als den „franchise state" (Wolfe 1975), den „shadow state" (Wolch 1990), den „hidden welfare state" (Howard 1997) oder den „submerged state" (Mettler 2011) beschrieben haben.

Nach wie vor mangelt es auf beiden Seiten des Atlantiks allerdings an Arbeiten zum spezifischen US-amerikanischen „welfare mix", die sowohl die staatlichen als auch die privaten sozialpolitischen Initiativen, Aktivitäten und Programme bzw. das historische Zusammenspiel und Spannungsverhältnis zwischen diesen Teilbereichen systematisch untersucht hätten. Bei den folgenden Ausführungen, die lediglich einen Überblick bieten können, haben wir uns für einen Kompromiss entschieden. Obwohl die föderale Dimension von Sozialpolitik in den USA bis heute eine beträchtliche Rolle spielt (vgl. Finegold 2005; Falke 2008), konzentrieren auch wir uns auf die Bundespolitik. Abweichend von vielen anderen historischen Betrachtungen werden in den folgenden Ausführungen aber nicht nur diejenigen Leistungen und Institutionen berücksichtigt, die klassischerweise dem Kern des modernen Wohlfahrtsstaates zugerechnet werden (Sozialversicherungen und Einkommensbeihilfen), sondern auch die diversen öffentlich-privaten Arrangements, bei denen marktwirtschaftliche Mechanismen und staatliche Formen der sozialen Versorgung, Vorsorge und Absicherung in vielfältiger Weise zusammenkommen.

Des Weiteren beginnen wir den Überblick – anknüpfend an den aktuellen Stand der Forschung (vgl. Dauber 2012; Garfinkel u. a. 2010; Katz 2010) – mit der Periode in der Geschichte der USA, in der die Grundlagen für die spezifische Ausprägung amerikanischer Sozialpolitik geschaffen wurden: die sogenannte Progressive Ära (1880–1920). Erst der zweite Abschnitt beschäftigt sich mit den beiden Hochphasen sozialstaatlichen Aktivismus im 20. Jahrhundert, dem New Deal und der Great Society, und stellt deren wichtigste Reformprojekte und Gesetzgebungen vor, von denen viele, wenn auch modifiziert, heute noch Bestand haben. In einem dritten Unterkapitel werden unter der Überschrift „The New Politics of Welfare" die wesentlichen sozialpolitischen Veränderungen beschrieben, die auf das „goldene Zeitalter" des Wohlfahrtsstaates folgten. Hier wollen wir zeigen, dass für die weitere Entwicklung der US-Sozialpolitik nicht nur die sogenannte konservative oder neoliberale Revolution unter Ronald Reagan wegweisend war, sondern vielmehr eine Reihe von politischen Entscheidungen, die mit Zustimmung vieler Demokraten bereits in den 1970er Jahren getroffen wurden. Einiges, was in diesem Abschnitt nur kursorisch oder gar nicht behandelt wird, findet sich in den Ausführungen zu den einzelnen Politikfeldern wieder, während wir den sozialpolitischen Zielen und konkreten Reformprojekten der Obama-Administration und den daraus folgenden Zukunftsperspektiven im letzten Kapitel zur aktuellen Krise noch einmal gesonderte Aufmerksamkeit schenken.

## 4.1 Die Anfänge moderner Sozialpolitik: Die Progressive Ära

Waren die Ursprünge moderner Sozialpolitik in Deutschland und anderen europäischen Staaten mit einflussreichen linken Parteien sowie einer starken Gewerkschaftsbewegung aufs Engste mit der Arbeiterfrage verknüpft, so galt für die USA zum Beginn des 20. Jahrhunderts die Devise: Kriegsveteranen, Staatsbedienstete, alleinstehende Mütter sowie „Häuslebauer" zuerst.

Dass sich der Wohlfahrtsstaat in den USA erst relativ spät um die Absicherung der damals hauptsächlich männlichen Industriearbeiterschaft kümmerte, hatte vielfältige Gründe. Es wäre jedoch falsch anzunehmen, dass es dem Proletariat in den USA in dieser Periode – die Mark Twain das „Gilded Age" getauft hatte – so viel besser ergangen wäre als im alten Europa. Zwar hatte sich das Bruttosozialprodukt in den USA zwischen 1865 und 1900 im Zuge der rapiden Industrialisierung des Landes mehr als verdreifacht, und viele der Millionen von Einwanderern aus Ost- und Südeuropa hatten in den Weiten Nordamerikas ihr Glück gemacht. Trotzdem war das Gros der Bevölkerung zu Beginn des 20. Jahrhunderts nach Einschätzung einer Regierungskommission arm (88 Prozent) oder sogar bettelarm (60 Prozent; Keller 1977: 373). Dort, wo sich die Unzufriedenheit mit Löhnen und Arbeitsbedingungen in Aufständen entlud (allein zwischen 1881 und 1890 soll es zu über 10.000 Streiks und Aussperrungen gekommen sein), wurden diese mithilfe von privaten Milizen, der Polizei oder sogar der Nationalgarde oftmals mit größter Brutalität niedergeschlagen (Shefter 1986: 199).[14] Zudem hatte der 1881 gegründete und bis in die 1930er Jahre wichtigste Gewerkschaftsverband „American Federation of Labor" (AFL), dessen Führung von Anfang an explizit antisozialistisch und antistaatlich ausgerichtet war, nach einem längeren internen Machtkampf beschlossen, dass es in den USA keine von der Gewerkschaftsbewegung getragene sozialdemokratische Partei und damit auch keine staatliche Regulierung der Arbeitsbeziehungen geben sollte, nicht zuletzt auch, um den eigenen Einflussbereich zu sichern (Adams 1999: 109). Dies führte unter anderem dazu, dass in den USA bis heute ein Großteil der Auseinandersetzungen zwischen Arbeitnehmern und Arbeitgebern innerhalb der Betriebe und weniger in der öffentlichen Arena ausgetragen wird.

Während sich die von republikanischen Präsidenten geführten Regierungen im „Gilded Age" vor allem der Aufrechterhaltung der kapitalistischen Wirtschaftsordnung verpflichtet sahen und sich offen an der Repression gegenüber streikenden Arbeitern beteiligten, versuchten sie sich in anderer Hinsicht die Loyalität des „einfachen Volkes" zu sichern. Als Beginn der direkten sozialpolitischen Betätigung des Bundes in den USA gilt die Gesetzgebung über den Unterhalt von Kriegsveteranen und -invaliden, die 1861 speziell für Soldaten der Nordstaaten eingeführt wurde, sich aber in den darauffolgenden Jahrzehnten mit dem Aufstieg der USA zur Weltmacht und der damit verbundenen Ausweitung militärischen Engagements schnell zu einem wichtigen Bestandteil republikanischer Patronagepolitik entwickeln sollte (vgl. Quadagno 1988; Orloff 1993). Noch weit bis ins 20. Jahrhundert hinein waren (ehemalige) Soldaten und ihre Angehörigen eine der am besten von staatlicher Seite abgesicherten Bevölkerungsgruppen in den USA

---
14  Während sich die Unternehmen um 1900 zu ersten Interessenverbänden zusammenschlossen, blieb die Organisierung der Arbeiter und Arbeiterinnen in dieser Phase relativ schwach. Nur etwa 2 Prozent aller Lohnabhängigen und 10 Prozent aller Fabrikarbeiter gehörten damals einer Gewerkschaft an (McGerr 2003: 32 f.).

## 4.1 Die Anfänge moderner Sozialpolitik: Die Progressive Ära 81

(Mettler 2005). Eine Bevorzugung genossen auch Beschäftigte des öffentlichen Dienstes wie etwa Lehrer, die in manchen Einzelstaaten bereits ab 1896 rentenversichert waren, während die Angestellten des Bundes ab 1912 – das heißt immerhin noch 20 Jahre vor allen anderen Arbeitnehmern – mit einem Pensionsanspruch versehen wurden (Berkowitz 1989: 38).

Die dritte Gruppe, die schon frühzeitig in den Genuss von direkter sozialstaatlicher Unterstützung kam, waren Kriegswitwen und deren minderjährige Kinder. Nach Verabschiedung erster arbeitsrechtlicher Schutzbestimmungen für Frauen und Kinder (Verbot von Nachtarbeit etc.) kam um die Jahrhundertwende von verschiedenen Seiten die Forderung auf, unverschuldet in Not geratene Frauen mit Kindern aus dem System der kommunalen Armenfürsorge herauszulösen und in die Obhut des Staates zu stellen. Der daraus resultierende, auf alleinstehende Mütter ausgerichtete und daher häufig als maternalistisch bezeichnete Strang der US-amerikanischen Sozialpolitik geht vor allem auf das große Engagement einer Reihe von Frauenverbänden zurück (vgl. Skocpol 1992; Boris/Kleinberg 2003; Gräser 2009). Diese Organisationen, deren Protagonistinnen vornehmlich der weißen bürgerlichen Mittelschicht entstammten, waren Teil der Progressiven Bewegung, die sich ab den 1880er Jahren formierte und später auch eine eigene Partei hervorbrachte.[15] Was die recht unterschiedlichen Initiativen und Flügel dieser breiten Reformallianz einte, zu der unter anderem die berühmte Settlement-House-Bewegung unter der Führung von Jane Addams und die 1906 gegründete „American Association for Labor Legislation" (AALL) zählten, war die Forderung nach einem größeren sozialpolitischem Engagement der Einzelstaaten, aber vor allem des Bundes. Sie alle waren der festen Überzeugung, dass die Herausforderungen der modernen Industriegesellschaft – Massenarmut und -arbeitslosigkeit infolge der Proletarisierung, die Zunahme von Arbeitsunfällen, Kinderverwahrlosung, Wohnungsknappheit, sich verschärfende Gesundheits- und Hygieneprobleme in den großstädtischen Slums etc. – nur durch gezielte zentralstaatliche Eingriffe und die Entmachtung korrupter kommunaler Verwaltungen und Parteistrukturen zu bewältigen seien (vgl. Trattner 1989: 129 ff.; Jaeger 2001: 109 ff.).

Zu den unmittelbaren Erfolgen der von Frauenverbänden betriebenen Lobbypolitik gehörte die Einführung von öffentlichen Fürsorgeleistungen speziell

---

15 Die „Progressive Party", die 1912 unter Führung des früheren US-Präsidenten Theodore Roosevelt (1901–1909) als Abspaltung der damaligen Republikanischen Partei gegründet wurde, forderte in ihrem Programm unter anderem die Einführung des Frauenwahlrechts, eine leichtere Änderung der Bundesverfassung, die Einführung des Achtstundentages, eine Unfall- und Krankenversicherung für alle Arbeiter, die Begrenzung gerichtlicher Verfügungen gegen Streiks, die staatliche Unterstützung von Landwirten sowie die Einführung einer Erbschafts- und Einkommenssteuer (vgl. McGerr 2003).

für alleinstehende Mütter, sogenannte „Widows'" bzw. „Mothers' Pensions", die zwischen 1911 und 1920 in fast 40 Einzelstaaten erfolgte. Hinzu kam die Einrichtung einer ersten nationalen Wohlfahrtsbehörde für Kinder in Washington, das „Children's Bureau", das sich ab 1912 der Bekämpfung der hohen Mütter- und Säuglingssterblichkeit im Lande widmete. Primäres Ziel all dieser Maßnahmen war es, Kinder, die von ihren Eltern nicht ausreichend versorgt werden konnten, nicht länger lokalen Behörden und karitativen Einrichtungen zu überlassen, sondern ihnen ein Grundmaß an mütterlicher Fürsorge und Erziehung, staatsbürgerlicher Bildung sowie medizinischer Betreuung zu ermöglichen (vgl. Katz 1986: 113 ff.). Die anfangs zunächst nur von den Einzelstaaten finanzierten „Mothers' Pensions" waren in ihren Leistungen bescheiden, markierten aber als unmittelbare Vorläufer der später unter dem New Deal eingeführten Familiensozialhilfe einen ersten Bruch mit der Tradition des englischen „Poor Law", das vorwiegend auf Disziplinierung, Einweisung in geschlossene Anstalten und geringfügige Sachleistungen bei der Armutsverwaltung gesetzt hatte (vgl. Kap. 5.8). Sie besiegelten zugleich aber auch den äußerst problematischen Sonderstatus von alleinerziehenden Frauen in den USA als herausgehobene Zielgruppe staatlicher Fürsorge- und Kontrollbestrebungen, da sie – anders als Bezieher von Versicherungsleistungen – immer unter dem Generalverdacht standen, auf Kosten der Allgemeinheit zu leben, und sich für die Abwesenheit eines männlichen Familienernährers rechtfertigen mussten (vgl. Mink 1993; Gordon 1994). Damit wird auch verständlicher, warum im US-amerikanischen Armutsdiskurs in Politik und Medien, aber auch in der Wissenschaft moralische Argumentations- und Deutungsmuster, die den individuellen Lebenswandel thematisieren, bis heute einen so breiten Raum einnehmen (vgl. hierzu Kap. 5.8).

Während das frauenpolitische Engagement in der Progressiven Ära eindeutige Spuren hinterließ und auf der lokalen Ebene der Ausbau des öffentlichen Schulwesens florierte (vgl. hierzu Kap. 5.4), waren die für die Industriearbeiter in dieser Zeit in den USA erkämpften Fortschritte im Vergleich zu anderen Ländern eher minimal. Die wohl wichtigste Arbeitsschutzmaßnahme, die auf eine Forderung der „Progressive Party" und der AAAL zurückging, war die Einführung einer Unfallversicherung („Workers' Compensation"). Zwischen 1911 und 1920 erließen alle der damals 45 Bundesstaaten entsprechende Gesetze, von denen Anfang der 1920er Jahre etwa 30 Prozent aller Beschäftigten erfasst waren (Kurdle/Marmor 1981: 82). 1907 verabschiedete der Bundesstaat Wisconsin ein erstes Fürsorgeprogramm für Erwerbsunfähige (aufgrund von Blindheit), währen Montana und Nevada ab 1923 mit Vorläufern einer öffentlichen Rentenversicherung experimentierten (Herrick 2009: 128). Andere Reformbestrebungen und

## 4.1 Die Anfänge moderner Sozialpolitik: Die Progressive Ära

legislativen Initiativen zur Expansion nationaler Sozialleistungen, zum Beispiel zur Einführung einer gesetzlichen Krankenversicherung oder der landesweiten Unterstützung von Erwerbslosen, scheiterten jedoch am Widerstand von mächtigen Berufsverbänden, an den Arbeitgebern und manchmal auch am fehlenden Interesse der Gewerkschaften (vgl. Noble 1997: 36 ff.; Hacker/Pierson 2002 sowie Kap. 5.6).

Mit die heftigste Opposition kam zu diesem Zeitpunkt jedoch von den Gerichten, die vor allem die Reichweite der politischen Kompetenzen der Bundesregierung beschränken wollten. Nach einer engen Auslegung der US-Verfassung, die das ganze 18. und 19. Jahrhundert über vorherrschte, waren für innen- und sozialpolitische Belange wie das Bildungswesen, die Arbeitsbeziehungen, die Gesundheitsversorgung oder die Existenzsicherung bedürftiger Bevölkerungsgruppen in den USA allein die Einzelstaaten und Kommunen zuständig, während der Bundesregierung lediglich die im Verfassungstext aufgelisteten Aufgabenbereiche (Verteidigungs- und Außenpolitik, die Regelung des Handels zwischen den Staaten etc.) zustanden.[16] Die endgültige Entscheidung über die Legitimität zentralstaatlicher Interventionen in die Wirtschaft und Sozialpolitik obliegt bis heute dem Supreme Court, wie die jüngste Entscheidung zur Gesundheitsreform der Obama-Administration erneut verdeutlicht hat. Während das Oberste Gericht in den USA selbst eine Reihe von Arbeitsschutzregeln in den Einzelstaaten Ende des 19. Jahrhunderts noch als verfassungswidrig einstufte, wurden in Jahren zwischen 1913 und 1926 – ohne dass es zu größeren Auseinandersetzungen gekommen wäre – die wesentlichen Grundlagen und Strukturen des „verborgenen Wohlfahrtsstaates" in den USA geschaffen. Dieser erfuhr im Zuge des 20. Jahrhunderts einen stetigen, wenn auch in der Regel wenig beachteten Ausbau und Bedeutungszuwachs, der bis heute anhält (vgl. Howard 1997: 48 ff.; Dobbin 2002).

Die Idee, die diesem zugrunde liegt, ist relativ einfach und zugleich auch raffiniert: Man kreiert Abschreibungsmöglichkeiten und weitere Steuervorteile („tax deductions" oder „tax credits"), um privaten Akteuren finanzielle Anreize für die Übernahme sozialer Verantwortung und Vorsorge zu geben, was dem Staat zwar auch beträchtliche (indirekte) Kosten über Einnahmeausfälle verursacht, aber parteiübergreifend auf größere Zustimmung stößt als direkte Sozi-

---

16 Diese Phase des strikten dualen Föderalismus mit seiner klaren Aufgabenverteilung und Machtabgrenzung endete erst mit den Herausforderungen der Weltwirtschaftskrise in den 1930er Jahren, als sich die juristische Ansicht durchsetzte, dass nach der „interstate commerce clause" und der „spending clause" der Bundesverfassung auch regulative und sozialpolitische Eingriffe Washingtons in die wirtschaftlichen und arbeitsrechtlichen Beziehungen zu rechtfertigen seien (Kelly u. a. 1991).

altransfers, die unmittelbar zu Buche schlagen und in der Öffentlichkeit häufig nicht so gut ankommen (vgl. hierzu Mettler 2011: 31 ff.). Damit wird zugleich das Wirtschaftsprinzip des amerikanischen „Welfare Capitalism" unterstützt, das darauf setzt, dass Unternehmen ihren Beschäftigten auf freiwilliger Basis diverse Sozialleistungen anbieten und nicht gesetzlich zu hohen Sozialabgaben gezwungen werden müssen (vgl. Stevens 1988; Dobbin 1992; Berkowitz/McQuaid 1992). 1913 beschloss der US-Kongress auf der Grundlage der Überzeugung, dass Hausbesitz sowohl die beste Wohnraumversorgung als auch Risikoabsicherung und Altersvorsorge darstellt, zusammen mit der Etablierung der Einkommenssteuer zum ersten Mal diverse Steuervorteile für private Hauseigentümer („home mortage interest deduction" und „property tax credit"; vgl. hierzu Kap. 5.5). 1914 wurde das erste Bundesgesetz zur Subventionierung betrieblicher Rentensysteme erlassen und deren steuerliche Sonderbehandlung bis 1926 graduell ausgebaut (vgl. hierzu Kap. 5.7). 1917 folgte dann ein Gesetz zur großzügigen Absetzbarkeit von Spenden an private Wohltätigkeitseinrichtungen („charities"), das sowohl das erhebliche Wachstum als auch die große Popularität des karitativen und Non-Profit-Sektors in den USA erklären hilft (vgl. Gross 2002). Ab 1918 schließlich konnten alle Unternehmen, die ihren Beschäftigten auf freiwilliger Basis eine Unfallversicherung anboten, mit Steuererleichterungen rechnen. Auch wenn viele dieser Regelungen zunächst kaum in Anspruch genommen wurden und erst viele Jahre später ihre volle Wirkung entfalten sollten, als mehr Haushalte einkommenssteuerpflichtig wurden und immer mehr Arbeitgeber sogenannte „fringe benefits" anboten, stellten sie doch den Beginn eines häufig vernachlässigten, aber wesentlichen Strangs US-amerikanischer Sozial- und Umverteilungspolitik dar – und zwar via das Steuersystem.

## 4.2 Die beiden sozialpolitischen „Big Bangs"

Viele Sozialleistungen und -programme, die landläufig mit dem modernen Wohlfahrtsstaat in Verbindung gebracht werden wie gesetzliche Sozialversicherungen für Arbeitnehmer sowie steuerfinanzierte Einkommensbeihilfen für Nichterwerbstätige wurden dagegen wesentlich später, das heißt vor allem zwischen den 1930er und 1970er Jahren, eingeführt, als sich die für das US-amerikanische System so wichtigen Strukturen der privaten Vorsorge und betrieblichen Sozialpolitik bereits etabliert hatten. Insbesondere die wirtschaftliche Prosperität der 1920er Jahre und die damals aufbrechenden konservativen Gegenbewegungen hatten viele der progressiven Forderungen nach einer Ausweitung der sozialpo-

litischen Verantwortung der Bundesregierung zwischenzeitlich wieder deutlich in die Defensive gedrängt.
Es brauchte in den USA jeweils außergewöhnliche Krisen- bzw. Ausnahmesituationen wie die 1930er und 1960er Jahre, um mit der Vorstellung zu brechen, der Zentralstaat solle gar nicht oder möglichst wenig direkt in die Angelegenheiten der Wirtschaft und der Einzelstaaten intervenieren. In den Jahren des New Deals (1933–1941) sowie der Great Society (1963–1968), die als die beiden „Big Bangs" der amerikanischen Sozialstaatsentwicklung in die Geschichte eingegangen sind, kam es zwar nicht zu einer grundsätzlichen Infragestellung marktwirtschaftlicher Produktions- und Verteilungsmechanismen. Diese wurden von den jeweiligen demokratischen Präsidenten und Bundesregierungen aber als unzureichend erachtet und in vielerlei Hinsicht durch staatliche Maßnahmen und Programme ergänzt. Beide Phasen waren nicht nur von massiven innenpolitischen Krisen und Konflikten geprägt (Zusammenbruch des Banken- und Wirtschaftssystems sowie Massenarbeitslosigkeit in den 1930er Jahren bzw. „Rassenunruhen", Vietnam-Trauma und Bürgerrechtsbewegungen in den 1960er Jahren), sondern auch – im auffälligen Unterschied zu heute – von einer weitreichenden politischen Aufbruchsstimmung, die auf einer positiven Vision von den Möglichkeiten staatlichen Handelns und einer gerechteren Gesellschaft basierte. Sowohl in den 1930er als auch in den 1960er Jahren verstanden sich zudem große Teile der Demokratischen Partei noch als explizite Interessenvertretung der Arbeiterschaft und benachteiligter Minderheiten. Das politische Pendel schlug für kurze Zeit eindeutig nach links.

*Der New Deal*

Bis heute gilt der New Deal[17] – ein Bündel von Konjunkturprogrammen, arbeitsrechtlichen Regulierungen und Sozialreformen in Reaktion auf die durch den New Yorker Börsencrash von 1929 ausgelöste Weltwirtschaftskrise – als eine Sternstunde US-amerikanischer Innenpolitik (vgl. Amenta 1998; Birnbaum 2004; Béland 2005). Mit der Wahl des Demokraten Franklin D. Roosevelt zum Präsidenten im Jahr 1932 und der Hinwendung zu staatsinterventionistischen und nachfrageorientierten Maßnahmen im Sinne des britischen Ökonomen John Maynard Keynes war – gemessen an der wirkmächtigen Tradition des Laisser-faire-Kapitalismus

---

17 New Deal bedeutet beim Pokern die Mischung und Neuverteilung der Karten. Franklin D. Roosevelt, der diesen Begriff zum ersten Mal in einer Wahlkampfrede zur Kennzeichnung seines innenpolitischen Programms benutzte, griff damit aber auch den Begriff des reellen Handels („square deal") Theodore Roosevelts auf, mit dem dieser als Präsidentschaftskandidat der „Progressiven Partei" zu Beginn des 20. Jahrhunderts der Arbeiterschaft den gerechten Anteil am wirtschaftlichen und gesellschaftlichen Fortschritt versprochen hatte.

und Sozialdarwinismus in den USA – ein Paradigmen- und Zeitenwechsel verbunden. Roosevelt und seine Administration konnten sich hierbei auf eine ungewöhnlich breite Wähler- und Interessenkoalition stützen, bestehend aus progressiven Reformern und Bildungseliten der Mittelschicht, der industriellen Arbeiterklasse, Afroamerikanern und anderen ethnischen Minderheiten, aber auch aus Vertretern des Unternehmerlagers, die von der Notwendigkeit staatlicher Eingriffe zur Bekämpfung der schlimmsten Folgen der Großen Depression überzeugt waren (vgl. Birnbaum 2004). Zwischen 1929 und 1933 hatte sich das Bruttoinlandsprodukt in den USA fast halbiert, die Löhne waren um 60 Prozent gefallen, etwa 2,5 Millionen Farmer hatten im Zuge der Krise und diverser Dürren ihren Hof und ihr Einkommen verloren, und fast jeder Vierte war zu diesem Zeitpunkt arbeitslos (vgl. Kennedy 1999).

Am 4. August 1935 unterzeichnete Franklin D. Roosevelt unter dem Eindruck der extremen Notlage eines nicht unbeträchtlichen Teils der Bevölkerung, dem Scheitern lokaler und privater Hilfsmaßnahmen sowie gärender Unruhe im Land schließlich den „Social Security Act" (SSA). Der SSA stellte die erste umfassende nationale Sozialgesetzgebung dar und legte den Grundstein für eine veränderte Aufgabenverteilung zwischen Washington und den Einzelstaaten. Zum ersten Mal in der Geschichte der USA übernahm der Bund eine größere Verantwortung für Erwerbslose und Arbeitsunfähige, indem er ein beitragsfinanziertes gesetzliches Rentensystem für Personen über 65 Jahre schuf und die Einzelstaaten erfolgreich dazu anhielt, eine Arbeitslosenversicherung einzurichten. Bis dahin verfügten bundesweit nur zwei Prozent aller Arbeiternehmer in den USA über eine Rentenversicherung und nur ein Prozent war gegen Arbeitslosigkeit versichert (Kudre/Marmor 1981: 82).

Außerdem etablierte der US-Kongress eine Fürsorgepflicht des Bundes für drei verschiedene Bevölkerungsgruppen, die zu diesem Zeitpunkt als besonders unterstützungswürdig galten: bedürftige Alte („Old Age Assistance"), Blinde („Aid to the Blind") sowie Kinder in Familien ohne männlichen Ernährer („Aid to Dependent Children"; modelliert nach den früheren „Mothers' Pensions"). Allerdings handelte es sich hierbei um keine vollständige Zentralisierung des Sozialhilfe- und Versicherungssystems, wie wir es aus Deutschland oder anderen Ländern kennen. Um konservativen Kräften innerhalb der New-Deal-Koalition, insbesondere den Interessen der Südstaaten-Eliten, entgegenzukommen, behielten die Bundesstaaten zum Beispiel die Entscheidungshoheit über die Leistungshöhe bei der Arbeitslosenunterstützung und der Familienfürsorge und auch das Recht, bestimmte Bevölkerungsgruppen wie zum Beispiel Farmarbeiter (in der Regel Afroamerikaner) oder alleinstehende Mütter mit einem „unmoralischen Lebens-

## 4.2 Die beiden sozialpolitischen „Big Bangs"

wandel" vom Leistungsbezug auszuschließen (vgl. hierzu Kap. 5.8). Nur darüber, dass der Bund die Hälfte der Kosten für die Einkommensbeihilfen übernahm,[18] und über Klagen von NGOs und der Bürgerrechtsbewegung konnten hier im Laufe der Zeit einige Mindeststandards durchgesetzt werden.

Was den New Deal ferner auszeichnete, waren massive staatliche Arbeitsbeschaffungsprogramme („public" oder „work relief" genannt). Diese garantierten auf ihrem Höhepunkt 1938 etwa 3,5 Millionen erwerbslosen Arbeitern, Bauern und Künstlerinnen ein Einkommen und ermöglichten gleichzeitig den Bau von großen Infrastruktur- und Verkehrsprojekten wie Staudämme, Autobahnen und Brücken, aber auch Universitäten, die heute vielerorts wie zum Beispiel der Hoover Dam oder der Washington National Airport immer noch von Bedeutung sind (Amenta 1998: 126). Zählt man die Aufwendungen für diese umfangreichen ABM-Programme zu den öffentlichen sozialpolitischen Ausgaben dazu und vergleicht diese dann mit denen der westeuropäischen Staaten in dieser Phase, so waren die USA für eine kurze Zeit kein Nachzügler mehr, sondern lagen sogar deutlich vor Ländern wie Frankreich, Italien oder Großbritannien (ebd.: 5).

Es gab weitere Reformprojekte des New Deals mit indirekten, aber langfristigen Auswirkungen auf die spätere US-Sozialpolitik. Zu ihnen zählen der „Wagner Act" von 1935 und der „Fair Labor Standards Act" von 1938. Das erste Gesetz stärkte die Position der Gewerkschaften, da sie zum ersten Mal offiziell als Tarifparteien anerkannt wurden, das zweite verbot Kinderarbeit und etablierte einen bundesweit geltenden Mindestlohn sowie grundlegende Arbeitszeitregulierungen (vgl. hierzu Kap. 5.1). Auch für die Ausrichtung der späteren US-amerikanischen Wohnungspolitik waren die 1930er Jahre entscheidend. Erwähnenswert ist zum einen der „Wagner-Steagall Housing Act" von 1937, der zum ersten Mal Bundesmittel für den öffentlichen Wohnungsbau bereitstellte, wenn auch in bescheidenem Umfang (vgl. Kap. 5.5). Wesentlich weitreichender waren dagegen die Anstrengungen und Ressourcen, die die Bundesregierung seit dem Ausbruch der Wirtschaftskrise in die Förderung von privatem Wohneigentum investierte. So sorgte die 1934 gegründete „Federal Housing Administration", zusammen mit einer Reihe von weiteren quasi-staatlichen Finanzunternehmen, für eine Revolutionierung des Hypothekenwesens sowie einen außergewöhnlichen (Wieder-)

---

18 Das Prinzip der Ko-Finanzierung trifft bis heute auf die meisten Sozialleistungen in den USA zu. Anders als in Deutschland sind die unteren Gebietskörperschaften in den USA – mit wenigen Ausnahmen – nicht per Verfassung oder Gesetz dazu verpflichtet, bestimmte öffentliche Leistungen anzubieten. Sie erhalten durch Zuschüsse und Zuweisungen der Bundesregierung lediglich starke Anreize, Programme zu übernehmen und umzusetzen. Dabei ist zu unterscheiden zwischen „categorial grants", die mit einer Zweckbindung und klaren Auflagen verbunden sind, und „block grants", bei denen die Bundesstaaten relativ frei über die Nutzung der Gelder aus Washington entscheiden können (vgl. Falke 2008: 265).

Aufschwung des Bau- und Immobiliensektors, indem der Bund zum ersten Mal privaten Haushalten staatlich abgesicherte und festverzinsliche Hypothekendarlehen mit einer ungewöhnlich langen Laufzeit anbot (vgl. ebd.).

Hier zeigt sich ein für die Sozialpolitik der USA recht typisches Entwicklungsmuster. Häufig kam es zu einer folgenreichen Zweiteilung: auf der einen Seite über den Markt vermittelte Leistungen und Angebote für die besser Qualifizierten und Mittelschichten bzw. solche mit Mittelschichtaspirationen, die wie die Eigenheimförderung des Bundes oder die steuerliche Subventionierung von privater Altersvorsorge auf eine breite politische Zustimmung stoßen; auf der anderen Seite meist unterfinanzierte und häufig kommunal verwaltete Programme für die Ärmsten der Armen, wie der soziale Wohnungsbau oder Fürsorgeleistungen („welfare"), die von Anfang an politisch äußerst umkämpft waren und stigmatisierend wirkten. Obwohl dies von der Roosevelt-Administration ursprünglich nicht intendiert war – bei der Verabschiedung des SSA 1935 war man noch davon ausgegangen, dass die Fürsorgeprogramme im Laufe der Zeit mit einem wiederbelebten Wirtschaftswachstum und Vollbeschäftigung weitgehend überflüssig werden würden –, haben die mit dem New Deal geschaffenen Strukturen diese und weitere gesellschaftliche Spaltungen in gewisser Weise für die nachfolgenden Jahrzehnte festgeschrieben. So beklagen insbesondere Feministinnen die Herausbildung eines „gendered two-channel welfare state", das heißt großzügige(re) Versicherungsleistungen („Social Security") für die meist männliche Industriearbeiterschaft auf der einen und „welfare" hauptsächlich für Frauen auf der anderen Seite. Mit der erwerbszentrierten Struktur des Sozialsystems und seiner Orientierung am „männlichen Ernährermodell" sei der rechtliche und gesellschaftliche Status von Frauen und ethnischen Minderheiten in den USA nachhaltig geschwächt worden (vgl. Skocpol 1992; Mink 1993; Hobson/Lindholm 1997; O'Connor u.a. 1999).

Befürworter des New Deals sehen dagegen gerade in seiner Mittelschichtorientierung eine besondere Qualität und Stärke. Anders als in Europa, wo die Wirtschaftskrise der 1930er Jahre vielerorts totalitäre Regime oder zumindest große politische Instabilität nach sich gezogen hat, sei es in den USA gelungen, ein demokratisches, populäres und solidarisches Sozialsystem auf der Grundlage der Interessen der mittleren Klassen zu errichten und Schritt für Schritt auszubauen (vgl. Schild 2002: 143). Tatsächlich kam es in den ersten beiden Nachkriegsjahrzehnten weder zu größeren Einschnitten noch zu nennenswerten Ergänzungen der Errungenschaften des New Deals (mit Ausnahme der GI Bill; vgl. hierzu FN 6). Waren in den 1940er Jahren noch eine Reihe von Gesetzen verabschiedet worden, die Unternehmen mit weiteren Steuervorteilen belohnten, wenn diese ihren

## 4.2 Die beiden sozialpolitischen „Big Bangs"

Beschäftigten zusätzlich zu den staatlichen Leistungen soziale Absicherungen anboten, erfolgte in den 1950er und 1960er Jahre eine gewisse Konsolidierung des „Social Security"-Systems (gesetzliche Renten- und Arbeitslosenversicherung), das nun einen immer größeren Bevölkerungskreis umfasste. Alle weiterreichenden Gesetzesinitiativen, die zum Beispiel auf die Einführung einer gesetzlichen Krankenversicherung abzielten, fanden dagegen im US-Kongress keine Mehrheit (vgl. Béland/Hacker 2004). Befördert wurde das Nebeneinander von öffentlichen und (steuerpolitisch geförderten) betrieblichen Sozialleistungen in den USA nicht zuletzt durch die ambivalente sozialpolitische Haltung der Tarifparteien. Zum einen waren vor allem die großen Unternehmen nach Kriegsende zum Konzept des „Welfare Capitalism" zurückgekehrt und ließen ihre Mitarbeiter über freiwillige Zusatzleitungen an Produktivitätsfortschritten und Profitsteigerungen teilhaben. Zum anderen mangelte es den Gewerkschaften, die auf der Grundlage des „Wagner Act" von 1935 ihre Mitgliederzahlen in der Privatwirtschaft bis Anfang der 1950er Jahre fast verfünffachen konnten und sich 1955 zum Dachverband AFL-CIO zusammenschlossen,[19] an einer einheitlichen Position hinsichtlich des Ausbaus von gesetzlichen Sozialversicherungen (Dobbin 1992: 1440 ff.).

Trotz der Lücken, die der New Deal etwa bei der öffentlichen Gesundheitsversorgung hinterlassen hatte, waren die 1940er und 1950er Jahre in den USA von einer allgemeinen Wohlstandssteigerung und größeren sozialen Sicherheit gekennzeichnet. Die positiven Wirkungen der sozialpolitischen Neuerungen (zusammen mit einer annähernden Vollbeschäftigung) lassen sich insbesondere an der Entwicklung der Armutsquote ablesen: Galten 1940 noch über 40 Prozent aller US-Amerikaner als arm, so waren es 1960 nur noch gut 20 Prozent (Katz/Stern 2001: 40). Ferner stieg in diesem Zeitraum auch der Anteil aller Beschäftigten an, die über ihren Arbeitgeber gegen Krankheit und Erwerbsunfähigkeit versichert waren und über eine betriebliche Altersvorsorge verfügten.

*Reformen im Zuge der Great Society*

Allerdings konnten nicht alle Bevölkerungs- und Berufsgruppen gleichermaßen vom Wirtschaftsboom der Nachkriegszeit profitieren. Der gebrochene Universalismus der New-Deal-Politik zeigte sich spätestens in den 1960er Jahren, als Berichte über das „Andere Amerika" (Harrington 1962) oder über den „Zusammenbruch afroamerikanischer Familien" (der „Moyhan Report" 1965) eine er-

---

19 Der AFL-CIO ist ein Zusammenschluss der „American Federation of Labor" (AFL) und des „Congress of Industrial Organizations" (CIO). Er ist mit zwölf Millionen Mitgliedern der bis heute größte Gewerkschaftsdachverband der USA und Kanadas. Mitte der 1950er Jahre erreichte der gewerkschaftliche Organisationsgrad in den USA mit einem Drittel aller Beschäftigten in der Privatindustrie seinen Höchststand, heute sind hier nur noch sieben Prozent.

schreckende Persistenz von materiellem Elend und sozialer Deprivation mitten im materiellen Überfluss zutage förderten und damit das (sozial-)liberale Gewissen der Nation aufrüttelten. Weitgehend ausgeschlossen vom Reichtum blieben neben den Bewohnern abgelegener und infrastrukturschwacher ländlicher Regionen insbesondere die Nachfahren der afrikanischen Sklaven, die entweder hochkonzentriert in sogenannten Innenstadt-Ghettos im Nordosten des Landes lebten oder weiterhin unter der rassistischen Segregation in den Südstaaten litten und zunehmend gegen ihre miserablen Lebensbedingungen aufbegehrten. Diesmal war es keine umfassende ökonomische, sondern vielmehr eine geistige und moralische Krise, die zur Auflage eines ehrgeizigen gesellschaftlichen Reformprogramms in den USA führte, das seit Mitte der 1960er Jahre unter dem Signum „War Against Poverty" bzw. Great Society firmierte (vgl. Davies 1996: 10 ff.; Noble 1997: 79 ff.). Die heute beinahe naiv anmutende Vision, die diesem zugrunde lag, war die Vorstellung von einer Gesellschaft, in der alle solidarisch dafür Sorge tragen, dass es keinerlei rassistische Diskriminierung, keinen Hunger und keine Armut mehr gibt.[20]

Befördert und begleitet wurden die staatlichen Aktivitäten gegen Armut in dieser Zeit von einer Reihe von historischen Ereignissen und Umbrüchen, die sozialliberalen Ideen und Programmatiken in Gesellschaft und in Politik Auftrieb gaben. Zunächst trugen sich zuspitzende Systemwettbewerb zwischen Ost und West sowie das Erstarken von antikolonialen Befreiungsbewegungen dazu bei, dass die Supermacht USA sich gezwungen sah, gegen das Apartheidregime im eigenen Land vorzugehen. Man wollte zeigen, dass der „amerikanische Traum" von Demokratie, Freiheit und wirtschaftlichem Erfolg nicht nur für Weiße gilt. Hinzu kam der wachsende Widerstand gegen den Vietnamkrieg, der in erster Linie von studentischen Protestbewegungen getragen wurde, die Massenmobilisierungen der schwarzen Bürgerrechtsbewegung sowie „ghetto uprisings" in mehr als 300 Städten, die den Handlungsdruck auf die Bundesregierungen erhöhten, aktiv gegen Diskriminierung und soziale Benachteiligung vorzugehen. Die 1960er Jahre waren darüber hinaus eine Zeit, in der die Sozial- und Gesellschaftswissenschaften von einem extremen Fortschrittsglauben geprägt waren und Hoffnungen hinsichtlich der (technischen) Lösbarkeit von sozialen Problemen schürten. „Es entstand – vielleicht das erste Mal in der Geschichte der USA – eine politische und öffentliche Mehrheitsmeinung, welche an die gestaltenden Möglichkeiten von Sozialpolitik glaubte" (Kaufmann 2003: 114).

---

20  Der Begriff Great Society geht auf eine Rede von Präsident Lyndon B. Johnson aus dem Jahr 1963 zurück, in der er die Aufgabe der Armutsbekämpfung im Land nicht nur als staatliche, sondern als eine gesamtgesellschaftliche Anstrengung darstellte, in die alle Bereiche und Ebenen einbezogen werden sollten.

## 4.2 Die beiden sozialpolitischen „Big Bangs"

Bei aller Aufbruchsstimmung konnte sich allerdings auch der „Krieg gegen die Armut" aus den institutionellen und ideologischen Zwängen und Widersprüchen der bis dato praktizierten Sozialpolitik in den USA nicht wirklich befreien. Waren in der ersten Hälfte des 20. Jahrhunderts die drei wesentlichen Säulen der sozialen Absicherung geschaffen worden – öffentliche Sozialversicherungen für Arbeitnehmer, bedürftigkeitsgeprüfte Einkommensbeihilfen sowie über das Steuersystem subventionierte private Vorsorgeleistungen –, so knüpften die demokratischen Bundesregierungen unter John F. Kennedy (1961–1963) und später (nach dessen Ermordung) unter Lyndon B. Johnson (1963–1969) in vielerlei Hinsicht an die während des New Deals etablierten Strukturen und Programme an. Zugleich versuchten sie aber auch, sich von einigen Maximen der bis dato praktizierten Sozial- und Armutspolitik zu lösen. Zwischen 1963 und 1968 wurden im US-Kongress über 100 Gesetze zur Verbesserung des Sozial-, Gesundheits- und Erziehungswesens verabschiedet (Adams 1997: 414). Diese „Hyperaktivität" hat den Protagonisten der Great Society von verschiedenen Seiten den Vorwurf eingebracht, sie hätten zwar für jeden Geschmack etwas im Gepäck gehabt, dabei aber versäumt, ausreichend Bundesmittel für ihre verschiedenen Reformprojekte bereitzustellen. Dabei ist zu bedenken, dass innen- und sozialpolitische Anliegen und außenpolitische wie damals der Vietnamkrieg immer in einer gewissen finanziellen Konkurrenz zueinander standen (vgl. Davies 1996: 105 f.).

Die beiden Programme, die eine der größten Lücken des „Social Security Act" von 1935 zu füllen suchten, nämlich eine fehlende öffentliche Krankenversicherung, waren Medicare und Medicaid. Mit ihrer Einführung im Jahr 1965 wurde zum ersten Mal im ganzen Land eine medizinische Grundversorgung für Senioren und Bedürftige sichergestellt, die in ihren Grundstrukturen heute noch existiert (vgl. hierzu Kap. 5.6). Zudem wurde im selben Jahr der Zugang zur bereits 1956 eingeführten gesetzlichen Erwerbsunfähigkeitsrente („Social Security Disability Insurance") erleichtert. Im Bereich der Einkommensbeihilfen kam 1964 das „Food Stamps Program" hinzu, das lange Zeit nur für die Ärmsten der Armen von Bedeutung war. Spätestens seit Ende der 1990er Jahre wird diese Lebensmittelhilfe allerdings auch von Familien in Anspruch genommen, die zu der wachsenden Gruppe der „working poor" oder denjenigen gehören, die im Zuge der Wirtschaftskrise ihre Arbeit verloren haben (vgl. Kap. 5.8). Außerdem stellte der „Higher Education Act" von 1965 in Fortführung der Tradition, dass der Staat bestimmten Gruppen wie zum Beispiel Soldaten oder Hauskäufern günstige Darlehen vermittelt, zum ersten Mal allen Studierwilligen öffentliche Kreditgarantien für die College-Ausbildung bereit (vgl. Kap. 5.4).

Als zentrales Instrument zur Verbesserung der Lebensbedingungen in den hauptsächlich von ethnischen Minderheiten (Afroamerikanern und Latinos) bewohnten Slums der Innenstädte galt indes der 1964 verabschiedete „Economic Opportunity Act" bzw. die von ihm geschaffenen staatlichen Institutionen und Programme. Diese setzten nicht länger auf finanzielle Hilfen zur Bekämpfung von Einkommensarmut, sondern vor allem auf eine verbesserte soziale Infrastruktur, mehr Aus- und Weiterbildungsangebote sowie die Bekämpfung von rassistischer Diskriminierung. Bis heute erhalten geblieben von den vielfältigen Fördermaßnahmen der damaligen Zeit sind die Bundesprogramme „Head Start" und „Job Corps", die die Bildungschancen für Kinder und Jugendliche aus sozial schwachen Familien verbessern helfen (vgl. Kap. 5.2), sowie das „Department of Housing und Urban Development", das eigens dafür gegründet wurde, um sich der Wohnsituation von ärmeren Bevölkerungsgruppen anzunehmen (vgl. Kap 5.5). Zudem führte der US-Kongress damals eine staatlich finanzierte Rechtsbeihilfe für bedürftige Personen ein („legal services"), von der bis heute noch zahlreiche lokale Community-Organisationen und Bürgerrechtsgruppen profitieren können. Mit dem neu eingerichteten „Bundesamt für wirtschaftliche Chancen" und seinen verschiedenen Initiativen wurden zum ersten Mal auch die Kommunen sowie diverse NGOs und Nachbarschaftsinitiativen direkt und in größerem Umfang in zentralstaatliche Aktionsprogramme und soziale Dienste zur Stabilisierung von strukturschwachen Stadtteilen und Armutsquartieren einbezogen (vgl. Morris 2004).

In die Phase der Great Society fällt darüber hinaus die Entwicklung eines weiteren wichtigen Bereichs US-amerikanischer Sozialpolitik, bei dem die Vereinigten Staaten weltweit eine Vorreiterrolle einnehmen, nämlich eine aktive Gleichstellungspolitik, von Präsident Johnson „Affirmative Action" getauft (vgl. Kap. 5.3). Auf der Grundlage einer Reihe von wegweisenden Bürgerrechtsgesetzen und präsidialen Verordnungen in den 1960er und 1970er Jahren gelang es den hiermit befassten Bundesbehörden in den folgenden Jahrzehnten, viele Studien- und Ausbildungsgänge sowie Berufe, Branchen und Institutionen, die zuvor wie fast selbstverständlich weißen Männern vorbehalten waren, auch für andere Bevölkerungsgruppen zu öffnen und damit tatsächlich mehr Chancengleichheit herbeizuführen.

Insgesamt hat der „Krieg gegen die Armut" in den USA eine beträchtliche Ausweitung der öffentlichen Sozialausgaben bewirkt. So kam es zwischen 1965 und 1975 bei den Bundesmitteln nahezu zu einer Verdoppelung von 5,5 Prozent (des BIP) auf 10,8 Prozent, während die Ausgaben auf der subnationalen Ebene im selben Zeitraum von 5,6 Prozent (des BIP) auf 7,9 Prozent stiegen (Murswieck 1988: 39). Trotz zahlreicher Erfolge und Innovationen der Great Society blieb das US-amerikanische Sozialsystem allerdings weiterhin extrem fragmentiert und vor allem in Bezug auf den Schutz von Kindern, die Beseitigung der Armut unter Afroamerikanern und Latinos sowie die Eindämmung von sozialer Ungleichheit eher ineffizient (vgl. Garfinkel u. a. 2010: 115 ff.). Zwar sank die offizielle Armutsrate zwischen 1960 und 1970 weiter, von 22 auf 12 Prozent (Schild 2003: 258), aber damit lag sie immer noch deutlich über den Werten in anderen westlichen Staaten. Während die Sozialversicherungsleistungen, einschließlich der speziellen Gesundheitsprogramme, in den folgenden Jahrzehnten – trotz einer immer wieder aufflammenden Kritik am „big government" – auch in den USA eine breite Unterstützung erfuhren, gerieten fast alle anderen sozialliberalen Politikansätze („human capital" oder „place-based approaches", aber auch die staatlichen Einkommensbeihilfen) unter erheblichen Druck. Ihnen haftete recht bald der Vorwurf an, eine gewisse „Abhängigkeitskultur" unter den Armen und ethnischen Minderheiten zu fördern, anstatt ihnen Anreize zu bieten, sich über eigene Anstrengungen in die Mittelschichtgesellschaft zu integrieren (vgl. Massey/Denton 1993; Gans 1995). Dies wurde nicht nur von Konservativen und expliziten Gegnern eines interventionistischen Wohlfahrtsstaates beklagt, sondern vermehrt auch von einflussreichen Politikern der Demokratischen Partei. Dementsprechend suchte die Bundespolitik seitdem nach neuen Wegen und Kompromissen in der Sozialpolitik, insbesondere für die unteren Einkommensgruppen.

### 4.3 „The New Politics of Welfare": Sozialpolitik seit den 1970er Jahren

Die 1970er Jahre stehen gewöhnlich für den Anbruch einer zutiefst konservativen politischen Ära in den Vereinigten Staaten, die von der Republikanischen Partei dominiert wurde. In allen westlichen Industrienationen, so lange Zeit der Tenor in der vergleichenden Wohlfahrtsstaatsforschung, war nun die goldene Zeit der großen Gesellschaftsreformen vorbei und begann die Phase des neoliberalen Backlashs und sozialstaatlichen Rückzugs (vgl. Pierson 1994; Pontusson/Clayton 1998; Starke 2008). Der Sozialwissenschaftler Christopher Howard, der den Begriff vom „hidden welfare state" geprägt hat, zeichnet dagegen für die USA und die dortige Entwicklung des Wohlfahrtsstaates ein etwas anderes Bild, und zwar das von einem großen Haus mit vielen Zimmern und Etagen. Beginnend mit den 1970er Jahren sei eine Reihe dieser Zimmer verkleinert oder eingerissen worden, zugleich aber auch zusätzliche Räume und Stockwerke entstanden (Howard 2007: 64).

Bei den „alten Zimmern" handelt es sich im Wesentlichen um die seit jeher stark umstrittene Sozialhilfe für Familien („Aid to Families with Dependent Children", AFDC), auf die bei entsprechender materieller Bedürftigkeit ein Rechtsanspruch bestand, und andere von Anfang an eher ungeliebte staatliche Maßnahmen für die Armen wie zum Beispiel der öffentliche Wohnungsbau. Diese hatten zu Beginn der 1970er Jahren in keinem politischen Lager mehr einen größeren Rückhalt und wurden peu à peu eingeschränkt bzw. mit immer neuen Auflagen versehen. Andere in der Johnson-Ära geschaffenen Institutionen und Programme zur Förderung benachteiligter Bevölkerungsgruppen oder der sozialen Infrastruktur in städtischen Regionen wurden dagegen einfach wieder abgeschafft. Es wäre jedoch falsch anzunehmen, es hätte nach dem Amtsantritt von Richard Nixon – einem überzeugten Republikaner, der in vielerlei Hinsicht ein Reaktionär und Hardliner war – keinerlei nennenswerte sozialpolitische Initiativen oder Fortschritte mehr gegeben.

Erwähnenswert sind zunächst einmal die „Social Security Amendments" von 1972, die die gesetzliche Altersabsicherung stärkten, indem sie eine Indexierung der staatlichen Rente einführten. War bis dahin die Anpassung der Rentenzahlungen an steigende Lebenshaltungskosten alle zwei bis fünf Jahre durch Ad-hoc-Gesetze erfolgt, beschloss der US-Kongress nun einen automatischen Inflationsausgleich, basierend auf der Entwicklung der Verbraucherpreise und der Lohnentwicklung. Zudem wurde – bis zum Inkrafttreten der Indexierung – eine weitere einmalige Rentenerhöhung von 20 Prozent verfügt. Als Konsequenz stiegen die Rentenleistungen zwischen 1970 und 1980 außerordentlich stark an (vgl. Kollmann 1996). Ferner entschied die Bundesregierung 1972, die seit 1935 existierenden Fürsorgeprogramme für Alte und Blinde sowie die 1950 geschaffene Einkommensbeihilfe für Behinderte, die zuvor von den Einzelstaaten verwaltet und anteilig finanziert worden waren, in einem nationalen Programm namens „Supplemental Security Income" (SSI) zusammenzufassen (vgl. Kap. 5.8). Waren damit deren Empfänger offiziell in den Kreis der „würdigen Armen" aufgenommen und erhielten großzügigere Leistungen, scheiterten alle legislativen Initiativen, auch für arbeitsfähige Erwerbslose („able-bodied adults") ein Mindesteinkommen oder einen einheitlichen Sozialhilfesatz durchzusetzen, an finanzpolitischen Streitigkeiten und am Widerstand der traditionellen Veto-Koalition (Pierson 1995: 395) gegen eine weitere Zentralisierung der Sozialpolitik.[21] Diese

---

21 Diese Koalition bestand aus großen Teilen des Arbeitgeberlagers und der Republikanischen Partei sowie den im US-Kongress besonders einflussreichen Südstaaten-Demokraten, deren Macht vor allem auf dem sogenannten Senioritätsprinzip basierte. Dieses sah bis Anfang der 1990er Jahre vor, dass diejenigen Abgeordneten und Senatoren, die am längsten dem Parlament angehörten, das Vorrecht hatten, den wichtigsten Ausschüssen vorzustehen, welche über das Schicksal von Gesetzesentwürfen entscheiden. Da vom 19. Jahrhundert bis in die 1960er Jahre hinein in den Südstaaten eine Art Einparteiensystem bestand, konnten die demokratischen

### 4.3 „The New Politics of Welfare": Sozialpolitik seit den 1970er Jahren

verhinderte nicht nur den von der Nixon-Regierung (1969–1974) eingebrachten „Family Assistance Plan", sondern auch das später von der Carter-Administration (1977–1981) favorisierte „Program for Better Jobs and Income", die beide jeweils Ansätze zur Etablierung eines national standardisierten Mindesteinkommens enthielten. Beide Vorschläge, die auch im linksliberalen Lager nicht zuletzt wegen der äußerst niedrigen Bedarfs- und Leistungsbemessung auf Ablehnung gestoßen waren, wurden bereits in den wichtigsten Senatsausschüssen abgewiesen (vgl. King 1996; Steensland 2007).

Zu den Räumen und Stockwerken, die ab den 1970er Jahren dagegen immer weiter ausgebaut wurden, zählen Steuervergünstigungen und -gutschriften für verschiedene Einkommensgruppen, die jedoch (fast immer) eine Erwerbstätigkeit voraussetzen. „Tax credits" wurden zu einem zentralen Bestandteil der spezifischen US-amerikanischen Sozial- und Redistributionspolitik, da sie einen der wenigen nachhaltigen Kompromisse zwischen den verschiedenen politischen Lagern repräsentieren. Aus sozialpolitischer Perspektive ist an erster Stelle der „Earned Income Tax Credit" (EITC) zu nennen, mit dem der Bund seit 1975 die Lohneinkommen von inzwischen etwa 26 Millionen Geringverdienern subventioniert, wobei Familien mit Kindern gegenüber Alleinstehenden deutlich bevorzugt werden. Diese indirekte Einkommensbeihilfe, die über das Steuersystem verteilt wird, gilt vielen Experten inzwischen als das effektivste Instrument der Armutsbekämpfung (vgl. Schelke 2000; Weaver 2009 und Kap. 5.8). Einen weiteren Ausbau von staatlichen Eingriffen gab es zudem bei den steuersubventionierten privaten Sozialleistungen. Im Zentrum des 1974 verabschiedeten „Employee Retirement Income Security Act" (ERISA) stand eine stärkere Regulierung der betrieblichen Altersvorsorge (vgl. Hacker 2002: 147 ff.). Dem Gesetz vorausgegangen waren mehrere spektakuläre Insolvenzen von Firmen, die zum Verlust der Pensionsansprüche von Zigtausenden Beschäftigten geführt hatten. Daher galt als das wesentliche Ziel dieses Betriebsrentengesetzes die bessere Absicherung von Arbeitnehmern. Um in den Genuss von Steuervergünstigungen zu kommen, hatten die Arbeitgeber von nun an unter anderem eine Mindestdeckung ihrer Pensionsfonds zu garantieren. Zudem wurden verschiedene Berichtspflichten eingeführt und die Firmen zu Beitragszahlungen an den neu eingerichteten Pensionsgarantiefonds („Pension Benefit Guaranty Company") verpflichtet. Allerdings schuf der US-Kongress mit der Verabschiedung des ERISA auch die Grundlagen für eine noch stärkere Individualisierung der privaten Altersvorsorge (vgl. hierzu Kap. 5.7).

---

Kandidaten dort stets mit ihrer Wiederwahl rechnen und stellten somit einen Großteil der einflussreichsten Ausschussvorsitzenden (Seeleib-Kaiser 2000).

96    4. Vom Armenhaus bis zur Teilhabegesellschaft: Die historische Entwicklung

Bis Ende der 1970er Jahre – so lässt sich zusammenfassen – konzentrierte sich der Bund noch auf einen Ausbau des Renten- und Sicherungssystems für Alte und Erwerbsunfähige, was damals einem breiten gesellschaftlichen Konsens entsprach. Dagegen steht das folgenreiche Scheitern des Versuchs, verschiedene stigmatisierende Fürsorgeleistungen durch eine universelle Grundsicherung zu ersetzen. Die Kompromissformel, auf die man sich in den 1970er Jahren in Washington bei der Armutsbekämpfung einigen konnte und die auch in den folgenden Jahrzehnten bestimmend bleiben sollte, ist, die Erwerbsquoten der „Unterschichten" mit allen möglichen Mitteln (Anreizen und Zwängen) zu erhöhen und die Einkommen von Niedrigverdienern über Steuersubventionen aufzustocken (vgl. Gilbert 2004; Blank 2009; Cancian/Danziger 2009; Weaver 2009).

*Von der Reagan-Revolution bis zur Teilhabegesellschaft der Bush-Regierung*

Waren die 1960er, aber auch die 1970er Jahre noch von der Idee einer aktiven und gestaltenden Sozialpolitik geprägt, standen die 1980er und 1990er Jahre in den USA unter dem Diktum, die Reichweite und Kosten des Sozialstaates zu reduzieren und soweit wie möglich zu einem System der privaten und dezentralisierten Armutsfürsorge und -verwaltung zurückzukehren. Bestärkt wurde dieses Vorhaben noch dadurch, dass die USA in den 1980er Jahren unter der schlimmsten ökonomischen Krise seit der Großen Depression zu leiden hatten und es Wirtschaftsliberalen, allen voran Vertretern der neoklassischen Chicago School, gelungen war, das schwache Wachstum und die vergleichsweise hohe Arbeitslosigkeit dem angeblich aufgeblähten Staatsapparat in Washington sowie den zu hohen Steuerabgaben anzulasten. Keynesianische Ansätze waren zu diesem Zeitpunkt offiziell verpönt.

Als Ronald Reagan 1981 in Washington die Regierungsgeschäfte übernahm, bestand eine seiner ersten und folgenreichsten Amtshandlungen darin, den US-Kongress von der Notwendigkeit einer radikalen Steuerreform zu überzeugen. So wurden ab 1981 die Spitzensätze bei der Einkommensteuer um mehr als die Hälfte reduziert, die Gewerbesteuer erheblich gesenkt und die Abschreibungsmöglichkeiten von Unternehmen erhöht.[22] Nach diesen Steuergeschenken, von

---

22    In der Amtszeit von Ronald Reagan (1981–1989) verabschiedete der US-Kongress beginnend mit dem „Economic Recovery Tax Act" von 1981 insgesamt sechs Steuergesetze. Hatte der Spitzensteuersatz in den USA in beiden Nachkriegsjahrzehnten noch bei um die 90 Prozent gelegen, wurde er 1965 unter der Johnson-Regierung auf 70 Prozent gesenkt. Die „Reagan-Revolution" bestand schließlich darin, ihn zwischen 1981 und 1988 auf 28 Prozent zu drücken. Derzeit beträgt der Spitzensatz bei der Einkommensteuer wieder 35 Prozent. Kapitalerträge – also Gewinne aus Geschäften mit Aktien, Staatspapieren und anderen Werten – werden in den USA dagegen lediglich mit 15 Prozent besteuert.

### 4.3 „The New Politics of Welfare": Sozialpolitik seit den 1970er Jahren

denen man sich Wachstumsanreize versprach, kündigte die Reagan-Regierung Kürzungen im Sozialbudget von $ 32 Milliarden an. Ein Einsparungsvorschlag zielte darauf ab, den Bund gänzlich von der Finanzierung der Lebensmittelmarken und der Familiensozialhilfe (AFDC) zu befreien und diese allein der Verantwortung der Einzelstaaten zu überlassen. Dafür sollte Washington vollständig die Kosten für die Gesundheitsversorgung armer Familien (Medicaid) übernehmen. Dieser Plan, der davon ausging, dass viele Einzelstaaten daraufhin die Einkommensbeihilfen stark einschränken oder vollständig abschaffen würden, scheiterte jedoch an deren entschlossenem Widerstand und einer fehlenden Mehrheit im Kongress (Borchert 1991: 228 f.).

Insgesamt gelang es Reagan in seiner Amtszeit (1981–1989) nicht, die von ihm angekündigten Sozialkürzungen in vollem Umfang durchzusetzen, genauso wenig wie eine grundlegende Änderung der Strukturen des US-amerikanischen Wohlfahrtssystems. Am stärksten betroffen von der Austeritätspolitik der 1980er Jahre waren diejenigen Programme und Leistungen (öffentliche Wohnungsbau-, Infrastruktur- und Ausbildungsförderung), von denen vor allem die urbanen Regionen mit einer hohen Armutsbevölkerung profitiert hatten (Weir 1995). Allein den Städten gingen zwischen 1980 und 1990 schätzungsweise 46 Prozent ihrer direkten Bundeszuschüsse verloren (Caraley 1992: 8). Den Einsparungen von mehr als zehn Prozent bei den Lebensmittelmarken und bei der Familiensozialhilfe (AFDC) während der ersten Amtsperiode (1981–1984) standen auf der anderen Seite deutliche Zuwächse bei den Kosten der Krankenversicherung für Rentner (Medicare: + 44%), der Gesundheitsversorgung für Einkommensschwache (Medicaid: + 28%) und weitere Rentensteigerungen (+ 12%) in dieser Zeit entgegen. Der Anteil der öffentlichen Sozialausgaben blieb im Großen und Ganzen konstant (Borchert 1991: 230 f.).

Während die Regierungszeit von George Bush senior (1989–1993) relativ arm an sozialpolitischen Initiativen war, redete man in den Jahren der Clinton-Regierung (1993–2001) viel von einem „Dritten Weg" in der Wirtschafts- und Sozialpolitik der USA (vgl. Myles/Quadagno 2000; Béland u. a. 2002; Lammert/Schreyer 2004). Dieser sollte jedoch nicht mit einer grundlegenden und theoretisch fundierten politischen Neuausrichtung verwechselt werden. Vielmehr war die Politik des „Zentristen" und „Neuen Demokraten" Bill Clinton von seinen negativen Erinnerungen an die heftigen Auseinandersetzungen rund um die Great-Society-Programme und den anschließend recht erfolgreichen ideologischen Angriffen unter der Reagan-Regierung auf den „ausufernden Wohlfahrtsstaat" geprägt (Schild 2002: 323). Nachdem Clinton mit der geplanten Reform des Gesundheitswesens kurz nach seinem Amtseintritt grandios gescheitert war und die Republikaner 1994 mit einer erzkonservativen Agenda („Contract with America") die Mehrheit im Kongress errungen hatten, verfolgte er von nun an eine recht opportunistische und teilweise auch widersprüchliche Politik, die sich immer stärker an den sogenannten „median" oder „swing voters" und deren vermeintlichen Interessen orientierte (vgl. Teles 1996; Merropol 1998; Weir 1998; Béland/Waddan 2010). Damit einher ging eine eindeutige Abkehr von den sozialliberalen Zielen der 1960er Jahre, da eine positive Fokussierung auf gesellschaftlich Benachteiligte und Minderheiten nach Meinungsumfragen offensichtlich nicht länger dem Zeitgeist entsprach.

Zunächst stimmte Clinton, nachdem er zweimal sein Vetorecht als Präsident angewendet hatte, mit seiner Unterschrift unter die legendäre „Welfare Reform" von 1996 einem Gesetzespaket zu, das den 1935 unter der Roosevelt-Administration etablierten Rechtsanspruch auf Sozialhilfe für bedürftige Familien abschaffte und in vielerlei Hinsicht rigider war als das, was Politiker am rechten Rand der Republikaner in den 1980er Jahren gefordert hatten (vgl. Weaver 2000; Grell 2008 sowie Kap 5.8). Zugleich bemühte er sich jedoch um eine Reihe von sozialpolitischen Reformen, die Eltern mit kleineren Kindern bei der Vereinbarkeit von Lohnarbeit und familiären Verpflichtungen unterstützen und dafür sorgen sollte, dass „sich Erwerbstätigkeit (wieder) lohnt". Zu den wichtigsten familienpolitischen Neuerungen unter der Clinton-Regierung zählen der „Family and Medical Leave Act" von 1993 zur Regelung von Elternzeit und der 1998 eingeführte „Child Tax Credit", eine Steuerentlastung für Betreuungsaufwendungen (vgl. hierzu Kap. 5.2). Es wird seit Mitte der 1990er Jahre von der Bundesregierung auch deutlich mehr Geld für den EITC ausgegeben als für die direkte monetäre Unterstützung für Arme (Weaver 2009: 306). Zugleich kam es, ermöglicht durch eine Änderung der Bundesgesetzgebung, seit 1997 in vielen Einzelstaaten zu einer deutlichen Anhebung des Mindestlohns und zu einem temporären Ausbau der staatlichen Unterstützung bei der Kinderbetreuung für Geringverdiener. Diese Workfare-Politik, die zunächst hinsichtlich der Senkung der Sozialhilfequote und der Arbeitsmarktintegration von Transferempfängerinnen recht erfolgreich war, profitierte jedoch maßgeblich davon, dass die USA in den 1990er Jahren eine ungewohnt lange Periode der wirtschaftlichen Prosperität und annähernden Vollbeschäftigung erlebten, die allerdings mit dem Schock der Terroranschläge von 2001 und der darauffolgenden Rezession ihr erste ernsthafte Zäsur erfuhr.

Unter der Präsidentschaft von George W. Bush (2001–2009), der sich – stark beeinflusst von neokonservativen Ideen und seinem evangelikalen Glauben – sowohl als Anhänger des Leitbildes einer „Eigentümer- und Teilhabegesellschaft" („ownership society") als auch eines „mitfühlenden Konservatismus" („compas-

## 4.3 „The New Politics of Welfare": Sozialpolitik seit den 1970er Jahren

sionate conservatism") präsentierte (vgl. Béland/Wadden 2007; Lammert 2008; Teles 2009), gab es in Bezug auf die Sozialpolitik eine Fortsetzung und teilweise noch Verschärfung des sich seit den 1970er Jahren abzeichnenden Workfare-Ansatzes für Arme. Darüber hinaus lassen sich neben weiteren Steuersenkungen vier größere, für die Sozialpolitik relevante Reformprojekte identifizieren, die einerseits an das Vermächtnis der Reagan-Revolution anknüpften, sich zum Teil aber auch davon absetzten: erstens eine Teilprivatisierung des gesetzlichen Rentensystems, zweitens eine Bildungsreform, drittens die Erhöhung der Wohneigentumsrate gerade unter ethnischen Minderheiten sowie viertens die verstärkte staatliche Förderung von sogenannten „faith-based initiatives".

Nachdem der US-Kongress, trotz massiv gestiegener Staatsausgaben im Zuge des „Kampfes gegen den Terror", einer erneuten Reduzierung des Spitzensatzes bei der Einkommensteuer (von 40 auf 35 Prozent) zugestimmt hatte – mit dem Ergebnis, dass ihr Anteil am BIP zwischen 2000 und 2009 von 10 auf 6,3 Prozent sank (Congressional Budget Office 2012) –, verwendete die Bush-Regierung viel Energie auf den Umbau der gesetzlichen Rentenversicherung. Ähnlich wie Reagan hatte George W. Bush in seinem Wahlkampf versprochen, derjenige Präsident der USA zu sein, dem es gelingen sollte, die Renten „zukunftstauglich" zu machen. Hierzu setzte er bereits 2001 eine hochkarätige Expertenkommission ein und entwickelte weitreichende Vorschläge zur Neustrukturierung der aus seiner Sicht krisenhaften öffentlichen Altersvorsorge, in deren Zentrum die Einführung von persönlichen Rentenkonten stand. Auf diese sollten alle Arbeitnehmer einen Teil ihrer Sozialversicherungsbeiträge abführen, um damit mittels Investitionen und Spekulationen auf den Kapitalmärkten bessere Erträge erzielen zu können (vgl. Lammert 2009 und Kap. 5.7). Positiv begründeten Bush und seine Berater dieses Privatisierungsvorhaben, das am Ende weder in der öffentlichen Meinung noch im Parlament auf die erwartete Zustimmung stieß, mit dem Wunsch, den US-Bürgern möglichst viel Freiheit und Wahlmöglichkeiten bei der Gestaltung ihrer sozialen Absicherung und Zukunft zu bieten.

Das Ideal einer „Eigentümer- und Teilhabegesellschaft", bei der Individuen, Familien sowie lokale Akteure und Einheiten ermächtigt, aber auch verstärkt in die Pflicht genommen werden sollen, stand auch Pate bei den weiteren zentralen sozialpolitischen Initiativen unter Bush. Die erste kulminierte in dem „No Child Left Behind Act" von 2001 (vgl. Manna 2010 und Kap. 5.4). Mit ihm stellte der Bund mehr Mittel zur Verbesserung der Primar- und Elementarbildung bereit, erhöhte mit der Einführung von flächendeckenden Tests für Schüler aber auch den Leistungsdruck auf die Kinder und auf die überwiegend lokal verwalteten öffentlichen Grund- und Gesamtschulen. Zugleich beabsichtigte man, mit der Einführung von Bildungs- und Fördergutscheinen („school vouchers") sowie dem Ausbau von sogenannten Charter Schools die Entscheidungsfreiheiten und das Verantwortungsbewusstsein der Eltern zu stärken. Ein weiteres sozialpolitisches Ziel, das überaus eng mit der Ideologie der „ownership society" korrespondierte, war die Ausweitung der Wohneigentumsquote. Hatte bereits die Clinton-Administration Druck auf die öffentlichen und privaten Kreditinstitute ausgeübt, ihre Vergabebedingungen für Hypothekenkredite zugunsten von einkommensschwachen Familien zu lockern, versprach Präsident Bush junior, bis 2010 den Anteil von hispanischen und afroamerikanischen Hauseigentümern so weit zu erhöhen, dass er in etwa dem in der weißen Bevölkerung entsprach (Bratt 2008: 8 ff.). Nicht von ungefähr kam es in seiner Regierungszeit zu einer extremen Ausweitung der Vergabe von sogenannten Subprime-Krediten, in der viele eine der zentralen Ursachen der 2007 einsetzenden Immobilien- und Finanzkrise sehen (vgl. Kap. 5.5).

Eine andere Form der Verlagerung der Verantwortung, die Bush als Teil seiner Philosophie des „mitfühlenden Konservatismus" ausgab und die ihn auf gewisse Weise mit seinen Vorgängern Bush senior und Bill Clinton verband, war die verstärkte staatliche Förderung und Zusammenarbeit mit religiösen Initiativen und Kirchengemeinden im Rahmen der sogenannten Charitable Choice-Klausel (vgl. Ackerman 2002). Bereits kurz nach seiner ersten Wahl zum Präsidenten (2001) hatte er in einer öffentlichkeitswirksamen Aktion eine neue Regierungsbehörde, das „White House Office of Faith-Based and Community Initiatives", eingerichtet und alle Bundesministerien und -behörden per Exekutivorder angewiesen, Organisationen und Bewerber mit einem explizit religiösen Hintergrund und missionarischen Auftrag bei der Vergabe von staatlichen Fördermitteln und Aufträgen nicht länger zu diskriminieren.[23] Begründet wurde dieser Vorstoß, mehr religiöse Einrichtungen für öffentliche Zwecke und insbesondere in der Sozialpolitik einzusetzen, mit den Limitierungen von säkularen und bürokratischen Strukturen, die oftmals nicht in der Lage seien, „die Herzen der armen Menschen zu erreichen und deren Leben zu verändern" (zit. nach Farris u. a. 2004: 3).

Als George W. Bush die Regierungsgeschäfte zu Beginn des Jahres 2009 seinem Nachfolger Barack Obama übergab, hatte er es weder faktisch geschafft, einen der Grundpfeiler des seit dem New Deal bestehenden Sozialversicherungssystems (die gesetzlichen Rentenversicherung) einzureißen, noch – wie bereits

---

23 Bis dahin galt, dass die staatliche Förderung von kirchlichen Wohlfahrtsverbänden und religiösen Organisationen mit strikten Auflagen verbunden war wie zum Beispiel, auf die öffentliche Zurschaustellung von religiösen Symbolen, auf missionarische Tätigkeiten und Diskriminierungen gegenüber Angestellten und den von ihnen zu betreuenden Menschen zu verzichten.

## 4.3 „The New Politics of Welfare": Sozialpolitik seit den 1970er Jahren

von Reagan und anderen Konservativen propagiert – zu einer Struktur der rein privaten und lokalen Armutsfürsorge zurückzukehren. Weiterhin gab der Bund einen erheblichen Teil seines Jahresbudgets für Sozialleistungen für mittlere und untere Einkommensgruppen aus, wobei vor allem die Aufwendungen für Medicare und Medicaid seit den 1970er Jahren besonders stark gewachsen sind (Austin/Levit 2012: 10; vgl. auch Kap. 2). Der enorme Kostenanstieg bei den öffentlichen Gesundheitsausgaben für Senioren und arme bzw. unversicherte Haushalte ist auch einer der Gründe dafür, warum Obama und die Demokraten im Präsidentschaftswahlkampf 2008 (und damit ganze 14 Jahre nach dem Scheitern der Gesundheitsreform von Bill Clinton) eine umfassende Umstrukturierung des Krankenversicherungswesens zu einem ihrer wichtigsten innenpolitischen Ziele erklärt hatten (vgl. hierzu Kap. 5.6).

In zweierlei Hinsicht ist es konservativen Bundesregierungen, Intellektuellen und Lobbygruppen der Wirtschaft seit den 1970er Jahren jedoch gelungen, sozialliberale Errungenschaften zurückzudrängen und in gewisser Weise die Uhr vor den New Deal zurückzudrehen. Dies betrifft den Umgang mit kollektiven Risiken sowie die Entwicklung von sozialer Ungleichheit. Lange Zeit eher unbeachtet hat ein Funktionswandel im Bereich der Wohlfahrtsproduktion eingesetzt: weg von direkten staatlichen Interventionen hin zu verschiedenen Formen der Förderung von und Zusammenarbeit mit privaten Akteuren und Institutionen, die vermehrt zentrale Aufgaben von Sozialpolitik wie die Absicherung von Lebensrisiken sowie die Bewältigung des Armutsproblems übernehmen sollen. Dieser Prozess ist komplex, findet auf verschiedenen Ebenen statt (ideologisch und materiell), schließt ganz unterschiedliche Akteure wie familiäre Netzwerke, zivilgesellschaftliche Organisationen (NGOs, Kirchengemeinden etc.) oder marktwirtschaftliche Akteure (Arbeitgeber, Finanz- und Versicherungsindustrie etc.) ein und verläuft eher inkrementalistisch und nicht immer linear. In den 1980er und frühen 1990er Jahren wurde in diesem Zusammenhang in den Sozialwissenschaften viel über sozialstaatlichen Rückzug und Privatisierung diskutiert (vgl. Pierson 1994); später war unter anderem von einer Hinwendung zum „capital investment welfare state" (Quadagno 1999) oder dem „enabling state" (Gilbert 2002) die Rede, dem es vor allem darum gehe, den Ausbau privaten Vermögens (Ersparnisse, Immobilieneigentum, Kapitalinvestitionen) sowie eine größere Eigenverantwortung als Ressource von Sozialpolitik zu fördern.

In den letzten Jahren hat sich in der Wohlfahrtsstaatsforschung die These von einem „great risk shift" (vgl. Hacker 2006 u. 2011; Greenhouse 2008; Block 2007; Hacker/Pierson 2010; Hacker/O'Leary 2012) etabliert. Gemeint ist damit nicht nur, dass sich Lebensrisiken im Zuge demographischer, ökonomischer oder anderer gesellschaftlicher Veränderungen seit den 1970er Jahren insgesamt ausgeweitet und zu Ungunsten der eher Unqualifizierten und ärmeren Bevölkerungsgruppen verschoben haben, sondern dass es, befördert durch die Politik, zu einer eindeutigen Verlagerung der Risikobewältigung weg von staatlichen Institutionen und den Arbeitgebern hin auf die Individuen und Familien gekommen ist. Ein herausragendes Beispiel hierfür ist in den USA die von der Politik vorangetriebene Umstellung der betrieblichen Altersvorsorge von traditionellen Rentenplänen, die auf festen Leistungszusagen der Arbeitgeber basieren, auf solche, bei denen die Beschäftigten über ihre Anlageentscheidungen den Großteil der Verantwortung für die spätere Auszahlungshöhe zu tragen haben (vgl. hierzu auch Kap. 5.7). Die These vom „risk shift" bezieht sich aber auch explizit auf das Problem des staatlichen Nichthandelns. So beklagen in den USA heute immer mehr Sozialexperten und Wissenschaftler, dass es dort in den vergangenen Jahren zwar weitere erhebliche Steuerentlastungen für die Wirtschaft und die Wohlhabenden gegeben habe, aber so gut wie nichts unternommen worden sei, um der Abkopplung eines wachsenden Teils der Bevölkerung vom Reichtum des Landes entgegenzuwirken. Noch nie zuvor in der neueren Geschichte hat das Wohlstandsgefälle in den USA ein so dramatisches Ausmaß angenommen wie zum Ende der Regierungszeit von George W. Bush, was manche Beobachter dazu verleitet hat, von einer Rückkehr des „Gilded Age" zu sprechen (vgl. z. B. Reich 2012).

## 4.4 Fazit

Ein Rückblick auf die wichtigsten sozialpolitischen Initiativen und Gesetzgebungen vom Ende des 19. bis zum Anfang des 21. Jahrhunderts, als die USA in eine der schwersten Wirtschaftskrisen ihrer Geschichte abglitten und kurz darauf der erste schwarze Präsident mit einer dezidierten sozialpolitischen Reformagenda an die Regierung kam, zeigt, dass es kein einfaches Muster gibt, mit dem sich die stattgefundenen Transformationen und Veränderungen angemessen beschreiben ließen. Weder folgte der Entwicklungsprozess des US-amerikanischen Wohlfahrtsstaates seit der Industrialisierung dem gängigen westeuropäischen Modell, das drei klar voneinander zu trennende Phasen (Entstehung der Grundstrukturen bis zum Ersten Weltkrieg – goldene Jahre des Ausbaus nach 1945 – Rückbau seit den 1970er Jahren) kennt, noch ist mit dem Bild von den beiden „Urknalls" (New Deal und Great Society) die Wirklichkeit ausreichend erfasst. Was das US-amerikanische Wohlfahrtsregime historisch, aber auch aktuell immer noch auszeichnet und besonders macht, ist das Ausmaß, mit dem es sich neben den beiden traditionellen Säulen des Sozialstaates (Sozialversicherungen und Einkommensbeihil-

## 4.4 Fazit

fen) noch auf einen dritten Grundpfeiler, nämlich die über Steuererleichterungen geförderten betrieblichen bzw. privaten Vorsorge- und Sozialleistungen, stützt. Dieser hat sich seit Anfang des 19. Jahrhunderts eher inkrementell und ohne größere öffentliche Anteilnahme und Kontroversen zwischen den verschiedenen politischen Lagern herausgebildet.

Dies gilt es auch bei der Beurteilung der Entwicklungen seit den 1970er Jahren, den „New Politics of Welfare" (Pierson 1994 und 2001), zu berücksichtigen. Wie allgemein bekannt ist, war die Regierungszeit von Ronald Reagan mit einem konservativen bzw. neoliberalen Backlash verbunden, der durch erhebliche rhetorische Angriffe auf den Wohlfahrtsstaat sowie größere Einschnitte insbesondere bei den Sozialprogrammen für Minderheiten und besonders benachteiligte Bevölkerungsgruppen aus den 1960er Jahren gekennzeichnet war. Diese haben jedoch, bezogen auf die Kosten und den Anteil der bundesstaatlichen Leistungen, nicht zu einem „schlankeren Sozialstaat" geführt, wie häufig angenommen wird. Vielmehr ist es zu einer Reihe von Verschiebungen und Umstrukturierungen gekommen, von denen wir einige in den folgenden Kapiteln zu den Schwerpunktthemen US-amerikanischer Sozialpolitik noch genauer betrachten und analysieren werden.

Auffällig ist: Während in vielen andern westlichen Ländern die neue Wohlfahrtspolitik davon geprägt ist, dass deutlich mehr staatliche Gelder für die Bereiche Familien- und Pflegepolitik oder zum Beispiel für berufsqualifizierende Maßnahmen ausgegeben werden (vgl. z. B. Bonoli 2005), ist dieser Trend in den Vereinigten Staaten (noch) nicht zu beobachten. Es scheint auch wenig Entgegenkommen von Unternehmerseite zu geben, Arbeitnehmern die Vereinbarkeit von Berufs- und Familienleben zu erleichtern. Zwar sind größere Betriebe seit 1993 gesetzlich dazu verpflichtet, ihre Angestellten bei einem Krankheits- und Pflegefall in der Familie kurze Zeit von der Arbeit freizustellen. Sie sehen für diese Auszeiten in der Regel jedoch keine Lohnfortzahlung vor und zeigen auch wenig Interesse daran, in die Weiterbildung ihrer Mitarbeiter zu investieren oder diese in Krisenzeiten über Maßnahmen wie zum Beispiel Kurzarbeit zu halten. Hier kommt eines der größten und bislang ungelösten Probleme der US-amerikanischen Sozialpolitik seit den 1980er Jahren zum Ausdruck: Die Anrufung zur Übernahme von mehr Verantwortung, die seit den 1970er Jahren zum Repertoire aller Bundesregierungen zählt, zieht vor allem bei den Arbeitgebern nicht. Immer mehr Unternehmen haben trotz erheblicher steuerlicher Förderungen und der starken Tradition des „Welfare Capitalism" seit Längerem schon ihre für die Versorgung der US-Bürger so zentralen Betriebsleistungen (Krankenversicherung, Altersvorsorge etc.) in großen Teilen zurückgefahren und in vielen Sektoren auch die Löhne gesenkt. Dass in dieser Situation selbst viele Sozialliberale in den USA die gezielte Vergabe von Hypothekendarlehen zum Erwerb von Wohneigentum an ärmere oder gar bereits verschuldete Haushalte seit den 1990er Jahren für die einzige Möglichkeit hielten, um überhaupt noch so etwas wie einen sozialen Ausgleich und Aufstieg herbeizuführen (vgl. Kap. 5.5), gehört gewiss zu den besonders abstrusen Kapiteln US-amerikanischer Sozialpolitik.

*Tabelle 1:* Einführung zentraler sozialpolitischer Leistungen und Programme des Bundes

|  | Sozialversicherungen (social security) | Einkommensbeihilfen/ Fürsorgeleistungen (welfare) | steuerliche Förderungen/ Anreizsysteme (tax deductions/tax breaks) |
|---|---|---|---|
| 1861 | Pensionen für Kriegsinvaliden und -veteranen (Bund) | | |
| ab 1896 | Rentenversicherung für Lehrer und andere Mitarbeiter des öffentlichen Dienstes (Einzelstaaten) | | |
| 1908 | Unfallversicherung für den öffentlichen Dienst des Bundes | | |
| 1911– 1919 | Unfallversicherung für alle Arbeitnehmer (38 Staaten) | Mothers' Pensions (in 40 Staaten) | |
| 1912 | Rentenversicherung für den öffentlichen Dienst des Bundes | | |
| 1913 | | | steuerliche Förderung des Hauskaufs und des Abschlusses von Lebensversicherungen (Bund) |
| 1914– 1926 | | | steuerliche Förderung von betrieblichen Rentensystemen (Bund) |
| 1917 | | | steuerliche Förderung von Spenden für wohltätige Zwecke (Bund) |
| 1918– 1921 | | | steuerliche Förderung von betrieblichen Unfallversicherungssystemen (Bund) |
| 1932 | erste gesetzliche Arbeitslosenversicherung in Wisconsin | | |
| 1934 | | | staatliche Garantien für Hypothekenkredite durch die „Federal Housing Administration" (FHA) |
| 1935 | gesetzliche Renten- und Invalidenversicherung (Bund) Arbeitslosenversicherung (Bund/ ab 1938 in allen Einzelstaaten) | Altenfürsorge (Bund/Einzelstaaten) Blindenfürsorge (Bund/ Einzelstaaten) Familienfürsorge (ADC) (Bund/Einzelstaaten) | |
| 1941 | | | steuerliche Begünstigung der Einkommen aus der gesetzlichen Rentenversicherung |

## 4.4 Fazit

|  | | | |
|---|---|---|---|
| 1942 | | | steuerliche Förderung von „extraordinary medical expenses" |
| 1944 | | | staatliche Garantien für Hypothekenkredite für ehemalige Soldaten (GI Bill) |
| 1950 | | Behindertenfürsorge (Bund/ Einzelstaaten) | |
| 1951 | | | steuerliche Begünstigung von Kapitalgewinnen aus Wohnimmobilien |
| 1954 | | | steuerliche Förderung von betrieblichen Krankenversicherungen steuerliche Begünstigung von Betreuungsausgaben für Kinder (bis 12) u. pflegebedürftige Angehörige (Federal Child and Dependent Care Credit) |
| 1958 | | | staatliche Garantien für Studentenkredite an ehemalige Soldaten |
| 1956 | Erwerbsunfähigkeitsrente (Bund) | | |
| 1962 | | Ergänzungsprogramm der Familienfürsorge (AFDC-UP) (Bund/Einzelstaaten) | steuerliche Förderung der privaten Altersvorsorge von Selbstständigen |
| 1964 | | Lebensmittelmarken (Bund) | staatliche Garantien für Studentenkredite an Einkommensschwache |
| 1965 | öffentliche Krankenversicherung für über 65-Jährige/Medicare (Bund) | Gesundheitsprogramm für Einkommensschwache/Medicaid (Bund/Einzelstaaten) | |
| 1970 | | | steuerliche Begünstigung von Medicare-Abgaben |
| 1972 | | Einkommensbeihilfe für Alte; Blinde und Behinderte (Supplemental Security Income/SSI) (Bund) | |
| 1974 | | Wohngeld (section 8 housing vouchers) (Bund/Einzelstaaten) | steuerliche Förderung von individuellen Rentenkonten |
| 1975 | | | Earned Income Tax Credit (EITC) für Geringverdiener |
| 1980 | | | direkte staatliche Kredite an einkommensschwache Studenten (PLUS loans) |
| 1990 | | Bundeszuschüsse für die Kinderbetreuung von Sozialhilfeempfängern und Geringverdienern | |
| 1993 | | | zusätzliche staatliche Kredite für einkommensschwache Studenten |
| 1997 | | Gesundheitsprogramm für Kinder aus armen Familien (SCHIP) (Bund/Einzelstaaten) | steuerliche Entlastung von Familien mit minderjährigen Kindern (Child Tax Credit) steuerliche Förderung von privaten Bildungsausgaben |

Quellen: Howard 2007: 61 f./eigene Darstellung

# 5. Sozialpolitik im Überblick

Die folgenden acht Kapitel geben einen Einblick in die aus unserer Sicht wichtigsten Felder und Dimensionen von Sozialpolitik in den USA. Bei der Auswahl haben wir darauf geachtet, sowohl klassische wohlfahrtsstaatliche Instrumente wie beitragsfinanzierte Sozialversicherungen und Einkommensbeihilfen zu berücksichtigen als auch Themen wie Gleichstellungs-, Bildungs- und Wohnungspolitik, die häufig völlig getrennt von den monetären Leistungssystemen untersucht und betrachtet werden.

Zum einen folgen wir hiermit einem weiter gefassten Verständnis von Sozialpolitik, zum anderen versuchen wir damit, dem spezifischen Charakter des „welfare mix" in den USA gerecht zu werden. Wie bereits im ersten Kapitel ausgeführt, lässt sich Sozialpolitik nicht allein auf die Zielsetzung der Absicherung von Wechselfällen und Risiken des Lebens (Alter, Krankheit, Invalidität etc.) und auf die Zurverfügungstellung eines Existenzminimums reduzieren. Vielmehr geht es bei Sozialpolitik im weiteren Sinne um alle Institutionen und Aktivitäten, die darauf aus sind, die Gesellschafts- und Arbeitsordnung nach bestimmten sozialen Zielsetzungen zu gestalten, wobei in den USA traditionell eine möglichst gerechte Verteilung von Lebens- und Einkommenschancen und weniger die Bekämpfung von sozialer und ökonomischer Ungleichheit als eine ihrer zentralen Aufgaben gilt. Dies erklärt auch, warum die Vereinigten Staaten lange Zeit eine gewisse Vorreiterrolle bei der staatlichen Antidiskriminierungspolitik und bei der Herausbildung eines öffentlichen Bildungswesens eingenommen haben.

Die Themenkapitel, mit deren Reihenfolge keine inhaltliche Gewichtung verbunden ist, sind alle ähnlich strukturiert: Nach einer Einleitung, die sich mit den Eigenheiten des Politikfeldes und seinen Rahmenbedingungen befasst, darunter auch ökonomische oder demographische Faktoren wie zum Beispiel die spezifischen Arbeitsbeziehungen in den USA oder der Wandel von Familienstrukturen, folgt jeweils ein historischer Abriss zu den wichtigsten institutionellen und rechtlichen Entwicklungen. Die Darstellung der aktuellen Strukturen und Leistungen fällt je nach Politikfeld unterschiedlich umfangreich aus und erhebt keinen Anspruch auf Vollständigkeit. Nicht nur in den USA, aber gerade hier unterliegen Sozialprogramme einem konstanten Anpassungsdruck an die politischen und ökonomischen Verhältnisse, was bedeutet, dass viele der hier in diesem Buch getroffenen Aussagen zu Umfang von Leistungen oder Anspruchsvoraussetzungen sehr schnell veraltet sein können. Das Ziel dieses Einführungswerkes ist es, das sei an dieser Stelle noch einmal betont, die Leser und Leserinnen mit den Grundzügen von Sozialpolitik in den USA vertraut zu machen und nicht, auf alle Facetten und Strukturen im Detail einzugehen.

Wer mehr Daten zum Umfang von einzelnen Sozialprogrammen, zu ihrer Finanzierung und dem Kreis der Empfänger benötigt oder nach offiziellen Darstellungen sucht, der sei nicht nur auf die vielfältigen Publikationen der zuständigen Bundesministerien oder Thinktanks wie die „Brookings Institution", das „Urban Institute" oder das „Center on Budget and Policy Priorities" (um nur einige zu nennen, auf die wir besonders häufig zurückgegriffen haben), sondern auch auf den US-Kongress verwiesen. Zum einen veröffentlicht das „Committee on Ways and Means" des Repräsentantenhauses seit Beginn der 1990er Jahre das „Green Book" mit umfangreichen Hintergrundinformationen zu den wichtigsten sozialpolitischen Aktivitäten und Programmen, an denen der Bund finanziell beteiligt ist (http://greenbook.waysandmeans.house.gov). Darüber hinaus stellt die parlamentarische Forschungseinrichtung „Congressional Research Service" meist recht aktuelle und regierungsunabhängige Berichte und Analysen zu fast allen denkbaren relevanten sozialpolitischen Themen und Fragestellungen bereit (http://www.loc.gov/crsinfo/research/rsrch-policy.html). Weitere zentrale Informationsquellen sind neben der US-Zensusbehörde und hier insbesondere dem „Statistical Abstract" (http://www.census.gov/compendia/statab) die zahlreichen Länder- und Vergleichsstudien zu sozialpolitischen Leistungen und ihren Ergebnissen von der „Organisation for Economic Cooperation and Development" (OECD).

## 5.1 Arbeitsmarktpolitik: Beschäftigung um jeden Preis

Der Arbeitsmarkt bildet in allen modernen kapitalistisch verfassten Gesellschaften für das Gros der Bevölkerung die wichtigste Verteilungsinstanz von wirtschaftlichen und sozialen Chancen. Dies gilt sowohl in materieller Hinsicht über das Lohneinkommen und betriebliche Sozialleistungen als auch in Bezug auf immaterielle Güter wie Status, Weiterbildungs- und Aufstiegsmöglichkeiten oder auch Zeitautonomie. Von ihrer Position auf dem Arbeitsmarkt hängen nicht nur maßgeblich die Lebensverhältnisse und -perspektiven der aktiv Berufstätigen und ihrer Angehörigen (Lebenspartner, Kinder etc.) ab, sondern vermittelt über die Abgabe- und Umlagesysteme auch noch die von Arbeitslosen, Menschen mit beeinträchtigter Beschäftigungsfähigkeit und (zukünftigen) Rentnern. In der amerikanischen Gesellschaft mit ihrem spezifischen Sozialmodell, das sich durch eine außergewöhnlich starke Erwerbszentrierung auszeichnet, ist diese Abhängigkeit besonders ausgeprägt.

Grundsätzlich gibt es aus sozialpolitischer Sicht drei Ebenen, auf denen der Staat Einfluss auf den Arbeitsmarkt und seine Distributionseffekte nehmen kann: auf der Makroebene über eine aktive Wirtschaftssteuerung und Beschäftigungsförderung (z.B. über fiskal- und strukturpolitische Maßnahmen), auf der Mesoebene über die Regulierung von Arbeitsbeziehungen (z.B. über Arbeitszeit- und Lohnpolitik) und auf der Mikroebene über das, was in Westeuropa in der Regel unter Arbeitsmarktpolitik im engeren Sinne verstanden wird. Hierzu zählt erstens die finanzielle und beratende Unterstützung von Arbeitsuchenden und Erwerbslosen (passive Arbeitsmarktpolitik), die mit der Einführung von beitragsfinanzierten Arbeitslosenversicherungen ab Ende des 19. Jahrhunderts in vielen Ländern eine dauerhafte Institutionalisierung erfahren hat. Zweitens gehören hierzu Maßnahmen zur gezielten Erhöhung der Erwerbsbeteiligung bzw. Beschäftigungsfähigkeit von bestimmten (häufig am Markt benachteiligten) Gruppen wie Frauen mit kleinen Kindern, Behinderte oder Jugendliche ohne Berufsausbildung, die meist unter der Überschrift aktive oder aktivierende Arbeitsmarktpolitik firmieren und eher neueren Datums sind.

Alle drei Formen der Arbeitsmarkt- und Beschäftigungspolitik sind dem amerikanischen Sozialsystem nicht fremd. Aufgrund der keynesianischen Grundannahmen, auf denen sie basieren, sind sie in den USA jedoch wesentlich stärker umkämpft und daher auch weniger ausgebaut als in sozialdemokratisch geprägten Gesellschaften. Historisch betrachtet gilt, dass in wirtschaftlichen Krisen in den USA die Interventionen des Bundes zugunsten von Arbeitslosen zunehmen und auch auf eine breitere politische Akzeptanz stoßen (antizyklische Ausrichtung der passiven Arbeitsmarktpolitik), während die Unterstützungssysteme in „normalen Zeiten" lediglich auf eine kurzfristige Überbrückung von Notlagen ausgerichtet sind und von Arbeitsuchenden ein hohes Maß an Eigeninitiative sowie die Bereitschaft verlangen, bei einer Neubeschäftigung hohe Einkommensverluste in Kauf zu nehmen Wer in den USA den Job verliert, muss bei der nächsten Anstellung mit Lohneinbußen von bis zu 20 Prozent rechnen (Reddy 2011).

Insgesamt wird in den USA von staatlicher Seite, aber auch von den Arbeitgebern vergleichsweise wenig in die Beschäftigungssicherheit und die Abfederung des Risikos Arbeitsplatzverlust investiert, was die Klassifizierung der USA als Prototyp eines „liberalen Wohlfahrtsregimes" (Esping-Andersen 1990) bzw. einer „unkoordinierten liberalen Marktwirtschaft" (Hall/Soskice 2001) rechtfertigt. 2007 betrugen die Ausgaben für „Active Labor Market Policies" in Relation zum Bruttoinlandsprodukt pro Prozentpunkt Arbeitslosigkeit in den USA lediglich 0,02 Prozent (in Deutschland waren sie deutlich doppelt so hoch, während Länder wie Holland oder Dänemark mehr als das Zehnfache aufwendeten; Schmitt 2011: 8). Auch bei den passiven Leistungen, dem Arbeitslosengeld, liegt die USA im internationalen Vergleich bei der Generosität deutlich hinter fast allen westeuropäischen Staaten (ebd.: 9). Ein Grund hierfür sind nicht zuletzt fehlende nationale Standards und Vorgaben. Im Unterschied zur Renten- oder Invalidenversicherung, die auch in den USA eine alleinige Angelegenheit des Bundes ist, sind es bei der Arbeitslosenversicherung die Einzelstaaten, die über Zugangsbedingungen, Finanzierung und Leistungsbemessung entscheiden, und das häufig zu Ungunsten der Arbeitnehmer.

### 5.1.1 Besonderheiten und Probleme

Mit einem Bruttosozialprodukt von insgesamt etwa $ 14,5 Milliarden bzw. $ 46.000 pro Einwohner sind die USA trotz einer wachsenden Konkurrenz durch China und andere aufstrebende Staaten immer noch mit Abstand die weltweit größte Volkswirtschaft und eines der reichsten Länder der Welt (OECD 2011a). Über Jahrzehnte lobten einflussreiche internationale Wirtschaftsorganisationen wie die OECD oder der IWF das US-amerikanische Beschäftigungsmodell als vorbildhaft. Ihr Augenmerk galt vor allem der außerordentlichen Flexibilität des Arbeitsmarktes und den beeindruckenden Erwerbsquoten, die mit einigen wenigen Unterbrechungen in den Nachkriegsjahrzehnten kontinuierlich angestiegen waren und über längere Phasen nahezu für Vollbeschäftigung gesorgt hatten. Seit 1960 hat sich die Zahl der Erwerbstätigen in den USA von 70 auf über 150 Millionen mehr als verdoppelt (US Department of Labor 2011a). Insbesondere die im Vergleich zu Deutschland starke Arbeitsmarktintegration von Frauen, Migranten und älteren Menschen sowie der enorme Stellenzuwachs im Dienstleistungsbereich ließen viele daher noch vor Kurzem von einem amerikanischen Jobwunder schwärmen.[24] Zwischen 1990 und 2000 lag der Anteil der Erwerbstätigen an der Gesamtbevölkerung in den USA im Durchschnitt 10 Prozentpunkte über den Werten in den EU-Ländern (Grisse u. a. 2011).

Die außergewöhnliche Dynamik des US-amerikanischen Arbeitsmarktes wird gemeinhin auf die wirkmächtigen Prinzipien des Laisser-faire bzw. des Voluntarismus zurückgeführt. Demnach sollen Arbeitgeber und Arbeitnehmer und deren Interessenvertretungen auf freiwilliger Basis Einigungen und vertragliche Regelungen finden und staatliche Instanzen möglichst wenig direkt in die Wirt-

---

24 Schätzungsweise fast die Hälfte des Beschäftigungszuwachses in den USA seit 1980 geht auf die verstärkte Erwerbsbeteiligung von Frauen zurück (Freeman 2007: 25).

## 5.1 Arbeitsmarktpolitik: Beschäftigung um jeden Preis

*Abbildung 13:* Entwicklung der Beschäftigungsquote im Vergleich Europa, Deutschland und USA

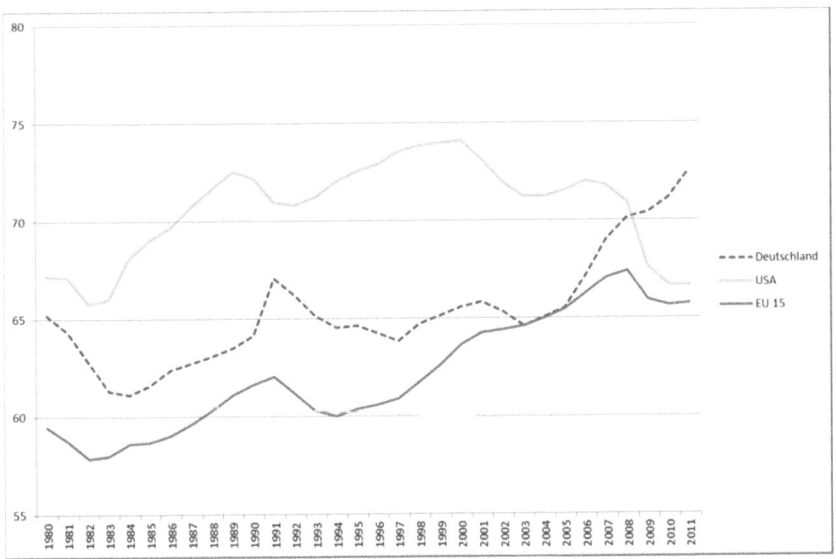

Quelle: OECD 2012

schafts- und Arbeitsverhältnisse eingreifen. Auch wenn die (neo-)liberale Vorstellung von einem neutralen und sich zurückhaltenden Staat in vielerlei Hinsicht ein Zerrbild ist, gibt es gerade bei den industriellen Beziehungen in den USA eine Reihe von Besonderheiten zu beachten, die für das Verständnis der dortigen Arbeitsmarktpolitik wichtig sind.

Zunächst einmal werden zentrale Aspekte des Beschäftigungsverhältnisses wie Wochenarbeitszeiten oder Urlaubsanspruch, Mutterschutz, Weiterbildung etc. im Unterschied zu Deutschland und anderen europäischen Staaten ganz selten über branchenweite Tarifverträge und so gut wie gar nicht über gesetzliche Vorgaben geregelt. Vielmehr sind sie tatsächlich vorwiegend Gegenstand betrieblicher bzw. individueller Vereinbarungen. Deutlich über 80 Prozent aller Arbeitsverhältnisse in den USA basieren auf Privatverträgen und auf dem „At-Will"-Prinzip des amerikanischen Common Law.[25] Dies bedeutet unter anderem, dass Arbeitgeber

---

25 Im Gegensatz zum in Kontinentaleuropa gültigen Civil Law ist das angloamerikanische Common Law ein Fall- und Richterrecht, das sich nicht auf einzelne kodifizierte Gesetze und Normen, sondern vielmehr auf vergangene Urteile höherer Gerichte (sogenannte Präzedenz-

und Arbeitnehmer diese Verträge jederzeit ohne Angaben von Gründen auflösen können (vgl. Jahn 2004). Daher gibt es für die Mehrheit aller Erwerbstätigen in den USA auch keine verbindlichen Kündigungsfristen oder Abfindungsregelungen im Falle einer Entlassung, womit sich das vielzitierte Hire-und-Fire-Prinzip in der Personalpolitik ausbreiten konnte.

Grundsätzlich existiert in den Vereinigten Staaten neben dem Vertragsrecht des Common Law kein spezielles Arbeitsrecht. Trotzdem gibt es eine Reihe von Regulierungen und Bundesgesetzen, die Arbeitnehmerrechte schützen sollen. Hierzu gehören der bereits 1938 eingeführte „Fair Labor Standards Act", der zum ersten Mal Kinderarbeit verbot, die Bezahlung von Überstunden regelte und einen bundesweit geltenden Mindestlohn etablierte. 2011 betrug der vom Bund festgesetzte Mindestlohn $ 7,25 pro Stunde, in einigen wenigen Bundesstaaten lag er aufgrund eigenständiger Regelungen deutlich über $ 8,00. Verstöße gegen diese Standards gelten als Straftat und können mit Geldstrafen bzw. im Wiederholungsfall auch mit Freiheitsstrafen geahndet werden. Darüber hinaus existiert in den USA ein rechtlich verankertes und relativ weitreichendes Diskriminierungsverbot von Beschäftigten auf der Grundlage persönlicher Merkmale wie Hautfarbe, Geschlecht, Religion etc., mit dem der Bund ab Mitte der 1960er Jahre auf das Erstarken der „Civil Rights"-Bewegung reagierte und das seitdem immer stärker ausgebaut wurde (vgl. zur Gleichstellungs- und Antidiskriminierungspolitik Kap. 5.3). Hinzu kommen nationale Bestimmungen zum Gesundheitsschutz („Occupational Safety and Health Act" 1970) und zu Eltern- bzw. Pflegezeiten („Family and Medical Leave Act" 1993; vgl. hierzu Kap. 5.2). Nicht gesetzlich geregelt ist in den USA hingegen die Lohnfortzahlung im Krankheitsfall. Sie ist entweder in sogenannten „employment handbooks" festgelegt (und somit automatisch Bestandteil einzelner Arbeitsverträge) oder wird freivertraglich vereinbart. Eine gesetzliche Verpflichtung zum Abschluss einer Krankenversicherung für alle Angestellten besteht auch trotz der unter der Obama-Regierung 2010 verabschiedeten Gesundheitsreform von Seiten der Arbeitgeber bis heute ebenfalls nicht (vgl. hierzu Kap. 5.6).

Ferner haben von Gewerkschaften ausgehandelte Tarifverträge, die zusätzlich zu Lohnvereinbarungen seit 1948 auch noch kollektive Regelungen zu Entschädigungszahlungen, Bestandsschutz und wichtigen „fringe benefits" wie Unternehmenszuschüsse zu einer privaten Kranken- und Rentenversicherung zugunsten der Beschäftigten enthalten können, inzwischen erheblich an Bedeutung verloren. Zum einen ist der gewerkschaftliche Organisationsgrad seit den 1960er Jah-

---

fälle) stützt. Für arbeitsrechtliche Auseinandersetzungen bedeutet dies, dass in der Regel der private Arbeitsvertrag im Zentrum steht.

ren von über 30 auf etwa 12 Prozent, in der Privatwirtschaft sogar auf 7 Prozent aller Beschäftigten gefallen (US Department of Labor 2011b). Zum anderen handelt es sich bei dem US-amerikanischen Tarifvertragssystem um ein betriebszentriertes System. Das heißt, die meisten Verträge werden mit einzelnen Unternehmen abgeschlossen und gelten daher nur für Gewerkschaftsmitglieder. Zu Beginn des 21. Jahrhunderts gab es daher in den USA zwar um die 100.000 Tarifverträge, von denen gerade einmal knapp 14 Prozent aller Beschäftigten erfasst waren (Lösche 2008: 310).

Das Ergebnis des Niedergangs der Gewerkschaftsmacht, in Kombination mit einer eher selektiven Intervention des Staates in die industriellen Beziehungen, ist nicht wie häufig behauptet ein völlig deregulierter, sondern vielmehr ein extrem gespaltener und kompetitiver Arbeitsmarkt. Die Kluft verläuft immer mehr zwischen hochdotierten Stellen mit relativ generösen betrieblichen Sozialleistungen für stark nachgefragte, gut ausgebildete Fachkräfte auf der einen und einer wachsenden Zahl von prekären Niedriglohnjobs mit hoher Arbeitsplatzunsicherheit sowie minimalen sozialen Rechten und Aufstiegsmöglichkeiten auf der anderen Seite (vgl. Freeman 2007; Mishel u. a. 2012). Während Spitzenkräfte in den USA weiterhin Traumgehälter beziehen und gegen alle denkbaren Risiken vergleichsweise gut abgesichert sind, lebt etwa ein Viertel aller berufstätigen US-Amerikaner – trotz eines recht hohen Arbeitsvolumens[26] – inzwischen unterhalb oder am Rande der offiziellen Armutsschwelle und gehört somit zum wachsenden Kreis der „working poor". Zudem sind befristete Verträge und häufige Stellenwechsel in den USA noch viel stärker als bei uns an der Tagesordnung. 2010 lag dort die durchschnittliche Beschäftigungsdauer mit 4,4 Jahren deutlich unter dem Wert von 10,8 Jahren in Deutschland (Rhein 2010: 3). Ferner haben die USA nicht erst seit Beginn der letzten Wirtschaftskrise mit einem Problem zu kämpfen, das man bis vor Kurzem vornehmlich als ein europäisches betrachtet hat, und zwar eine strukturell bedingte Langzeitarbeitslosigkeit, auf die das Sozialsystem nur unzureichend eingestellt ist.

*5.1.2 Das System der Arbeitslosenversicherung*

Den Kern des Sicherungssystems für Arbeitslose in den USA, das heute etwa 90 Prozent aller Beschäftigten erfasst, bildet das Bund-Länder-Programm „Unemployment Compensation". Hierbei handelt es sich um ein beitragsfinanziertes Versicherungssystem, das es in unterschiedlicher Ausgestaltung seit 1938 in allen Einzelstaaten gibt. Die wesentlichen gesetzlichen Grundlagen sind von Bun-

---

26  US-Amerikaner arbeiteten mit 46,2 Wochen zumindest bis vor kurzem noch durchschnittlich fast sechs Wochen mehr im Jahr als Deutsche (Alesina u. a. 2005: 43).

desseite der mehrfach ergänzte „Social Security Act" (Abschnitt III, IX und XII) und der „Federal Unemployment Tax Act", in denen vor allem administrative Zuständigkeiten geregelt sind, während entsprechende Landesgesetze die Zugangsbedingungen, Beitragssätze und Höhe der Transferleistungen festlegen.

*Historische Entwicklung*

Ein Großteil der institutionellen Besonderheiten des heutigen Systems der Arbeitslosenunterstützung in den USA erklärt sich noch immer historisch (vgl. Weir 1988; Münnich 2010). Als in Deutschland 1927 das „Gesetz über Arbeitsvermittlung und Arbeitslosenversicherung" verabschiedet wurde, vertraten in den USA noch alle drei großen Arbeitsmarktparteien – Gewerkschaften, Unternehmer und Regierungen – das Prinzip der staatlichen Nichteinmischung in wirtschaftliche Belange. Eine Arbeitslosenversicherung nach europäischem Vorbild wurde strikt abgelehnt. Das Führungspersonal der mehrheitlich antisozialistisch und antistaatlich eingestellten Gewerkschaften verband mit gesetzlich verbindlichen Regelungen einen Angriff auf ihre Koalitionsfreiheit und Machtposition in den Betrieben und Kommunen. Die Arbeitgeber bekämpften die Einführung einer Arbeitslosenversicherung, weil sie darin eine unzumutbare Kostenbelastung und einen verfassungswidrigen Eingriff in ihre unternehmerischen Freiheiten sahen. Die Einzelstaaten fürchteten vor allem einen Wettbewerbsnachteil für ihre eigene Industrie und Agrarwirtschaft, sollten sie im Alleingang eine Versicherungspflicht einführen, während sich die Bundesregierungen – mit Verweis auf die föderativen Zuständigkeiten bei der Sozialpolitik – weitgehend passiv verhielten (vgl. Janoski 1990: 68 ff.). Lediglich im Mittleren Westen und an der Ostküste, wo sozialreformerische Positionen eine größere Anhängerschaft hatten, kam es bereits in den 1920er Jahren auf Landesebene zu ersten parlamentarischen Vorstößen in Richtung einer staatlichen Absicherung von Erwerbslosen.[27]

Als besonders einflussreich erwies sich in dieser Phase die sogenannte „Wisconsin School", ein Netzwerk von pragmatisch ausgerichteten Wirtschaftswissenschaftlern, Sozialarbeitern und Politikern, die alle ein „liberal-korporatistisches Weltbild" teilten und von denen viele zu wichtigen Protagonisten des New Deal werden sollten. Sie verstanden eine gesetzliche Arbeitslosenversicherung weniger als ein sozialpolitisches Instrument zum Schutz vor Armut und Verelendung der abhängig Beschäftigten, sondern vielmehr als eine Maßnahme zur Stützung und Steuerung der freien Marktwirtschaft. Hauptziel war, die einzel-

---

27 Bis dahin waren schätzungsweise weniger als 100.000 Beschäftigte in betriebliche Systeme der Arbeitslosenunterstützung einbezogen, die auf freiwilligen Rückstellungen der Unternehmen basierten (Münnich 2010: 305).

## 5.1 Arbeitsmarktpolitik: Beschäftigung um jeden Preis

nen Unternehmer zu einem verantwortungsvolleren und vorausschauenden Umgang mit Konjunkturschwankungen zu veranlassen und mit finanziellen Anreizen für eine stabilere Beschäftigung zu sorgen. Eine Orientierung boten hierbei die mehrheitlich zwischen 1911 und 1920 eingeführten einzelstaatlichen Unfallversicherungen („workers' compensation"), die gleichsam auf Entschädigung als auch auf Prävention setzten (Katz 1986: 191 ff.). Auf diese Ideen und Reformer geht zum einen das erste Arbeitslosenversicherungsgesetz in den USA zurück, das 1932 in Wisconsin verabschiedet wurde (ebd.: 195). Zum anderen hatten sie maßgeblichen Einfluss auf die Ausgestaltung und Umsetzung des „Social Security Act" von 1935. Als die Roosevelt-Regierung vor der Aufgabe stand, inmitten der Großen Depression eine mehrheitsfähige Lösung für die überwältigenden wirtschaftlichen und sozialen Probleme zu finden, entschied sie sich bei der Arbeitslosenunterstützung für einen vielfachen Kompromiss. Sie beschränkte sich auf einige Rahmenrichtlinien, die ausreichend Rücksicht auf regionale und wirtschaftliche Sonderinteressen – vor allem die der Großgrundbesitzer in den ehemaligen Sklavenhalterstaaten im Süden – nahmen, und benutzte zugleich eine Art Trick, um die Verbreitung einzelstaatlicher Fonds zur Unterstützung von Erwerbslosen voranzutreiben und sich selbst von den steigenden Kosten der Krisenbewältigung zu entlasten.

Das gewählte Druckmittel war das verfassungsrechtlich garantierte Besteuerungsrecht der Zentralregierung. Der Kongress erließ 1935 eine nationale Lohnsummensteuer („unemployment payroll tax") für alle mittleren und großen Industrie- und Handelsbetriebe. Von dieser Belastung konnten diese jedoch zu einem Großteil befreit werden, wenn sie in einem Bundesstaat ansässig waren, der über eine eigene Arbeitslosenversicherung mit gewissen Mindeststandards verfügte (vgl. Kilgour 2010). Daraufhin beschlossen alle Landesregierungen innerhalb weniger Jahre die Einrichtung entsprechender Programme und Unterstützungskassen für Arbeitslose, von denen zu Beginn hauptsächlich die weiße männliche Industriearbeiterschaft profitieren konnte. Da Beschäftigte in der Landwirtschaft und in Privathaushalten auf Druck der Südstaaten von der Versicherungspflicht ausgeschlossen werden konnten, kamen bis in die 1950er Jahre hinein nur wenige Afroamerikaner, die lange Zeit einen Großteil des Arbeitskräfteangebots in diesen Sektoren stellten, in den Genuss dieser sozialpolitischen Errungenschaft. Schätzungen zufolge konnten etwa drei Fünftel aller erwerbstätigen Afroamerikaner nach Verabschiedung des „Social Security Act" aufgrund verschiedener Einschränkungen und Diskriminierungen keinen Anspruch auf dessen Leistungen geltend machen (Lieberman 2003: 36). Nach und nach wurden jedoch auf Initiative späterer Bundesregierungen fast alle Berufsgruppen und -tätigkeiten in den USA von der Arbeitslosenversicherung erfasst. Zuletzt, etwa Mitte der 1970er Jahre, erfolgte eine Ausweitung der Versicherungspflicht auf Beschäftigte im öffentlichen Dienst und Angestellte von Nonprofit-Organisationen. Ausgenommen von der Arbeitslosenversicherung sind weiterhin alle Selbstständigen, temporäre Arbeitskräfte in kleinen Landwirtschaftsbetrieben, geringfügig Beschäftigte in Privathaushalten sowie Mitarbeiter von religiösen Einrichtungen.

*Aktuelle Leistungen und Anspruchsvoraussetzungen*

Grundsätzlich gilt bei der Arbeitslosenunterstützung wie auch bei anderen Sozialleistungen in den USA, dass die traditionell konservativen und eher arbeitnehmerfeindlicheren Südstaaten die schlechteste Absicherung bieten, sich im Nordosten und an der Westküste dagegen aufgrund einer stärkeren Gewerkschaftsbewegung und langjähriger demokratischer Mehrheiten generösere Richtlinien bei der Arbeitslosenversicherung durchsetzen ließen (vgl. National Employment Law Project 2010).

In allen Bundesstaaten – mit zwei Ausnahmen – können Erwerbslose bei Erfüllung aller Voraussetzungen in der Regel höchstens 26 Wochen lang Arbeitslosengeld erhalten. Diese Lohnersatzleistungen werden häufig auch als „regular state benefits" bezeichnet, da der Bund immer wieder befristete Sonderprogramme zur Unterstützung von Langzeitarbeitslosen auflegt (vgl. hierzu weiter unten). Bei der Leistungshöhe des Arbeitslosengelds zeigen sich die größten Differenzen zwischen den einzelstaatlichen Versicherungsprogrammen: Die maximale wöchentliche Unterstützung für Alleinstehende variierte 2010 zwischen $ 235 in Mississippi und $ 629 in Massachusetts, die minimale Unterstützung zwischen $ 5 in Hawaii und $ 133 pro Woche in Washington (US Department of Labor 2010a: 3-11 f.). In manchen Staaten werden auch Zuschüsse für Ehepartner und Kinder gewährt. Insgesamt besteht jedoch nur ein sehr eingeschränktes Äquivalenzprinzip zwischen der Höhe der individuellen Erwerbseinkommen und anschließenden Transferleistungen, was darauf verweist, dass in den USA die Sozialversicherungssysteme weniger als in Deutschland dem Schutz des einmal erreichten Lebensstandards verpflichtet sind. Einen direkten Vergleich ermöglicht die Lohnersatzquote, die das Verhältnis des letzten Netto-Arbeitsentgelts zu staatlichen Transfers erfasst. Während in Deutschland Kinderlose mit Anspruch auf Arbeitslosengeld I gut 60 Prozent ihres früheren Gehalts bekommen, liegt der Durchschnittswert der gezahlten Leistungen in den USA deutlich darunter: nämlich aktuell bei lediglich etwa 35 Prozent. Nur in sechs Bundesstaaten werden über 45 Prozent des ehemaligen Arbeitsentgelts gewährt (US Department of Labor 2009).

## 5.1 Arbeitsmarktpolitik: Beschäftigung um jeden Preis

*Abbildung 14:* Entwicklung der Leistungsempfängerquoten 1970–2010

Quelle: OECD 2012

Bis vor Kurzem waren darüber hinaus in zwei Dritteln aller Bundesstaaten Teilzeitbeschäftigte vom Arbeitslosengeldbezug weitgehend ausgeschlossen (US Government Accountability Office 2007: 1). Die Anforderung, während einer bestimmten Beschäftigungsdauer (in der Regel sechs Monate) auch noch einen Mindestverdienst nachweisen zu müssen, hat in der Vergangenheit einer nicht unbeträchtlichen Zahl von Erwerbslosen den Zugang zur Arbeitslosenunterstützung erschwert (vgl. Wenger 2003; Kletzer/Rosen 2006). In einer Reihe von Einzelstaaten führt der gewählte Modus zur Festlegung der Beitragsschwelle auch heute noch zu einer Disqualifizierung von Arbeitnehmern mit unregelmäßigen oder besonders niedrigen Einkünften. Besonders betroffen sind von diesem Ausschluss vom Versicherungsschutz Frauen, die über 70 Prozent aller Teilzeitbeschäftigten ausmachen, sowie Afroamerikaner und Latinos, die überproportional häufig in prekären Jobs arbeiten und gemessen an ihrem Anteil an allen Erwerbslosen wesentlich seltener als Weiße Arbeitslosengeld beziehen (Kirwan Institute 2010: 3 f.). Insgesamt ist auffällig, wie stark der Anteil aller Erwerbslosen, die in den USA tatsächlich Unterstützung aus den Versicherungsfonds der Einzelstaaten erhalten, seit den 1970er Jahren zurückgegangen ist.

Es finden sich mehrere Begründungen für diese Entwicklung: Erstens wurden in den 1980er Jahren im Zuge der Austeritätspolitik der Reagan-Regierung fast überall die Anspruchsvoraussetzungen für den Bezug von Arbeitslosengeld verschärft; zweitens hat der umfassende ökonomische Strukturwandel weg von der Produktion hin zu Dienstleistungstätigkeiten den Anteil der Geringverdiener erhöht; und drittens verzichteten in der Vergangenheit sehr viele Entlassene darauf, überhaupt Arbeitslosengeld zu beantragen (vgl. Wittenburg u. a. 1999). Dies wiederum, so das Ergebnis von diversen Studien, hat mit einer großen Unwissenheit von US-Amerikanern hinsichtlich der Funktionsweise der Arbeitslosenversicherung und den eigenen Leistungsansprüchen zu tun. Zudem scheint der Bezug von „unemployment benefits" hier (noch immer) einer beträchtlichen gesellschaftlichen Stigmatisierung zu unterliegen, was in Kombination mit der vielerorts sehr niedrigen Leistungshöhe und der Erwartung, möglichst schnell wieder eine Anstellung zu finden, wenig Anreize bietet, einen Antrag auf Arbeitslosengeld zu stellen (vgl. Wandner/Stettner 2000; Vroman 2009a; Shaefer 2010). Die in den USA immer noch weitverbreitete Haltung, bei der Arbeitslosenunterstützung handele es sich um eine Art karitativen Akt der Unternehmen und nicht um eine mit Rechtsanspruch versehene Sozialversicherungsleistung, hängt nicht zuletzt mit dem vorherrschenden Finanzierungsmodus zusammen.

*Finanzierung*

Im Unterschied zu Deutschland obliegt die Finanzierung der Arbeitslosenversicherung in den USA nämlich fast ausschließlich den Arbeitgebern. In lediglich drei Einzelstaaten müssen auch die Beschäftigten von ihrem Lohn geringfügige Beiträge an die regionalen Unterstützungskassen abführen. Direkte Staatszuschüsse werden nicht gewährt. Der Bund beteiligt sich nur an den administrativen Kosten und stellt den Einzelstaaten bei Insolvenzen ihrer Versicherungsfonds Überbrückungskredite bereit (vgl. Kilgour 2010).

Die Arbeitslosenunterstützung selbst wird aus einer den Arbeitgebern auferlegten „state unemployment tax" (SUTA) finanziert, deren Höhe von Staat zu Staat variiert. Dabei wenden alle Bundesstaaten ein Bonus-Malus-System an, das sogenannte „experience rating". Demnach richtet sich der SUTA-Satz, der für die einzelnen Unternehmen regelmäßig neu berechnet wird, auch nach der Anzahl der Angestellten, die sie in den letzten Jahren entlassen haben (vgl. Nicholson/Needels 2006). Abhängig von deren Beanspruchung der Arbeitslosenversicherung steigen bzw. fallen die jeweiligen Steuersätze. Dieser Mechanismus soll Firmen einen finanziellen Anreiz bieten, gerade in schwierigen Konjunkturlagen Angestellte zu halten, womit er auch als eine Art Ersatz für fehlende Kündigungsschutz-

## 5.1 Arbeitsmarktpolitik: Beschäftigung um jeden Preis

bestimmungen interpretiert werden kann. Des Weiteren sollen Wettbewerbsverzerrungen verhindert werden, die dadurch entstehen können, dass von einzelnen Unternehmen verursachte hohe Kosten – etwa durch Massenentlassungen – von anderen subventioniert werden müssen. Da die Höhe von Unternehmenssteuern und -abgaben allgemein als wichtiger Standortfaktor betrachtet wird, setzen die meisten Bundesstaaten die SUTA allerdings so niedrig wie möglich an. Außerdem sind die oberen Beitragsbemessungsgrenzen, das heißt die Lohnsummen, die einer Abgabepflicht unterliegen, seit den 1970er Jahren in vielen Bundesstaaten gar nicht oder nur unwesentlich angehoben worden. Im Resultat leidet ein Großteil der „unemployment trust funds" in den USA unter einer chronischen Unterfinanzierung und muss regelmäßig in Zeiten hoher Erwerbslosigkeit von Washington vor der Zahlungsunfähigkeit bewahrt werden. Zu Beginn des Jahres 2011 betraf dies mehr als 30 Staaten. Ihre beim Bundesfinanzministerium aufgenommenen Kredite zur Verhinderung des Bankrotts ihrer Unterstützungskassen für Arbeitslose hatten zu diesem Zeitpunkt einen historischen Rekordstand erreicht. Sie beliefen sich auf $ 42 Milliarden (Boushey/Eizenga 2011: 2). Wenn diese Kredite nicht innerhalb von zwei Jahren zurückgezahlt werden können, droht den Schuldnerstaaten zusätzlich zu den Zinsbelastungen noch eine Strafsteuer.

Aber auch in anderer Hinsicht ist das Finanzierungssystem der Arbeitslosenversicherung in den USA problematisch. Es ermutigt die Arbeitnehmer, Einfluss auf die rechtliche Ausgestaltung und auf die Praxis der Leistungsgewährung zu nehmen. So liegt es in ihrem objektiven Interesse, dass der Zugang zur Arbeitslosenunterstützung möglichst restriktiv gehandhabt wird. Es kommt in diesem Zusammenhang vermehrt zu Rechtsstreits, ausgelöst durch Klagen, mit denen Unternehmen versuchen, ihren entlassenen Mitarbeitern den Bezug von Arbeitslosengeld streitig zu machen. Medienberichten zufolge bedienen sie sich dabei oftmals der Beratung professioneller Firmen, die eigens darauf spezialisiert sind, Versicherungsansprüche von Arbeitnehmern (sei es in Bezug auf die Unfall-, die Kranken- oder eben die Arbeitslosenversicherung) anzufechten (vgl. DeParle 2010). Ein bevorzugtes Mittel ist, Gekündigten Fehlverhalten am Arbeitsplatz vorzuwerfen, weil dieser Grund fast überall die Zahlung von „unemployment compensation" ausschließt. Nach Schätzungen des Bundesarbeitsministeriums gab es zwischen 1980 und 2007 eine Verdopplung solcher juristischen Verfahren (Vroman 2009b).

*Notprogramm für Erwerbslose*

Eine oftmals vernachlässigte Eigenheit des US-amerikanischen Modells der Absicherung von Arbeitslosigkeit ist, dass in besonders schlechten Konjunkturla-

*Tabelle 2:* „Temporary Supplemental Benefit Programs" des Bundes, 1980–2012

| Programm | Zeitraum | Leistungsdauer |
|---|---|---|
| Federal Supplemental Compensation (FSC) | 9/1982 bis 6/1985 | maximal 14 Wochen |
| Emergency Unemployment Compensation (EUC) | 11/1991 bis 4/1994 | maximal 33 Wochen |
| Temporary Extended Unemployment Benefits (TEUC) | 3/2002 bis 12/2003 | maximal 26 Wochen |
| Emergency Unemployment Compensation of 2008 (EUC08) | 7/2008 bis 8/2012 | maximal 63 Wochen |

Quelle: Whittaker/Issacs 2011

gen der Bund einspringt und mit „antizyklischen Notprogrammen" für eine vorübergehende Ausweitung staatlicher Hilfe sorgt. Mit ihnen kann in Krisenzeiten die Zahlung von Transferleistungen an Erwerbslose zeitweilig verlängert werden, was von jeher allerdings politisch äußerst umstritten ist. Von Bedeutung sind vor allem die „Temporary Supplemental Benefit Programs", die auf Ad-hoc-Entscheidungen des Kongresses zurückgehen und vollständig aus Steuermitteln des Bundes getragen werden. 1957 wurde zum ersten Mal von ihnen Gebrauch gemacht, seit den 1980er Jahren kamen sie vier Mal zum Einsatz.

Wer nach Ablauf des Arbeitslosengeldes und der bundesstaatlichen Nothilfen für Langzeitarbeitslose immer noch keine neue Anstellung gefunden und seine Ersparnisse und Eigenmittel aufgebraucht hat, dem stehen vielerorts nur noch Sachleistungen wie Lebensmittelmarken oder eine medizinische Grundversorgung (Medicaid) zu. Arbeitslosenhilfe oder eine mit dem Arbeitslosengeld II in Deutschland vergleichbare Leistung, die allen in Not Geratenen unbefristet eine Mindestabsicherung garantiert, hat es in den USA nie gegeben. Erwerbslose mit Kindern unter 18 Jahren können unter Umständen Hilfe aus dem Programm „Temporary Assistance for Needy Families" (TANF), früher „Aid to Families with Dependent Children" (AFDC), beziehen. Auf diese besteht seit der Sozialhilfereform von 1996 jedoch kein Rechtsanspruch mehr. Eine Unterstützung für Alleinstehende, in den USA „General Assistance" oder „General Relief" genannt, bietet nur noch eine geringe Anzahl von Bundesstaaten und Kommunen an (vgl. hierzu und zu TANF Kap. 5.8). Aufgrund einer hohen Überschuldung und strikten Sparvorgaben in den meisten Einzelstaaten ist auch nicht damit zu rechnen, dass steuerfinanzierte Sozialleistungen auf der subnationalen Ebene in absehbarer Zeit wieder ausgebaut werden. Im Unterschied zum Bund ist einem Großteil der Bundesstaaten aufgrund ihrer Landesverfassungen eine dauerhafte Verschuldung nicht möglich. Sie müssen das jeweilige Fiskaljahr mit einem ausgeglichenen Haushalt abschließen. Daher konzentriert sich die aktuelle Reformdebatte zur Arbeitslosenunterstützung, aber auch zur öffentlichen Beschäftigungsförderung vor allem auf die Rolle des Bundes.

## 5.1.3 Aktive Arbeitsmarktpolitik

Während in Westeuropa viele Regierungen nicht erst seit Kurzem beträchtliche Summen in Maßnahmen der aktiven Arbeitsmarktpolitik investieren und diese als dauerhafte nationalstaatliche Planungs- und Steuerungsaufgabe betrachten, ist dieser Bereich in den USA über Jahrzehnte eher vernachlässigt worden. Wenn sich der Bund und die hierfür zuständigen Ministerien in der Vergangenheit überhaupt mit öffentlicher Beschäftigungsförderung und beruflicher Weiterbildung befassten, fokussierten sie meist auf soziale Randgruppen oder favorisierten – ähnlich wie bei der monetären Unterstützung von Erwerbslosen – lediglich kurzfristige Notprogramme zur Überbrückung von besonders schweren Wirtschaftskrisen. Zudem ist die wechselhafte Geschichte der aktiven Arbeitsmarktpolitik in den USA bis dato von ungelösten Querelen um Zielgruppen, Finanzierung, die inhaltliche Ausrichtung und föderale Zuständigkeiten geprägt (vgl. Janoski 1990; Weir 1993; Rose 1995; Livermore/Lim 2009; O'Lear/Eberts 2009).

*Historische Entwicklung*

Es gab lediglich zwei kurze Phasen im 20. Jahrhundert, in denen staatliche Beschäftigungsmaßnahmen in den Vereinigten Staaten eine nationale Bedeutung hatten: die Periode des New Deals und die zweite Hälfte der 1970er Jahre. So waren zwischen 1935 und 1943 mehr als acht Millionen Menschen – von notleidenden Künstlerinnen über ehemalige Farmer bis hin zu freigesetzten Bauarbeitern – Teil eines umfassenden öffentlichen Arbeitsdienstes, der von der eigens dafür geschaffenen „Work Progress Administration" der Bundesregierung verwaltet wurde (Janoski 1990: 68 ff.; Amenta 1998: 80 ff.). In fast jeder Region und Gemeinde in den USA findet man heute noch mindestens ein öffentliches Gebäude, eine Straße, Brücke oder eine andere Infrastruktureinrichtung, die auf dieses umfassende ABM-Projekt zurückgehen. Mehr als 30 Jahre später erfuhr dieser Ansatz einer staatlichen antizyklischen Beschäftigungssteuerung unter der Präsidentschaft von Gerald Ford und später von Jimmy Carter eine Revitalisierung (Rose 1995: 97 ff.). Der 1973 verabschiedete „Comprehensive Employment and Training Act" (CETA) sowie einige Folgegesetze führten zum Aufbau dessen, was heute in Deutschland manchmal als „Öffentlich geförderter Beschäftigungssektor" bezeichnet wird. So schufen damals die Kommunen in den USA Hunderttausende von befristeten Arbeitsgelegenheiten für Erwerbslose, die fast vollständig aus Bundesmitteln finanziert wurden. Auf seinem Höhepunkt kam dieses „Public Service Employment Program", das von 1974 bis zum Amtsantritt von Präsident Reagan 1981 existierte (der es aus ideologischen Gründen kurzerhand abschaffte), jährlich etwa 750.000 Menschen und deren Familien zugute (Bruche 1984: 322).

Während diese staatlichen Arbeitsbeschaffungsmaßnahmen grundsätzlich eine universelle Ausrichtung hatten, bildete sich im Zuge des „War on Poverty" in den 1960er Jahren ein Ansatz heraus, der zunächst eine spezielle Zielgruppe im Visier hatte: die afroamerikanische Armutsbevölkerung. Ausgehend von strukturellen Diskriminierungen sowohl im Ausbildungssystem als auch auf dem Arbeitsmarkt sollten Schwarze gezielt gefördert werden, um ihre Beschäftigungs- und Verdienstchancen zu verbessern. Am bekanntesten in diesem Zusammenhang ist die Politik der „Affirmative Action", die gerade im öffentlichen Dienst zu vermehrten Einstellungen von Afroamerikanern geführt hat, heute aber politisch eher umstritten ist (vgl. hierzu Kap. 5.3). Darüber hinaus sahen sowohl der „Manpower Development and Training Act" von 1962, der „Equal Opportunity Act" von 1964 als auch der CETA von 1973 extra Bundesmittel vor, mit denen kommunale Behörden, pädagogische Einrichtungen und lokale Vereine diverse berufliche Qualifizierungsmaßnahmen und andere Dienst-, Betreuungs- und Beratungsleistungen anbieten konnten (Weir 1993: 62 ff.). Nach und nach kamen zur Hauptzielgruppe der afroamerikanischen Jugendlichen weitere hinzu, darunter alleinerziehende Mütter, Mieter im sozialen Wohnungsbau, Vietnamveteranen, Behinderte und andere „benachteiligte Bevölkerungsgruppen", für die immer neue Sonderprogramme geschaffen wurden. Viele dieser Programme waren von Beginn an unterfinanziert und wurden auch relativ schnell wieder abgeschafft.[28] Vielerorts galten sie als Teil der Klientelpolitik der Demokratischen Partei, der man vorwarf, in Anknüpfung an die Tradition der „machine politics" hiermit Stimmen von Minderheiten kaufen zu wollen (Quadagno 1994: 66 f.). Sofern auch „Kerngruppen" der Erwerbstätigen wie weiße männliche Facharbeiter von zyklischen Schwankungen der Wirtschaft betroffen waren und ihren Job verloren, beschränkte sich die Bundespolitik bis in die 1970er Jahre hinein noch weitgehend auf eine kompensatorische Absicherung für den Zeitraum der Arbeitslosigkeit bzw. erwartete von den Entlassenen die Kosten der Anpassung an veränderte Qualifikationsanforderungen individuell zu tragen (Janoski 1990: 121 ff.).

Die organisatorischen Reformen, die in den folgenden Jahrzehnten zunächst unter republikanischer und später unter demokratischer Führung erfolgten, gaben vor, das System der beruflichen Weiterbildung und Beschäftigungsförderung transparenter, zugänglicher und effizienter gestalten und seine Randgrup-

---

28  Eines der wenigen Ausbildungsprogramme, das im Zuge des Kampfes gegen die Armut in den 1960er Jahren entwickelt wurde und bis heute staatlich gefördert wird, ist „Jobs Corps". Es bietet etwa 60.000 Jugendlichen (zwischen 16 und 24) aus armen Familien kostenlos ein- bis zweijährige berufsvorbereitende Maßnahmen und Hilfen zum erfolgreichen Einstieg in den Arbeitsmarkt an (Burghardt u. a. 2001). „Jobs Corps" ist deswegen von besonderer Bedeutung, weil es in den USA kein duales Ausbildungssystem in Betrieb und Berufsschule gibt.

## 5.1 Arbeitsmarktpolitik: Beschäftigung um jeden Preis

*Tabelle 3:* Chronologie von beruflichen Weiterbildungsprogrammen der Bundesregierung

| Gesetzliche Grundlage | Weiterbildungsangebote | Zielgruppen |
|---|---|---|
| Manpower Development and Training Act (MDTA) von 1962 | institutionelle und betriebliche Qualifizierung (on-the-job training) | Sozialhilfeempfänger und Geringverdiener |
| Comprehensive Employment and Training Act (CETA) von 1973 | betriebliche Qualifizierung, berufliche Fortbildungskurse, bezahlte Beschäftigungsmaßnahmen in öffentlichen Einrichtungen (ABM) | Sozialhilfeempfänger, Geringverdiener, benachteiligte Jugendliche |
| Job Training Partnership Act (JTPA) von 1982 | betriebliche Qualifizierung, berufliche Fortbildungskurse, Berufspraktika in öffentlichen Einrichtungen | Sozialhilfeempfänger, Geringverdiener, benachteiligte Jugendliche, von Entlassung Betroffene |
| Workforce Investment Act (WIA) von 1998 | betriebliche Qualifizierung, Berufspraktika in öffentlichen Einrichtungen, Bewerbungstraining, Unterstützung bei der Arbeitsuche | Qualifizierung nur noch für Personengruppen mit erheblichen Beschäftigungshindernissen |

Quelle: O'Leary/Straits 2004: 47

penorientierung aufheben zu wollen. Hierzu sollten im Grunde vor allem zwei Strategien dienen, die Teil des „Job Training Partnership Act" (1982) und später auch des „Workforce Investment Act" (1998) waren: eine Verlagerung der Verantwortung weg von Washington auf die Einzelstaaten sowie eine stärkere Anpassung der Instrumente und Programme der Beschäftigungsförderung an die unmittelbaren Anforderungen und Interessen der regionalen Arbeitsmarktakteure, insbesondere die der Privatwirtschaft (vgl. Giloth 2004; O'Leary/Eberts 2009). Legitimiert wurde diese Umorientierung nicht zuletzt mit einer Reihe von wissenschaftlichen Untersuchungen zur Effizienz von lokalen Modellprojekten zur Arbeitsmarktintegration von Sozialhilfeempfängerinnen. Diese priesen Programme mit intensiver Einzelfallbetreuung und einer ausgeprägten Marktorientierung und behaupteten, dass diese Qualifizierungs- und Umschulungsmaßnahmen sowohl hinsichtlich der Kosten als auch der Vermittlungserfolge deutlich überlegen seien (vgl. Peck 2001: 190 ff.).

Allerdings konnte auch hiermit die auffällige Fragmentierung und Bürokratisierung des Workforce-Development- oder Job-Training-Systems in den USA nicht überwunden werden. Hatte ein offizieller Untersuchungsbericht 1995 bundesweit noch über 160 berufliche Förderprogramme mit ganz unterschiedlichen

Zielgruppen, Zugangsbedingungen und Leistungen identifiziert, so kam eine Studie aus dem Jahr 2011 immerhin noch auf 47 Programme, die von fünf Ministerien (Labor, Education, Health & Human Services, Housing & Urban Development und Agriculture) und weiteren neun verschiedenen Bundesbehörden finanziert und verwaltet werden (US Government Accounting Office 1995; US Government Accountability Office 2011).

*Aktuelle Strukturen und Leistungen*

Zu den dominanten Instrumenten der aktiven Arbeitsmarktpolitik, die derzeit in allen Einzelstaaten der USA zum Einsatz kommen, zählen Programme zur Förderung der individuellen Mobilität und Vermittlungsfähigkeit von Erwerbslosen, die sich in ihrer Grundausrichtung alle ähneln. In der Fachliteratur wird ihr Ansatz, der spätestens mit der Sozialhilfereform von 1996 fast überall in den USA hegemonial geworden ist und auch in anderen Ländern Nacheiferer fand, meist als „work first approach" beschrieben (vgl. Peck/Theodore 2000; Grell 2008). Setzte die Bundespolitik unter der präsidialen Führung von Kennedy, Johnson und auch noch unter Carter auf Investitionen in Weiterbildung und eine Verbesserung langfristiger Beschäftigungs- und Verdienstchancen für benachteiligte Gruppen („human capital approach"), geht es heute um eine möglichst schnelle Arbeitsaufnahme. Fast überall haben sich sogenannte Job Clubs durchgesetzt, eine Mischung aus angeleiteter Arbeitsuche, Verhaltenstraining und Disziplinierungsmaßnahme, mit denen Druck auf Erwerbslose ausgeübt wird, die nächstbeste Stelle anzunehmen, unabhängig von ihrer Qualität und Bezahlung. Dabei werden Löhne, die nicht zur Existenzsicherung reichen, bei immer mehr Menschen durch indirekte staatliche Subventionen wie den „Earned Income Tax Credit" (EITC) aufgestockt. Diese Art von Steuerpolitik kann als wirksames Instrument zur Bekämpfung von Armut, aber auch als ein zentrales Element der amerikanischen Beschäftigungsstrategie zur Ausweitung und Akzeptanz des ausufernden Niedriglohnsektors betrachtet werden (vgl. zum EITC Kap. 5.8). Dagegen spielen andere Programme und Mittel, die in vielen europäischen Ländern seit Längerem zum festen Bestandteil der aktiven Beschäftigungspolitik gehören, wie zum Beispiel Kurzarbeitsgeld zum präventiven Erhalt von Arbeitsplätzen, Existenzgründungshilfen oder diverse Formen von Arbeitsbeschaffungsmaßnahmen im öffentlichen und im Nonprofit-Sektor, in den USA nur (noch) eine minimale Rolle (vgl. LaLonde 2003; O'Leary/Straits 2004; Wandner 2008; Quade u. a. 2008).

Seit Verabschiedung des „Personal Responsibility and Work Opportunity Reconciliation Act" (1996), der sogenannten „welfare reform", und des „Workforce Investment Act" (1998) unter der Clinton-Regierung gibt es in den USA aktuell

## 5.1 Arbeitsmarktpolitik: Beschäftigung um jeden Preis

vier verschiedene Grundstrukturen der vom Bund finanzierten außerschulischen und außeruniversitären beruflichen Aus- und Weiterbildung (vgl. US Government Accountability Office 2011):

- Die Erste richtet sich an (ehemalige) Sozialhilfeempfänger, in den USA meist alleinerziehende Mütter. Die Maßnahmen zur Reintegration dieser Frauen in den Arbeitsmarkt werden seit 1996 über das Bund-Staaten-Programm „Temporary Assistance for Needy Families" (TANF) finanziert und vor Ort nach Maßgabe der Einzelstaaten meist in Kooperation mit freien Trägern, aber auch kommerziellen Unternehmen umgesetzt (vgl. Grell 2007).
- Die zweite Struktur ist die des „US Employment Service", in mancher Hinsicht vergleichbar mit den Agenturen für Arbeit in Deutschland, der über etwa 2.000 regionale Niederlassungen verfügt. Zu den von ihm angebotenen Diensten und Sachhilfen für Bezieher von Arbeitslosengeld gehören, wenn auch nur zu einem geringen Anteil, auch berufliche Qualifizierungsmaßnahmen (vgl. Wandner 2008).
- Als Drittes gibt es spezielle Rehabilitierungsmaßnahmen für geistig und körperliche Behinderte, die vom nationalen Bildungsministerium verwaltet und auf lokaler Ebene von spezialisierten Einrichtungen umgesetzt werden (vgl. US Department of Education 2011).
- Die vierte und bezogen auf den Umfang der staatlichen Mittel wichtigste Struktur der Arbeitsförderung in den USA ist das System, das aus dem „Workforce Investment Act" (WIA) hervorgegangen ist. Seit 2000 gibt es demzufolge landesweit sogenannte „One-Stop Career Center", deren Träger Kommunalverwaltungen, gemeinnützige Träger oder kommerzielle Unternehmen sein können und deren Aufgabe es ist, in enger Kooperation mit der lokalen Wirtschaft sämtliche staatlich finanzierten Dienst- und Beratungsleistungen für Erwerbslose unter einem Dach anzubieten.[29]

Darüber hinaus bietet eine Unmenge von privatwirtschaftlichen Unternehmen gegen Bezahlung berufliche Weiterbildung an. Zur betrieblichen Aus- und Weiterbildung, finanziert durch die Arbeitgeber, ist für die USA erstaunlich wenig bekannt. Nach Schätzungen geben die Unternehmen pro Jahr zwischen $ 8 und 17 Milliarden für die Weiterqualifizierung ihrer Beschäftigten aus, wovon aber

---

29 Obwohl die „One-Stop Center" Anlaufstelle für alle Erwerbslosen und Arbeitsuchenden sein sollen, stehen im Rahmen des WIA-Systems weiterhin gesonderte Haushaltsmittel für die Förderung von Jugendlichen, „dislocated workers", älteren sowie besonders einkommensschwachen Erwerbslose, Kriegsveteranen, Native Americans, in der Landwirtschaft tätigen Arbeitsmigranten sowie Mietern im sozialen Wohnungsbau zur Verfügung (General Accountability Office 2011: 10).

wohl überwiegend diejenigen Angestellten profitieren, die bereits über eine umfassende Berufsqualifizierung verfügen (Mikelson/Nightingale 2004). Aufgrund der starken Fluktuation unter den Beschäftigten engagieren sich Unternehmen insgesamt seltener als in Deutschland im Bereich Aus- und Weiterbildung.

Hervorzuheben bleibt, dass – während die Nachfrage insgesamt zugenommen hat – die staatlichen Mittel für die Beratung und Qualifizierung von Erwerbslosen seit Ende der 1970er Jahre inflationsbereinigt um ganze 70 Prozent gesunken sind (Holzer 2009: 62). Damit hat sich auch im WIA-System fast überall ein Work-first-Ansatz durchgesetzt (Stoll 2011: 77). Dies bedeutet, dass nur ein Bruchteil aller Erwerbslosen und Arbeitsuchenden in den USA, die sich hilfesuchend an öffentliche Einrichtungen wenden, in den Genuss einer Fördermaßnahme kommt, die über Beratung und Bewerbungshilfen hinausgeht. Die Hauptleidtragenden dieser Entwicklung sind die „working poor", darunter sehr viele Arbeitsmigranten, die sich aus eigener Kraft häufig keine beruflichen Fortbildungen leisten können und so kaum eine Chance haben, dem Teufelskreis von geringfügiger Schulausbildung und dauerhaft prekärer Beschäftigung zu entgehen.

### 5.1.4 Jüngste Entwicklungen und Ausblick

Unter der Führung zunächst von George W. Bush und später Barack Obama haben die Bundesregierungen in den USA auf die schwerste Wirtschaftskrise seit der Großen Depression in den 1930er Jahren mit einer Reihe von Konjunkturprogrammen reagiert. Die in diesem Rahmen zusätzlich gewährten Mittel zur unmittelbaren Unterstützung von Arbeitslosen und deren Familien betrugen zwischen 2008 und 2012 schätzungsweise $ 100 Milliarden, wenn Zuschüsse für Sachleistungen wie Lebensmittelmarken und berufliche Qualifizierung sowie zusätzlich bewilligte Gelder für das Sozialhilfeprogramm TANF und die Gesundheitsversorgung hinzugerechnet werden (Congressional Budget Office 2009). Mit dem 2009 verabschiedeten „American Recovery and Reinvestment Act" (ARRA) wurden insbesondere die nationalen Nothilfen für Erwerbslose noch einmal erheblich aufgestockt. So konnten Arbeitslose zum ersten Mal auch eine staatliche finanzielle Unterstützung bei der privaten Krankenversicherung erhalten, was von besonderer Bedeutung ist, weil Transferbezieher in den USA nicht automatisch wie in Deutschland krankenversichert sind.[30] In 25 Bundesstaaten erreichte die maximale Bezugsdauer infolge mehrerer Verlängerungen der vom Kongress ge-

---

30  Zwar können Entlassene seit 1986 noch 18 Monate lang in der Krankenversicherung ihres früheren Arbeitgebers verbleiben, sie müssen die Beiträge aber selbst bezahlen, was für viele über einen längeren Zeitraum kaum möglich ist.

## 5.1 Arbeitsmarktpolitik: Beschäftigung um jeden Preis

nehmigten „extended benefits" einen historischen Rekordstand von 99 Wochen, so dass Langzeitarbeitslose von den Medien bereits „die 99er" getauft wurden. Dieser temporären Ausweitung der zentralstaatlichen Hilfen stehen aktuell allerdings ein gigantisches Haushaltsdefizit des Bundes (die Schätzungen für 2012 belaufen sich auf $ 1,5 Billionen), ein blockierter Kongress sowie der Befund gegenüber, dass sich auch in den USA unabhängig von der jeweiligen Konjunkturentwicklung das Problem einer strukturellen Langzeitarbeitslosigkeit verfestigen könnte. Während die Obama-Regierung diese Entwicklung öffentlich bislang noch nicht adressiert hat, versucht sie zugleich, die Bundesstaaten zu einem Ausbau ihrer Unterstützungssysteme zu bewegen. So wurden etwa Landesregierungen, die in den letzten Jahren ihre Gesetze und Zugangsbedingungen zu „regular unemployment benefits" dauerhaft zugunsten von Teilzeitbeschäftigten und Niedriglohnbeziehern änderten, hierfür mit zusätzlichen Bundesmitteln (von insgesamt über $ 7 Mrd.) belohnt (Congressional Research Service 2010). Zudem sehen weitere Reformvorschläge vor, die Finanzierungsgrundlage der regionalen Arbeitslosenversicherungen auszuweiten und die Unternehmen stärker zur Verantwortung zu ziehen. Hierfür müssten vor allem die Beitragsbemessungsgrenzen der „state unemployment tax" in vielen Bundesstaaten deutlich angehoben werden und die Regierenden dazu gedrängt werden, in guten Konjunkturlagen ausreichend Reserven für Krisenzeiten anzulegen (vgl. Kletzer/Rosen 2006; Vroman 2009a u. b; Boushey/Eizenga 2011).

Dass es in näherer Zukunft zu einem grundsätzlichen Wandel bei der Absicherung von Erwerbslosen und bei der Beschäftigungsförderung in den USA kommen wird, ist jedoch eher unwahrscheinlich. Bis auf das mit $ 40 Millionen ausgestattete Pilotprojekt „Green Jobs Innovation Fund", mit dem Erwerbslose ab 2012 speziell auf „grüne Zukunftsjobs" vorbereitet werden sollen (US Department of Labor 2011b), hat die Obama-Administration bislang keine wirklich neuen Politikansätze erkennen lassen. Der von ihr vorgelegte „American Jobs Act", der im März 2012 nur in kleinen Teilen auf Zustimmung des Kongresses stieß, sieht vor allem Steuererleichterungen sowie die Senkung von Sozialabgaben vor, um Anreize für Neueinstellungen zu schaffen. Ein öffentlicher Beschäftigungssektor oder temporäre Arbeitsbeschaffungsmaßnahmen wie in den 1930er und 1970er Jahren stehen dagegen nicht auf der Agenda. Auch Forderungen nach einer stärkeren Zentralisierung der Arbeitsmarktpolitik oder gar nach der Einführung bundesweit einheitlicher Standards bei der Finanzierung der Arbeitslosenversicherung und Leistungsgewährung, wie von Thinktanks und Gewerkschaftsvertretern erhoben, werden wohl auf längere Sicht die notwendigen politischen Mehrheiten fehlen. Stand der Kampf gegen die Massenarbeitslosigkeit in den 1930er

Jahren noch im Zentrum eines New Deals, gibt es derzeit keinerlei Hinweise darauf, dass die Karten grundsätzlich neu gemischt werden und Arbeitnehmer in den USA gestärkt aus der Krise hervorgehen werden.

## 5.2 Familienpolitik: Vom Ende des Maternalismus

Wie wohl bei kaum einem anderen Feld der Sozialpolitik spielen unterschiedliche weltanschauliche und moralische Überzeugungen eine solch entscheidende Rolle wie bei der Familienpolitik. Daher ist es nicht weiter verwunderlich, dass es weder im Alltagsverständnis noch in den Sozialwissenschaften eine allgemein anerkannte Definition ihrer wesentlichen Inhalte, Instrumente und Ziele gibt, geschweige denn im internationalen Kontext. Manchmal wird Familienpolitik als Querschnittsaufgabe formuliert, die alle denkbaren rechtlichen, ökonomischen und sozialen Aspekte des familiären und ehelichen Zusammenlebens berührt und auf der Grundidee basiert, dass Familien von staatlicher Seite besonders zu fördern und zu schützen seien, da nur sie in besonderer Weise bestimmte, für die Existenz von Gesellschaften unentbehrliche Funktionen erfüllen könnten. Besteht aus bevölkerungspolitischer oder auch volkswirtschaftlicher Sicht die vorrangige Aufgabe von staatlicher Familienpolitik darin, die biologische Reproduktionsfunktion von familialen Gemeinschaften zu stärken und gegebenenfalls mit finanziellen Anreizen oder dem Ausbau von öffentlichen Kinderbetreuungseinrichtungen auf die Geburtenentwicklung einzuwirken, geht es bei sozialpolitisch motivierten Interventionen stärker um einen Lastenausgleich. Zum einen sollen Eltern für die Leistungen der Erziehung, Versorgung und Ausbildung ihrer Kinder, die diese für die Gesellschaft erbringen, die aber nicht über den Markt abgegolten werden, ein Stück weit kompensiert werden. Zum anderen zielen immer mehr sozialstaatliche Reformen im Zuge eines veränderten Rollenverständnisses von Frauen und Männern und einer verstärkten weiblichen Erwerbsbeteiligung darauf ab, die Vereinbarkeit von Berufs- und Familienleben zu erleichtern.

In den USA sind beide dieser in Westeuropa zentralen Zielsetzungen von Familienpolitik aktuell äußerst schwach ausgeprägt. Zwar bildet die traditionelle Kleinfamilie nicht nur für Konservative auch hier einen besonderen normativen Bezugspunkt. Viele sozialpolitische Leistungen und Gesetze orientieren sich am Vorbild des verheirateten heterosexuellen Paares mit mehreren Kindern und Mittelschichtaspirationen wie einem Eigenheim und einer College-Ausbildung für den Nachwuchs. Und obwohl den Vereinigten Staaten zu Recht das Image eines überaus kinder- und familienfreundlichen Landes anhaftet und hier schon länger als etwa in Deutschland ein Zweiverdiener-Familien-Modell vorherrschend ist:

## 5.2 Familienpolitik: Vom Ende des Maternalismus

Die Politik sieht sich hinsichtlich der konkreten Verbesserung der gesellschaftlichen Rahmenbedingungen für ein Leben mit Kindern oder auch älteren, pflegebedürftigen Angehörigen kaum in der Pflicht. Weder gibt es in den USA auf Bundesebene ein koordinierendes und planendes Familienministerium, noch teilt man in Washington die in Westeuropa inzwischen weitverbreitete Auffassung, dass die staatliche Förderung einer besseren Balance zwischen Familie und Arbeitswelt ein Kernelement der Gleichstellungsbemühungen gegenüber Frauen ist.

Dies spiegelt sich auch in den finanziellen Aufwendungen für familienpolitische Programme und Maßnahmen wieder. Entspricht die Familientransferquote (öffentliche Ausgaben für Sozialtransfers, soziale Dienste und Steuererleichterungen) in konservativen Wohlfahrtsstaaten wie Frankreich oder Deutschland, aber auch Großbritannien oder Neuseeland, die beide als liberale Wohlfahrtsregime gelten, zwischen 2,7 und 3,6 Prozent des Bruttoinlandsprodukts, liegen die USA mit etwa 1,2 Prozent diesbezüglich etwa gleichauf mit Bulgarien oder dem Nachbarland Mexiko (OECD 2009: 2). Verschiedene internationale Vergleiche zur Sozialpolitik in den OECD-Staaten sind sich einig, dass das äußerst lückenhafte und schwierig zu navigierende System von staatlichen Einkommensbeihilfen für Familien in den USA hauptverantwortlich für die dort vergleichsweise hohe Armutsrate, insbesondere unter Kindern und Jugendlichen, ist (vgl. Garfinkel u. a. 2010: 62 ff.).

### 5.2.1 Besonderheiten und Probleme

Eine Besonderheit der USA, die auf die Ausrichtung der dortigen Familienpolitik wahrscheinlich noch mehr Einfluss genommen hat als das wirkmächtige liberalistische Erbe mit seiner Skepsis gegenüber staatlichen Eingriffen und seiner ausgeprägten Dichotomisierung von Öffentlich und Privat, ist die vergleichsweise hohe Fertilitätsrate. Schon seit mehr als zwei Jahrzehnten ist die Geburtenquote der US-Amerikaner mit durchschnittlich etwa zwei Kindern pro Frau (2,1 in 2011) deutlich höher als die der meisten Europäer[31] und stellt damit den Generationenersatz sicher. Insbesondere Konservative sehen hierin einen weiteren, diesmal einen „demographischen US-Exzeptionalismus" (Carlson 2005). Erklärt wird dieses Phänomen unter anderem mit kulturellen Faktoren wie einer stärker verbreiteten religiösen Identifikation und Lebensführung, einem ausgeprägten Zukunftsoptimismus der US-Amerikaner sowie ihrer stärkeren Flexibilität und Bereitschaft, Mehrfachbelastungen auf sich zu nehmen (vgl. ebd.; Lesthaeghe/Neidert 2006). Allerdings geht der größere Kinderreichtum der USA zu einem nicht unwesentlichen Teil auf die umfangreiche Migration aus Lateinamerika und

---

31  Lediglich die Länder Irland, Großbritannien, Island und Frankreich haben eine ähnlich hohe Geburtenziffer wie die USA. Deutschland liegt mit einem Wert von etwa 1,3 deutlich darunter.

Asien seit den 1970er Jahren zurück. Zum einen sind die neuen Einwanderer im Durchschnitt deutlich jünger als die Einheimischen,[32] zum anderen bekommen sie in der Regel mehr Kinder. Im Frühjahr meldete die US-amerikanische Zensusbehörde, dass schwarze, hispanische, asiatische und ethnisch gemischte Paare zum ersten Mal in der Geschichte der USA für die Mehrheit aller Neugeborenen verantwortlich sind (vgl. Süddeutsche Zeitung 18.5.2012).

Ein anderer praktischer Vorteil des traditionellen Einwanderungslandes USA, mit dem sich eine vergleichsweise zurückhaltende staatliche Unterstützung von Familien mit minderjährigen Kindern auch erklären lässt, ist: Es gibt hier eine relativ große Zahl von Frauen aus ärmeren Ländern, die den vielen Doppelverdienerhaushalten aus den mittleren und oberen Schichten mit Kindern tatkräftig dabei hilft, das „Vereinbarkeitsproblem" zu lösen (vgl. Holzer 2011; Streeck 2011). Obwohl hierzu offizielle Angaben und Untersuchungen fehlen, dürften die vielen ausländischen Nannies, Putzhilfen und andere relativ preisgünstig einzukaufende Haushaltsdienstleistungen, die nicht selten von Frauen ohne Aufenthalts- und Arbeitserlaubnis angeboten werden, nicht unwesentlich dazu beitragen, dass es in den USA bislang kaum nennenswerten gesellschaftlichen und politischen Druck gegeben hat, das System der öffentlichen Kinderbetreuung oder andere familienpolitische Dienste und Sozialleistungen stärker auszubauen.

Was die familienpolitischen Auseinandersetzungen in den USA darüber hinaus auszeichnet und auf eine weitere demographische Besonderheit verweist, ist ihre spezifische Fokussierung auf alleinerziehende Mütter. Der Hintergrund der zum Teil hochgradig moralisch aufgeladenen Kontroverse um „single mothers" in den Vereinigten Staaten ist die ungewöhnlich hohe Zahl von Teenager-Schwangerschaften und das damit verbundene Armutsrisiko. Mit etwa 40 Geburten pro 1.000 Frauen liegt die Mutterschaftsrate von Minderjährigen hier deutlich über der in anderen westlichen Ländern (zum Vergleich Deutschland 10 : 1000). Inzwischen wächst etwa ein Drittel aller Kinder in den USA in einem Ein-Eltern-Haushalt auf; über 30 Prozent aller Familien ohne Vater im Haus leben unter der offiziellen Armutsgrenze (Solomon-Fears 2011).[33] Oft ist dies das Ergebnis einer Trennung bzw. Scheidung der Eltern, immer häufiger entschließen sich junge Frauen in den USA jedoch, erst gar nicht mehr zu heiraten. Des Weiteren ist das Familienmodell der alleinstehenden Mutter in den USA relativ eng mit der Hautfarbe verknüpft: Zwei Drittel aller afroamerikanischen Familien sind nach konservativer Sichtweise „nicht intakt" bzw. „unvollständig", in der Bevölkerungs-

---

32  So beträgt das Durchschnittsalter von Latinos in den USA derzeit 27 Jahre, das von Weißen dagegen 42 Jahre.
33  Bezogen auf alle Haushalte liegt die Armutsrate von Kindern zurzeit bei etwa 21 Prozent, womit sie zu einer der höchsten in der westlichen Welt zählt (US Census Bureau 2011).

gruppe der American Indians sind es 52 und bei den Hispanics immerhin noch 41 Prozent, im Vergleich zu 24 Prozent bei der weißen Bevölkerung (Annie E. Casey Foundation 2012).

Diese Abweichung vom „Normalfamilienverhältnis", in Kombination mit deutlich höheren Geburtenraten unter nichtweißen Frauen, wird in den USA von vielen Konservativen seit Längerem nicht nur als soziales Problem, sondern vielmehr als gesamtgesellschaftliche Bedrohung wahrgenommen (vgl. Fraser/Gordon 1994; Gilens 1999; Orloff 2002; Schram 2006; Smith 2007). Wie stark die Vorbehalte gerade gegenüber der Gruppe alleinerziehender afroamerikanischer oder hispanischer Mütter sind, hat sich in aller Deutlichkeit zuletzt im Zusammenhang mit der „welfare reform" von 1996 gezeigt (vgl. hierzu Kap. 5.8). Teil des umfangreichen Gesetzespaketes waren Bundesprogramme zur Förderung ehelicher Gemeinschaften und sexueller Abstinenz unter Teenagern, für die Millionen Dollar zur Verfügung standen, während Sozialleistungen für Immigranten mit demselben Gesetz drastisch eingeschränkt wurden (Solomon-Fears 2011). Zudem müssen sich alleinerziehende Mütter seitdem vielerorts erniedrigenden behördlichen Prozeduren (Drogentests, Abnahme von Fingerabdrücken, Befragungen zu sexuellen Kontakten etc.) unterwerfen, wenn sie weiterhin staatliche Unterstützung erhalten wollen (vgl. Mink 2001; Grell 2008: 149 ff.). Ferner sorgen inzwischen sogenannte „family caps" in vielen Bundesstaaten dafür, dass der Sozialhilfesatz bei der Geburt von weiteren außerehelichen Kindern nicht mehr erhöht wird (Lens 1998). Während in Europa die Gleichstellungs-, Beschäftigungs- und Familienpolitik spätestens seit den 1990er Jahren fast überall eine eindeutig pronatalistische Ausrichtung angenommen hat, stellen die USA wahrscheinlich das einzige westliche Land zu Beginn des 21. Jahrhunderts dar, in dem angesehene Sozialpolitiker und -wissenschaftler ganz offensiv dafür eintreten, mit diversen Anreizstrukturen die Geburtenrate von unverheirateten Frauen zu senken (vgl. z. B. Haskins/Swahill 2009).

*5.2.2 Historische Entwicklung*

Dass die USA bei der Familienpolitik, verstanden als gezielte staatliche Interventionen zur Förderung der Lebenssituation von Eltern und Kindern, anderen reichen Nationen so deutlich hinterherhinken, ist ein relativ junges Phänomen. Zu Beginn des 20. Jahrhunderts waren Reformbestrebungen zum Schutz insbesondere von bedürftigen Müttern und Kindern, die häufig als maternalistischer Strang der Wohlfahrtsstaatsentwicklung bezeichnet werden, in den USA zum Teil stärker ausgeprägt und auch erfolgreicher als in vielen Teilen Europas (vgl. Koven/ Michel 1990; Nelson 1990; Skocpol 1992; Ladd-Taylor 1994). Zudem brachte die starke Einwanderung in dieser Zeit auch die Adaption von Konzepten und sogar Begriffen aus der alten Welt mit sich, wie das Beispiel des deutschen Kindergartens zeigt. Der erste private Kindergarten in den USA wurde 1855 in Wisconsin für deutschsprachige Migrantenkinder gegründet. Vier Jahre später eröffnete der erste englischsprachige Kindergarten in Massachusetts, und 1873 folgte die Gründung des ersten öffentlichen Kindergartens für Vorschulkinder. Der typische Kindergarten in den USA ist seitdem eine in das lokale Grundschulsystem integrierte pädagogische Einrichtung zur Vorbereitung auf die Schulzeit.

Während Mittellose, die sich nicht selbst ernähren konnten, bis weit in das 19. Jahrhundert hinein damit rechnen mussten, dass man sie und ihren Nachwuchs in unterschiedliche geschlossene Anstalten (Armen- bzw. Waisenhäuser) steckte oder auf andere Weise ihre Familien auseinanderriss, setzte sich in der „Progressiven Ära" die Vorstellung durch, dass es für die Betroffenen und die Gesellschaft besser sei, Eltern und Kinder nicht voneinander zu trennen (Katz 1986; Goodwin 1997). Ziel von einflussreichen Sozialreformerinnen und der von ihnen zahlreich gegründeten Wohlfahrtsorganisationen war es, insbesondere alleinstehende Mütter aus den Fängen der oftmals korrupten kommunalen Armenfürsorge und von dem allgemein gültigen Arbeitszwang zu befreien, zumindest solange sie weißer Hautfarbe waren und als „erziehbar" im Sinne von guten US-Bürgerinnen galten (vgl. Gordon 1994). Progressive Aktivistinnen dieser Zeit forderten, Mutterschaft und die für die Existenz der Gesellschaft unerlässliche Fürsorge- und Erziehungsarbeit als die Grundlage sozialer und politischer Rechte von Frauen anzuerkennen, und vertraten die Ansicht, dass der (Zentral-)Staat eine besondere Verantwortung für das Wohlergehen, die Gesundheit und den Schutz von Kindern hat (Kornbluh 1996: 178 f.).

Es kamen aber noch eine Reihe von anderen Faktoren und Motiven zusammen, die für die damalige Hinwendung zu ersten familienpolitischen Ansätzen und deren Institutionalisierung in den USA maßgeblich waren: erstens der Aufstieg der Wissenschaft und damit verbunden die Entstehung moderner Professionen und Organisationen im Feld der Medizin, Psychologie, Pädagogik oder Sozialarbeit, die als Schrittmacher gesellschaftlichen Fortschritts fungierten (vgl. Jaeger 2001; Gräser 2009); zweitens das sich mit der Industrialisierung und der anhaltenden Einwanderung vor allem in den Großstädten ausbreitende Massenelend, inklusive einer erschreckend hohen Säuglings- und Kindersterblichkeit, sowie drittens eine damals schon vergleichsweise niedrige Geburtenrate unter den „native-born Whites" (White 2002: 728). Obwohl es zu diesem Zeitpunkt in Wirtschaft und Politik und sogar in der Gewerkschaftsführung noch einen großen Widerstand gegen die sozialstaatliche Absicherung der Industriearbeiterschaft gab,

## 5.2 Familienpolitik: Vom Ende des Maternalismus

förderte insbesondere die Sorge um einen „race suicide" – so die Formulierung von Präsident Theodore Roosevelt (vgl. May 1995: 121) – die Verabschiedung einer Reihe familien- und gesundheitspolitischer Reformen. Zusätzlich zu Restriktionen bei der Einwanderung und zur Einführung von eugenischen Programmen[34] kam es zu Beginn des 20. Jahrhunderts zunächst in den Landesparlamenten und dann später auch im US-Kongress zu zahlreichen Gesetzesinitiativen, die auf eine Verbesserung der Lebensumstände von bedürftigen (weißen) Frauen und Kindern abzielten: Zwischen 1911 und 1935 wurden in fast allen Einzelstaaten auf Druck von sozialen Bewegungen, getragen von Assoziationen wie dem „National Congress of Mothers", der „General Federation of Women's Clubs" oder der „Women's Trade Union League" (vgl. Skocpol 1992), sogenannte „Mothers' Pensions" eingeführt, die Vorläufer der heutigen Familiensozialhilfe. Außerdem einigte man sich in immer mehr Bundesstaaten auf spezielle Arbeitsschutzregelungen für Frauen und Kinder, die ihre wöchentliche Arbeitszeit begrenzten und einen Mindestlohn garantieren sollten. Von besonderer Bedeutung für die zukünftige Entwicklung sozialpolitischer Programme und Einrichtungen für Kinder im 20. Jahrhundert erwies sich zudem das „Children's Bureau" in Washington D.C., das 1912 vom US-Kongress mit der Aufgabenstellung eingesetzt wurde, Politik und Bevölkerung mit wissenschaftlichen Informationen zur sozialen Lage der Familien in den USA sowie zu Fragen der Kinderbetreuung, -pflege und -erziehung zu versorgen. Zu den wichtigsten Aufgaben dieser am Anfang ausschließlich mit weiblichen Experten besetzten Bundesbehörde, die beim Arbeitsministerium angesiedelt war und 1946 in der „Social Security"-Verwaltung aufging, gehörten Untersuchungen und entsprechende Reformvorschläge in den Bereichen Kinderarbeit und Säuglingssterblichkeit (Ladd-Taylor 1994). Ein weiteres prominentes Beispiel für den Erfolg der maternalistischen Reformbewegung in den USA war der von 1921 bis 1929 gültige „Sheppard-Towner Maternity and Infancy Act", ein Gesetz, das zum ersten Mal in der Geschichte der USA den Einzelstaaten Bundesmittel mit der Auflage zukommen ließ, damit medizinische Dienste für Kinder und Mütter einzurichten. Noch vor Beginn der Großen Depression wurden diese ersten staatlich finanzierten Maßnahmen zur Gesundheitsförderung der armen Bevölkerung jedoch wieder abgeschafft, mit dem

---

34  Heute wenig beachtet, waren die USA in Bezug auf die Anhängerschaft und Umsetzung eugenischer Vorstellungen in der ersten Hälfte des 20. Jahrhunderts lange Zeit führend. Sie wurden u. a. von Theodore Roosevelt, der National Academy of Sciences und dem National Research Council unterstützt. Zwischen 1907 und 1933 erließen 41 Bundesstaaten Gesetze, die eine Zwangssterilisation von „minderwertigen Menschen" (Geisteskranke, Kriminelle etc.) erlaubten. Die Zahl der direkt davon Betroffenen US-Amerikaner wird auf rund 60.000 geschätzt.

später bekannten Vorwurf, es handele sich dabei um ein „unamerikanisches" und vom Bolschewismus inspiriertes Vorhaben (Sapiro 1986: 223).

In den folgenden Jahrzehnten ging der Einfluss von maternalistischen Politikansätzen, die in den USA gerade auf Bundesebene zeitweise sehr bestimmend waren, immer weiter zurück. Das 1935 mit dem „Social Security Act" etablierte Fürsorgeprogramm „Aid to Dependent Children" (ab 1962 „Aid to Families with Dependent Children", AFDC), das die Mütterpensionen der Einzelstaaten ablöste, war noch von dem Geist beseelt, dass arme Witwen und andere mittellose Frauen mit minderjährigen Kindern besonders schützenswert seien. AFDC erwies sich allerdings – zumindest aus heutiger Sicht – als ein schlechter Ersatz für universell ausgerichtete Sozialleistungen, wie wir sie aus westeuropäischen Ländern kennen, da sich ihre Hauptnutznießerinnen, Alleinerziehende, die mit ihren Kindern zu Hause blieben und offiziell nicht erwerbstätig waren, immer unter Rechtfertigungszwang hinsichtlich ihrer gesellschaftlichen Sonderstellung sahen. In dem Maße, wie im Laufe des 20. Jahrhunderts die Berufstätigkeit von Frauen aus ganz unterschiedlichen Schichten immer selbstverständlicher wurde, mussten sich Sozialhilfeempfängerinnen in den USA auch zunehmend den Vorwurf gefallen lassen, auf Kosten der Allgemeinheit zu leben (vgl. zu ADFC und zu seiner Abschaffung Kap. 5.8).

Andere Initiativen mit einer „moderneren" familienpolitischen Ausrichtung, die im Unterschied zu den Maternalistinnen die Möglichkeiten aller Frauen (auch Mütter) zu einem eigenständigen Einkommen über Erwerbstätigkeit stärken wollten, waren über lange Zeit in den USA aber auch nicht mehrheitsfähig. Selbst in einem Land wie den USA, dessen Nachkriegsentwicklung und viel gepriesenes Jobwunder zu einem Großteil auf dem Ausbau der weiblichen Berufstätigkeit basierte, orientierte sich die Politik paradoxer Weise noch über Jahrzehnte an dem Modell und Ideal des männlichen Familienernährers und der Hausfrauenehe mit einer klaren geschlechtlichen Arbeitsteilung. Als zum Beispiel 1946 eine von der „Child Welfare League of America" angeführte politische Koalition von der Bundesregierung die dauerhafte Einführung eines umfassenden und staatlich geförderten Systems von Kinderbetreuungseinrichtungen – wie es während des Zweiten Weltkrieges in Ansätzen bereits bestanden hatte – forderte, scheiterte sie im US-Kongress am Widerstand konservativer Abgeordneter (Michel 1999). Erfolglos war am Ende auch ein ungewöhnliches Bündnis aus Feministinnen, Gewerkschaftern, Bürgerrechtsorganisationen und Wohlfahrtsverbänden, die mehr als 20 Jahre später die gesellschaftliche Aufbruchstimmung der Great Society dafür nutzen wollten, um das Child-Care-System in den USA grundlegend zu reformieren. Zum einen forderten sie ein garantiertes Grundeinkommen für alle,

## 5.2 Familienpolitik: Vom Ende des Maternalismus

zum anderen ein für alle Familien zugängliches System der staatlich finanzierten Kinderbetreuung. Entsprechende Gesetzesentwürfe, der „Family Assistance Plan" von 1969 und der „Comprehensive Child Development Act" von 1971, ließen sich jedoch politisch nicht durchsetzen. Der Erste wurde zwar von Präsident Nixon unterstützt, fand aber unter den republikanischen Abgeordneten und den „Dixie Democrats" aus dem Süden keine Mehrheit, weil diese darin eine Bedrohung des US-amerikanischen Wirtschaftssystems mit seiner Angewiesenheit auf einen starken Niedriglohnsektor sahen (vgl. Steensland 2006: 1299 ff.). Das zweite Gesetz, das zunächst erfolgreich den US-Kongress passierte, wurde am Ende von einem Veto Nixons verhindert, weil dieser hierin „kollektivistische Ansätze" zu erkennen glaubte (Morgan 2001: 215).

Dieses sollten für die nächsten Jahrzehnte die letzten ernst zu nehmenden Vorstöße in den USA in Richtung universeller Sozialleistungen für Familien gewesen sein, obwohl die Arbeitsbelastungen für Mütter und Väter seit den 1970er Jahren eher zu- als abgenommen haben. So ist zum Beispiel die Erwerbstätigkeit unter Frauen mit minderjährigen Kindern zwischen 1975 und 2010 von 47 auf deutlich über 70 Prozent angestiegen (Bianchi 2011: 15), was auch mit materiellen Notwendigkeiten, ausgelöst durch den Verfall der Reallöhne in dieser Zeit, zusammenhängt. Von stagnierenden, zum Teil auch sinkenden Reallöhnen sind seit den 1970er Jahren insbesondere männliche Industriearbeiter betroffen gewesen.

Während der typische Fokus der US-amerikanischen Familienpolitik auf Alleinerziehende, Sozialhilfeempfängerinnen und die „Unterschichten" von Seiten der Bundesregierungen beibehalten, aber zunehmend repressiv gewendet wurde – dem „Kampf gegen die Armut" folgte recht bald ein offensiver „Kampf gegen die Abhängigkeit von wohlfahrtsstaatlichen Leistungen" (Mayer 2008) –, entdeckten sowohl Republikaner als auch Demokraten immer mehr die Steuerpolitik als ein mehrheitsfähiges Instrument der Sozialpolitik und gesellschaftlichen Umverteilung.

### 5.2.3 Aktuelle Grundstrukturen und Leistungen

Aktuell sind die familienpolitischen Leistungen in den USA von keinem expliziten Leitbild oder keiner einzelnen ideologischen Strömung mehr geprägt, sondern wirken eher wie ein wildes Patchwork von häufig unkoordinierten staatlichen Programmen und Regulierungen, die sich als Kompromiss zwischen verschiedenen Fraktionen der politischen und wirtschaftlichen Eliten über viele Jahrzehnte in den Einzelstaaten und auf der Bundesebene inkrementalistisch herausgebildet haben (vgl. Weaver 2011; Boushey 2011).

Viele universelle Sozialleistungen, die in Deutschland seit Mitte bzw. Ende des 20. Jahrhunderts als selbstverständlich gelten, wie ein monatlich ausgezahltes Kindergeld, der Anspruch auf eine längere Arbeitsfreistellung zur Betreuung von Neugeborenen oder eine festgeschriebene Anzahl von Urlaubstagen fehlen in den USA entweder ganz oder sind das Privileg von Akademikern und anderen Hochqualifizierten, deren Arbeitskraft besonders nachgefragt ist. Wenn US-Unternehmen ihren weiblichen Beschäftigten etwa einen mehrmonatigen Mutterschutzurlaub, einen Kindergartenplatz, flexible Arbeitszeiten oder Auszeiten zur Betreuung ihres erkrankten Nachwuchses anbieten, dann geht dies auf individuelle bzw. betriebliche Vereinbarungen und nicht auf gesetzliche Vorgaben zurück. Die USA sind inzwischen das einzige OECD-Land, das seiner arbeitenden Bevölkerung nicht nur keine Lohnfortzahlung im Krankheitsfall und keine Mindestanzahl an freien Tagen, sondern auch keine bezahlte Elternzeit garantiert (vgl. Gornick u. a. 2007).

Generell hält das US-amerikanische Sozialsystem, dessen Familienpolitik im internationalen Vergleich als unterentwickelt (Kamerman/Kahn 2001; Heymann u. a. 2007; Waldfogel 2009), residual (Lindsey 2003), stark marktorientiert (O'Connor u. a. 1999; Gornick/Meyers 2005) oder „pro-family but non-interventionist" (Gauthier 1996) klassifiziert worden ist, nur eine schwache Absicherung für die „Risiken" Kinder und Familiengründung bereit. Dies zeigt sich sowohl bei der unmittelbaren staatlichen Einkommensunterstützung von Familien (Geldtransfers und Steuererleichterungen) als auch bei den Work-Life-Balance-Maßnahmen, das heißt bei den Vorkehrungen zum Arbeitsschutz, zur Elternzeit sowie zur außerfamiliären Kinderbetreuung, insbesondere von Kleinst- und Vorschulkindern.

*Direkte Einkommensbeihilfen*

Während steuerrechtliche Instrumente zur Förderung von Familien in den letzten drei Jahrzehnten als Kompromisslösung zwischen den beiden großen Parteien Stück für Stück ausgebaut wurden, haben direkte Einkommenshilfen an bedürftige Eltern und deren Kinder – mit der Ausnahme von Lebensmittelmarken (vgl. hierzu Kap. 5.8) – seit den 1980er Jahren in den USA erheblich an Bedeutung verloren, sowohl in Bezug auf ihre politische und gesellschaftliche Akzeptanz als auch hinsichtlich ihrer Generosität und Inanspruchnahme (Lower-Basch 2008; Blank 2010; Burt/Nightingale 2010). So haben der „Family Support Act" von 1988, aber insbesondere die „welfare reform" von 1996 zu wesentlich restriktiveren Zugangsbedingungen und zu radikalen zeitlichen Befristungen (maximal fünf Jahre der gesamten Lebenszeit) der vom Bund und von den Einzelstaaten zusammen finanzierten Sozialhilfe für Familien (ab 1997 „Temporary Assistance

## 5.2 Familienpolitik: Vom Ende des Maternalismus

for Needy Families", TANF) geführt; mit dem Ergebnis, dass die Zahl der Unterstützungsempfängern von ihrem Höchststand Mitte der 1990er Jahre von 12,2 Millionen auf knapp 4 Millionen Personen im Jahr 2010 gesunken ist (US Department of Health and Human Services 2010).

Vor allem alleinerziehende Frauen (mit einem Anteil von fast 90 Prozent die deutliche Mehrheit aller Alleinerziehenden) ohne ein regelmäßiges und gesichertes Einkommen sind von diesen rigiden Veränderungen im Sozialhilferecht betroffen (vgl. Albeda 2011). So ist für Frauen mit Kleinkindern die Option, sich über einen längeren Zeitraum nur deren Betreuung und Erziehung widmen und Phasen eingeschränkter Erwerbsfähigkeit – zum Beispiel infolge einer Scheidung oder einer anderen individuellen Krisensituation – mithilfe steuerfinanzierter Transferleistungen überbrücken zu können, weitgehend verschwunden.[35] Der „Mutterschutz", der Frauen im Rahmen von TANF zugestanden wird, bevor sie zur Arbeitsuche oder einer Beschäftigungsmaßnahme herangezogen werden können, variiert von Bundesstaat zu Bundesstaat: In den meisten Staaten gilt, dass Frauen mit Kindern unter 12 Monaten von der allgemein recht strikten Arbeitsverpflichtung für Sozialhilfeempfänger vorübergehend befreit werden können, in zwölf Bundesstaaten ist die Altersgrenze des Kindes auf drei Monate gesenkt worden, in sechs gibt es keinerlei Ausnahmeregelungen bezüglich der Arbeitsauflagen, selbst nicht für Hochschwangere und Mütter von Säuglingen (Grell 2008: 143).

Nicht nur müssen alleinerziehende Mütter – sofern sie noch Unterstützung in Form von Sozialhilfe erhalten – jederzeit dem Arbeitsmarkt zu Verfügung stehen, sie haben auch anders als in Deutschland keinerlei Anspruch auf ein monatliches Kindergeld oder auf Unterhaltsvorschüsse durch den Staat, sollte der Vater ihres Kindes bzw. ihrer Kinder zahlungsunfähig oder -unwillig sein. Zwar haben Politik und Behörden seit den 1980er Jahren die Anstrengungen zur Eintreibung von Unterhaltsansprüchen erheblich ausgebaut (vgl. Haskins/Sawhill 2009). In immer mehr Kommunen werden inzwischen Steckbriefe von sogenannten „deadbeat dads" erstellt, die dann im Internet, auf Plakaten und selbst auf Pizzaschachteln veröffentlicht werden, um mithilfe der Bevölkerung ihren Aufenthaltsort zu ermitteln. In einigen Bundesstaaten, zum Beispiel in Kalifornien, können nicht nur die Gehälter und Häuser von unterhaltssäumigen Eltern gepfändet, sondern auch deren Autos beschlagnahmt und versteigert werden. Ihnen droht zudem der Entzug des Führerscheins und manchmal sogar des Reisepasses. Diese moderne Formen des Prangers nutzen der Mehrheit der alleinerziehenden Frauen allerdings

---

35  In einigen wenigen Bundesstaaten existiert weiterhin die Möglichkeit, länger als fünf Jahre der Lebenszeit Sozialhilfeleistungen zu beziehen, wenn die Frauen besonders schwere Beschäftigungshindernisse aufweisen und mit den Sozialbehörden eng kooperieren.

nur wenig, weil viele der auf diese Weise verfolgten Männer selbst kein regelmäßiges Einkommen haben bzw. hoch verschuldet sind und der Staat sich weigert, für diese zumindest temporär einzuspringen (vgl. Turetsky 2000).

*Steuervergünstigen*

Selbst die Steuerentlastungen für Familien, die man als eine Art Substitut für fehlende universelle Sozialleistungen wie Kindergeld deuten kann, fallen in den USA im internationalen Vergleich nicht besonders großzügig aus (vgl. Meister/Ochel 2003; Gornick/Meyers 2005). Trotzdem sind auch in den Vereinigten Staaten Eltern mit unterhaltsbedürftigen Kindern gegenüber Alleinstehenden bzw. Paaren ohne Kinder steuerrechtlich in mehrfacher Hinsicht privilegiert. Zunächst können Eltern wie in Deutschland bei der Einkommenssteuererhebung sogenannte Kinderfreibeträge („dependent child tax deductions"; 2011 maximal $ 3.000 pro Kind) geltend machen. Außerdem werden einkommensschwache Haushalte mit Kindern, sofern zumindest ein Elternteil erwerbstätig ist, durch das Lohnsubventionsprogramm für Niedrigverdiener, den „Earned Income Tax Credit" (EITC), vom Staat wesentlich stärker finanziell gefördert als Alleinstehende oder kinderlose Paare. Darüber hinaus sieht der Staat seit Längerem zwei weitere spezielle „tax credits" für Familien mit minderjährigen Kindern vor.

*Der Federal Child and Dependent Care Credit*

Der „Federal Child and Dependent Care Credit" ist das älteste Steuerprogramm in den USA zur finanziellen Entlastung von Familien. Es wurde 1954 eingeführt, nachdem erste Initiativen zur Etablierung eines öffentlichen Systems der Kinderbetreuung gescheitert waren, und zuletzt im Jahr 2001 modifiziert. Es handelt sich um eine Steuerermäßigung für die Betreuungsausgaben für Kinder bis zu zwölf Jahren und für ältere, pflegebedürftige Angehörige, die jedoch nur erwerbstätigen Eltern gewährt wird. Aktuell sind – abhängig vom Einkommen – 20 bis 35 Prozent der Betreuungskosten (bis zu $ 3.000 für ein Kind und bis zu $ 6.000 für zwei oder mehr Kinder bzw. Angehörige) steuerlich abzugsfähig. Allerdings ist dieser Steuererlass für arme Familien, die keine oder nur wenig Einkommenssteuern zahlen, ohne große Bedeutung. Zum einen deckt er bei weitem nicht die laufenden Kosten der Kinderbetreuung ab (vgl. hierzu den folgenden Abschnitt), zum anderen ist er nicht „refundable", das heißt, er wird nicht rückvergütet, wenn das Einkommen der Eltern unter die Steuerfreigrenze fällt bzw. die Steuerschuld niedriger ist als der Kredit. Überproportional stark, gemessen an ihrem Bevölke-

## 5.2 Familienpolitik: Vom Ende des Maternalismus

rungsanteil, profitierten von diesen Steuerermäßigungen Familien mit einem Jahreseinkommen von über $ 100.000 (vgl. Tax Policy Center 2012).[36]

*Der „Child Tax Credit"*

Dieses Programm zur finanziellen Entlastung von Familien wurde 1998, zwei Jahre nach Verabschiedung der „welfare reform", für alle Eltern mit Kindern unter 18 Jahren eingeführt und stellt eine für die USA klassische Kompromisslösung zwischen Konservativen und Liberalen dar (vgl. Weaver 2011.). Christliche Lobbygruppen hatten – ähnlich wie in Deutschland aktuell die CSU – gefordert, auch „traditionelle Familien" zu fördern, in denen die Mutter zu Hause bleiben will, um sich um die Kinder zu kümmern, und daher keine Betreuungskosten durch Dritte entstehen. Sozialliberale hatten sich dafür eingesetzt, dass diese steuerliche Förderung speziell auch einkommensschwachen Bevölkerungsgruppen zugutekommen sollte.

Aktuell bietet dieser „tax credit" eine jährliche Steuerentlastung von bis zu $ 1.000 pro Kind (maximal drei Kinder werden berücksichtigt). Im Unterschied zum „Federal Child and Dependent Care Credit" ist er nicht an Erwerbstätigkeit, aber an Einkommensgrenzen gebunden: Familien mit einem Jahreseinkommen über $ 110.000 bzw. $ 75.000 (bei Alleinverdienern) sind von dieser Steuerermäßigung ausgeschlossen. Diejenigen Eltern, die unter die Steuerfreigrenze fallen, können seit 2002 einen Antrag auf Gutschrift des „Child Tax Credit" stellen.

*Mutterschutz- und Elternzeitregelungen*

Bis Anfang der 1990er Jahre existierten in den USA keinerlei bundesweit gültigen Mutterschutz- bzw. Elternzeitregelungen, was auf die weiterhin starken Widerstände in der Politik und Wirtschaft gegenüber dem Anliegen verweist, die Arbeitsbeziehungen stärker zu regulieren. Der 1993 unter der demokratischen Regierung von Bill Clinton verabschiedete „Family and Medical Leave Act" (FMLA) gewährte schließlich nach jahrzehntelangen heftigen Auseinandersetzungen im US-Kongress zum ersten Mal abhängig Beschäftigten in allen Bundesstaaten ein Anspruchsrecht auf eine berufliche Freistellung von insgesamt maximal zwölf Wochen pro Jahr. Dieses kann wahrgenommen werden: erstens im Falle einer Geburt oder Adoption eines Kindes, zweitens bei Pflegebedürf-

---

36  Darüber hinaus gibt es in mehr als der Hälfte aller Einzelstaaten – welche mit wenigen Ausnahmen zusätzlich zum Bund Einkommenssteuern erheben – ähnliche Programme, wobei die Steuererleichterung hier meist als Prozentsatz der vom Bund gewährten Ermäßigungen berechnet wird. 15 Bundesstaaten leisten Steuergutschriften („refundable credits") an hilfsbedürftige Familien.

tigkeit eines nahen Angehörigen und drittens bei eigenen schwerwiegenden Erkrankungen (vgl. Levine 2008).

Die Reichweite dieser bewusst geschlechtsneutral gehaltenen Regelung, die auch auf kinderlose Arbeitnehmer abzielt, ist allerdings äußerst beschränkt: Zum einen gilt der FMLA nur für Unternehmen mit mehr als 50 Angestellten und hier wiederum nur für Vollzeitbeschäftigte (mit einer wöchentlichen Arbeitszeit von mehr als 24 Stunden), die bereits ein Jahr im Betrieb bzw. in der betreffenden Institution gearbeitet haben. Damit sind etwa 40 Prozent aller abhängig Beschäftigten in den USA nicht erfasst. Zum anderen schreibt der FMLA zwar eine Arbeitsplatzgarantie und die Fortführung der Krankenversicherung während der Beurlaubung, aber keine Lohnfortzahlung vor. Wie sich viele Familien unter diesen Umständen eine längere Auszeit eines erwerbstätigen Elternteils zur Kinderbetreuung oder zur Pflege von Angehörigen überhaupt leisten sollen, ließ der Gesetzgeber offen.

Ähnlich wie bei der betrieblichen Krankenversicherung und der Altersvorsorge (vgl. hierzu Kap. 5.6 und 5.7) hängen jedoch auch bei den familienbezogenen Leistungen Niveau und Form der Unterstützung sehr stark von dem jeweiligen Beschäftigungsverhältnis und dem Bundesstaat ab, in dem man wohnt. Studien zufolge bieten größere sowie gewerkschaftlich organisierte Unternehmen häufiger flexible Arbeitszeitregelungen und (partielle) Lohnfortzahlungen bei familien- oder krankheitsbedingten Beurlaubungen an als kleinere bzw. vergleichbare Betriebe ohne eine gewerkschaftliche Interessenvertretung (Labor Project for Working Families 2010). Gewerkschaftsmitglieder sind grundsätzlich auch besser über den FMLA und die von ihm und anderen relevanten Bundes- und Landesgesetzen garantierten Arbeitnehmerrechte informiert. Darüber hinaus sind familienfreundliche Arbeitszeitregelungen und Leistungen neben anderen „fringe benefits" in bestimmten Branchen unterdessen ein zunehmend wichtiges Instrument, um hoch qualifizierte Mitarbeiterinnen anzuwerben bzw. an das Unternehmen zu binden (Galinsky u. a. 2009). Folgt man den Angaben der Zeitschrift *Working Mother,* die jedes Jahr eine Liste der „100 Best Companies" für Arbeitnehmerinnen mit Kindern veröffentlicht, sind die familienfreundlichsten Firmen mehrheitlich dem FIRE-Sektor (Finance, Insurance, Real Estate) zuzuordnen.[37] Ferner gelten einige Bundesstaaten seit den 1980er Jahren als Vorreiter auf dem Feld einer fortschrittlichen Familienpolitik. Aktuell kommen in 13 Bundesstaaten den FMLA ergänzende gesetzliche Regelungen zum Mutterschutz bzw. zur

---

37 Zu finden ist diese Übersicht, die in den Medien, aber auch in der Fachliteratur häufig zitiert wird, unter http://www.workingmother.com. Unter den prämierten Unternehmen finden sich neben großen Banken, Versicherungen etc. auch zahlreiche Firmen, die im EDV- und Medienbereich tätig sind.

## 5.2 Familienpolitik: Vom Ende des Maternalismus 141

Elternzeit zur Anwendung (National Conference of State Legislature 2008; Ray 2008). Sechs Landesregierungen haben in den letzten fünf Jahren zum ersten Mal eine mit dem deutschen Elterngeld vergleichbare Sozialleistung eingeführt (Ruhm 2011). Als besonders progressiv gelten die Vorschriften in Kalifornien (vgl. Milkman 2009). Hier sind alle Arbeitgeber – unabhängig von der Anzahl ihrer Angestellten und deren Beschäftigungsstatus – seit 2004 gesetzlich dazu verpflichtet, Müttern bzw. Vätern eines neugeborenen oder adoptierten Kindes mindestens sechs Wochen bezahlten Elternurlaub zu gewähren. Die vorgeschriebene Lohnersatzrate beträgt mindestens 55 Prozent des letzten Nettoeinkommens und maximal $ 959 pro Woche. Allerdings beinhaltet das kalifornische Gesetz keine Arbeitsplatzgarantie.

Zur tatsächlichen Nutzung der verschiedenen betrieblichen und staatlich verordneten „leave programs" zur besseren Vereinbarung von Beruf, Kindern und anderen familiären Verpflichtungen liegen bislang lediglich Schätzungen vor, die vorwiegend auf Umfragen unter Arbeitgebern basieren (Levine 2008). Auftragsstudien für das Bundesministerium für Arbeit über die Umsetzung des FMLA kommen zu dem Ergebnis, dass nur ein Bruchteil aller Anspruchsberechtigten die Möglichkeit der beruflichen Freistellung tatsächlich nutzt; die konservativsten Schätzungen liegen bei 3,2 Prozent, die großzügigsten bei 17,1 Prozent aller vom Gesetz erfassten Arbeitnehmer (US Department of Labor 2007: 35622). Diese Studien weisen auch darauf hin, dass nur etwa die Hälfte aller „leave takers" mehrere Wochen der Arbeit fernbleibt, offensichtlich aus der Angst heraus, ansonsten die Stelle zu verlieren. Zurzeit ist bezahlter Elternurlaub in den USA, den sowohl Mütter als Väter explizit zur Betreuung von Neugeborenen oder älteren pflegebedürftigen Kindern verwenden können, noch ganz eindeutig das Privileg einer kleinen Gruppe von hoch qualifizierten Arbeitnehmerinnen bzw. solchen mit einer überdurchschnittlich hohen gewerkschaftlichen oder individuellen Verhandlungsmacht. Trotz zahlreicher Reformbestrebungen auf subnationaler Ebene hatten im Jahr 2010 lediglich 11 Prozent aller Beschäftigten in der Privatwirtschaft Anspruch auf „paid family leave", im öffentlichen Dienst waren es 17 Prozent (US Department of Labor 2011a).

*Das System der Kinderbetreuung*

Bedingt durch relativ lange Arbeitszeiten und den starken Beschäftigungsfokus der Sozialpolitik – fast alle Sozialleistungen setzten inzwischen eine Erwerbstätigkeit voraus –, sind Familien mit Kleinkindern in den USA noch wesentlich stärker als in Deutschland auf flexible Betreuungsmöglichkeiten für ihren Nachwuchs angewiesen, damit möglichst beide Elternteile einer Lohnarbeit nachgehen können. Zwar arbeiten auch in den USA Frauen wesentlich häufiger Teilzeit als Männer, um sich besser um Haushalt und Kinder kümmern zu können, doch hat der Verzicht auf eine Vollzeitstelle in den USA einen besonders hohen Preis: Wer hier Teilzeit arbeitet, muss sich das leisten können. Er oder sie erhält im Durchschnitt pro Stunde 21 Prozent weniger Entgelt als bei einer Vollzeitstelle und muss häufig auf so entscheidende betriebliche Sozialleistungen wie eine bezahlbare Krankenversicherung oder eine betriebliche Altersvorsorge verzichten.[38]

Trotz des hohen Bedarfs gilt gerade die Kleinkinderbetreuung in den USA weiterhin als eine Art Privatangelegenheit, bei der eine staatliche Einmischung nur dann erfolgt, wenn es darum geht, die Armutsbevölkerung zu regelmäßiger Erwerbsarbeit und einem geordneten Lebenswandel anzuhalten. Darüber hinaus wirken die öffentlichen Bemühungen, vergleicht man sie mit denen in anderen Staaten, hier eher bescheiden (vgl. Michel 1999; Kamerman/Gatenio-Gabel 2007; Wood 2011). Es gibt in den USA kein Recht auf einen Kindergartenplatz, keine obligatorische und bundesstaatlich geregelte Vorschulerziehung und keine umfassende Qualitätskontrolle der vielfältigen, meist privaten Betreuungsangebote.

*Betreuung von Vorschulkindern*

Mehr als elf Millionen Kinder unter fünf Jahren, das entspricht gut 60 Prozent aller Vorschulkinder, werden in den USA durchschnittlich 36 Stunden pro Woche außerhalb ihres Elternhauses betreut, während ihre Väter und Mütter einer Erwerbsarbeit nachgehen. 90 Prozent dieser Betreuungseinrichtungen sind in privater Hand (National Association of Child Care Resource & Referral Agency 2011). Das Angebot für Vorschulkinder reicht von Betriebskindergärten[39] über Einrichtungen von gemeinnützigen, häufig kirchlichen, und kommunalen Trägern bis hin zur Einzelbetreuung durch Tagesmütter und Kindermädchen, sogenannte Nannies. Den deutschen Kindertagesstätten entsprechen am ehesten die weitverbreiteten „Day Care Centers" und „Nursery Schools", die sich gleichermaßen als pädagogische Einrichtungen wie als Ganztagsbetreuung für Kinder berufstätiger Eltern verstehen. Aufgenommen werden Kleinkinder in der Regel ab einem Alter von drei Monaten. Nach den Kindertagesstätten, die in der Regel keine staatliche Förderung erhalten und daher in den USA relativ teuer sind, sind Verwandte die zweitwichtigste Betreuungsinstanz für Kleinkinder aus Familien, in denen auch die Mütter einer Berufstätigkeit nachgehen.

---

38  Im Jahr 2010 gingen 26,6 Prozent aller erwerbstätigen Frauen einer Teilzeitbeschäftigung nach, bei den Männern sind es nur halb so viele, die Teilzeit arbeiten (US Department of Labor 2011b).
39  Laut Umfragen bieten 9 Prozent aller Arbeitgeber „child care at or near the worksite" an, bei Unternehmen mit mehr als 1.000 Mitarbeitern sind es 21 Prozent (Galinsky u. a. 2009: 20f.).

## 5.2 Familienpolitik: Vom Ende des Maternalismus

Verschiedene Studien zur Betreuungssituation von Kleinkindern in den USA betonen die extremen Qualitäts- und Kostenunterschiede der verschiedenen Arrangements und Anbieter. Für die Qualitätssicherung sorgt einerseits die Lobby der zahlenden Eltern und andererseits Institutionen wie die „National Association for the Education of Young Children", die viel beachtete Akkreditierungen aussprechen. Wer es sich leisten kann, schickt seinen Nachwuchs in einer dieser akkreditierten Einrichtungen mit gut ausgebildetem Personal bzw. lässt ihn zu Hause ganz exklusiv von einer Nannie betreuen, die oftmals ihre eigenen Kinder in ihrem Herkunftsland allein lassen musste, um in den USA Geld zu verdienen (vgl. Michel u. a. 2011). Einkommensschwache Familien haben dagegen in den USA recht wenig Auswahl, wem sie ihre kleinen Kinder überlassen möchten. Sie müssen sich häufig mit pädagogisch fragwürdigen Einrichtungen oder improvisierten Arrangements zufriedengeben.

Eine US-amerikanische Familie gibt für die Ganztagsbetreuung eines Kleinkindes (0–3 Jahre) pro Jahr zwischen \$ 4.500 und \$ 14.600 aus; bei Vierjährigen sind es zwischen \$ 3.380 und \$ 10.800. Bei einer akkreditierten Betreuungsstätte liegen die jährlichen Kosten noch einmal etwa \$ 5.000 höher (National Association of Child Care Resource & Referal Agencies 2011: 3). Damit investieren Eltern in den USA durchschnittlich 7 bis 10 Prozent ihres Jahreseinkommens in die Kinderbetreuung, bei Familien mit sehr wenig Geld sind es ganze 25 Prozent ihres Jahreseinkommens, bei Alleinerziehenden ist es fast ein Drittel (ebd.: 5). Nach Ansicht vieler Experten sind in nur wenigen anderen sozialen Belangen die Klassenfriktionen in den USA so ausgeprägt wie im Bereich der frühkindlichen Betreuung (vgl. Michel 1999; Gornick/Meyer 2005; Milkman 2009).

*Betreuung in Kindergärten als Teil des öffentlichen Schulsystems*

Für ältere Kinder übernimmt der US-amerikanische Staat dagegen mehr Verantwortung und erleichtert damit vielen Eltern die Vereinbarkeit von Erwerbsarbeit und Familie. Zum einen besuchen in den USA fast 90 Prozent aller Kinder öffentliche Schulen, die in den USA traditionell als Ganztagseinrichtungen konzipiert sind, die den Schülern zudem noch eine Reihe von betreuten Freizeitangeboten im Bereich Sport und Kultur machen. Aber auch im Feld der Vorschulerziehung sind die meisten Einzelstaaten und Kommunen recht aktiv. Was heute in den USA als Kindergarten oder auch als Pre-Kindergarten bezeichnet wird, sind Vorschulprogramme für Vier- bis Sechsjährige, die fast immer den lokalen Grundschulen („Elementary Schools") angegliedert sind. Hier werden unter anderem Grundfertigkeiten in Lesen und Rechnen vermittelt. Allerdings gibt es große regionale Unterschiede bei der Versorgungslage. Nicht in allen Bundesstaaten und

Counties können Eltern diese in der Regel kostenfreien Angebote wahrnehmen. In manchen Einzelstaaten dagegen ist die Teilnahme an Kindergarten-Programmen für Fünfjährige inzwischen sogar verpflichtend. Vielerorts bieten die lokalen Schulbezirke eine Ganztagsbetreuung an, in manchen Bundesstaaten findet die Vorschule indes nur halbtags oder nur jeden zweiten Tag statt (Kamerman/ Gatenio-Gabel 2007).

*Staatliche Sonderprogramme*

Mehrere Dutzend aus dem Bundeshaushalt und den Budgets der Einzelstaaten finanzierte Sonderprogramme richten sich darüber hinaus an Familien mit besonderem Betreuungsbedarf (vgl. ebd.; Gornick/Meyers 2005: 185 ff.). Sie sollen zum einen die allgemeine Versorgungslage verbessern, zum anderen aber auch gezielt die Entwicklung von Kleinkindern aus „bildungsfernen" Schichten fördern und somit helfen, strukturelle Benachteiligungen abzubauen. Zu den wichtigsten und ältesten öffentlichen Angeboten zählt das Bundes- und Förderprogramm „Head Start" für Drei- bis Vierjährige, das im Zuge des „War on Poverty" 1965 zunächst als achtwöchiger Sommerkurs eingeführt wurde. Im Rahmen von „Early Head Start" können Mütter bereits während der Schwangerschaft Unterstützung erhalten. Es gibt Erziehungs- und Beratungskurse speziell für Eltern mit Drogen- oder Alkoholproblemen sowie für Eltern, die frisch in die USA eingewandert sind („Migrant and Seasonal Head Start"). Zurzeit bieten öffentliche und gemeinnützige pädagogische Einrichtungen im ganzen Land mit Mitteln aus dem Head-Start-Programm besondere soziale Dienstleistungen und Fördermaßnahmen für etwa eine Million Kinder im Vorschulalter an. Zusätzlich stellt die Bundesregierung seit Anfang der 1990er Jahre erheblich mehr Mittel und Subventionen für die Betreuung der Kinder von sogenannten „welfare leavers" bereit, um den Übergang von Sozialhilfe in Arbeit zu erleichtern (vgl. Levy/Michel 2004). Diese staatlichen Hilfen stammen vor allem aus drei Quellen: dem „Child Care and Development Fund" (für erwerbstätige Eltern mit Kindern bis zu 13 Jahren); dem Programm TANF (für erwerbstätige Eltern im Sozialhilfebezug und „welfare leavers") und dem „Social Service Block Grant", aus dessen Zuschüssen die Bundesstaaten alle Sozialleistungen finanzieren können, die in irgendeiner Form einkommensschwachen Familien zugutekommen.

Auf diese staatliche Hilfe, die in manchen Bundesstaaten in Form von Gutscheinen an die Eltern erfolgt, in anderen über Zahlungen direkt an die Träger von Betreuungseinrichtungen, gibt es jedoch keinen Rechtsanspruch. Die Festlegung der Anspruchsvoraussetzungen (Einkommensobergrenzen, Alter der Kinder, Arbeitsstatus der Eltern etc.) sowie der Leistungshöhe obliegt den Bundesstaaten.

## 5.2 Familienpolitik: Vom Ende des Maternalismus

Dementsprechend groß sind auch hier die regionalen Unterschiede: Während in Rhode Island – dem einzigen Bundesstaat in den USA mit einem Landesgesetz, das armen Familien eine staatliche Unterstützung bei der Kinderbetreuung garantiert – schätzungsweise 40 Prozent aller alleinerziehenden Mütter mit niedrigem Einkommen in den Genuss von staatlichen Hilfen kommen, liegen die diesbezüglichen Werte anderswo meist deutlich unter 20 Prozent (Herbst 2008: 1039). Insgesamt, so die Schätzung, erhalten lediglich zwischen 12 und 15 Prozent aller hilfsbedürftigen Familien über die oben beschriebenen Steuerfreibeträge hinaus eine unmittelbare finanzielle staatliche Unterstützung in Form von „child care subsidies" (Forry 2009). Während die meisten Landesregierungen unmittelbar nach der Sozialhilfereform von 1996 zum Teil massiv in den Ausbau der Kinderbetreuung investierten, um eine zentrale Vorgabe der Gesetzgeber – die Arbeitsmarktintegration von alleinstehenden Müttern – einzuhalten, sind ihre diesbezüglichen Ausgaben etwa seit der Jahrtausendwende wieder deutlich rückläufig (Tavernise 2011).

*5.2.4 Jüngste Reformen und Ausblick*

Während sich in einer Reihe von wohlfahrtsstaatlichen Aufgabenfeldern die USA und andere westliche Länder in gewisser Weise angenähert haben, bleibt die aktuelle amerikanische Familienpolitik durch eine besondere Mischung aus staatlicher Zurückhaltung/Nichteinmischung und autoritärem Paternalismus gegenüber bestimmten Gruppen wie Alleinerziehenden geprägt und gibt vielen Beobachtern Rätsel auf. „In der sozialpolitischen Stellung der Familie verdichtet sich wie in einem Brennglas die ganze Widersprüchlichkeit des Verhältnisses zwischen Staat und Gesellschaft, welche die Sozialpolitik der USA im größeren Maßstab auch prägt" (Mätzke 2008: 11).

Waren die Bush-Jahre – mit ihrer besonderen Betonung christlich-konservativer Werte – in Bezug auf die Familienpolitik der US-Regierung eine Phase der Stagnation und zum Teil auch des Rückschritts (in Bezug auf öffentliche Betreuungshilfen), hatten viele von der demokratischen Obama-Regierung eine grundsätzliche Neuausrichtung erwartet (vgl. Applebaum/Milkman 2009). Diese blieb jedoch aus. Obama und seine Vize Joe Biden hatten im Wahlkampf in ihrem „Plan to Reclaim the American Dream" versprochen, den „Family and Medical Leave Act" auch für kleinere Unternehmen verbindlich zu machen und die Freistellungsgründe auszuweiten. Das zentrale Problem der Elternzeitregelung in den USA, die fehlende Garantie einer Lohnfortzahlung, sollte jedoch nicht auf Bundesebene angegangen werden, sondern den Einzelstaaten überlassen werden. Zudem sah das Wahlkampfprogramm vor, die staatliche Unterstützung für nachschulische Betreuungsprogramme zu erweitern, den „Child and Dependent Care Tax Credit" auszubauen und sich für die Einführung von „paid sick leave" (z. B. im Rahmen des „Healthy Families Act") starkzumachen. Keines dieser aus westeuropäischer Perspektive wenig radikalen Vorhaben wurde in seiner ersten Legislaturperiode umgesetzt; lediglich altverdiente Programme wie „Head Start" oder andere Bundestöpfe zur Förderung der frühkindlichen Entwicklung und Betreuung erhielten im Rahmen des „American Recovery and Reinvestment Act" von 2009 vorübergehend eine Aufstockung von $ 5 Milliarden (Halfon u. a. 2009).

Die Aussichten für grundlegende Reformen der US-amerikanischen Familienpolitik hängen jedoch nicht nur von der Entschlossenheit einzelner Präsidenten oder der weiteren Haushalts- und Wirtschaftsentwicklung ab, sondern auch davon, inwieweit sich in den USA neue Bündnisse herausbilden werden, um Forderungen nach einer gerechteren Verteilung der Arbeitsbelastungen zwischen Männern und Frauen und nach einem größeren familienpolitischen Engagement der Bundesregierung entsprechenden Nachdruck zu verleihen. Die Chancen hierfür stehen zurzeit wahrscheinlich eher schlecht, zumindest aus einer feministischen Perspektive. Dies hängt zum einem mit der extremen Ausdifferenzierung der Lebens- und Interessenlagen von Frauen im 21. Jahrhundert zusammen, zum anderen aber auch mit den Nachteilen einer politischen Kultur, die sich vor allem auf ein liberales Gleichheitsideal beruft, das weitgehend von realen Lebensbedingungen, ökonomischen Zwängen und Machtverhältnissen abstrahiert.

Alle aktuellen empirischen Befunde aus den USA zum Thema Work-Family-Balance (Zugang zu bezahlbarer und qualifizierter Kinderbetreuung, zu flexiblen Arbeitszeiten, Mutterschutz, Elternzeit etc.) und zur Einkommensentwicklung verweisen seit Ende der 1970er Jahre auf wachsende soziale Ungleichheiten und Klassenfriktionen, gerade auch unter Frauen. Zum einen zeigt sich recht deutlich, dass eine Beteiligung am Erwerbsleben – zumindest unter den vorherrschenden Bedingungen eines hochgradig gespaltenen Arbeitsmarktes – kein Garant für mehr Autonomie und weniger Armut ist. Mit den in vielen Dienstleistungssektoren üblichen Stundenlöhnen von lediglich $ 7 bis $ 9 lässt sich kaum eine Familie ernähren. Auf der anderen Seite wächst in den USA die Gruppe der Frauen mit einer hohen Qualifizierung sowie entsprechenden beruflichen Karrieren und Einkommen, die in vielerlei Hinsicht von den wirtschaftlichen Entwicklungen und politischen Reformen der letzten Jahrzehnte profitieren konnten, auch davon, dass sie in der Lage sind, sich auf dem Markt relativ günstig haushaltsbezogene Dienstleistungen einzukaufen, bei Bedarf ein ausländisches Au-pair-Mädchen oder eine Nannie einzustellen und hierfür auch noch Steuervergünstigungen in

Anspruch zu nehmen (vgl. Shalev 2008). Für sie gibt es derzeit objektiv nur wenige Gründe, sich für eine grundlegende Reform der Familienpolitik einzusetzen.

## 5.3 Gleichstellungs- und Antidiskriminierungspolitik: Vorreiter USA

Obwohl Forderungen nach Gleichberechtigung oder Chancengleichheit schon seit Jahrhunderten wichtige Antriebsfeder von diversen sozialen Bewegungen sind, ist die Geschichte staatlicher Gleichstellungs- und Antidiskriminierungspolitik relativ jung. In Westeuropa umfasst sie etwa seit den 1970er Jahren verschiedene Maßnahmen zur Förderung der Gleichstellung der Geschlechter, insbesondere im Arbeitsleben, während die Bekämpfung von Diskriminierung aus Gründen der ethnischen Herkunft, der Religion, einer Behinderung, des Alters oder der sexuellen Orientierung erst in den letzten Jahren, vornehmlich über den Druck der Europäischen Union, zu einer weitgehend akzeptierten nationalstaatlichen Aufgabe geworden ist. Hintergrund der vielfältigen EU-Initiativen ist, dass neben Frauen insbesondere Migranten und Angehörige ethnischer Minderheiten in den meisten Mitgliedsstaaten bis dato im öffentlichen und professionellen Leben in auffälliger Weise unterrepräsentiert sind.

Anders in den Vereinigten Staaten: Bei der Gleichstellungs- und Antidiskriminierungspolitik nahm der sozialpolitische Nachzügler und „Schwächling" USA zusammen mit anderen traditionellen Einwanderungsländern wie Kanada oder Australien über lange Zeit international eine eindeutige Vorreiterrolle und zum Teil auch Vorbildfunktion ein. So sind etwa die beruflichen Aufstiegschancen für Migranten und ihre Kinder in Nordamerika trotz einer insgesamt gesunkenen sozialen Mobilität immer noch wesentlich besser als in großen Teilen Europas (vgl. Mollenkopf/Hochschild 2010). Es finden sich in den USA auch deutlich mehr Frauen in Führungspositionen als zum Beispiel in Deutschland, vor allem in der Wissenschaft oder Privatwirtschaft (vgl. Hans-Böckler-Stiftung 2009). Eine Erklärung hierfür ist, dass die gesellschaftliche Verankerung des liberalen Gleichstellungspostulats, das bereits die Unabhängigkeitserklärung und später die Verfassung prägte, in den Vereinigten Staaten viel weiter fortgeschritten ist, und dies mit einer Spezifik der angelsächsischen politischen Kultur zusammenhängt, welche Schutz vor Diskriminierung als die unmittelbare Erweiterung eines individuellen Rechtsanspruchs betrachtet. Entscheidend dürften jedoch die schwarze Bürgerrechtsbewegung und weitere Emanzipationsbewegungen in den 1960er und 1970er Jahren gewesen sein, die nicht nur eine Reihe von legendären „Civil Rights Acts" erkämpft haben, sondern auf die Bund auch noch mit der Einführung von neuen staatlichen Förderprogrammen reagiert hat, die unter dem

Sammelbegriff „Affirmative Action" bekannt geworden sind. Hierbei handelt es sich bis heute – trotz aller Begrenzungen und Ambivalenzen – um einen wichtigen Teilbereich von US-amerikanischer Sozialpolitik, weil sich Affirmative-Action-Politik nicht im Schutz vor Diskriminierung erschöpft, indem sie Individuen mit mehr Rechten und Klagemöglichkeiten ausstattet. Vielmehr verfolgt sie den expliziten Anspruch, gegenwärtig existierende, aber auch in der Vergangenheit erlittene strukturelle Benachteiligungen von bestimmten Bevölkerungsgruppen auszugleichen und damit von staatlicher Seite einen aktiven Beitrag zu mehr echter und substanzieller Gleichstellung in der Praxis zu leisten. Dies stellt auf gewisse Weise eine Abkehr von der Locke'schen Tradition des Individualismus, der Meritokratie und der „Freiheit des Marktes" dar und geht über das vertraute liberale Prinzip der „equal opportunities", das heißt Verteilungsgerechtigkeit bei den Arbeits-, Bildungs- und Einkommenschancen, weit hinaus.

Affirmative-Action-Programme als Teil der Sozialreformen der Great-Society-Ära waren daher in den USA auch von Anfang an nicht unumstritten. Vor dem Hintergrund einer noch stärker gewordenen Leistungsorientierung in der US-Gesellschaft und eines gewachsenen Wettbewerbs zwischen verschiedenen ethnischen und Einwanderergruppen, insbesondere im Bildungssektor und auf dem Arbeitsmarkt, gibt es selbst unter eingefleischten Sozialliberalen und Minderheiten-Communities in den USA für sie heute keine durchgehende Unterstützung mehr. Dies hat sich unter anderem in Volksabstimmungen in einer Reihe von Bundesstaaten gezeigt, die seit den 1990er Jahren zu einer gewissen Schwächung dieses spezifischen Instruments der Sozial- und Redistributionspolitik beigetragen haben, ohne dass es bislang zu einer vollständigen Delegitimierung gekommen wäre.

*5.3.1 Besonderheiten und Probleme*

Das Besondere an der US-amerikanischen Antidiskriminierungs- und Gleichstellungspolitik sind im internationalen Vergleich ihr Entstehungs- und Begründungszusammenhang sowie die daraus resultierenden spezifischen Schwerpunktsetzungen. Während die Hauptzielgruppe von Fördermaßnahmen in Europa in der Vergangenheit häufig Frauen waren und zum Teil immer noch sind, galten alle wegweisenden gesetzlichen Schutzregelungen und Instrumente in den USA ursprünglich einer spezifischen ethnischen Minderheit, nämlich Afroamerikanern. Politisch gefordert und legitimiert wurden staatliche Interventionen zur Kompensation offensichtlicher struktureller Ungleichheiten im Bildungssystem oder auf dem Arbeitsmarkt in den Vereinigten Staaten bis weit in die 1980er Jahre hinein in der Regel mit der moralischen Verpflichtung und sozialen Notwendigkeit,

"Wiedergutmachung" für die negativen Folgen von Sklaverei und Segregation zu leisten (vgl. Burstein 1988; Graham 1990; Skrentny 2001; Katznelson 2005). Der „Rassenkonflikt", wie die Auseinandersetzungen um die Rechte und gesellschaftliche Teilhabe von Afroamerikanern im 20. Jahrhundert häufig bezeichnet wurden, stand lange Zeit – wenn auch nicht immer offen ausgesprochen – im Zentrum vieler innen- und sozialpolitischen Kontroversen und entlarvte die Idee von der „gleich geborenen Nation" als Fiktion. Vor Verabschiedung der wegweisenden Bürgerrechtsgesetzgebung in den 1960er Jahren durften Afroamerikaner zwar in diversen Kriegen für ihr Vaterland ihr Leben lassen – allein eine halbe Million kam im Zweiten Weltkrieg in Übersee zum Einsatz (Franklin/Moss 1999: 617) –, aber zu Hause konnten sie vielerorts noch nicht einmal wählen oder einer Gewerkschaft beitreten. Im August 1963 demonstrieren mehr als 200.000 US-Amerikaner aus allen Teilen des Landes in der Hauptstadt Washington für das Ende der rechtlichen, politischen und sozialen „Rassentrennung" und Segregation in den USA. Mit den Worten „Ich habe einen Traum, dass eines Tages auf den roten Hügeln von Georgia die Söhne früherer Sklaven und die Söhne früherer Sklavenhalter miteinander am Tisch der Brüderlichkeit sitzen können" ging die damalige Rede von Martin Luther King in die Geschichte ein und bewegte eine ganze Nation.

Auch außenpolitisch war die offensichtliche Diskriminierung und Benachteiligung von Schwarzen in den USA ein zunehmendes Problem. Sie wurde im Zuge der sich zuspitzenden ideologischen Konfrontation mit dem Sowjetkommunismus immer mehr als ernsthafte Belastung für die internationale Glaubwürdigkeit der westlichen Weltmacht empfunden. Weitere grundlegende Antagonismen oder Streitpunkte, die in anderen Ländern in Bezug auf die Antidiskriminierungspolitik eine zentrale Rolle spielten bzw. weiterhin spielen, wie die Geschlechterfrage oder die mangelhafte gesellschaftliche Integration von bestimmten Migranten oder religiösen Gruppen, zum Beispiel von Muslimen, blieben in den USA dem traditionellen „Schwarz-Weiß-Konflikt" in gewisser Weise immer nachgeordnet. Was Amerika von Europa auch heute noch deutlich unterscheide, erklärt der US-amerikanische Historiker Peter Baldwin (2009), sei eine „rassisch" abgegrenzte Unterschicht. Während andere Neuankömmlinge oder Außenseiter immer wieder die Assimilation gelungen sei, halle das Echo der Sklaverei bis heute in den innerstädtischen Ghettos der afroamerikanischen Bevölkerung nach. Eine ähnliche Einschätzung vertritt der erste schwarze Präsident der Vereinigten Staaten,

Barack Obama: Noch heute leide die US-Gesellschaft unter der Last der vormaligen Rassentrennung, die er als die „Erbsünde der Nation" bezeichnet hat.[40] Überlagert wird dieses Erbe aber inzwischen von einer weiteren, äußerst wirkmächtigen gesellschaftlichen Entwicklungsdynamik: die des „Browning" der Vereinigten Staaten (Sundstrom 2008), bedingt durch massive Einwanderungsprozesse seit den 1980er Jahren, die auf legalem und illegalem Wege Millionen von Arbeit und Freiheit suchenden Menschen vor allem aus Südostasien und Lateinamerika in die Vereinigten Staaten gebracht und somit zu einer weiteren ethnokulturellen Ausdifferenzierung der Gesellschaft beigetragen haben; gepaart mit neuen Konfliktlinien, Ausgrenzungen und Konkurrenzsituationen, aber auch neuartigen politischen Bündnismöglichkeiten. Im Zuge dieses umfassenden und unumkehrbaren Wandels der demographischen Komposition des Landes werden (nichthispanische) Weiße in den USA daher in absehbarer Zukunft, schätzungsweise 2050, zum ersten Mal eine ethnische Minderheit bilden (Roberts 2008), was von vielen – nicht nur von Konservativen und Einwanderungsgegnern – als eine gewisse Bedrohung empfunden wird. Bereits jetzt sind Hawaii, Kalifornien, New Mexico und Texas Bundesstaaten mit einer „majority minority", was bedeutet, dass dort Menschen mit hispanischen und asiatischen Wurzeln inzwischen die Mehrheit der Bevölkerung stellen. In neun weiteren Staaten – Arizona, Florida, Georgia, Maryland, Mississippi, Nevada, New Jersey, New York und Louisiana – steht dieser Wechsel kurz bevor. Nach den jüngsten Daten des US Census Bureau (2011) wuchs allein die hispanische Bevölkerung bundesweit zwischen 2000 und 2010 um ganze 43 Prozent, so dass ihr Anteil an der Gesamtbevölkerung mit 16 Prozent unterdessen deutlich über dem Anteil der Afroamerikaner (12,3 Prozent) liegt.

### 5.3.2 *Historische Entwicklung*

Obwohl diese erst in der zweiten Hälfte des 20. Jahrhunderts ihre volle Wirkung entfalten konnten, stammen die wesentlichen rechtlichen Grundlagen der Gleichstellungspolitik in den USA zugunsten von ethnischen Minderheiten aus der Zeit der „reconstruction" – der Phase des Wiederaufbaus und Wiedereingliederung der ehemals abtrünnigen Südstaaten nach Ende des Bürgerkrieges. Mit dem 13. Verfassungszusatz (1865) verbot der US-Kongress endgültig auf dem gesamten Staatsgebiet die Sklavenhaltung; der 14. Zusatzartikel (1868) führte so-

---

40  Im Wahlkampfjahr 2008 hielt Obama noch als Senator von Illinois eine viel beachtete Rede zur Bedeutung des Rassismus in den USA, die landesweit überaus kontroverse Debatten auslöste. Vgl. zu den Ergebnissen von Meinungsumfragen zum Thema „racial divide" und was sich im Laufe der Jahre an Einstellungen verändert hat Hutchings 2009.

## 5.3 Gleichstellungs- und Antidiskriminierungspolitik: Vorreiter USA

wohl die für spätere Antidiskriminierungsmaßnahmen und diesbezügliche Klagen zentrale Gleichbehandlungsklausel („equal protection clause") als auch das Recht auf ein ordentliches Gerichtsverfahren in allen Bundesstaaten („due process clause") ein und gestand allen in den USA geborenen Personen unabhängig von „Rasse, Hautfarbe und früherer Knechtschaft" die Staatsbürgerschaft mit entsprechenden Grundrechten zu („privilege clause"). Mit der Verabschiedung des 15. Verfassungszusatzes (1870) gewährte die Bundesregierung auch den ehemaligen Sklaven männlichen Geschlechts schließlich das volle Wahlrecht.[41]

Die Abschaffung der Sklaverei und die damit verbundene Übertragung aller Bürgerrechte auf Afroamerikaner stießen jedoch nicht nur im Süden der USA auf zum Teil blutigen Widerstand. Selbst der Oberste Gerichtshof der USA, der Supreme Court, pflegte lange Zeit ein aus heutiger Sicht schwer nachvollziehbares Rechtsverständnis hinsichtlich ihrer Gleichstellung. Die von ihm vertretene „separate but equal doctrine", mit der sich das Gericht gegen die Legislative des Bundes und auf die Seite der weißen Rassisten in den ehemaligen Sklavenhalterstaaten stellte, geht auf das berühmt-berüchtigte Urteil im Fall Plessy v. Ferguson (1896) zurück. In diesem Präzedenzverfahren hatten die obersten Richter ein Gesetz in Louisiana, das allen Eisenbahngesellschaften die Bereitstellung spezieller Abteile für Farbige vorschrieb, für verfassungskonform erklärt. Die Begründung lautete, dass mit getrennten Einrichtungen und Leistungen für Schwarze und Weiße, solange diese in etwa gleichwertig seien, nicht gegen den 14. Zusatzartikel verstoßen werde. Mit derselben Argumentation erteilte der Supreme Court drei Jahre später im Fall Cumming v. Richmond County Board of Education den Einzelstaaten und Kommunen darüber hinaus einen Freibrief für die jahrzehntelang praktizierte Rassentrennung in Schulen und anderen öffentlichen Einrichtungen.

1909 kam es zur Gründung der ersten bundesweiten afroamerikanischen Bürgerrechtsvereinigung, der „National Association for the Advancement of Colored People" (NAACP), deren Hauptanliegen es war, die verfassungsrechtlich verbrieften Rechte durch Musterprozesse einzuklagen (vgl. Jonas 2005). Die noch heute mit ihren 500.000 Mitgliedern recht einflussreiche Organisation sollte zwar später beträchtliche Erfolge erzielen, konnte zunächst aber auch nicht verhindern,

---

41 Es gab noch eine Reihe weiterer Wahlbeschränkungen, wobei grundsätzlich gilt, dass in den USA nicht der Bund, sondern die Einzelstaaten über die Modalitäten von politischen Wahlen zu entscheiden haben. Während in der Kolonialzeit zum Beispiel Juden, Katholiken und Quäker nicht wählen durften, da sie keinen Eid auf die anglikanische Kirche leisten konnten, führte New Jersey bereits 1776 das Frauenwahlrecht ein (zog es 1870 allerdings wieder zurück). 1869 entschied sich als erster neuzeitlicher Staat der Einzelstaat Wyoming für ein dauerhaftes Frauenwahlrecht. Es dauerte allerdings noch bis 1920, bis dieses in den USA bundesweit galt. Und erst 1924 erhielten die lange Zeit von der Ausrottung bedrohten indianischen Ureinwohner die vollständigen Bürgerrechte zugesprochen.

dass die Lebensrealität der emanzipierten Sklaven und ihrer Nachfahren in großen Teilen des Landes durch sogenannte Jim Crow Laws,[42] eine strikte Segregation im Alltag, weiterhin degradierende Arbeitsbedingungen und ständige Angst vor dem Terror militanter Rassisten, die sich in Geheimbünden wie dem Ku-Klux-Clan zusammengeschlossen hatten, geprägt war.[43] Selbst in den Nordstaaten, wo es hierfür kein legales Fundament gab, herrschte auch noch lange nach Änderung des Staatsbürgerschaftsrechts de facto ein Zwei-Klassen-System, das Afroamerikaner grundlegend benachteiligte (vgl. hierzu auch Kap. 5.5).

Es sollte noch mehr als ein halbes Jahrhundert dauern, bis als Reaktion auf eine von der NAACP initiierte Klage hin die „separate but equal doctrine" mit einem erneuten historischen Grundsatzurteil des Supreme Court wieder aufgehoben wurde: der berühmten Entscheidung im Fall Brown v. Board of Education of Topeka (1954). Von nun an galt eine Zwangssegregation im Schulwesen und in anderen Bereichen des öffentlichen Lebens, die bis dahin noch in 17 Bundesstaaten legal war, als verfassungswidrig. Es hatte sich unter dem Vorsitz von Earl Warren eine neue Generation von obersten Richtern zusammengefunden, um dem Prinzip der Gleichbehandlung landesweit zur gesellschaftlichen Durchsetzung zu verhelfen (vgl. Powe 2000). Bis in der Arbeitswelt, in den Gewerkschaften, Universitäten oder Stadtteilen tatsächlich spürbare Veränderungen folgten, vergingen allerdings noch weitere Jahre, die von heftigen Auseinandersetzungen sowohl in den Institutionen als auch auf der Straße gekennzeichnet waren. Am Ende gelang es der afroamerikanischen Emanzipationsbewegung zusammen mit ihren Bündnispartnern in den 1960er Jahren mit Massenprotesten und außergewöhnlichen Boykottaktionen den Druck auf die Bundesregierung so weit zu erhöhen, dass diese mit für die damaligen Verhältnisse ganz neuen Ansätzen der Gleichstellungspolitik auf die vielfältigen Missstände im Lande reagierte.

---

42 Jim Crow Laws lautete angelehnt an eine rassistische Karikatur („Jim, die Krähe") die Bezeichnung für Gesetze und Verordnungen, mit denen im Süden die Grundrechte von schwarzen Amerikanern bis in die 1960er Jahre hinein massiv eingeschränkt wurden. Diese variierten von Staat zu Staat (manchmal auch von Kommune zu Kommune) und reichten von Restriktionen bei der Berufs-, Wohnorts- und Schulwahl über das Verbot von „gemischtrassigen Ehen" bis hin zu erheblichen Behinderungen bei der Ausübung des politischen Wahlrechts (vgl. Foner/Brown 2005).

43 Zwischen 1882 und 1968 sollen schätzungsweise etwa 3500 Afroamerikaner in den USA zu Opfern rassistischer Lynch-Justiz geworden sein. Im selben Zeitraum gab es zudem 200 erfolglose Versuche, auf Bundesebene eine „Anti-Lynching-Bill" durchzusetzen, die jedes Mal am Widerstand der Senatoren aus den Südstaaten scheiterten. Im Juni 2005 gab es vom US-Senat diesbezüglich eine erste offizielle Entschuldigung in Form einer öffentlichen Resolution (Associated Press, 13.6.2005).

## 5.3 Gleichstellungs- und Antidiskriminierungspolitik: Vorreiter USA

*Bürgerrechtsgesetzgebung der 1960er Jahre*

Als bahnbrechend erwies sich der „Civil Rights Act" von 1964, der anders als die zuvor verabschiedeten Verfassungszusätze und Gerichtsurteile nicht nur die Einzelstaaten, ihre Behörden und öffentlich finanzierte Einrichtungen (Schulen, Universitäten, soziale Verbände etc.) zur Einhaltung des Diskriminierungsverbots verpflichtete, sondern sich gezielt auch an Unternehmen und Gewerkschaften[44] richtete. Das Gesetz eröffnete auch eine neue Phase in der Geschichte der USA, die manche als „second reconstruction" bezeichnet haben (vgl. Foner/Brown 2005: 225 ff.). Mit Abschnitt 7 (Title VII) untersagte der US-Kongress erstmals auch in der Wirtschafts- und Arbeitswelt eine direkte Benachteiligung aufgrund von Hautfarbe, Religion, nationaler Herkunft oder Geschlecht. Recht ungewöhnlich war die politische Koalition im US-Kongress aus Frauenrechtlerinnen und erzkonservativen Südstaatlern, die für die Aufnahme der Kategorie Geschlecht in das bedeutendste Bundesgesetz zur Gleichstellung ethnischer Minderheiten verantwortlich zeichnete. Während die Ersteren die historische Situation nutzen wollten, um mehr Chancengleichheit auch für Frauen durchzusetzen, unterstützten einige konservative Abgeordnete die Initiative der Parlamentarierinnen nur deswegen, weil sei annahmen, mit dieser aus ihrer Sicht maßlosen Ausweitung der zu schützenden Bevölkerungsgruppen die Verabschiedung des gesamten Bürgerrechtsgesetzes am Ende doch noch torpedieren zu können (Wahl 1996: 185).

Nur kurze Zeit darauf kam es zu einer entscheidenden Ausweitung der US-amerikanischen Gleichstellungspolitik, die sich als wichtiger Teil des ambitionierten Reformprogramms der Great Society, aber auch als Krisenreaktion der Bundesregierung deuten lässt, nämlich als Antwort auf wachsende gesellschaftliche Unruhen und die Radikalisierung vieler sozialer Bewegungen infolge des Vietnamkrieges und anhaltender eklatanter Defizite bei der Demokratisierung des Landes (vgl. Skrentny 1996). Hatte die damalige demokratische Bundesregierung mit dem „Civil Rights Act" von 1964 bereits die strukturelle Dimension der Benachteiligung von Afroamerikanern und anderen Minderheiten in der US-Gesellschaft anerkannt, ging es ihr nun darum, mit sozialpolitischen Interventionen dieser aktiv entgegenzuwirken.

---

44  Die Gewerkschaften waren und sind für die Gleichstellungspolitik aus zwei Gründen wichtig: Bis auf wenige Ausnahmen blieb Schwarzen bis zum Zweiten Weltkrieg selbst in den großen Industriegewerkschaften die Mitgliedschaft verwehrt (vgl. Hill 1997), zum anderen bestimmen viele Gewerkschaften auch heute noch mit, wenn es um die Vergabe von Ausbildungsplätzen und um Neuanstellungen geht.

Nicht weitere Gesetze, sondern drei präsidiale Verordnungen[45] (Executive Orders 11246, 11375 und 11478 von 1965, 1967 und 1969) führten zu einer Reihe von Maßnahmen und Förderrichtlinien, die Präsident Lyndon B. Johnson Affirmative Action taufen sollte.[46] Das offizielle Ziel dieses Politikansatzes, der sich mit Unterstützung beider großer Parteien bis zu Beginn der 1980er Jahre konsolidieren konnte, bestand darin, über eine Verbesserung der Bildungs- und Beschäftigungschancen die Lebenssituation von Afroamerikanern und Angehörigen anderer ethnischer Minoritäten zu verbessern. Damit sollte mitten im Kalten Krieg und in einer Phase, die weltweit von antikolonialen Befreiungsbewegungen gekennzeichnet war, von der Weltmacht USA auch ein deutliches politisches Zeichen gesetzt werden, dass der „amerikanische Traum" von Demokratie, Freiheit und wirtschaftlichem Erfolg nicht nur für Weiße gilt.

Nicht zuletzt bereitete der „Civil Rights Act" von 1964 den Weg für einen weiteren Ausbau der Antidiskriminierungsgesetzgebung in den USA, mit der eine Ausdehnung des Kreises der „zu Schützenden" einherging (vgl. hierzu Tab. 4). So kam es bereits Ende der 1960er Jahre zu einer Aufnahme der Kategorie Alter in die Liste der anerkannten Diskriminierungsgründe, während Menschen mit Behinderungen seit 1973 (und umfassend seit 1990) und Schwangere seit 1978 vor direkten Benachteiligungen auf dem Arbeitsmarkt und in anderen Bereichen des öffentlichen Lebens rechtlich geschützt sind. Auch Menschen, die sich aufgrund ihres Migrationshintergrundes oder eingeschränkter Englischkenntnisse Diskriminierungen auf Ämtern, bei Stellenbewerbungen etc. ausgesetzt sehen, können unter Umständen juristisch dagegen vorgehen. Zu den besonders schutz- und förderungswürdigen „rassischen" Minderheiten zählen die US-Behörden und Gerichte seit den 1970er Jahren neben Afroamerikanern und Native Americans auch Hispanics und eingeschränkt Asiaten.[47]

---

45 „Executive Orders" sind vom Präsidenten erlassene Dekrete, die nach Interpretation des Supreme Court kein neues Recht schaffen dürfen, sondern nur zur Erläuterung bereits bestehender Gesetze oder Verfassungsbestimmungen erlaubt sind. Sie bedürfen keiner Zustimmung des Kongresses, haben aber häufig trotzdem weitreichende materielle und politische Auswirkungen (vgl. Relyea 2008).

46 Affirmative Action tauchte als Begriff erstmals 1935 im „Wagner Act" auf, bezeichnete damals aber noch Maßnahmen zur Bekämpfung von „unfair labor practices". In einer Reihe von Darstellungen wird die Executive Order 10925 von Präsident John F. Kennedy aus dem Jahr 1961 als Startpunkt von Affirmative Action genannt. Deren Regelungen blieben aber ähnlich wie der „Equal Pay Act" von 1963 zur Angleichung der Entlohnung von Frauen und Männern weitgehend wirkungslos, weil sie zunächst fast ausschließlich auf die freiwillige Kooperation der Arbeitgeber setzten (Anderson 2004: 49ff.).

47 Ethnisch-rassische Zuordnungen wie weiß, schwarz, hispanisch, asiatisch-pazifisch oder eingeboren (Eskimos bzw. Indianer) wurden 1974 zum ersten Mal mit dem „Ethnic Heritage Studies Program Act" erhoben, der jedem US-Amerikaner das Recht gab, die eigene ethnische Identität zu bestimmen. Seitdem definiert die staatliche Zensusbehörde all jene Gruppen als

## 5.3 Gleichstellungs- und Antidiskriminierungspolitik: Vorreiter USa 155

Allein Interessenvertretungen von Homo-, Bi- und Transsexuellen warten in den USA bis heute vergeblich auf ein Bundesgesetz, das auch sie vor struktureller Benachteiligung schützen würde. Zum einen kämpfen sie um die landesweite Anerkennung von eingetragenen gleichgeschlechtlichen Partnerschaften und Ehen, die inzwischen in zehn Bundesstaaten möglich und heterosexuellen Verbindungen rechtlich weitgehend gleichgestellt sind (Badgett/Herman 2011: 3). Noch 1996 hat der Kongress mit Verabschiedung des bis heute gültigen „Defense of Marriage Act", der die Ehe ausschließlich als Verbindung von Männern und Frauen definiert, diese Anerkennung explizit verweigert. Es geht aber auch um weiterreichende Diskriminierungsverbote. Entsprechende legislative Initiativen gibt es bereits seit Mitte der 1970er Jahre. Zuletzt wurde im April 2011 ein entsprechender Vorschlag, der „Employment Non-Discrimination Act", in den US-Kongress eingebracht, scheiterte doch bereits im Repräsentantenhaus am Widerstand der konservativen republikanischen Mehrheit. Über ein Drittel aller Einzelstaaten sowie über 100 Kommunen verbieten inzwischen zumindest in der Arbeitswelt eine Ungleichbehandlung aufgrund von sexueller Orientierung bzw. einer spezifischen „gender identity" (vgl. Human Rights Campaign 2011).

*Affirmative Action: Die institutionelle Umsetzung*

Die Bürgerrechtsgesetzgebung aus den 1960er Jahren hat in den USA nicht nur die wesentlichen rechtlichen Grundlagen für eine aktive Antidiskriminierungspolitik geschaffen, sondern auch eine Reihe von Institutionen hervorgebracht, die bis heute für deren Durchsetzung und Sanktionierung zuständig sind. So unterhält fast jede größere Behörde eine Abteilung, die mit Gleichstellungs- und Bürgerrechtsfragen befasst ist. Die beiden wichtigsten nationalen Kontrollinstanzen sind neben der „Civil Rights Division" des Bundesjustizministeriums die unabhängige „Equal Employment Opportunity Commission" (EEOC), deren Leiter(in) direkt vom US-Präsidenten ernannt wird, und das „Office of Federal Contract Compliance Program" (OFCCP) des Bundesministeriums für Arbeit. Zum Aufgabenspektrum der aktuell über 2500 Mitarbeiter der EEOC gehört, ganz allgemein über die Einhaltung der Antidiskriminierungsgesetzgebung im Bereich Beschäftigung zu wachen, Verstöße zu registrieren und Beschwerden von Individuen, Regierungsstellen oder NGOs entgegenzunehmen, zu überprüfen und zwischen streitenden Parteien zu vermitteln. Zudem verfügt die Kommission seit 1972 selbst

---

Minderheiten, die sich nicht zur Kategorie der „single-race, non-Hispanic whites" zählen. Die Einbeziehung von Gruppierungen in Affirmative-Action-Programme, die in den USA selbst nicht Opfer von historischer Diskriminierung waren, sondern erst in den letzten Jahrzehnten eingewandert sind, ist rechtlich und politisch höchst umstritten (vgl. hierzu Graham 2001).

über eine gerichtliche Klagebefugnis. Das OFCCP und seine aktuell etwa 1.000 Angestellten hingegen wachen vor allem über die Umsetzung von Affirmative-Action-Richtlinien, die in den USA im Prinzip alle Unternehmen und Organisationen zu berücksichtigen haben, die Gelder vom Bund oder anderen staatlichen Stellen erhalten. Die Aufgabe besteht nicht in der Unterstützung der individuell von Diskriminierung Betroffenen, sondern darin, systematische Formen der Benachteiligung und Exklusion auf dem Arbeitsmarkt aufzudecken und zurückzudrängen. Affirmative Action spielte in den letzten vier Jahrzehnten vornehmlich in drei Bereichen eine wichtige, wenn auch immer wieder kontrovers Rolle: bei der staatlichen Auftragsvergabe, im öffentlichen Dienst und schließlich bei der Hochschulzulassung.

*Staatliche Auftragsvergabe*

Die mit Bezug auf die Privatwirtschaft folgenreichste Regelung geht auf die Exekutivverordnungen von Präsident Lyndon B. Johnson (11246 und 11375) sowie auf den „Equal Employment Act" von 1972 zurück und lautet: Unternehmen und Organisationen, die von der Bundesregierung Aufträge oder Subventionen erhalten, müssen Angehörige ethnischer, religiöser oder nationaler Minderheiten und Frauen bei gleicher Qualifikation bevorzugt einstellen und fördern, solange bis diese Gruppen im Unternehmen auf allen Ebenen einen Beschäftigtenanteil erreicht haben, der ihrem Anteil an der Arbeitsbevölkerung entspricht. Zu diesem Zweck sind von Seiten der Geschäftsführungen auf die Einzelunternehmen und ihre Lokalitäten zugeschnittene Gleichstellungspläne auszuarbeiten, die unter anderem detaillierte Angaben zur Bewerberlage, zur Zusammensetzung der Belegschaft und zu Einstellungszielen umfassen. Aus ihnen muss außerdem hervorgehen, was konkret unternommen wird, um den Anteil von Frauen und Minderheiten an den Beschäftigten zu erhöhen und ihnen dieselben Aufstiegsmöglichkeiten wie weißen Männern zu bieten. Eine Erfüllung der Anforderungen liegt nach gängiger Rechtsprechung bereits dann vor, wenn die Vertragspartner diesbezüglich gegenüber dem OFCCP ernsthafte Bemühungen nachweisen können. Feste Quoten müssen nicht erreicht werden.[48] Zudem verbieten die staatlichen Vorgaben explizit die Bevorzugung von weniger qualifizierten Arbeitnehmerinnen und Arbeitnehmern aufgrund der „Rasse" oder des Geschlechts (vgl. Rose 1994). Diese Auflagen zu Affirmative Action gelten nur für Betriebe mit mehr als 50 Beschäftigten und einem staatlichen Auftragsvolumen von über $ 50.000. Das betrifft gegen-

---

48 In einigen wenigen Fällen haben Gerichte auf besonders krasse Fälle von Diskriminierung gegenüber Afroamerikanern und Frauen, zum Beispiel im Baugewerbe, mit der Anordnung reagiert, zumindest vorübergehend Quotenregelungen einzuführen (vgl. Harper/Reskin 2005).

## 5.3 Gleichstellungs- und Antidiskriminierungspolitik: Vorreiter USA

wärtig etwa 200.000 Firmen mit etwa 26 Millionen Beschäftigten, was etwa 22 Prozent der berufstätigen Bevölkerung in den USA entspricht (US Department of Labor 2012). Auch wenn nur ein kleiner Teil dieser Betriebe hinsichtlich ihrer Personalpolitik genauer überprüft werden kann, verfügt hier die staatliche Politik doch über eine verhältnismäßig effektive Sanktionsmöglichkeit: Im Falle von groben Verstößen müssen die Firmen neben einer Stornierung der staatlichen Aufträge auch mit hohen Entschädigungsforderungen rechnen (siehe hierzu weiter unten). 1977 legte der US-Kongress im „Public Works and Employment Act" zudem verbindlich fest, dass mindestens zehn Prozent aller Bundesmittel, die für die Finanzierung öffentlicher Vorhaben (Infrastruktur und Dienstleistungen) zur Verfügung stehen, an Firmen im Besitz von Frauen oder Angehörigen ethnischer Minderheiten zu gehen haben. Andere Bundesbehörden haben sich noch strengere Fördervorgaben auferlegt. Und auch auf der subnationalen Ebene wurden vielerorts Vergabequoten bzw. finanzielle Anreizsysteme eingeführt, die die aktive staatliche Unterstützung von Gewerbetreibenden mit Minoritätsstatus zum Ziel haben (vgl. Crosby 2004).

*Öffentlicher Dienst und Hochschulen*

Als recht wirkungsvoll – insbesondere für die Gruppe der Afroamerikaner – hat sich zudem die aktive Gleichstellungspolitik im öffentlichen Dienst erwiesen. Basierend auf Titel VII des „Civil Rights Act" von 1964 und der Executive Order 11478 verfügt jede Bundesbehörde in den USA seit Anfang der 1970er Jahre über ein „Affirmative Program of Equal Employment Opportunity" für alle Mitarbeiter und Stellenbewerberinnen. Diese Programme müssen analog zu den Gleichstellungsplänen staatlicher Auftragnehmer Maßnahmen enthalten, die dafür sorgen, dass Minderheiten und Frauen entsprechend ihrem Bevölkerungsanteil in Verwaltungen, Behörden oder öffentlichen Betrieben beschäftigt werden. In manchen Kommunen und Bundesstaaten sind diese als Folge von zusätzlichen subnationalen Regelungen bis heute sogar überproportional stark in staatlichen Einrichtungen wie der Polizei, der Feuerwehr, der Post oder in kommunalen Behörden vertreten. Für afroamerikanische Männer ist die öffentliche Verwaltung („public administration") der wichtigste und für afroamerikanische Frauen der zweitwichtigste Arbeitgeber. In den Jahren 2008 bis 2010 arbeiteten 21,2 Prozent aller erwerbstätigen Schwarzen in diesem Bereich im Vergleich zu 16,3 Prozent aller Nicht-Schwarzen (Pitts 2011: 1).

Auch an den Hochschulen wurden ab Anfang der 1970er Jahre sukzessive spezielle Förder- und Zulassungspläne eingeführt, um den Anteil von Frauen und „rassischen" Minderheiten an den Lehrenden, vor allem aber an den Studierenden zu erhöhen, wobei die Desegregation der Universitäten in Bezug auf die Studentenschaft nicht zu den expliziten Vorgaben der Bundesgesetzgebung zählte und daher auf „freiwilliger Basis" geschah. Nicht nur waren bis dahin die meisten privaten Elite-Universitäten wie Harvard, Princeton und Yale traditionell fest in weißer (protestantischer) Hand (Bowen/Bok 1998). 1960 betrug der Anteil von schwarzen an allen Studierenden im Norden des Landes gerade einmal zwei Prozent (Coleman 1966: 443). Auch erzwungene Geschlechtersegregation war im Bildungssystem in den USA weit verbreitet, wobei Frauen hier im Vergleich zu Deutschland viel früher zum Universitätsstudium zugelassen waren und lange Zeit auch wesentlich zahlreicher studierten als in Europa.[49] Affirmative Action im Bildungssektor betraf aber auch Grund- und Gesamtschulen. Noch bis Mitte der 1970er Jahre war es – häufig angeordnet durch Gerichte – in manchen Schuldistrikten durchaus üblich, dass schwarze Kinder mit öffentlichen Bussen zu weit entfernten High Schools in weiße Wohngebiete transportiert wurden, um damit ihre Bildungschancen zu erhöhen (vgl. Harper/Reskin 2005: 361).

*Rechtliche und politische Auseinandersetzungen*

In wohl kaum einem anderen Bereich spielen individuelle Beschwerden und Klageverfahren eine ähnlich große Rolle wie bei der Um- und Durchsetzung der Antidiskriminierungs- und Gleichstellungspolitik. Die Verbindlichkeit der Antidiskriminierungsgesetzgebung gerade auf dem Arbeitsmarkt wird in den USA über eine relativ weitreichende Sanktionsandrohung hergestellt. Die vergleichsweise umfangreichen juristischen und institutionellen Regulierungen und ihre hohe Inanspruchnahme sind auch Ausdruck einer starken liberalen Rechtstradition, die Diskriminierungsschutz als unmittelbare Erweiterung eines individuellen Rechtsanspruchs betrachtet (Wahl 1996).

So ist die Zahl der Beschwerden gegen Arbeitgeber seit den 1970er Jahren kontinuierlich gestiegen, was auch für eine größere Sensibilisierung der Öffentlichkeit spricht. Gingen 1966 noch knapp 9.000 Beschwerden bei der „Equal Employment Opportunity Commission" ein, so sind es aktuell fast 100.000, davon 35,9 Prozent mit dem Vorwurf, wegen der Hautfarbe im Berufsleben diskriminiert worden zu sein. 29,1 Prozent bezogen sich auf die Kategorie Geschlecht, 25,2 Pro-

---

49 Die erste Hochschule, die in den USA ab 1837 auch Frauen zuließ, war das Oberlin College. In Deutschland dagegen konnten sich Frauen erst ab 1900 an einer Hochschule immatrikulieren. Eine weitere Besonderheit des ausdifferenzierten Universitätssystems in den USA ist, dass es hier schon recht früh zur Gründung spezieller „Women Colleges" und „Black Colleges" kam. Noch heute gibt es in jedem US-Bundesstaat zahlreiche private Hochschuleinrichtungen, die entweder nur Frauen oder Männer aufnehmen. Die meisten von ihnen haben eine religiöse Ausrichtung und fallen nicht unter die Antidiskriminierungsgesetzgebung.

## 5.3 Gleichstellungs- und Antidiskriminierungspolitik: Vorreiter USA 159

zent auf körperliche Behinderung, 23,3 Prozent auf Alter, der Rest auf nationale Herkunft und Religion (US Equal Employment Opportunity Commission 2012a). Nur ein Bruchteil, nämlich etwa 6 Prozent dieser Beschwerden, landete am Ende vor einem Gericht (American Bar Association 2010). Trotzdem mussten im Jahr 2010 Arbeitgeber im Rahmen von Vergleichen oder anderen Rechtssprüchen Entschädigungen in einer Gesamthöhe von über $ 319 Millionen an Beschäftigte oder abgelehnte Stellenbewerber zahlen (US Equal Employment Opportunity Commission 2012b). Eine besonders große Aufmerksamkeit erhalten dabei immer wieder Sammelklagen wie zuletzt der Versuch, den weltgrößten Einzelhandelskonzern Wal-Mart im Namen von 1,5 Millionen (ehemaligen und aktuellen) Mitarbeiterinnen wegen Benachteiligungen bei der Beförderung und wegen Lohndiskriminierung gegenüber den männlichen Kollegen vor Gericht zu zwingen. Dieses Verfahren wurde jedoch vom Supreme Court der USA vor Kurzem mit der Begründung, es sei „überdimensioniert", gestoppt (Süddeutsche Zeitung, 21.6.2011).

Insgesamt hat die zunehmend restriktive Rechtsprechung der obersten Richter die aktive Antidiskriminierungs- und Gleichstellungspolitik in ihrer Wirkung und Reichweite seit den 1990er Jahren immer wieder eingeschränkt. Dies gilt vor allem für die staatliche Auftragsvergabe, wo es 1989 zu einem negativen Urteil hinsichtlich der Rechtmäßigkeit von sogenannten „Set-Aside"-Programmen für Firmen in Hand von ethnischen Minderheiten kam, und für den Bildungssektor. Hatte der Supreme Court in seinem ersten Grundsatzurteil 1978 (Bakke v. Board of Regents of the University of California) über Affirmative Action an staatlichen Universitäten noch entschieden, dass es „unter gewissen Umständen" durchaus zulässig sei, die Hautfarbe der Bewerberinnen bei der Zulassung zu berücksichtigen, um eine „gemischte Studentenschaft" zu erreichen, legten spätere Urteile den Universitäten bei ihrer Zulassungspolitik engere Fesseln an. Geklagt hatten meist weiße Bewerber beiderlei Geschlechts, die sich durch eine aktive Minderheitenförderung benachteiligt fühlten. Zum Teil wurden diese Verfahren wegen „umgekehrter Diskriminierung" sogar von Regierungsseite aktiv unterstützt. Sowohl Präsident Reagan als auch Bush junior waren explizite Gegner von Affirmative Action. Zuletzt erklärte ein Grundsatzurteil des Supreme Court aus dem Jahr 2003 (Gratz vs. Bollinger), dass spezielle Punktesysteme zur bevorzugten Hochschulzulassung von Angehörigen ethnischer Minoritäten einem Quotensystem gleichkämen und daher rechtswidrig seien (vgl. zur Rechtsprechung Peters/Birkhäuser 2005).

Auch in einer Reihe von Einzelstaaten war der Widerstand gegen aktive Maßnahmen zur Förderung von Minderheiten im öffentlichen Leben erfolgreich. Das Volksbegehren „Proposition 209" in Kalifornien zum Beispiel bedeutete bereits

1996 einen deutlichen Rückschlag für Affirmative Action im öffentlichen Bildungssystem (vgl. Ong 1998). Zwei Jahre später stimmte eine Mehrheit im Bundesstaat Washington in einem Referendum für die Abschaffung von Gleichstellungsprogrammen im öffentlichen Dienst und im Hochschulsektor, 2000 folgte Florida, 2006 Michigan, und in den Jahren darauf kamen auch noch Nebraska, Texas und Arizona hinzu. Seitdem ist dort selbst die gezielte Stipendienvergabe an Studierende mit ethnischem Minoritätenstatus nicht mehr erlaubt (wohl aber für Kriegsveteranen oder für Kinder von Alumni), wobei einige staatliche Hochschulen wie die University of California dieses Verbot damit zu umgehen versuchen, dass sie ihre Förderprogramme zum Teil über private Vereinigungen abwickeln lassen (vgl. Skrentny 2006).

*Tabelle 4:* Chronologie der Anti-Diskriminierungs- und Gleichstellungsgesetzgebung des Bundes

| Gesetze und Ausführungsverordnungen | Inhalt/ ursprüngliche Zielsetzung | zu schützende Gruppe | Geltungsbereich und Hauptadressaten | Instrumente u. institutionelle Begleitung/ Zuständigkeit |
|---|---|---|---|---|
| Executive Order 8802 (1941) | Verbot von direkter Diskriminierung | nationale, religiöse + ethnische Minderheiten | Rüstungsindustrie | individuelle Klagen |
| Executive Order 9981 (1948) | Verbot von direkter Diskriminierung | nationale, religiöse + ethnische Minderheiten | Armee | individuelle Klagen |
| Executive Order 10925 (1961) | aktive Beschäftigungsförderung von unterrepräsentierten Bevölkerungsgruppen | nationale, religiöse + ethnische Minderheiten | öffentlicher Dienst + staatliche subventionierte Unternehmen/ Einrichtungen | freiwillige betriebliche Affirmative-Action-Pläne; zuständig: Commitee on Equal Employment Opportunity (CEEO) |
| Equal Pay Act (1963) | gleiche Bezahlung von Männern und Frauen bei der Ausübung vergleichbarer Tätigkeiten | Frauen | gesamter Arbeitsmarkt (Privatunternehmen, Gewerkschaften, öffentlicher Dienst) | individuelle, Sammel- u. Verbandsklagen; zuständig: Equal Employment Opportunity Commission (EEOC) |
| Civil Rights Act (1964) (Title VII) | Verbot von direkter und indirekter Diskriminierung im öffentlichen Leben | nationale, religiöse + ethnische Minderheiten + Frauen | gesamter Arbeitsmarkt + alle Behörden + öffentlich u. staatlich subventionierten Einrichtungen | individuelle, Sammel- u. Verbandsklagen; institutionalisiertes Sanktions- u. Schlichtungsverfahren; zuständig: EEOC |
| Executive Order 11246 (1965) ergänzt durch Executive Order 11375 (1967) | aktive Beschäftigungsförderung von unterrepräsentierten Bevölkerungsgruppen | nationale, religiöse + ethnische Minderheiten ab 1967: auch Frauen | öffentlicher Dienst + alle staatlichen Auftragnehmer (Non u. For Profit) | verpflichtende betriebliche Affirmative-Action-Pläne; institutionalisiertes Sanktionsverfahren; zuständig: Office of Federal Contract Compliance Program (OFCCP) beim Bundesministerium für Arbeit |

## 5.3 Gleichstellungs- und Antidiskriminierungspolitik: Vorreiter USA 161

| | | | | |
|---|---|---|---|---|
| Age Discrimination in Employment Act (1967) | Verbot der Diskriminierung von älteren Arbeitnehmern | Personen über 40 Jahre | private Unternehmer mit mehr als 20 Beschäftigten; Bundesbehörden, Gewerkschaften | individuelle, Sammel- u. Verbandsklagen; institutionalisiertes Sanktions- und Schlichtungsverfahren; zuständig: EEOC |
| Civil Rights Act (1968) (Title VIII – Fair Housing Act) | Verbot rassistischer Diskriminierung auf dem Wohnungsmarkt | nationale, religiöse + ethnische Minderheiten<br><br>ab 1974: Frauen<br>ab 1988: Behinderte, Familien mit Kindern | private + staatliche Akteure (Individuen + Organisationen) auf dem Wohnungsmarkt | individuelle u. Sammelklagen; institutionalisiertes Sanktions- u. Schlichtungsverfahren; zuständig: Office of Fair Housing and Equal |
| Executive Order 11478 (1969) | Verbot direkter und indirekter Diskriminierung; aktive Beschäftigungsförderung von unterrepräsentierten Bevölkerungsgruppen | nationale, religiöse + ethnische Minderheiten, Frauen, Behinderte, Alte<br><br>ab 1998: Homo- und Bisexuelle | öffentlicher Dienst inklusive Armee und Post | individuelle, Sammel- u. Verbandsklagen; institutionalisiertes Sanktions- und Schlichtungsverfahren; zuständig: EEOC |
| Equal Employment Opportunity Act (1972) | Stärkung der Rechte der EEOC; Ausdehnung des Schutzes auf weitere Bereiche: Bildungseinrichtungen, Gemeinden und Einzelstaaten | nationale, religiöse + ethnische Minderheiten, Geschlecht | gesamter Arbeitsmarkt (Privatunternehmen mit mehr als 15 Angestellten, Gewerkschaften, öffentlicher Dienst) | individuelle, Sammel- u. Verbandsklagen; institutionalisiertes Sanktions- und Schlichtungsverfahren; zuständig: EEOC |
| Rehabilitation Act (1973) (Sections 501 u. 505) | aktive Förderungsmaßnahmen und Verbot von Diskriminierung, Barrierefreiheit | Behinderte | öffentlicher Dienst und Einrichtungen/ Vertragspartner, die öffentliche Gelder, erhalten | individuelle Klagen; institutionalisiertes Sanktions- und Schlichtungsverfahren; zuständig: EEOC |
| Equal Educational Opportunities Act (1974) | aktive Förderung der Gleichstellung von Schüler, Verbot von Maßnahmen, die zur Segregation beitragen | nationale, religiöse + ethnische Minderheiten | öffentliche Schulen und Universitäten | individuelle Klagen; zuständig: Office for Civil Rights |
| Age Discrimination Act (1975) | Verbot von Diskriminierung aufgrund von Alter | Alter (Arbeitnehmer über 40 Jahre) | Einrichtungen, die öffentliche Gelder erhalten, inklusive Schulen und Universitäten | individuelle und Sammelklagen; zuständig: Office for Civil Rights |
| Public Works Employment Act (1977) | Mindestens 10% der Gelder für öffentliche Aufträge müssen an Firmen in Besitz von Minderheiten gehen | nationale, religiöse + ethnische Minderheiten | private Firmen, die öffentliche Aufträge ausführen | zuständig: Minority Business and Development Agency |
| Pregnancy Discrimination Act (1978) | Verbot der Diskriminierung von Schwangeren | Schwangere | gesamter Arbeitsmarkt (Privatunternehmen, Gewerkschaften, öffentlicher Dienst) | individuelle, Sammel- u. Verbandsklagen; institutionalisiertes Sanktions- u. Schlichtungsverfahren; zuständig: EEOC |

| | | | | |
|---|---|---|---|---|
| Immigration Reform and Control Act (1986) | Verbot von Diskriminierung aufgrund von Staatsbürgerschaft oder Herkunft | Migranten bzw. alle, die außerhalb der USA geboren sind | gesamter Arbeitsmarkt (Privatunternehmen, Gewerkschaften, öffentlicher Dienst) | individuelle Klagen; zuständig: Special Counsel for Immigration-Related Unfair Employment Practices |
| Americans with Disabilities Act (1990) (Title I) | Verbot von Diskriminierung aufgrund von Behinderung bei Einstellung, Beschäftigung und Vergütung | Behinderte | gesamter Arbeitsmarkt (Privatunternehmen, Gewerkschaften, öffentlicher Dienst), Betriebsräte, Arbeitsagenturen | individuelle, Sammel- u. Verbandsklagen zuständig: EEOC |
| Older Workers Benefit Protection Act (1990) | Verbot der Benachteiligung älterer Arbeitnehmer bei der Gewährung von Lohnzulagen („fringe benefits") | Arbeitnehmer über 40 Jahre | gesamter Arbeitsmarkt (Privatunternehmen, Gewerkschaften, öffentlicher Dienst) | individuelle, Sammel- u. Verbandsklagen zuständig: EEOC |
| Civil Rights Act (1991) (Sections 102 u. 103) | Stärkung der Rechte von Klägern in Diskriminierungsklagen | nationale, religiöse + ethnische Minderheiten, Frauen, Behinderte, Alte | gesamter Arbeitsmarkt (Privatunternehmen, Gewerkschaften, öffentlicher Dienst) | individuelle, Sammelu. Verbandsklagen; institutionalisiertes Sanktions- u. Schlichtungsverfahren; zuständig: EEOC |
| Executive Order 13166 (2000) | Anweisung, öffentliche Leistungen auch Menschen mit eingeschränkten Englischkenntnissen zugänig zu machen | Menschen mit eingeschränkten Englischkenntnissen | Bundesbehörden und mit öffentlichen Geldern geförderte Einrichtungen | individuelle, Sammel- u. Verbandsklagen zuständig: Bundesministerium der Justiz |
| Notification and Federal Employee Antidiscrimination and Retaliation Act (2002) | Verpflichtung öffentlicher Arbeitgeber, Angestellte über ihre Rechte aufzuklären und mögliche Klagen nicht zu erschweren | nationale, religiöse + ethnische Minderheiten, Frauen, Behinderte, Alte | öffentlicher Dienst | individuelle, Sammelu. Verbandsklagen; institutionalisiertes Sanktions- u. Schlichtungsverfahren; zuständig: EEOC |
| Genetic Information Nondiscrimination Act (2008) | Verbot der Berücksichtigung genetischer Informationen bei Einstellung und Beschäftigung | Menschen mit genetischen Modifikationen und deren Angehörige | gesamter Arbeitsmarkt (Privatunternehmen, Gewerkschaften, öffentlicher Dienst) | individuelle, Sammel- u. Verbandsklagen zuständig: EEOC |
| Lilly Ledbetter Fair Pay Act (2009) | Verlängerung der Verjährungsfrist für Diskriminierungsklagen | nationale, religiöse + ethnische Minderheiten, Frauen | gesamter Arbeitsmarkt (Privatunternehmen, Gewerkschaften, öffentlicher Dienst) | individuelle, Sammelu. Verbandsklagen; institutionalisiertes Sanktions- u. Schlichtungsverfahren; zuständig: EEOC |

Quelle: eigene Zusammenstellung

### 5.3.3 Jüngste Reformen und Ausblick

Der Streit um Affirmative Action oder „positive Diskriminierung", der einst Teil des „Cultural War" in den USA war (Hochschild 2001), ist dort zwar immer noch virulent, hat jedoch in den letzten Jahren – angesichts der mannigfaltigen, von der Wirtschaftskrise ausgelösten Probleme wie Massenarbeitslosigkeit und horrender Staatsverschuldung – in mancher Hinsicht an Bedeutung verloren.

Für die beiden großen Parteien und ihre politischen Kandidaten handelt es sich zudem um ein Thema, mit dem sich zurzeit kaum Mehrheiten gewinnen lassen. Die Demokraten, Erfinder und Hauptunterstützer einer aktiven Gleichstellungspolitik, sind mit der Tatsache konfrontiert, dass ein wachsender Teil der Bevölkerung und nicht nur Weiße – so zeigen es zumindest die diversen Volksbegehren in der Vergangenheit – einer gezielten Förderung von ethnischen Minoritäten anscheinend zunehmend skeptisch gegenübersteht. Zwar haben die meisten demokratischen Politiker in den letzten Jahren immer wieder versucht, direkte Angriffe auf Errungenschaften der Bürgerrechtsbewegung abzuwehren, aber wenig getan, um die Gleichstellungspolitik und die damit verbundenen Instrumente zu stärken oder an gesellschaftliche Veränderungen anzupassen. Republikaner wiederum vermeiden es aktuell, sich direkt für die bundesweite Abschaffung von Affirmative Action starkzumachen, da dies für ihre liberalen Gegner eine Steilvorlage wäre, um sie als bürgerrechtsfeindlich oder rassistisch bloßzustellen. Man kann davon ausgehen, dass den meisten US-Amerikanern die Vorstellung missfallen würde, eine Bundesregierung zu unterstützen, die ganz offen gegen Afroamerikaner oder bestimmte Einwanderergruppen zu Felde zieht. Deshalb fanden der Abbau und die schrittweise Schwächung der ursprünglich vom Bund initiierten Gleichstellungs- und Antidiskriminierungspolitik bislang vor allem über die Gerichte oder über Volksabstimmungen auf der subnationalen Ebene statt. Ernst zu nehmende Reformvorschläge zu Affirmative Action liegen im US-Kongress zurzeit nicht vor.

Während in Justiz und in der Bevölkerung aktive Gleichstellungspolitik inzwischen einen schweren Stand hat, treten angesehene Konzerne, darunter Microsoft, Texaco und General Motors, sowie Führungskreise des US-Militärs für den Erhalt einer aktiven Minderheitenförderung in den USA ein. Häufig wird diese jedoch nicht mehr Affirmative Action genannt, sondern firmiert unterdessen unter dem Label „diversity management". Dabei handelt es um ein Konzept, das ursprünglich aus der Unternehmensführung stammt und davon ausgeht, dass eine möglichst große Vielfalt unter den Mitarbeitern zum Vorteil und Gewinn aller Beteiligten – des Konzerns, der Kunden und der Beschäftigten selbst – genutzt werden kann, ganz nach dem wirtschaftsliberalen Motto: „Diversity is good business" (Anderson 2004: 277).

Was die verschiedenen Effekte und Errungenschaften von Affirmative Action betrifft, sind viele Aspekte seltsamerweise noch unerforscht (vgl. Hochschild 2001). Hinsichtlich einer Entwicklung sind sich die meisten Experten jedoch einig, nämlich dahingehend, dass hiermit viele Studien- und Ausbildungsgänge, Berufe, Branchen und Institutionen, die bis weit in die 1970er Jahre hinein wie fast selbstverständlich weißen Männern vorbehalten waren, auch für andere Bevölkerungsgruppen geöffnet wurden (vgl. Holzer/Neuman 2006; Harris 2009). Während in der Folge in den USA eine nicht unbedeutende afroamerikanische und hispanische Mittelschicht heranwachsen konnte, ist die Einkommenskluft zwischen schwarzen und nichtschwarzen Familien in den letzten Jahren nach einer graduellen Annäherung allerdings wieder deutlich größer geworden. Auch bezogen auf das Schulsystem hat es einen deutlichen Rückschritt gegeben. Anfang des 21. Jahrhunderts war ein Großteil der Schulbezirke in den USA wieder stärker ethnisch segregiert als noch Mitte der 1980er Jahre, mit entsprechenden Problemen (besonders schlechte finanzielle Ausstattung und Lernbedingungen) an den öffentlichen Schulen, die überproportional stark von afroamerikanischen und hispanischen Kindern besucht werden (Frankenberg/Lee 2002).

Studien zu den Folgen der Schwächung von Affirmative Action im Hochschulsektor sind bislang zu keinen eindeutigen Ergebnissen gelangt. Für die Elite-Universitäten gilt wohl, dass sich insgesamt weniger Schüler aus unterrepräsentierten Minderheitengruppen überhaupt erst bewerben, aber auch an den beliebtesten öffentlichen Universitäten – so das Ergebnis einer Untersuchung – sei die Zahl der schwarzen und hispanischen Studenten in Bundesstaaten ohne Affirmative Action zwischen 1995 und 2003 um fast 30 Prozent gesunken. Andere Autoren behaupten dagegen, dass sich die Zusammensetzung der Studierenden nicht zum Nachteil von Minderheiten verändert habe (vgl. Burns 2011). Inzwischen ist in einigen Bundesstaaten das Pendel schon wieder zugunsten von Affirmative Action umgeschlagen. So kam es zum Beispiel in Michigan im Sommer 2011 zu einer gerichtlichen Aufhebung des fünf Jahre zuvor von einer großen Mehrheit unterstützten Volksbegehrens gegen die Minderheitenförderung an den Universitäten (Los Angeles Times, 1.7.2011).

Die besten Gründe, sich für die Beibehaltung von Gleichstellungsmaßnahmen einzusetzen, hätten in den USA ganz eindeutig bildungs- und karriereorientierte Frauen. Es sind diversen Untersuchungen zufolge nämlich Frauen aus allen ethnischen Gruppen, die am meisten materiell von Affirmative Action profitiert haben (vgl. Harris 2009). Zwischen 1970 und 2000 ist in den USA der weibliche Anteil an allen Staatsanwälten, Professoren, Ärzten und Spitzenmanagern von weniger als 5 Prozent auf ein Drittel angestiegen (Anderson 2004: 279). Auch bei der Einkommensdifferenz zwischen berufstätigen Männern und Frauen schneiden die Vereinigten Staaten seit geraumer Zeit eindeutig besser ab als Deutschland. 2010 verdienten Frauen in den USA durchschnittlich 19 Prozent weniger als Männer, in Deutschland betrug die Differenz 23 Prozent (OECD 2010). Ein Großteil des weiterhin bestehenden „wage gaps" zwischen den Geschlechtern hat vor allem mit der Tatsache zu tun, dass auch in den USA weiterhin deutlich mehr Frauen als Männer für die Kinderbetreuung zuständig sind und sich Fürsorgepflichten offensichtlich immer noch negativ auf die Berufs- und Karriereaussichten auswirken (Holzer/Neumark 2006: 468). Mit welchen Mitteln der Staat in den USA dieser Form von struktureller Benachteiligung entgegenwirkt, damit beschäftigt sich in diesem Band das Kapitel zur Familienpolitik (vgl. Kap. 5.2).

## 5.4 Bildungspolitik: „Education is life itself"[50]

Aus sozialpolitischer Sicht besteht die herausragende Relevanz des Bildungssektors und von Bildungspolitik, verstanden als die staatliche Finanzierung, Steuerung und Regulierung des Schul- und Ausbildungswesens, in ihrem Potenzial zur Umverteilung von Lebenschancen und zur Nivellierung von bestehenden sozialen Ungleichheiten (vgl. Kaufmann 2001: 972). Da Bildungsabschlüsse und Berufsqualifikationen in modernen Erwerbsgesellschaften neben Vermögen und anderen Faktoren wie soziale Beziehungen und Netzwerke einen entscheidenden Einfluss auf das (spätere) Einkommen von Individuen und deren Familien haben, ist eine zentrale Herausforderung von staatlicher Politik, möglichst vielen Kindern, Jugendlichen, aber auch Erwachsenen einen weitreichenden Zugang zu Bildung und Weiterqualifizierung zu eröffnen und diesen Zugang möglichst gerecht zu gestalten.

War es in Deutschland lange Zeit eher üblich, in sozial- oder wohlfahrtsstaatlichen Betrachtungen den Bereich der Bildungspolitik auszusparen, muss er bei einem Überblick zur Sozialpolitik in den USA mit an erster Stelle stehen. Manche Experten, die in der Bildungsförderung den Kern amerikanischer Sozialpolitik sehen, haben gezeigt, wie aufgrund der vergleichsweise frühen Demokratisierung des Landes Bildung als Instrument des sozialen Aufstiegs hier schon von Beginn an den Stellenwert eines öffentlichen Gutes und allgemein anerkannten Bürgerrechts innehatte (vgl. Heidenheimer 1981; Skocpol 1992). Nicht nur na-

---

50 Dewey 1938.

men die USA bis weit ins 20. Jahrhundert hinein im internationalen Vergleich eine Vorreiterrolle bei der Expansion des modernen Bildungswesens ein. Noch heute kommt hier dem Bereich „education" unter allen sozialen Diensten sowohl in Bezug auf die finanzielle als auch die ideologische Dimension eine besondere Bedeutung zu, und dies obwohl in der US-Verfassung dem Bund keinerlei Kompetenzen in den Bereichen Bildung und Erziehung eingeräumt sind.

Entsprechend der starken liberalen Tradition und der damit verbundenen Vorstellung von sozialer Gerechtigkeit als Chancen- und weniger als Ergebnisgleichheit erwartet man von staatlichen Stellen hier in erster Linie, all seinen Bürgern eine solide und kostenlose Schulausbildung zur Verfügung zu stellen und somit für eine Gleichheit der Startchancen zu sorgen. Ein für alle – unabhängig von ethnischer und sozialer Herkunft sowie sonstigen Statusunterschieden – offenes und egalitäres Bildungssystem mit entsprechend umfassenden Aufstiegsmöglichkeiten gehört zum Selbstverständnis der US-Gesellschaft. Der besondere amerikanische Bildungsenthusiasmus kommt nicht zuletzt darin zum Ausdruck, dass in den USA zum Beispiel wesentlich mehr junge Menschen als in Deutschland einen möglichst hohen Abschluss anstreben. Gerade für die Mittelschichten gehört ein College- oder Universitätsstudium zum „American Dream" und einem erfolgreichen Leben dazu. Es existiert, so die Einschätzung eines renommierten Sozialforschers, unter US-Amerikanern fast schon eine religiöse Zuversicht hinsichtlich der Wirksamkeit und Zweckmäßigkeit einer Hochschulausbildung für jedermann (Trow 1997: 157). Nach dem Motto: Je gebildeter jeder Einzelne, desto zivilisierter und erfolgreicher die gesamte Gesellschaft.

Allerdings war das gesamte US-amerikanische Bildungssystem – von der Vor- bis zur Hochschule – schon immer von dem Spannungsverhältnis zwischen dem demokratischen Anspruch gesellschaftlicher Teilhabe und Chancengleichheit und dem Ziel der Leistungsoptimierung geprägt, ein Konflikt, der sich im Zuge der Globalisierung und des Bedeutungszuwachses von internationalen Testverfahren und Qualitätsvergleichen wie PISA („Program for International Student Assessment") in den letzten Jahrzehnten noch einmal verschärft hat. Zu dieser Auseinandersetzung zählt auch der von staatlicher Politik in den USA von jeher geförderte Wettbewerb im Bildungssektor zwischen öffentlichen und privaten Einrichtungen. Während die Vorschul- und Schulausbildung in den USA (weiterhin) hauptsächlich in öffentlicher Hand liegt, spielen private Universitäten, die häufig als gemeinnützige Stiftungen organisiert sind, in den Vereinigten Staaten traditionell eine wesentlich wichtigere Rolle als in den meisten westeuropäischen Ländern. Dies wie der ausgesprochen dezentrale Charakter des Bildungswesens in den USA spiegelt sich auch in der Struktur der Ausgaben wider: 2012 entfie-

## 5.4 Bildungspolitik: „Education is life itself"

len von den staatlichen Gesamtausgaben von $ 941 Milliarden für Bildungszwecke lediglich 153,1 Milliarden auf den Bund und 247,2 Milliarden auf die Einzelstaaten, während die Kommunen für den eindeutig größten Teil, nämlich 643,7 Milliarden, aufkamen (GPO 2012). 59 Prozent aller staatlichen Bildungsausgaben fließen in die Finanzierung des Primar- und Sekundarschulwesens und 41 Prozent in den tertiären bzw. den universitären Bereich (National Center for Educational Statistics 2010). Berücksichtigt man auch noch die privaten Aufwendungen für Bildung und vergleicht dann die Ausgabenstruktur in den USA mit der in anderen westlichen Staaten, so wird erneut ein typisches Kennzeichen US-amerikanischer Sozialpolitik deutlich, nämlich die herausragende Bedeutung nichtstaatlicher Leistungen: Lagen die USA bei den öffentlichen Bildungsausgaben nur ganz leicht über dem OECD-Durchschnitt (5,4 gegenüber 5,2 Prozent des BIP), so fielen die privaten Bildungsausgaben mit 2,1 Prozent des Bruttoinlandsprodukts dreimal so hoch aus wie der OECD-Durchschnitt von 0,7 Prozent (OECD 2006: 205). Hierfür ist vor allem der Hochschulsektor mit seinen schon immer relativ hohen Kosten und Studiengebühren verantwortlich, die seit den 1980er Jahren sowohl an den privaten als auch den öffentlichen Universitäten noch einmal drastisch angestiegen sind. Allerdings stehen die vergleichsweise hohen Investitionen in die Bildung in den USA auch in direkter Korrelation zu den vergleichsweise geringen sozialstaatlichen Leistungen in anderen Bereichen. Bildung und Bildungsgerechtigkeit, so schreiben Hochschild und Scovronick (2004) in ihrer eindrücklichen und klugen Verteidigung des öffentlichen Schulwesens in den USA gegen Privatisierungstendenzen, seien die amerikanische Antwort auf den europäischen Wohlfahrtsstaat gewesen und dürften daher von staatlicher Seite nicht aufgegeben bzw. vernachlässigt werden.

### 5.4.1 Historische Entwicklung

Versucht man die Geschichte des Bildungswesens nachzuzeichnen, stößt man noch stärker als bei anderen Feldern US-amerikanischer Sozialpolitik auf den Umstand erheblicher geographischer Varianz und auf eine besondere Vielfalt der beteiligten Akteure. So basiert die Jahrhunderte alte Tradition des Volksbildungswesens in den USA zum Beispiel auf ganz unterschiedlichen religiösen Denominationen und Sekten sowie lokalen Interessen und Subkulturen (vgl. Church u. a. 1976; Cresmin 1977). Dabei spielte die nationalstaatliche Ebene bis weit in das 20. Jahrhundert hinein fast überhaupt keine Rolle. Erst seit den 1960er Jahren beteiligt sich Washington überhaupt direkt an der Finanzierung des bis heute lokal verwalteten öffentlichen Schulsystems. Und erst seit 1979 gibt es überhaupt ein Bildungsministerium des Bundes.

Trotzdem lassen sich auch bei der Herausbildung des Schul- und Universitätswesens in den USA grob drei historische Phasen identifizieren (vgl. Busemeyer 2007; Stone 2009): In der Ersten – von der Kolonialzeit (1620–1776) bis zum Ende des Bürgerkrieges (1861–1865) – haben sich die Grundstrukturen des heutigen Bildungssystems graduell herausgebildet. In der Zweiten – von der Progressiven Ära (1870–1910) bis Mitte des 20. Jahrhunderts – kam es zu einer massiven Expansion des sekundären und tertiären Bildungssektors, insbesondere in den sich rasch ausbreitenden urbanen Regionen. Diese Phase reichte bis in die 1970er Jahre hinein und war maßgeblich von den Kämpfen der schwarzen Bürgerrechtsbewegung für die Desegregation der Schulen und Universitäten vor allem, aber nicht nur in den Südstaaten geprägt. Die dritte Entwicklungsphase, die bis heute anhält, steht sowohl unter der Maßgabe, Qualität und Leistungen des US-amerikanischen Bildungssystems zu verbessern und die zum Teil extremen regionalen Disparitäten bei den Bildungschancen zu minimieren, als auch unter dem Diktum, die ständig steigenden Bildungsausgaben und Kosten in den Griff zu bekommen.

*Erste Phase: Kolonialzeit bis Ende des Bürgerkrieges*

Die USA entwickelten sich neben Preußen lange vor den meisten europäischen Ländern zu einer Pioniernation in Bezug auf den Ausbau des allgemeinen Bildungswesens (Garfinkel u. a. 2010: 107). So geht die Etablierung der ersten Grund-, aber auch Hochschulen auf das 17. und frühe 18. Jahrhundert zurück (Cremin 1970). Bereits 30 Jahre nach der Gründung der ersten Kolonie in Massachusetts (1620) wurden alle neuen Ansiedlungen dazu angehalten, einen Lehrer anzustellen. Und 1787 verfügte der Kontinentalkongress, dass jede Stadt ein Grundstück für eine Schule zu reservieren hatte. Es waren zumeist Kirchengemeinden, die in den USA die ersten Colleges und Universitäten gründeten, um Pfarrer und Seelsorger auszubilden, darunter die spätere Harvard University (Gründungsjahr 1636) sowie die Yale University (Gründungsjahr 1701). Es folgten zahlreiche andere College-Gründungen, primär mit religiösem Hintergrund, die nur wenig mit den Hochschulen von heute gemein haben. Sie waren zumeist relativ klein und boten nur ein begrenztes Spektrum an Fächern an, darunter Sprachen (Griechisch und Latein), Geometrie, Geschichte, Logik, Ethik und Rhetorik. 1821 eröffnete dann in Boston die erste staatliche Universität, finanziert über regionale und lokale Steuermittel (Herbst 1996).

Auch das Grundschulsystem war zu Beginn fast ausschließlich privat organisiert und profitierte von der Konkurrenz der zahlreichen religiösen Gemeinschaften und Weltanschauungen sowie dem Wunsch, die vielen neuen Migran-

## 5.4 Bildungspolitik: „Education is life itself"

ten in die Gesellschaft zu integrieren. Bereits seit der Gründung der Republik aus dem Geist der Aufklärung wurde einem allgemein zugänglichen und durchlässigen Schul- und Bildungswesen in den USA eine zentrale Bedeutung für die politische Zukunft der freiheitlichen und demokratischen Selbstregierung zugewiesen: Nur mit einer möglichst großen Anzahl gebildeter Bürger, die ihre konstitutionellen Rechte und Handlungsmöglichkeiten effektiv wahrzunehmen wissen, so zum Beispiel die Ansicht von Thomas Jefferson, würde es möglich sein, ein republikanisches Regierungssystem auf Dauer zu konsolidieren (vgl. Boyer 1990). Auch das Potenzial schulischer Bildung zur Egalisierung von sozialen Unterschieden wurde von Beginn an als wesentlich für den Erhalt der Republik betrachtet (vgl. Wolfe 2003).

Nachdem bereits 1821 die ersten privaten Schulen in staatliche umgewandelt worden waren und 1844 ein Gericht in Vermont das Recht eines jeden Bürgers auf den Besuch einer Schule bestätigt hatte, führten die ersten Bundesstaaten ab den 1850er Jahren dann eine allgemeine Schulpflicht ein. Eine wichtige Rolle spielte hierbei der Politiker und Jurist Horace Mann (1796–1859), manchmal auch der „amerikanische Humboldt" genannt, der Mitte des 19. Jahrhunderts in den Neuenglandstaaten die „Common School Movement" anführte, die sich später nach Ende des Bürgerkrieges auch auf den Westen und Süden ausbreiten sollte. Ihre Grundidee war, jedem Kind unabhängig von seiner sozialen Herkunft eine solide Schulausbildung zukommen zu lassen, was man in einer zunehmend von Klassengegensätzen und ethnisch-kulturellen Konflikten gekennzeichneten Gesellschaft explizit auch als ein politisches Instrument ansah, um sozioökonomische Privilegien zu nivellieren, Einwandererkinder im Sinne des „e pluribus unum" zu assimilieren und so die soziale Stabilität und Kohäsion der US-Gesellschaft zu sichern (Spring 2001: 103 ff.). Ein Meilenstein auf dem Entwicklungsweg hin zu einem staatlich gesteuerten und finanzierten öffentlichen Schulsystem in den USA war sicherlich eine Entscheidung des Verfassungsgerichts von Massachusetts aus dem Jahr 1868, aus der sich die Definition einer „public school" herauslesen lässt: Demnach musste eine öffentliche Schule erstens aus allgemeinen Steuermitteln finanziert sein, zweitens den Unterricht allen Kindern kostenlos zur Verfügung stellen und drittens unter der Kontrolle von gewählten lokalen Gremien stehen (Jorgensen 1987: 7). Insbesondere die letzte Vorgabe, die später zur bundesweiten Etablierung der demokratisch legitimierten Institution der „school boards" (Schulräte) führte, entwickelte sich zum zentralen Abgrenzungskriterium gegenüber den Privatschulen (Busemeyer 2007: 65).

Bereits 1870 zählten die Vereinigten Staaten zu den wenigen Nationen in der damaligen Welt, in denen es landesweit ein System öffentlicher und gebührenfreier Grund- und Sekundarschulen gab mit einer Schulpflicht bis zum 16. Lebensjahr und einer Analphabetenquote von weniger als 20 Prozent der Bevölkerung (Heidenheimer 1981: 296). Dabei kam es jedoch nicht zur Herausbildung eines staatlichen Bildungsmonopols wie in Deutschland, da Kirchen und andere private Träger weiterhin im Bildungswesen aktiv blieben (vgl. hierzu weiter unten). Zudem war die Zahl der Studierenden in den USA zu diesem Zeitpunkt bereits doppelt so hoch wie in Deutschland (Alber 2009: Abb. 2a). Auch bei der Integration von Mädchen und Frauen nahmen die USA eine eindeutige Vorreiterrolle ein. Erstmalig wurden Frauen im Jahr 1837 am Oberlin College zu einem Studium zugelassen, zu einem Zeitpunkt, als den meisten ihrer Geschlechtsgenossinnen in Westeuropa ein Universitätsbesuch noch gesetzlich verboten war. 1880 machten Mädchen in den USA bereits 60 Prozent aller High-School-Absolventen aus, während im Sekundarbereich in Schweden weniger als 10 Prozent aller Schüler weiblich waren und in Deutschland nur etwa 30 Prozent (ebd.: Abb. 3).

*Zweite Phase: Progressive Ära bis 1960er Jahre*

Die beeindruckende Ausweitung der Schüler- und Studierendenzahlen am Ende des 19. Jahrhunderts, die relativ schnell zu einer Universalisierung zuerst der Primar- und dann der Sekundarbildung in den USA führte, ging nicht zuletzt auf die Bemühungen der „Progressiven Bewegung" zurück (vgl. hierzu Kap. 4), die mehrheitlich von den Mittelschichten getragen wurde und am stärksten in den Großstädten des Landes war. In den ländlichen Regionen sollte es noch etwa zehn Jahre länger dauern, bis man Kinder überall zur Schule schickte. In der „Progressive Era" wurde Bildung erstmals auch systematisch aus einer wissenschaftlichen Perspektive heraus betrachtet. An der Spitze der damaligen Schulreformbewegung stand der Philosoph und Pädagoge John Dewey (1859–1952), der in seinen zahlreichen Publikationen auf die Bedeutung der Bildung für die Demokratie verwiesen hatte. Kinder sollten ihm zufolge Demokratie als gesellschaftliche Lebensform auf individueller Ebene so früh wie möglich erfahren, woraus er die Forderung ableitete, neue Methoden in den Schulunterricht einzuführen und Demokratie in der sozialen Organisation von Schule und Unterricht zu verankern, um nicht nur Wissen zu vermitteln, sondern die Kinder auch zu guten Staatsbürgern zu erziehen. Damit reagierten die bürgerlichen Sozialreformer dieser Zeit auch auf die Herausforderungen, die mit der zunehmenden Proletarisierung der Gesellschaft und der hohen Einwanderung verbunden waren. So kam dem Schulsystem immer mehr auch die Aufgabe zu, die wachsende Anzahl von Immigranten mit dem „American way of life", zentralen Grundwerten sowie ihren Bürgerrechten und -pflichten vertraut zu machen (Smith 2001).

## 5.4 Bildungspolitik: „Education is life itself"

Es kam in dieser Phase darüber hinaus zu einem deutlichen Professionalisierungsschub im Schulsystem, was zu einer gewissen Standardisierung der Lehrpläne und der Lehrerausbildung beitrug und auch Einfluss auf die architektonische Gestaltung der Schulen nahm (Plank/Peterson 1983). Dabei fungierten einige Reform- und Laborschulen als Experimentierfeld (Cohen/Mohl 1979). Mit diesem Prozess veränderte sich auch die Funktion der sekundären Schulausbildung. Fungierten die High Schools bis weit in die zweite Hälfte des 19. Jahrhunderts hinein noch primär als Instanz zur Vorbereitung auf ein College-Studium, entwickelten sie sich zu Beginn des 20. Jahrhunderts immer mehr zu einem eigenständigen Element des öffentlichen Schulsystems. Damit verbunden war auch eine weitere Ausweitung ihrer Schülerzahl, die sich zwischen 1890 und 1920 in etwa verzehnfachte (Goldin/Katz 1999). High-School-Absolventen fanden von nun an immer häufiger eine Beschäftigung als Angestellte oder im öffentlichen Dienst (vgl. Krug 1964; Church 1976). Dieser institutionelle Wandel sowie eine stärkere Übernahme von staatsbürgerlichen „Sozialisationsfunktionen" haben maßgeblich dazu beigetragen, dass es im Bereich der Primar- und Sekundärbildung nach und nach zu einer Verdrängung von privaten durch öffentliche Bildungseinrichtungen kam (Busemeyer 2007: 59 f.).

Im tertiären Bildungssektor wurden die privaten Universitäten zwar auch immer mehr durch öffentliche Einrichtungen ergänzt, konnten sich aber im zunehmenden Wettbewerb um Ressourcen und Studenten aufgrund ihrer besonderen Reputation und Leistungsangebote sowie indirekter staatlicher Förderung durch den Ausbau eines Stipendiensystems behaupten. Zu Beginn des 20. Jahrhunderts existierten in den USA noch weniger als 1.000 Universitäten mit rund 160.000 Studenten. 1926 entschied ein Gericht in Washington, dass der Besuch eines Colleges inzwischen zu einer beruflichen und gesellschaftlichen Notwendigkeit geworden sei, die jedem Bürger zustehe (Brubacher/Willis 1997: 28; Busemeyer 2007: 61). Und immer mehr US-Amerikaner wollten von diesem Recht Gebrauch machen.

Die vielfältige und ausdifferenzierte Universitätslandschaft, die heute noch das US-amerikanische Bildungssystem auszeichnet, entwickelte sich vor allem in der ersten Hälfte des 20. Jahrhunderts, als es zu einer massiven Ausweitung des Angebots und der Nachfrage nach einer weiterführenden und wissenschaftlichen Ausbildung kam. Hierzu gehörte die Gründung von zusätzlichen und bis heute äußerst renommierten privaten Universitäten wie Johns Hopkins, Stanford, Carnegie Mellon, Vanderbilt und Duke, die alle nach ihren wohlhabenden Stiftern benannt sind (Veysey 1965). Zudem nutzten immer mehr Einzelstaaten Fördermittel des Bundes, um sogenannte Land Grant Colleges zu gründen, die sich auf Studiengänge im Bereich Agrarwirtschaft und Ingenieurwesen konzentrierten (darunter die Michigan State University und Kansas State University). Viele der hier ausgebildeten Ingenieure spielten eine ganz wichtige Rolle bei der rasanten technologischen Entwicklung und Erschließung der Landwirtschaft, der den massiven Prozess der Urbanisierung erst ermöglichte (Marcus 2005). Hinzu kamen als ein zentrales Element des US-amerikanischen Hochschulwesens: die Etablierung des Typus der „Research University", manchmal auch „American University" genannt, wobei diese Hochschulen Lehre und Forschung im Sinne der Bildungsideale der Humboldt-Universität des 19. Jahrhunderts mit den Anforderungen einer modernen Industriegesellschaft kongenial zu verbinden wussten (Veysey 1965).

Das im Vergleich zu Deutschland und anderen westeuropäische Ländern äußerst breite und zum Teil auch unübersichtliche Angebot an Universitäten und Studiengängen in den USA geht ferner auf ein Bundesgesetz zurück, das der US-Kongress 1943 verabschiedet hat, die sogenannte GI Bill (Nassaw 1979; Ravitch 1983; Mettler 2005). Damit unterstützte der Bund mit einem massiven finanziellen Aufwand die Aus- oder Weiterbildung aller Soldaten, die im Zweiten Weltkrieg gekämpft hatten, und die ihrer Angehörigen. Der Staat übernahm unter anderem bis zu 80 Prozent der für ein Studium anfallenden Gebühren und Kosten und zahlte zusätzlich einen Beitrag zum Lebensunterhalt. Das Motiv war weniger, die Soldaten für ihren „vaterländischen" Einsatz zu belohnen, als vielmehr eine drohende Massenarbeitslosigkeit unter den Kriegsheimkehrern abzuwenden. Insgesamt war diese Ausbildungsförderung, die man später auch auf Veteranen des Korea- und Vietnamkrieges übertrug, äußerst erfolgreich: So hatten bis 1955 bereits mehr als zwei Millionen Kriegsveteranen mithilfe der GI Bill ein Studium aufgenommen. Viele von ihnen kamen aus ärmeren Verhältnissen und hätten ohne dieses Gesetz wahrscheinlich nie die Chance erhalten, eine Universität zu besuchen (Mettler 2005). Der Anteil ehemaliger Soldaten an der Studentenschaft lag in den 1950er Jahren ganze zehn Prozent höher als der von Zivilisten. Insgesamt hat diese staatliche Maßnahme die Einstellung innerhalb der US-Bevölkerung in Bezug auf die Bedeutung einer Universitäts- oder Fachhochschulausbildung im positiven Sinne geprägt. Ein Studium galt nicht mehr länger als ein Privileg der besonders Begabten und Wohlhabenden, sondern als etwas, was auch dem „kleinen Mann" zugutekommt.

Konnten von der GI Bill insbesondere weiße Männer und deren Familien profitieren (vgl. Katznelson 2005: 133 ff.), stieg nach dem Zweiten Weltkrieg auch die Zahl der weiblichen Studierenden sichtbar an. 1950 waren bereits 24 Prozent aller Hochschulabsolventen in den USA Frauen (National Center for Education Statistics 1993: 65). Weitgehend ausgeschlossen vom Zugang zu einem der mo-

## 5.4 Bildungspolitik: „Education is life itself"

dernsten und besten Bildungssysteme der Welt blieb dagegen bis weit in die 1960er Jahre hinein die Bevölkerungsgruppe der Afroamerikaner. Zwar hatte die Politik auch in den Südstaaten nach Ende des Bürgerkrieges für den Ausbau eines öffentlichen Schulsystems gesorgt, dies war jedoch bis auf ganz wenige Ausnahmen genauso wie das Hochschulwesen rassistisch segregiert. Die Einrichtungen, die Afroamerikaner und andere „People of Color" besuchen durften, litten unter chronischer Unterfinanzierung und besonders schlechter Ausstattung. Zwar konnte aufgrund einer Alphabetisierungskampagne und der Ausbildung von immer mehr schwarzen Lehrern (1.000 im Jahr 1900) etwa die Hälfte aller Afroamerikaner zur Jahrhundertwende lesen und schreiben (Anderson 1999: 158 ff.). Der Anteil, der an einer der extra für Schwarze gegründeten Universitäten studieren konnte, war dagegen jedoch verschwindend gering.

Die vielfältigen Versuche, juristisch gegen die Rassentrennung im Bildungswesen und anderen öffentlichen Bereichen vorzugehen, waren im 19. Jahrhundert alle gescheitert. Der Supreme Court hatte noch 1896 in seinem berühmt-berüchtigten Urteil im Fall Plessy v. Ferguson (1896) die Doktrin des „separate but equal" gestärkt. Dies bedeutete, dass getrennte Einrichtungen und Leistungen für Schwarze und Weiße, solange diese in ihren Leistungen ähnlich waren, nach Ansicht der obersten Richter der USA nicht gegen den Gleichheitsgrundsatz der Verfassung verstießen. Somit blieb den Afroamerikanern und ihren vielfältigen zivilgesellschaftlichen Organisationen und Gemeinden im Süden nichts anderes übrig, als ihre eigene Infrastruktur auszubauen. So trugen private Mittel und Spenden, unter anderem ein Fonds des Chicagoer Geschäftsmanns und Mitgründers der Warenhauskette Sears, Julius Rosenwald, maßgeblich dazu bei, dass bis zum Zweiten Weltkrieg mehr als 5.000 neue Schulen für Schwarze im Süden der USA entstanden (ebd.).

Erst 1954 gelang es der „National Association for the Advancement of Colored People", einer der wichtigsten Bürgerrechtsorganisationen in den USA, den Obersten Gerichtshof dazu zu drängen, in einem weiteren historischen Grundsatzurteil (Brown v. Board of Education) die Zwangssegregation, die bis dahin noch in 17 Bundesstaaten offiziell praktiziert wurde, als verfassungswidrig zu verurteilen. Bis heute stehen Schulbildung und Bildungsgerechtigkeit im Fokus politischer Auseinandersetzungen hinsichtlich der Chancengleichheit von Schwarzen und Migranten: „Since at least Brown v. Board of Education", so die rückblickende Einschätzung des Politikwissenschaftlers Alan Wolfe (2003: 41): „Schooling has been at the center of the way Americans think about racial equality." Anfang und Mitte der 1960er Jahre sollten in den USA noch weitere wegweisende Gerichtsurteile und Bürgerrechtsgesetze folgen, die schließlich ein Diskriminierungsverbot und später sogar eine aktive Gleichstellungspolitik gegenüber Schwarzen und anderen „disadvantaged groups" in den USA nach sich zogen (vgl. hierzu Kap. 5.3). Bis es zu einer praktischen Umsetzung kam und sich die Bildungsinstitutionen im ganzen Land tatsächlich auch gegenüber Afroamerikanern und anderen Minderheiten öffneten, vergingen jedoch noch viele Jahre. Zum Teil musste die Bildungsintegration von schwarzen Schülern und Studenten mit Staatsgewalt durchgesetzt werden. Bekanntestes Beispiel ist der militante Widerstand in der Hauptstadt des Bundesstaates Arkansas, Little Rock, wo 1957 – drei Jahre nach der offiziellen Aufhebung der Rassentrennung – die Nationalgarde antreten musste, um neun afroamerikanischen Schülern den Besuch einer ehemals rein weißen High School zu ermöglichen.

Hatte sich die Bundesregierung für eine Desegregation und Demokratisierung des Schulwesens starkgemacht, kam es im Kontext der Sozialreformen der Great Society zu weiteren Initiativen, mit denen die Bildungschancen gerade von benachteiligten Bevölkerungsgruppen gefördert werden sollten. Vorausgegangen war die Veröffentlichung des Coleman-Reports (1966), dessen Autor Soziologe an der Universität in Chicago war und den Einfluss verschiedener Faktoren auf den Bildungserfolg von Schülern untersucht hatte (vgl. Hanushek 1998). Er kam zu dem Schluss, dass vor allem der sozioökonomische Status der Familie für die schulischen Leistungen der Kinder verantwortlich ist. Auch weitere Studien verwiesen auf den „class bias" des US-amerikanischen Schulsystems und zeigten, dass Afroamerikaner aus der Mittelschicht im Laufe der 1960er und 1970er Jahre durchaus erhebliche Fortschritte bei den Bildungsabschlüssen vorweisen konnten, während Kinder aus ärmeren Schichten weiterhin deutlich hinterherhinkten. Erwähnenswert sind in diesem Zusammenhang sowohl der „Higher Education Act" von 1965 als auch der der „Elementary and Secondary Education Act" aus demselben Jahr. Das erste Gesetz etablierte bundesweite Stipendien für College- und Universitätsstudenten, darunter das Pell-Grant-Programm für Kinder aus einkommensschwachen Familien, und stellte zusätzlich zinsgünstige Bildungskredite sowohl für den Besuch öffentlicher als auch privater Hochschulen bereit (vgl. Mettler 2011: 69 ff.). Zudem steckte der Bund zum ersten Mal in der Geschichte in größerem Umfang Gelder in die Infrastruktur und finanzierte bzw. bezuschusste den Bau von neuen Hochschulgebäuden, Sporthallen und besseren Bibliotheken. Das zweite Gesetz bot die Grundlage für weitere Interventionen des Bundes in die Primar- und Sekundarbildung, die bis zu diesem Zeitpunkt allein die Angelegenheit der Einzelstaaten, Kommunen und der jeweiligen Schulbezirke und ihrer „school boards" gewesen war. So gewährt Washington seitdem regelmäßig Zuschüsse zur Finanzierung öffentlicher Schulen, die die Subventionen der Lan-

## 5.4 Bildungspolitik: „Education is life itself"

desregierungen ergänzen und deren Höhe sich nach den Einkommens- und Armutsquoten der einzelnen Bezirke richtet (Bernstein 1994: 202 ff.). Zuvor hing die Finanzierung der öffentlichen Grund- und Gesamtschulen fast ausschließlich von dem lokalen Grundsteueraufkommen („property tax") ab, wodurch sich extreme Unterschiede bei der finanziellen Ausstattung ergaben. Noch in den 1980er Jahren variierten die Mittel, die an einer High School pro Schüler zur Verfügung standen, zwischen $ 2.000 in armen Innenstadtquartieren und $ 20.000 in wohlhabenden Vorortgegenden und Kleinstädten, wobei die Spenden und Zuwendungen reicher Eltern an die Schulen ihrer Kinder noch nicht einmal einberechnet sind (Kozol 1992).

Verbunden mit der finanziellen Einmischung des Bundes war ferner die Einführung umfassender Evaluationsprogramme, die zum ersten Mal anhand des Förderprogramms „Head Start" erprobt wurden (vgl. Lind 2009). Das Projekt „Head Start", das man 1965 im Zuge des „Krieges gegen die Armut" geschaffen hatte und das heute in stark veränderter Form noch immer existiert, sollte Kinder aus armen Familien in mehrwöchigen Kursen besser auf den Schulstart vorbereiten. Heute bietet es Drei- bis Fünfjährigen und deren „bildungsfernen" Eltern eine Vielfalt von staatlichen Fördermaßnahmen an, um die späteren Schulleistungen positiv zu beeinflussen. „Head Start" stellte somit nicht nur die erste größere Bildungsoffensive der Bundesregierung im 20. Jahrhundert dar, sondern auch eine der ersten sozialpolitischen Maßnahmen in den USA, deren Ergebnisse systematisch evaluiert und veröffentlicht wurden, um den Einsatz der staatlichen Mittel zu legitimieren. Auf der Grundlage des „Elementary and Secondary Education Act" von 1965 folgten in den kommenden Jahrzehnten noch zwei weitere Großreformen des Bundes im Bildungsbereich: das „Nation-at-Risk"-Programm der Reagan-Administration in den 1980er Jahren und das Gesetzespaket „No Child Left Behind" von 2001.

*Reformbestrebungen seit den 1980er Jahren*

In den 1980er und 1990er Jahren kam es in vielen Bundesstaaten zunächst zu einer Reihe von Gerichtsurteilen, die alle darauf abzielten, eine gewisse Angleichung bei der materiellen Schulausstattung zu erreichen (vgl. Wong 1999), aber auch nicht verhindern konnten, dass es weiterhin einen unmittelbaren Zusammenhang zwischen dem Wohlstand und den Grundstückspreisen in einem Bezirk und den Ressourcen und der Leistungsfähigkeit der dort angesiedelten öffentlichen Schulen gibt. Reichere Bezirke können trotz einer zunehmenden Mischfinanzierung des öffentlichen Schulsystems (90 Prozent stammen jeweils zur Hälfte aus lokalen und regionalen Steuermitteln, etwa 10 Prozent vom Bund; Alber 2009:

5 f.) den Lehrern weiterhin bessere Gehälter bezahlen, sich kleinere Klassengrößen leisten sowie bessere Unterrichtsmaterialien und Räumlichkeiten zur Verfügung stellen. 1991 bemängelte etwa der Oberste Gerichtshof von New Jersey, dass die 45 reichsten Schulbezirke im Staat 40 Prozent mehr ausgaben für ihre Schüler als die 28 ärmsten (Friehs 2001: 24). Ein Jahr später zogen hispanische und afroamerikanische Eltern vor Gericht, um den „Los Angeles Unified School District" zu verklagen, mit der Begründung, dass ihre Kinder in den Innenstadtquartieren von weniger qualifizierten Lehrern unterrichtet würden als die in den reicheren Vorstädten (ebd.: 26 ff.). Dementsprechend blieben auch nach Ende der großen sozialpolitischen Reformära in den 1960er Jahren ungleiche Bildungschancen und ungleiche Schulleistungen sowie deren Ursachen das Dauerthema der US-amerikanischen Bildungsdebatte.

Ansätze zur Verbesserung des US-amerikanischen Schulsystems, die seitdem initiiert wurden, basieren auf der Grundlage von drei verschiedenen Strategien: erstens der Implementierung von Mechanismen des freien Marktes im Schulsystem, zweitens der Reprivatisierung des öffentlichen Bildungswesens sowie drittens einer stärkeren Standardisierung der Schülerleistungen, aber auch der Aus- und -fortbildung von Lehrern (vgl. Maloney/Mayer 2009). Bereits in den 1980er Jahren, als die von der Reagan-Regierung in Auftrag gegebene Studie zum Zustand des amerikanischen Bildungswesens unter dem Titel „A Nation at Risk" (1983) erschien, häuften sich alarmierende Berichte über den verheerenden Zustands des amerikanischen Bildungswesens. Es hieß, es produziere immer mehr Schulabbrecher und junge Menschen, die trotz Abschlusses kaum lesen und schreiben könnten. Damals wurde die Zahl der Analphabeten in den USA auf 23 Millionen Erwachsene und 17 Prozent der Jugendlichen geschätzt (National Center for Education Statistics 2012). Das entsprach in der Hochzeit des Kalten Krieges einer nationalen Schande und galt als ein „Sicherheitsrisiko", das unbedingt einzudämmen war.

Zu den umstrittensten bildungspolitischen Reformkonzepten seit der Reagan-Ära gehört das der „school choice", das all jene Ansätze umfasst, die darauf abzielen, die Wahlmöglichkeiten aller Eltern bei der Auswahl einer geeigneten Elementar- oder Sekundarschule zu vergrößern: entweder dadurch, dass die verbindliche gesetzliche Zuweisung ihrer Kinder an eine staatliche Schule in ihrem Wohnbezirk aufgehoben wird oder sie unabhängig von ihrem Einkommen durch Bildungsgutscheine („school vouchers") oder Steuergutschriften in die Lage versetzt werden, die Schulgebühren auch für Privatschulen aufzubringen. Teil dieses Konzepts ist darüber hinaus der Ausbau von sogenannten Charter Schools, die weiterhin öffentliche Mittel vom Bund und den Einzelstaaten erhalten, aber ansonsten weitgehend befreit sind von gesetzlichen Regulierungen und über eine

## 5.4 Bildungspolitik: „Education is life itself"

weitreichende Autonomie bei der Auswahl ihrer Schüler verfügen (vgl. Cortina/ Frey 2009). Minnesota war der erste Bundesstaat in den USA, der 1991 ein Gesetz zur Förderung solcher Vertragsschulen erließ; heute sind es mehr als 40 Staaten, die über entsprechende Ausnahmeregelungen verfügen.

1997 führte die Bundesregierung unter Präsident Bill Clinton dann mit dem „Tax Payer Relief Act" auch noch Steuervergünstigungen für private Bildungsinvestitionen ein. Dieses neue Instrument kommt in erster Linie den oberen Einkommensschichten zugute und stärkt kommerzielle Bildungsanbieter, weil mit höheren Gebühren auch die steuerlichen Abschreibungsmöglichkeiten ansteigen (McKeon-Moak 2001: 12). Gegner dieses Konzepts einer umfassenden „school choice" in den Lehrergewerkschaften, der Demokratischen Partei oder diversen Bürgerrechtsorganisationen kritisieren allerdings vehement diese Privatisierungs- und Individualisierungstendenzen, weil sie in ihnen eine ernsthafte Bedrohung für die Einheit stiftende und egalitär ausgerichtete Institution der „Public Education" als konstitutive Säule der US-amerikanischen Demokratie sehen.

Die Reformdebatte um die Krise des öffentlichen Schulsystems in den USA kulminierte dann unter der Präsidentschaft von George W. Bush 2001 schließlich in der Verabschiedung des „No Child Left Behind Act" (NCLB), der von beiden politischen Parteien eine große Unterstützung erfuhr. Mit diesem Gesetz sollte die Qualität der öffentlichen Schulen in den USA, die schon lange ihre internationale Vorreiterrolle verloren hatten, durch die Setzung von Leistungsstandards erhöht werden. Alle Schulen, die weiterhin Zuschüsse des Bundes erhalten wollten, mussten von nun an jedes Jahr diverse Vergleichstests durchführen, die jährlich etwa $ 2 bis 3 Milliarden verschlingen (Bracey 2005), und für eine Weiterqualifizierung ihrer Lehrer sorgen. Das Gesetz verlangt von den Schulen unter anderem, dass ihre Schüler „angemessene jährliche Fortschritte" in den Fächern Mathematik und Englisch nachweisen können, mit dem Ziel, dass im Jahr 2013/14 dann 100 Prozent aller US-Schüler in diesen Bereichen über befriedigende Kenntnisse verfügen sollen, was viele Bildungsforscher für eine vollkommen unrealistische Zielsetzung halten (vgl. Linn 2008). Um dieser jedoch Nachdruck zu verleihen, kann das Bundesministerium für Bildung weitreichende Auflagen und auch Strafen verhängen, falls eine Schule bei einem der Tests durchfällt (vgl. Bracey 2005: 7). Werden zwei Jahre hintereinander die vorgegebenen Standards und Leistungsverbesserungen nicht erreicht, verliert die Schule ihre Bundeszuschüsse und muss es ihren Schülern erlauben, an eine andere Einrichtung zu wechseln und die staatlichen Fördermittel, die ihnen zustehen, dorthin mitzunehmen. Bei einem erneuten Versagen muss eine Schule zusätzlichen Unterricht anbieten, wozu sie meist teure Dienste von privaten Anbietern in Anspruch nehmen muss. Am Ende steht die Drohung, eine öffentliche Schule ganz aufzulösen oder zu privatisieren, wenn sie fünfmal hintereinander die Vorgaben verfehlt. Damit hat sich der Bund, der sich bis in die 1960er Jahre hinein fast vollständig aus dem Primar- und Sekundärschulwesen herausgehalten hatte, seinen Einfluss auf die Schulpolitik in den USA enorm ausgeweitet. Manche Landesregierungen haben gegen die Implementierung der Vorgaben geklagt, wenn auch im Großen und Ganzen erfolglos. Die auf unterschiedlichen Ebenen geäußerte Kritik an dem Ansatz von „No Child Left Behind" lässt sich wie folgt zusammenfassen: Generell hätten die Neuregelungen das Problem der generellen Unterfinanzierung des öffentlichen Schulsystems und der ungleichen Verteilung von Ressourcen in den USA noch weiter verschärft; sie hätten zudem zu einer Bestrafung derjenigen Schulen beigetragen, die von Anfang an schlechtere Ausgangsbedingungen wie eine besonders heterogene und risikobehaftete Schülerschaft hätten, und zudem ginge die einseitige Fokussierung auf fragwürdige Testergebnisse zulasten der professionellen Kompetenzen der Lehrer und der pädagogischen Dimensionen des Schulunterrichts.

### 5.4.2 Aktuelle Strukturen des Bildungswesens

Zu Beginn des 21. Jahrhunderts besuchten trotz aller Reformbestrebungen und gesetzlichen Veränderungen seit den 1980er Jahren weiterhin 86 Prozent aller Schüler in den USA die kostenlosen öffentlichen Schulen, die über eine Kombination aus lokalen Steuereinnahmen und staatlichen Zuschüssen der Einzelstaaten und des Bundes finanziert werden (vgl. Maloney/Mayer 2009: 331 ff.). Etwa zwölf Prozent aller Schüler verteilen sich auf die verschiedenen Privatschulen, die sich zu einem Großteil über die von Eltern zu errichtenden Gebühren tragen. Deren Höhe variiert abhängig von deren geographischen Lage, ihrem Leistungsangebot und den damit zusammenhängenden Kosten und davon, wie viele Mittel die Schulen von dritten Stellen einwerben können. Im Gegensatz zu öffentlichen sind die Privatschulen frei bei der Auswahl ihrer Schüler und können daher häufig kleinere Klassen anbieten. Vier von fünf Privatschulen stehen in enger Verbindung zu religiösen Institutionen. Es gibt außerdem eine kleine, aber steigende Zahl von Eltern, die ihre Kinder zu Hause selbst unterrichten. Etwa zwei Prozent aller Kinder im schulpflichtigen Alter in den USA erhalten „home-schooling".

Die Vereinigten Staaten haben kein national einheitliches Schulsystem, aber die Bundesregierung erlässt eine Reihe von Richtlinien und vergibt Zuschüsse an öffentliche und manchmal auch an private Schulen, die spätestens seit Einführung der No-Child-Left-Behind-Gesetzgebung auch mit klaren Auflagen ver-

## 5.4 Bildungspolitik: „Education is life itself"

knüpft sind. Das Wichtigste ist in den jeweiligen Schulgesetzen der 50 Bundesstaaten geregelt, in denen eine Schulpflicht bis zum Alter von 16 oder 18 Jahren festgelegt ist. So ist gewährleistet, dass jedes Kind in den USA eine zwölfjährige Schulbildung erhält. Traditionell gehören hierzu die Klasse K (Kindergarten) bis Klasse 6 in der „Elementary School" (Grundschule). In einigen Bundesstaaten verbringen die Schüler die Klassenstufen 7 bis 9 auf einer „Middle School" oder „Junior High School". Die weiterführende Schule, die „High School", die überall als Einheits- und in der Regel auch Ganztagsschule konzipiert ist, schließt dann mit den Klassen 9 bis 12 bzw. 10 bis 12 an.

Die Aufnahme in eine Schule richtet sich in erster Linie nach dem Wohnort. Am Ende einer erfolgreichen Schullaufbahn steht das „High School Diploma". Zwar gibt es auch bei den weiterführenden Schulen in den USA gewisse Formen der Binnendifferenzierung und damit der Selektierung, zum Beispiel durch sogenannte Magnet Schools, die eine inhaltliche Spezialisierung aufweisen. Diese hat jedoch bei weitem nicht die schicksalhafte Bedeutung wie die Entscheidung im deutschen Bildungswesen, ob ein Kind im Anschluss an die Grundschule eine Hauptschule oder das Gymnasium besucht. Kinder mit besonderem Betreuungsbedarf (zum Beispiel einer körperlichen oder geistigen Behinderung) sind in der Regel auf allgemeinen Schulen und erhalten dort eine spezielle Förderung. Charakteristisch für das Bildungssystem der USA ist zudem eine erhebliche Breitenförderung sowohl künstlerischer, sportlicher oder wissenschaftlicher Begabungen, die außerhalb des eigentlichen Unterrichts stattfindet.

Im Jahr 2010 waren rund 3,8 Millionen Lehrer in den USA an 132.656 öffentlichen, privaten und Vertragsschulen (Charter Schools) beschäftigt, die in die Zuständigkeit von 15.000 Schulbezirken fielen und wo sie über 55 Millionen Schüler unterrichteten (National Center for Education Statistics 2010). Die vor Ort aus den Reihen der Gemeindemitglieder in der Regel alle zwei Jahre gewählten Schulräte („school boards"), die vielen politisch ambitionierten US-Amerikanern häufig als erste Sprosse auf der Karriereleiter dienen, verfügen in vielerlei Hinsicht über weitreichende Entscheidungsbefugnisse. Sie legen zum Beispiel die Höhe der lokalen Schulsteuern fest, stellen Lehr- und Verwaltungspersonal ein und entscheiden zum Teil auch über Lehrpläne. Hiermit kommt den kommunal organisierten Eltern und anderen lokalen Interessengruppen in den USA im Vergleich zu anderen Industrieländern ein sehr direkter und umfassender Einfluss auf das Schulsystem zu.

Nach einer Studie der Stanford University (CREDO 2009) hat der Ausbau der staatlichen, aber autonomeren „Charter Schools" seit den 1990er Jahren (ihre Zahl beläuft sich aktuell auf etwa 5.000) die Leistungsqualität des öffentlichen

Schulsystems in den USA nicht, wie von der Politik erhofft, wesentlich erhöht. Nur 17 Prozent der untersuchten Vertragsschulen schnitten demnach besser ab als die herkömmlichen staatlichen Schulen. Vergleicht man das Leistungsniveau des US-Schulsystems mithilfe der PISA-Untersuchungen mit anderen G8-Nationen, so liegen die Vereinigten Staaten bei den Lesefähigkeiten weiter hinter Kanada und Japan und etwa gleichauf mit Deutschland, Großbritannien und Frankreich; bei den Mathematikkenntnissen rangieren die US-Schüler allerdings deutlich hinter Japan, Kanada, Deutschland und Frankreich (National Center for Education Statistics 2011). Ferner ist auch von den Privatschulen in den USA, die zumeist konfessionell gebunden sind, kein größerer Leistungsschub oder Reformimpuls für die nächsten Jahre zu erwarten. Sie erfüllen im Primar- und Sekundarbereich der Bildung in den USA weiterhin eher eine Nischenfunktion, von denen eine unter anderem darin besteht, ihre Schüler auf den Besuch von ausgewählten, meist besonders prestigeträchtigen Eliteuniversitäten vorzubereiten (vgl. Cortina/Frey 2009).

*Das Universitätssystem*

US-amerikanische Schüler werden zum ersten Mal mit weitreichenden Folgen für ihre spätere Erwerbsbiographie bei der Zulassung zum Hochschulstudium selektiert (Lenhardt 2006). Zu studieren ist in den USA allerdings weiterhin viel beliebter als in einer Reihe von anderen Nationen. Nach Angaben des „National Center for Education Statistics" (2011: 50) verfügen hier über 40 Prozent aller Erwachsenen (zwischen 25 und 64 Jahren) über einen Hochschulabschluss, während es in Deutschland lediglich 25 Prozent sind.

Grundsätzlich berechtigt der Erwerb eines High-School-Abschlusses in Verbindung mit erfolgreich absolvierten Aufnahmeprüfungen sowie Empfehlungsschreiben in den USA zum Studium an einer tertiären Bildungseinrichtung, die man allgemein mit dem Begriff College umschreibt. Desto besser der Ruf, desto strikter sind jedoch die Zulassungsbedingungen. Häufig zählen neben den akademischen Qualitäten und Leistungen der Studienbewerber auch noch bürgerschaftliches Engagement oder Eigenschaften wie eine besondere Sportlichkeit oder Musikalität. Ein typisches US-amerikanisches College bietet in der Regel einen Fächermix aus Natur-, Sozial- und Humanwissenschaften an. Das Studium, an deren Ende ein Bachelor-Abschluss steht, dauert offiziell vier Jahre. Früher machten die sogenannten Liberal Arts Colleges, die zunächst in den ersten Jahren ein breit angelegtes Studium vorsahen und erst in der zweiten Hälfte eine fachliche Spezialisierung, den Kern des amerikanischen Hochschulwesens aus. Es gibt allerdings auch zweijährige Junior Colleges sowie Community Colleges, wobei die Letzteren vor allem auf technische und semiprofessionelle Berufe vor-

## 5.4 Bildungspolitik: „Education is life itself"

bereiten oder dazu da sind, Schulabgänger für ein reguläres Studium fit zu machen (vgl. Kolonikova 2009). Die Bezeichnung Universität ist in den USA meist solchen Einrichtungen vorbehalten, die aus einer „Undergraduate School" (vierjähriges College) und einer „Graduate School" bestehen, wo Master-Abschlüsse und meist auch Promotionen (Abschluss des Doctor of Philosophy oder auch Ph.D.) erworben werden können. Momentan existieren in den USA annähernd 4.500 akkreditierte Colleges und Universitäten. Wie im Schulbereich dominiert auch hier der staatliche über den privaten Sektor. Rund 80 Prozent der etwa 18 Millionen Studierenden sind an öffentlichen Universitäten eingeschrieben.

Die Attraktivität sowie die Studiengebühren der Hochschulen hängen vor allem von dem jeweiligen wissenschaftlichen Rang, der Vielseitigkeit des Studienangebots, den Forschungsmöglichkeiten und den Angeboten des Campuslebens ab. Bei den vierjährigen Colleges besteht meist Residenzpflicht. Jedes College bzw. jede Universität ist im Zuge des umfassenden Wettbewerbs um ein unverwechselbares Profil bemüht. Auffällig ist, wie stark sich die Studiengebühren in den letzten Jahrzehnten erhöht haben. Lagen die Kosten für Studiengebühren und ein Zimmer in einem Studentenwohnheim zu Beginn der 1980er Jahre noch bei jährlich durchschnittlich $ 7.759, so mussten Studierenden 2010 und 2011 hierfür bereits $ 18.133 aufwenden. Dabei unterscheiden sich die Gebühren ganz erheblich zwischen öffentlichen und privaten Universitäten, was unter anderem darauf zurückzuführen ist, dass die öffentlichen Hochschulen von den Einzelstaaten in unterschiedlichem Umfang bezuschusst werden. 2010/2011 kostete das Studium an einer öffentlichen Universität im Schnitt $ 13.297, während eine private Universität durchschnittlich $ 31.102 verlangte (National Center for Education Statistics 2012). Bei besonders begehrten und vornehmen Privathochschulen sind es bis zu $ 50.000. Dass bei solchen Kosten die Aufnahme eines Studiums für immer mehr junge Menschen eine fast unüberwindbare Hürde darstellt, liegt auf der Hand. Allerdings schicken die unteren und mittleren Einkommensgruppen in den USA ihre Kinder zu fast 90 Prozent an die Hochschuleinrichtungen auf der untersten Stufe der Hierarchie, die sich bestenfalls auf dem Niveau von Berufsakademien befinden (Hartmann 2005). Lediglich 15 Prozent aller Schulabgänger studieren an einer der 125 renommierten „Research Universities" (Kohl 2006: 3).

Im Unterschied zum sogenannten K-12-System (dem Primar- und Sekundarbereich der Bildung) fließen in den USA (mit der Ausnahme von Militärakademien) keine Bundesmittel direkt in die Finanzierung der universitären Einrichtungen. Dafür bietet der Bund aber zusammen mit den Landesregierungen, Stiftungen und den Hochschulen selbst unterschiedliche Darlehens- und Stipendienprogramme für Studierende an. Dieses System ist im internationalen Vergleich recht gut ausgebaut. Dabei richteten sich die nationalen Programme in der Vergangenheit hauptsächlich an Studenten, die aus weitgehend mittellosen Familien stammen, erst in den letzten Jahren wurden auch verstärkt Mittelschichtskinder in die Förderung einbezogen. Aktuell entfallen 62 Prozent aller Bundeshilfen für Studierende auf staatlich garantierte bzw. subventionierte Kredite und 23 Prozent auf Stipendien, 15 kommen in Form von Steuervergünstigungen (New American Foundation 2012). Das größte Stipendienprogramm zur Finanzierung eines Hochschulstudiums, das es in den USA bereits seit Mitte der 1960er Jahre gibt, heißt „Pell Grants", gefolgt von den „Supplemental Education Opportunity Grants". 2006 kamen noch die „Academic Competitiveness Grants" und die „SMART Grants" hinzu, die neben dem Kriterium der Bedürftigkeit auch noch akademische Leistungen berücksichtigen. Im Antragsjahr 2009/2010 erhielten rund acht Millionen Studierende finanzielle Unterstützung aus Stipendienprogrammen des Bundes in einem Gesamtumfang von fast $ 30 Milliarden. Die Stipendienhöhe reichte von minimal $ 976 bis zu einem Maximum von $ 5.350 im Jahr (US Departement of Education 2011). Im selben Jahr wurden neue Studienkredite im Wert von insgesamt $ 115,6 Milliarden vergeben. Dabei betrugen die durchschnittlichen, aus der Kreditaufnahme für ein Studium resultierenden Schulden in den USA rund $ 27.000 (Sheets u. a. 2012: ?)

Diese Zahlen müssen jedoch zu den besonders hohen Bildungsprämien eines Hochschulstudiums in den USA ins Verhältnis gesetzt werden. So erzielten männliche Arbeitnehmer in Vollzeitbeschäftigung mit einem Bachelor-Abschluss rund 58 Prozent mehr Gehalt als solche, die lediglich über einen allgemeinen Schulabschluss verfügen. Bei Frauen lieg die Differenz sogar bei 61 Prozent. Allerdings muss hierbei auch der weiterhin bestehende Gender-Pay-Gap mitberücksichtigt werden. Bei vergleichbaren Bildungsabschlüssen liegen die Gehälter der Frauen in etwa ein Drittel unter denen der Männer (vgl. National Center for Education Statistics 2011). Gerade in liberalen Wohlfahrtssystemen, in denen der Arbeitsmarkt im Zentrum der Wohlfahrtsproduktion steht, unterstützt Bildungspolitik somit die „anonyme Sozialpolitik des Marktmechanismus" (Rosenberg 1967: 217) und muss daher als zentrale Verteilungsinstanz von Lebenschancen begriffen werden. Der rudimentär ausgebaute Schutz gegen soziale Risiken verstärkt die Bedeutung der Bildung dann noch einmal zusätzlich (Busemeyer 2007: 71).

*5.4.3 Jüngste Reformen und Ausblick*

Bildungspolitik spielte auch in der ersten Amtszeit der Obama-Regierung eine zentrale Rolle. Im Zuge des „American Recovery and Reinvestment Act" von 2009, der in den vergangenen drei Jahren insgesamt $ 772 Milliarden in die Wirtschaft

## 5.4 Bildungspolitik: „Education is life itself"

und die Sozialsysteme der USA gepumpt hat (Recovery.gov 2012), flossen auch zusätzliche Mittel in Höhe von rund $ 90 Milliarden in das Bildungswesen. Der Großteil ($ 53,6 Mrd.) entfiel dabei auf den „State Fiscal Stabilization Fund", mit dem der Bund zusätzliche Mittel für das öffentliche Schulsystem zur Verfügung stellte. Rund $ 16 Milliarden gehen auf Steuererleichterungen für Studierende zurück, und rund $ 24 Milliarden wurden in die Förderung von Kindern mit Behinderungen oder Lernschwächen gesteckt.

Im Mai 2011 kündigte Obama zudem ein weiteres Programm zur Verbesserung der Schulausbildung an („Race to the Top-Early Learning Initiative"), mit dem die Einzelstaaten finanzielle Anreize erhalten, die Qualität der Grundschulausbildung zu steigern. Die Einzelstaaten konkurrieren im Rahmen dieses Programms um Zuweisungen des Bundes, da dieser nur die besten und innovativsten Konzepte mit Zusatzmitteln honoriert. Mit dem „Health Care and Education Reconcialiation Act" von 2010 erhielt dann auch noch das Pell-Grants-Programm eine massive Aufstockung um $ 40 Milliarden. Zugleich beschloss man, die monatlichen Rückzahlungsraten der Studiendarlehen auf zehn Prozent des späteren Einkommens zu deckeln. Hintergrund dieser Maßnahme ist, dass nach Schätzungen der Federal Reserve Bank of New York zurzeit etwa ein Viertel aller mit Darlehen geförderten Universitätsabsolventen in den USA den Rückzahlungsforderungen nicht mehr nachkommen kann (Brown u. a. 2012). Finanziert werden soll diese Umstellung durch Kürzungen bei der steuerlichen Subventionierung von Finanzinstituten. Vor der Reform hatte der Bund diesen Steuervergünstigungen gewährt, wenn diese Studierenden zinsgünstige Kredite zur Verfügung stellten. Diese Unterstützung der Banken, die in den kommenden zehn Jahren den Bund rund $ 60 Milliarden gekostet hätte, soll nun direkt an die Studierenden gehen.

Insgesamt hat das Zutrauen in die Leistungsfähigkeit des amerikanischen Schul- und Hochschulwesens, das lange Zeit als absolute Weltklasse und als Garant für soziale Mobilität galt, in den USA in den letzten Jahren deutlich nachgelassen. Während die unmittelbare Krise der „Higher Education" darin gesehen wird, dass viele der derzeitigen Hochschulabsolventen erhebliche Schwierigkeiten haben, auf dem Arbeitsmarkt eine angemessene Anstellung zu finden, besteht die mittel- und langfristige Bedrohung darin, dass der einst demokratische Anspruch des amerikanischen Bildungswesens verlorengehen könnte. So beklagen immer mehr Experten, dass sich das Hochschulsystem in den USA inzwischen zu einem machtvollen Mechanismus zur Reproduktion von sozialer Ungleichheit und zur Verfestigung von Klassenhierarchien und -privilegien entwickelt habe (vgl. Edsall 2012). Fast drei Viertel aller Studierenden, die heute in den USA eine der besseren Universitäten besuchen, stammen aus Familien, die der obersten Einkommensgruppe zuzurechnen sind, während nur drei Prozent aus ärmeren Verhältnissen kommen. Immer mehr Arbeiterkinder, die von ihren akademischen Leistungen her früher ganz selbstverständlich studiert hätten, würden sich heute gegen einen Hochabschluss entscheiden (ebd.).

So ist es auch nicht verwunderlich, dass die Zahl derjenigen, die stattdessen ein zweijähriges und mehr praxisorientiertes Fachhochschulstudium an einem der über 1.000 öffentlichen Community Colleges absolvieren, seit Beginn der Finanzkrise überproportional stark zugenommen hat, darunter ein besonders hoher Anteil von Afroamerikanern und Hispanics (National Center for Public Policy and Higher Education 2011). Im Zusammenhang mit der Hochschulkrise und dem Problem, dass immer mehr junge Menschen die High School in den USA mit ungenügenden Grundkenntnissen für die Berufspraxis verlassen und daraufhin in Dead-End-Jobs in der Dienstleistungsindustrie landen, wird auch hier immer häufiger das Konzept der dualen Ausbildung aus Deutschland diskutiert. Eine jahrelange Lehre mit begleitender Berufsschule und staatlich anerkannten Abschlüssen in den unterschiedlichen Berufszweigen gibt es in den USA bislang nicht und böte die Möglichkeit, die Schüler praxisnäher auf die Bedingungen des Arbeitsmarkts vorzubereiten.

## 5.5 Wohnungspolitik: Der amerikanische Traum vom Eigenheim

Obwohl Wohnen ein Grundbedürfnis von Menschen ist, wurde Wohnungspolitik in der komparativen Wohlfahrtsstaatsforschung und sozialpolitischen Diskussion lange Zeit eher vernachlässigt. Mit wohnungspolitischen Maßnahmen können verschiedene, zum Teil auch widerstreitende Absichten und Interessen verfolgt werden: angefangen vom allgemeinen Mieterschutz, der Vermeidung von sozialräumlicher Segregation über ökologische Zielsetzungen wie Energieeinsparung bis hin zur Eigentumsförderung auf der Grundlage vermögenspolitischer Überlegungen. Da privatwirtschaftlich organisierte Immobilien- und Wohnungsmärkte Einkommensschwache deutlich benachteiligen und häufig sogar vollständig ausschließen, zählt man in Westeuropa die Unterstützung derjenigen Personen und Haushalte, die sich aus eigenen Mitteln keine angemessene Unterbringung leisten können, zu den wesentlichen Aufgaben staatlicher Wohnungspolitik.

Auch in den USA existiert ein komplexes Hilfssystem auf Bundes- und subnationaler Ebene für Zielgruppen mit spezifischen Bedürfnissen und Problemen auf dem Wohnungsmarkt wie Alte, Kranke, bedürftige Familien mit Kindern oder etwa Kriegsveteranen. Darüber hinaus bieten zahlreiche öffentliche, aber vor allem private und kirchliche Einrichtungen von Obdachlosigkeit Betroffenen oder

## 5.5 Wohnungspolitik: Der amerikanische Traum vom Eigenheim

Bedrohten neben temporären Unterkünften verschiedene soziale Dienste an. Gemessen am Ausmaß der Wohnungsnot in den USA werden hierfür jedoch relativ wenig staatliche Gelder und Ressourcen eingesetzt. Weder gibt es ein Anrecht auf Wohngeld („rental assistance") für Bedürftige, noch stellt der Staat selbst in ausreichendem Umfang preisgünstigen Wohnraum bereit. Seit Ende der 1970er Jahre ist der Bestand an Sozialwohnungen („public housing"), der in einigen Großstädten des Nordens in der Nachkriegsentwicklung durchaus einmal eine wichtige Rolle in der kommunalen Daseinsvorsorge spielte, durch Umwandlung und Abriss gezielt dezimiert worden.

Als zentrales Leitbild der nationalen Wohnungspolitik in den Vereinigten Staaten hat sich hingegen weitgehend unumstritten die „ownership society" durchgesetzt – die Vorstellung, dass private Eigentums- und Vermögensbildung für alle Familien und Haushalte die beste Art der Versorgung und Risikoabsicherung darstellt. So ist in den USA insbesondere das System der Altersvorsorge sehr eng mit der Immobilienökonomie verknüpft. Wohneigentum macht hier in der Regel einen zentralen Bestandteil des privaten Anlagen- und Pensions-Portfolios aus (vgl. Kullmann/Siegel 2005). Zum einem Großteil basiert der weitverbreitete Wohlstand der aktuellen Rentnergeneration in den USA auf dem enormen Wertzuwachs ihrer Eigenheime seit den 1970er Jahren.[51]

Um die Eigentümergesellschaft zu fördern, stellt die Bundesregierung in den USA schon seit dem New Deal vergleichsweise zinsgünstige Kredite sowie erhebliche Steuerentlastungen beim Kauf einer Wohnung oder eines Hauses bereit. Hierbei handelt es sich um eine der kostenintensivsten Formen staatlicher Umverteilung in den USA. In den letzten Jahren floss in die Subventionierung von privatem Wohneigentum deutlich mehr Geld als etwa in die Arbeitslosenversicherung und den Unterhalt von bedürftigen Familien (TANF) zusammengenommen. Das parlamentarische „Joint Committee on Taxation" (2012: 51) bezifferte allein die durch die Steuerbefreiung von Hypothekenzinsen verursachten Kosten für den Bund im Jahr 2012 auf über $ 107 Milliarden. Andere Organisationen schätzen die jährlichen „housing tax subsidies" auf $ 304 Milliarden (Carroll u. a. 2011: 3).

---

51 Der Werteanstieg von Wohnimmobilien war besonders ausgeprägt zwischen Anfang der 1990er Jahre und 2005; allein zwischen 2000 und 2007 betrug er 76 Prozent, in Bundesstaaten wie Florida und Kalifornien sogar 140 Prozent (Young 2009: 148). Des Weiteren nutzen immer mehr US-Haushalte das Kreditvertragsmodell der „Reverse Mortgages", bei dem Wohneigentum im Alter direkt in Rentenleistungen umgewandelt werden kann (vgl. US Department of Housing and Urban Development 2012). Ende der 1990er Jahre gewann zudem das „house flipping" vermehrt an Bedeutung, das Kaufen, Renovieren und gewinnbringende Wiederverkaufen von Häusern. 2005 betrug die Rate der Spekulationsobjekte unter den Immobilien in den USA etwa 25 Prozent (Badek 2010: 12).

## 5.5.1 Besonderheiten und Probleme

Wohnen kann in den USA vergleichsweise teuer sein, und ist gerade für diejenigen, die sich kein Eigenheim leisten können, häufig unerschwinglich. So ist es laut einer viel zitierten Studie in kaum einer US-Stadt mehr möglich, eine bezahlbare Zweizimmerwohnung zur Miete zu finden, wenn man Vollzeit beschäftigt ist, aber lediglich den vom Bund festgelegten Mindestlohn von $ 7,25 pro Stunde verdient (Joint Center for Housing Studies 2011). Über ein Viertel aller Mieterhaushalte in den USA muss aktuell mehr als die Hälfte des monatlichen Gesamteinkommens für die Unterbringung aufwenden, maximal 30 Prozent gelten gemeinhin als zumutbar.

Bereits vor Beginn der großen Immobilien- und anschließenden Wirtschaftskrise, im Laufe derer Millionen Amerikaner ihre Arbeit und ihr Zuhause verloren,[52] hatte die US-Gesellschaft ein ernsthaftes Problem mit Obdachlosigkeit. Schätzungen gehen davon aus, dass in einem durchschnittlichen Jahr hier 3 bis 4 Millionen Menschen mindestens einmal obdachlos werden bzw. von Obdachlosigkeit unmittelbar bedroht sind (National Law Center on Homelessness and Poverty 2007). Wohnheime sowie Notübernachtungen und andere Kriseneinrichtungen berichten von jährlich 1,4 bis 1,6 Millionen Personen ohne feste Bleibe, die ihre Dienste in Anspruch nehmen (US Department of Housing and Urban Development 2011). Das entspricht etwa zwischen 0,5 und 1 Prozent der Bevölkerung.

Miet- und Wohnrecht sind wie so viele andere Bereiche der Sozialpolitik in den USA eine Angelegenheit der Einzelstaaten. In der Regel genießen Mieterinnen hier nur einen relativ schwachen Rechtsschutz und ein eher schlechtes Ansehen. Lediglich in Großstädten wie New York, Los Angeles, San Francisco, Oakland oder Boston stellen sie aufgrund spezifischer politischer Entwicklungen und Konstellationen[53] weiterhin eine nennenswerte Größe dar. Hier leben immer noch mehr Menschen zu Miete als in Wohneigentum (US Census Bureau 2011). Überall sonst im Land ist es inzwischen umgekehrt. Der Mietwohnungsmarkt ist generell eher schwach ausgeprägt und stellt für die meisten Familien keine Alternative zum Wohneigentum dar. Lag 1940, im Jahr des ersten „Census of Housing", der Anteil der Haushalte mit Wohneigentum an der Gesamtbevölkerung mit gut 43,6 Prozent noch deutlich unter dem der Mieterinnen, war er bereits 1960 auf

---

52  Im Jahr 2007 stieg die Zahl der Zwangsversteigerungen von Eigenheimen, deren Besitzer ihre Hypotheken nicht mehr bedienen konnten, auf einen Rekordwert von über einer Million. Es wird geschätzt, dass in den USA zwischen 2007 und 2011 etwa 8,5 Millionen Häuser zwangsgeräumt wurden und mehr als 18 Millionen Eigenheime und Wohnungen Ende 2011 leer standen (US Census Bureau 2012a).
53  Die genannten Mieterstädte waren größtenteils Zentren der Migration und einer verhältnismäßig starken Arbeiterbewegung. Bis heute gelten sie als „stronghold" der Demokratischen Partei.

## 5.5 Wohnungspolitik: Der amerikanische Traum vom Eigenheim

über 60 Prozent angewachsen. 2004 – also drei Jahren vor dem Platzen der Immobilienblase – hatte die Wohneigentumsquote mit fast 70 Prozent ihren vorläufigen Höhepunkt erreicht. Über zwei Drittel dieser Eigentümer wohnen in einem Ein- oder Zweifamilienhaus, was im internationalen Vergleich ein recht hoher Wert ist. So beträgt die Wohneigentumsquote in Deutschland, bezogen auf alle Haushalte, aktuell 44 Prozent; nur etwa die Hälfte aller Wohneigentümer besitzen ein Haus (ebd.: 4 u. 40).

In den Wirtschafts- und Sozialwissenschaften spricht man im Zusammenhang mit einer außergewöhnlich hohen Wohneigentumsrate von einem möglichen „welfare trade-off". Es wird eine inverse Relation zwischen dem Anteil der Besitzer von Wohneigentum und der Ausprägung des Sozialstaates angenommen. Das heißt, es wird davon ausgegangen, dass eine Gesellschaft mit sehr vielen Eigenheimbesitzern einen deutlich geringeren Bedarf an Einkommensunterstützung und -umverteilung aufweist als eine Mietergesellschaft (vgl. Castles 1998; Conley/Gifford 2006). Nach dieser Lesart fungierte der US-amerikanische „Wohnimmobilien-Kapitalismus" (Schwartz/Seabrooke 2008), der sich lange Zeit durch internationale Liquiditätsüberschüsse sowie über eine hohe Privatverschuldung, in Kombination mit ständig steigenden Immobilienpreisen, finanzieren ließ (vgl. Langley 2008; Young 2009), lange Zeit mehr oder minder erfolgreich als eine Art Parallel- oder sogar Gegenprogramm zum klassischen Wohlfahrts- und Sozialversicherungsstaat sowie als Substitut für stagnierende oder sogar gefallene Reallöhne seit den 1970er Jahren.

Allerdings ist die starke gesellschaftliche Verankerung von „homeownership" als wesentlicher Teil des US-amerikanischen Traums nicht nur dem starken Wirtschaftsliberalismus und Individualismus im Land geschuldet. Sie hat auch viel mit der Geschichte der Vereinigten Staaten als Siedlernation und der republikanischen Tradition zu tun, nur Grundeigentümern eine gewisse staatsbürgerschaftliche Reife und politische Unabhängigkeit zuzugestehen. Darüber hinaus galt die von der Politik geförderte großzügige Vergabe von Hypothekenkrediten, die ab Mitte der 1990er Jahre verstärkt auch an Niedrigverdiener und ethnische Minoritäten gingen, nicht nur als ein legitimes Mittel zur Ankurbelung des ökonomischen Wachstums. Vielmehr hielt man sie parteiübergreifend auch für ein angemessenes Instrument, um die Gleichstellung und langfristige gesellschaftliche Inklusion von Afroamerikanern und Neuzugewanderten sicherzustellen. Erst mit der Implosion der sogenannten Subprime-Kredite, die 2007 den Beginn einer weltweiten Wirtschafts- und Finanzkrise auslöste, ist das in den USA als „Sozialhilfe für die Massen" propagierte Entwicklungsmodell der „Immobilien-Eigentümer-Gesellschaft" (Seabrooke 2008: 8) in Verruf geraten. Seitdem wird auch in den USA gezwungenermaßen wieder ernsthafter über alternative Wege in der Wohnungspolitik nachgedacht.

### 5.5.2 Historische Entwicklung

Historisch lässt sich zeigen, dass bereits bei der Gründung der Vereinigten Staaten Land- und Hausbesitz von beträchtlicher Relevanz war – ähnlich wie zu diesem Zeitpunkt im alten Europa, galt er doch als eine der Voraussetzungen für die Zuerkennung der Staatsbürgerschaft und der damit verbundenen Bürgerrechte. Als die Unabhängigkeitserklärung 1776 unterzeichnet wurde, durften nur weiße Männer mit Grundeigentum wählen. New Hampshire war 1792 der erste Bundesstaat, der das Wahlrecht auch auf Landlose ausweitete. In anderen Teilen der USA, insbesondere in den Südstaaten, sollte es noch mehr als ein weiteres halbes Jahrhundert dauern, bis die Wahlgesetzgebung in dieser Hinsicht geändert wurde.

Die weitere Entwicklung der Wohnungspolitik bzw. des Immobilienmarktes in den USA lässt sich grob in vier Etappen unterteilen (vgl. Lichtenberger 1995; Hays 1995). Die erste Etappe – von der Staatsgründung bis Anfang des 20. Jahrhunderts – war durch den Ausbau des Siedlungssystems gekennzeichnet. Dabei markierte das Jahr 1862 mit der Verabschiedung des „Homestead Act" den Beginn einer neuen Ära der Unterwerfung des Kontinents, indem die Bundesregierung jedem weißen Mann die Übertragung von 160 Acres Land (knapp 650.000 qm) versprach, wenn er das Land innerhalb von fünf Jahren landwirtschaftlich nutzbar machte.[54] „Homesteading" wurde zu einer Massenbewegung, die es Hunderttausenden von mittellosen und häufig gerade erst eingewanderten Männern und deren Familien erlaubte, zu bescheidenem Wohlstand und einer gewissen Unabhängigkeit zu gelangen, so wie einst die von Thomas Jefferson und anderen Gründungsvätern der USA so verehrten englischen Freibauern im Mittelalter, die Yeomen.

In den weiteren drei Etappen der US-Wohnungspolitik standen zunächst der von neu geschaffenen Regierungs- und Finanzinstitutionen forcierte Ausbau des Eigenheimanteils und die damit verbundene Suburbanisierung im Vordergrund. Diese zweite Etappe begann in den 1930er Jahren und prägte die gesamte Nachkriegsentwicklung in den USA. In der dritten Etappe, besonders beeinflusst durch die Ghettounruhen und die Sozialreformen der Great Society in den 1960er Jahren, nahm sich die Politik verstärkt des Umbaus der Innenstädte so-

---

54 Bis 1900 hatte die Bundesregierung bereits 80 Millionen Acres an Land an 600.000 Homestead-Farmer vergeben. Das Homestead-Gesetz blieb formal noch bis 1976, für Alaska sogar bis 1986 in Kraft. Insgesamt wurden auf diese Weise 1,4 Millionen Grundstücke verteilt, das ist nicht weniger als ein Zehntel des gesamten US-Territoriums (Adams 2000: 200).

wie der Wohnbedingungen in den (ehemaligen) Industriemetropolen an. In der vierten und schließlich letzten Etappe, die erst vor kurzem mit dem Platzen der Spekulationsblase auf dem US-Immobilienmarkt endete, dominierten marktwirtschaftliche, durch die Deregulierung des Finanzwesens forcierte Strategien, deren „sozialpolitische" Zielsetzung bzw. Legitimierung – Hausbesitz auch für Arme – in Politik und Gesellschaft auf mehr oder minder ungeteilte Zustimmung stieß.

*Eigenheimförderung im Zuge des New Deals*

Die für die Ausrichtung der US-amerikanischen Wohnungspolitik wegweisende zweite Etappe der hypothekengestützten Eigenheimförderung durch die Bundesregierung erhielt ihren entscheidenden Push durch den Börsencrash von 1929/1930 und die sich anschließend rasch ausbreitende Weltwirtschaftskrise. Bereits in den frühen 1920er Jahren hatte das Bundeswirtschaftsministerium in enger Zusammenarbeit mit der Immobilien- und Finanzwirtschaft die Kampagne „Better Homes for America" initiiert, um die Eigentumsrate in der Bevölkerung zu steigern (vgl. Jackson 1985). Ein wichtiges Motiv hierfür auf staatlicher Seite war die Überzeugung, dass Hauseigentümer Mietern nicht nur in moralischer und materieller Hinsicht vielfach überlegen, sondern auch loyaler gegenüber ihrem Land und ihrer Regierung seien (vgl. Vale 2007: 21f.). Was damals noch offen ausgesprochen wurde: Hausbesitz ist nicht nur „freiheitlicher Ausdruck des Individuums", sondern verschuldete Hausbesitzer neigen auch eher selten zu Streiks und Revolten (Harvey 2012).

Als im Zuge der Great Depression und zahlreicher Enteignungen tatsächlich größere soziale Unruhen drohten, schlug in den USA die Stunde der „government sponsored enterprises" (GSE), vom Staat gegründeter Banken und anderer öffentlicher Finanzunternehmen. Als Erstes schuf die Roosevelt-Administration 1933 die „Home Owners' Loan Corporation", eine Art Treuhandanstalt, mit der etwa 800.000 Privathäuser und -wohnungen vor der Zwangsversteigerung gerettet wurden (Bratt 2008: 5). Nach Ansicht von führenden US-Historikern ist kaum eine andere Maßnahme des New Deals auf so viel Zustimmung gerade unter den Mittelschichten gestoßen wie diese konzertierte Hilfsaktion der Bundesregierung (vgl. z. B. Schlesinger 1959: 24). Für noch wichtiger halten wohnungspolitische Experten indes die Gründung der „Federal Housing Administration" (FHA), die ein Jahr später, 1934, erfolgte und für eine Revolutionierung des Hypothekenwesens sorgen sollte. Zum ersten Mal bot der Bund Familien, die ein Wohnhaus bauen oder erwerben wollten, staatlich abgesicherte und festverzinsliche Darlehen mit einer Gesamtlaufzeit von 20 bis 30 Jahren an.[55] Dahinter stand die Absicht, erstens den zusammengebrochenen Finanz- und Bausektor zu stimulieren, zweitens neue Arbeitsplätze zu schaffen und drittens die Zahl der Hauseigentümer zu erhöhen (vgl. Hays 1995: 85 ff.)

Der FHA wurden dann in den folgenden Jahren mehrere quasi-staatliche Finanzinstitute zur Seite gestellt, darunter als bekannteste die „Federal National Mortgage Association", auch Fannie Mae genannt, deren vorrangiger Zweck ursprünglich darin bestand, Hypotheken aufzukaufen und abzusichern sowie die Politik der FHA mit ausreichend Kapitalmitteln zu unterstützen.[56] Auf diese Weise entstand nach und nach ein umfangreicher Sekundärmarkt für den Handel mit Hypotheken, der sich später ausweiten und etwa ab den 1980er Jahren – im Zuge der Lockerung von staatlichen Regulierungen und Kontrollen – in gewisser Weise verselbstständigen sollte. Zunächst jedoch war die Strategie der Bundesregierung ein voller Erfolg. Die Bürgschaften der FHA für den Bau oder Erwerb von Einfamilienhäusern erlaubten den privaten Banken eine weitgehend risikofreie Kreditvergabe, schufen für die Immobilien- und Bauwirtschaft einen riesigen neuen Markt und für Familien mit Eigenheimwunsch vergleichsweise überschaubare und günstige Zins- und Tilgungskonditionen. „Homeownership" wurde zu einem Mittel, mit dem zugleich Konsumption und Produktion gesteigert werden sowie die Wohnbedingungen vieler Menschen verbessert werden konnten (Shlay 2006: 511). Dementsprechend stieg der Anteil der Hauseigentümer an der US-Bevölkerung bis Anfang der 1960er Jahre in rasantem Tempo an. Etwa zwei Drittel aller privaten Immobiliengeschäfte wurden in dieser Zeit mit Unterstützung der FHA und anderen öffentlichen Finanzeinrichtungen getätigt (Gotham/Wright 2008: 404).

---

55   Später wurde diese Praxis der langen Laufzeiten von 25 bis 30 Jahren auch von der privaten Finanzindustrie übernommen. Zu dieser Zeit war es üblich, dass von den Käufern eine Anzahlung aus eigenen Mitteln von mindestens 20 Prozent des Hauspreises verlangt wurde (vgl. Peterson 2008). Bei den von der FHA abgesicherten Hypotheken waren es lediglich zwischen 3 und 10 Prozent (Dreier 2006: 28).
56   Fanny Mae wurde 1938 als staatseigene Hypothekenbank gegründet, 1950 dem heutigen Bundeswohnungsministerium (US Department of Housing und Urban Development) unterstellt, 1968 teilprivatisiert und 2009 wieder verstaatlicht. Die beiden anderen wichtigsten GSE sind die „Government National Mortgage Association" (Ginni Mae; gegründet 1968) und die „Federal Loan Mortgage Corporation" (Freddie Mac; gegründet 1970). Hinzu kommen eine Reihe von genossenschaftlichen Hypothekenbanken, die „Federal Home Loan Banks". Vgl. zur Rolle der GSE Badek 2010 und Dynan/Gayer 2011.

## 5.5 Wohnungspolitik: Der amerikanische Traum vom Eigenheim

*Die Krise der Innenstädte und das Scheitern des sozialen Wohnungsbaus*

Die dritte Etappe der US-Wohnungspolitik, die ab etwa Ende der 1950er Jahre bis in die 1990er Jahre hinein unter der Überschrift „urban renewal" stand, ist eng mit einer der unmittelbaren Konsequenzen der Eigenheimförderung verknüpft: der zunehmenden Abwanderung der (vorwiegend weißen) Mittelschichten aufs Land bzw. in die Vororte sowie der damit korrespondierenden Erosion der ökonomischen Basis vieler Großstädte und ihrer Zentren.[57] Sie verweist zugleich auf das Scheitern des öffentlichen Wohnungsbaus in den USA. Dieser blieb im Vergleich zu anderen Industrieländern stets marginal und behielt selbst bei vielen überzeugten New-Deal-Demokraten und eingefleischten Sozialreformern „einen unangenehmen sozialistischen Beigeschmack" (Marcuse 1998: 24).

Die beiden „National Housing Acts" von 1937 und 1949 hatten in der ersten Hälfte des 20. Jahrhunderts ein System von mehreren tausend lokalen Wohnungsbehörden hervorgebracht, die mithilfe des Bundes überall im Land Sozialwohnungen errichten sollten. Unterfinanzierung, politische Unentschlossenheit sowie der Druck der mächtigen Immobilienlobby verhinderten jedoch vielerorts, dass die anfangs zum Teil recht ehrgeizigen Pläne für eine sozial ausgerichtete Wohnraumversorgung tatsächlich umgesetzt werden konnten (vgl. Harloe 1995; Marcuse 1998). Es entstanden wesentlich weniger „public housing units" als ursprünglich geplant: insgesamt etwa 1,4 Millionen, wobei die meisten zwischen Ende der 1940er und Anfang der 1970er Jahre in urbanen Ballungszentren errichtet wurden (Dreier/Hulchanski 1993: 48) und ein nicht unbeträchtlicher Teil, etwa ein Drittel, anfänglich für Soldatenfamilien und Beschäftigte in der Rüstungsindustrie reserviert war (Hackworth 2005: 21). Hinzu kam, dass in den Nachkriegsjahrzehnten viele Kommunen im Gegenzug für den Bau von Sozialsiedlungen bereits bestehende private Mietwohnungen in größerem Umfang abreißen ließen. Zum einen gab es Programme und erhebliche finanzielle Hilfen der Bundesregierung zur Sanierung von innerstädtischen Slums, mit denen mehrheitlich ärmere afroamerikanische Familien und Einwanderer aus ihren angestammten Quartieren und Nachbarschaften vertrieben wurden, um größeren Infrastrukturprojekten (z. B. Highways) oder anderen hauptsächlich kommerziellen Nutzungen (Büros, Geschäftszentren etc.) Platz zu machen.[58] Zum anderen drängten mächtige

---

57 Noch in den 1970er und 1980er Jahren waren zahlreiche „central city areas" in den US-Metropolen von erheblichem physischen Zerfall und materieller Armut geprägt. Zwischen 1940 und 1980 fiel der Anteil der „weißen" an allen Haushalten in diesen Gebieten von 62 auf 34 Prozent (Boustan/Margo 2011: 1). Erst ab den 1990er Jahren kam es zu einer Wiederbelebung und Renaissance der Innenstädte.

58 Slum-Clearance-Programme gab es in den USA bereits seit 1892 (vgl. US House of Representatives 2004). Nach offiziellen Angaben wurden im Zuge von solchen Programmen zwischen

privatwirtschaftliche Interessen mit Erfolg darauf, dass es zu keinerlei „Wettbewerbsverzerrungen" auf dem Wohnungsmarkt kam (vgl. Harloe 1995). Der dezentrale Charakter des öffentlichen Wohnungswesens in den USA mit wenigen Kontrollinstanzen, in Kombination mit seiner schlechten finanziellen Ausstattung, beförderte zudem Korruption in den lokalen Behörden sowie eine weitere räumliche und soziale Marginalisierung der Bewohnerinnen von „public housing projects", die sich aufgrund der gewählten Einkommensregelungen lange Zeit zu einem großen Teil aus Sozialhilfeempfängern und den „Ärmsten der Armen" zusammensetzten (vgl. Dreier 2006). So war es vor Verabschiedung des „Civil Rights Acts" von 1964 und des „Fair Housing Act" von 1968[59] in den meisten Bundesstaaten durchaus üblich, dass die kommunalen Verwaltungen schwarze von weißen Mietern trennten und ethnische Minderheiten in besonders unattraktiven Stadtteilen oder Hochhaussiedlungen, häufig am Stadtrand, konzentrierten, die sich schnell in stigmatisierte Ghettos verwandelten (vgl. Wilson 1987; Massey/Denton 1993). Stellten Afroamerikaner zwischen 1944 und 1951 noch zwischen 26 und 39 Prozent aller Mieter im öffentlichen Wohnungsbau, wuchs ihr Anteil in den folgenden Jahren rapide an und erreichte 1978 über 60 Prozent (Bratt 1986: 339). Etwa ein Drittel aller Afroamerikaner lebte zu diesem Zeitpunkt eher erzwungen unter Bedingungen, die Stadtforscher als „Hypersegregation" (Massey/Denton 1993) umschrieben haben.

Unter dem Eindruck der sich häufenden urbanen Unruhen und Auseinandersetzungen mit der Polizei, in denen sich vorwiegend schwarze Jugendliche gegen die Angriffe auf ihre Communities und ihre anhaltend schlechten Lebensverhältnisse zur Wehr setzten,[60] kam es unter der Präsidentschaft von John F. Kennedy und seinem Nachfolger Lyndon B. Johnson zu einer deutlichen Neuausrichtung der nationalen Wohnungspolitik. 1965 schuf der US-Kongress das „Department of Housing und Urban Development" (HUD), dessen Hauptaufgabe anfänglich darin bestand, die Position von einkommensschwachen Familien auf dem privaten Wohnungsmarkt zu stärken. Zum einen stellte das neue Bundesministerium mit der Verabschiedung des „Housing and Urban Development Act" von 1968 zum ersten Mal in größerem Umfang Mietsubventionen für Haushalte mit niedrigem

---

1949 und 1966 etwa 300.000 Familien, die Hälfte davon schwarz, umgesiedelt (vgl. Collins/Shester 2009: 2).

59  Die beiden Gesetze führten in den USA ein explizites Diskriminierungsverbot auch auf dem Wohnungsmarkt ein. 1974 folgte dann noch der „Equal Credit Opportunities Act", der eine Diskriminierung bei der Kredit- und Hypothekenvergabe auf der Grundlage von „gender, marital status, race, national origin, religion or income source" verbot. Vgl. zu diesen und weiteren Gesetzen gegen Diskriminierungen im Wohnungssektor Schwartz 2010: 239 ff.

60  In den 1960er Jahren erlebten mehr als 300 Städte in den USA sogenannte „ghetto uprisings"; die heftigsten fanden in Chicago, New York und Los Angeles statt (Abu-Lughood 2007: 3 ff.).

## 5.5 Wohnungspolitik: Der amerikanische Traum vom Eigenheim

Einkommen bereit. Zum anderen kreierte die Politik – weiterhin basierend auf der Annahme, dass Hausbesitz sozial integriert und damit Aufständen vorbeugen kann (Bratt 2008: 7) – weitere Instrumente zur Förderung des Wohneigentums insbesondere unter ethnischen Minderheiten und in ärmeren Nachbarschaften. Neu war, dass der Bund über seine GSE wie die FHA, Fannie Mae, Ginni Mae und später Freddie Mac von nun an nicht nur dabei half, individuelle Immobilienkredite durch staatliche Garantien abzusichern und damit günstiger für Darlehensgeber und -nehmer zu machen, sondern nun auch direkt Fördergelder und Subventionen an private Bauträger und -finanzierer von Ein- und Mehrfamilienhäusern vergab (vgl. Dreier/Hulchanski 1993). Spätestens mit der Einführung des „Community Development Block Grant" 1974 begann zudem in vielen Kommunen eine Ära, in der sich verstärkt Nonprofit-Organisationen am Wohnungsbau in weniger wohlhabenden Stadtteilen beteiligten, zum Teil mit Unterstützung des Bundes, von Stiftungen und der Privatwirtschaft.[61]

Der öffentliche Wohnungsbau dagegen erlebte zu diesem Zeitpunkt einen erheblichen Rückschlag, von dem er sich nie wieder richtig erholen sollte. 1973 – zeitlich etwas früher als in der Bundesrepublik – wurde in den USA beschlossen, den Bau von weiteren Großsiedlungen für Haushalte mit niedrigem Einkommen vollständig einzustellen (Hays 1995: 106). Die Budgetkürzungen in den konservativen Jahren der Ära Reagan waren so enorm, dass die lokalen Behörden kaum mehr neue Sozialwohnungen bauen und die bestehenden nicht mehr länger ordentlich instand halten konnten. Zwischen 1980 und 1986 sanken hierfür die bundesweiten Mittel um satte 75 Prozent, von $ 26,7 auf 7 Milliarden (Lichtenberger 1989: 6). Das endgültige Aus kam jedoch Anfang der 1990er Jahre mit dem Regierungsprogramm „HOPE VI" (vgl. Popkin u.a 2004). HOPE steht für „Homeownership and Opportunity for People Everywhere" und ist Ausdruck der Dominanz, die das (neo-)liberale Leitbild der Eigentümergesellschaft in dieser Phase erlangt hatte. Im Zuge dieses Programms sahen sich alle Kommunen gezwungen, die Rentabilität ihres bereits dezimierten Bestandes an öffentlichen Mietwohnungen zu überprüfen. Sie sollten klären, ob es preisgünstiger war, diese abzureißen und die Bewohner mit staatlichen Hilfen in privaten Wohnungen unterzubringen, oder die Sozialwohnungssiedlungen zu sanieren. Die meisten Stadtregierungen entschieden sich für die erste Option und vermarkteten die frei gewordenen Flä-

---

61  Zwischen 1972 und 1981 unterstützte die Bundesregierung über das HUD etwa 100 „Community Development Corporations" (CDC), die sich in den Bereichen lokale Ökonomie und Wohnraumversorgung für Einkommensschwache engagierten. Darüber hinaus spielten Stiftungen wie die Ford Foundation eine wichtige Rolle bei der Finanzierung von gemeinnützigen Wohnungsbauinitiativen. Anfang der 1990er Jahre wurde die Zahl der im Wohnungsbau aktiven CDC bundesweit auf etwa 2.000 geschätzt (Dreier/Hulchanski 1993: 60 ff.)

chen. Allein in Chicago wurden mit der Sprengung von drei Großsiedlungen (namentlich Cabrini Green, Rober Taylor Homes und Henry Homes) seit 1999 fast 19.000 „public housing units" (und damit die Hälfte des lokalen Bestands) vernichtet, ohne an anderen Standorten angemessenen Ersatz für die mehrheitlich afroamerikanischen Mieterinnen zu schaffen (Kasper 2004: 72). Seit 2010 stehen hier etwa 60.000 Familien auf der Warteliste für eine Sozialwohnung (Chicago Tribune, 14.7.2010). Die Lage in anderen Großstädten sieht ähnlich aus. Fast überall beklagen NGOs und auch viele Kommunalpolitiker inzwischen den eklatanten Mangel an preiswertem Wohnraum. Es wird geschätzt, dass sich bundesweit der Bestand an Sozialwohnungen seit Anfang der 1990er Jahre um 200.000 Einheiten verringert hat und auch viel zu wenige neue Mietwohnungen auf dem freien Wohnungsmarkt für untere Einkommensgruppen entstanden sind (Center on Budget and Policy Priorities 2008: 6).

*Auf dem Weg zur Subprime-Krise*

Die Zurückdrängung des sozialen Wohnungsbaus ab den 1970er Jahren ging einher mit gezielten Versuchen der Bundespolitik, die Eigentumsquote auch unter weniger wohlhabenden Schichten noch stärker auszubauen, und zwar mit den Mitteln einer weiteren privaten Kreditexpansion und Haushaltsverschuldung. Damit begann die vierte und vorläufig letzte Etappe der US-Wohnungspolitik. Ihre besonderen Zielgruppen waren ethnische Minderheiten, vornehmlich afroamerikanische Familien, deren Eigenheimrate sich zwischen 1940 und 1970 bereits fast verdoppelt hatte, aber zu diesem Zeitpunkt mit etwas über 40 Prozent noch immer deutlich unter der Quote der Weißen lag, die auf fast 63 Prozent angestiegen war (Boustan/Margo 2011: 1).

1977 beschloss der Kongress den „Community Reinvestment Act", um private Banken und Finanzinstitute dazu zu verpflichten, nicht nur Spareinlagen von einkommensschwachen Bevölkerungsgruppen anzunehmen, sondern auch in ärmere Kommunen und Stadtteile zu investieren und den dortigen Gewerbetreibenden und Bewohnern gängige Kreditmöglichkeiten einzuräumen (vgl. Schwartz 2010: 239 ff.). Hintergrund für diese von vielen Bürgerrechtsgruppen befürwortete Gesetzgebung war die in den USA bis dato weitverbreitete Praxis des sogenannten „redlining", bei der Unternehmen kommerzielle Dienstleistungen in bestimmten Gebieten (in der Regel in von Schwarzen und Latinos bewohnten Armutsquartieren) gar nicht oder nur übertteuert anbieten. Um den neuen Antidiskriminierungsvorgaben der Bundesregierung zu genügen, gingen Firmen der Kredit- und Hypothekenwirtschaft im Folgenden dazu über, ihre zuvor üblichen

## 5.5 Wohnungspolitik: Der amerikanische Traum vom Eigenheim

Risikodefinitionen zu modifizieren, wozu auch eine Neubewertung der Bonität ihrer Kunden und des Wohnumfeldes, in dem sie lebten, gehörte (Marcuse 2008). Nach Ansicht mancher Experten war dies bereits der entscheidende Sündenfall, der 30 Jahre später in der Subprime-Krise enden sollte. Wahrscheinlicher ist jedoch, dass eine Reihe von Faktoren zusammenkamen, welche die Anfang des 21. Jahrhunderts eskalierenden Spekulationsgeschäfte mit Risikodarlehen beförderten, darunter die von der Politik betriebene Deregulierung der Kapitalmärkte und der Druck auf die GSE, verstärkt die „unterversorgten Märkte", das heißt vor allem die Geringverdiener, ins Visier zu nehmen; die Niedrigzinspolitik der US-Notenbank; der maßlose Geschäfts- und Gewinntrieb der Banker als auch das Bedürfnis von Millionen von US-Haushalten, über Wohneigentum zu verfügen, weil die steigenden Immobilienpreise über lange Zeit auch die Anschaffung von Konsumgütern ermöglichten, die man sich mit dem Lohneinkommen häufig nicht (mehr) leisten konnte. Dass Wohneigentum in den USA nicht nur für die Altersabsicherung extrem wichtig ist, sondern auch lange Zeit die Grundlage für die Finanzierung des Alltagskonsums war, ist hierzulande weniger bekannt. So konnten zum Teil hoch verschuldete Haushalte, solange die Hauspreise stiegen, ihren Immobilienbesitz für die Aufnahme weiteren Fremdkapitals, sogenannte „cash-out loans" einsetzen, und dieses für Gesundheitskosten, die steigenden Studiengebühren ihrer Kinder oder größere Anschaffungen nutzen (vgl. Seabrooke/Schwartz 2008).

Dabei wurde der gezielte Abbau von gesetzlichen Einschränkungen und Kontrollen der Finanz- und Hypothekenwirtschaft bereits unter Präsident Jimmy Carter begonnen, in der Reagan-Ära forciert und von der Clinton-Regierung in den 1990er Jahren und ihren Nachfolgern entschlossen fortgesetzt (vgl. Bratt 2008; Evans 2008). Es gab im Prinzip drei größere „Innovationen", die die Bedingungen der Eigenheimfinanzierung in den USA von Grund auf veränderten: erstens gelockerte Vergabeverfahren, die es Banken erlaubten, bei Darlehen an Kreditnehmer vollständig auf Eigenkapital und Einkommensnachweise zu verzichten und mit Lockzinssätzen zu arbeiten (die Ausweitung des sog. Subprime-Hypotheken-Marktes); zweitens die Erfindung der Kreditverbriefung[62] und drittens die Übertragung eines Teils des Hypothekenhandels an sogenannte Zweckge-

---

62 Kreditverbriefung bezeichnet man den Vorgang, wenn Forderungen aus Kreditgeschäften von der ursprünglichen Kreditbeziehung gelöst und in markt- und handelsfähige Wertpapiere umgewandelt werden. Die Verbriefung von Subprime-Hypotheken stützte sich in den USA insbesondere auf ein neuartiges Instrument, die „colleteralised debt obligations" (CDO), womit schlecht bewertete Hypotheken mit erstklassigen Aktien, Anleihen und anderen Vermögenswerten gebündelt und zum Verkauf angeboten wurden. Diese Praxis wiederum nennt man „securization".

sellschaften, die nicht den Eigenkapitalvorschriften für Geschäftsbanken unterliegen. Bei dieser Entwicklung spielten die vom Staat geschaffenen Finanzunternehmen Fannie Mae, Ginni Mae und Freddie Mac eine nicht unwesentliche Rolle, da sich sie sich aktiv an den immer riskanter werdenden Finanzaktionen beteiligten (vgl. Immergluck 2011).

Betrug die von der Clinton-Regierung vorgegebene Eigenheimquote noch 67,5 Prozent, so führten der Börsenkrach und der Zusammenbruch der „New Economy" im Jahr 2000 sowie die Anschläge von 9/11 zu einer weiteren Ausweitung der Kredit- und Hypothekenvergabe an private Haushalte, um auf diese Weise den Konsum und die Konjunktur zu befeuern. Allein zwischen 2000 und 2002 waren das Immobilien- und das damit verbundene Hypothekengeschäft für etwa ein Drittel des Wirtschaftswachstums in den USA verantwortlich (Nothaft 2004: 33). George W. Bush, der sich als ein besonderer Anhänger der „ownership society" gerierte (vgl. Béland 2006), formulierte kurz nach seinem Amtsantritt das ehrgeizige Ziel, bis 2010 die Lücke zwischen der Wohneigentumsquote der weißen Bevölkerung und der der hispanischen und afroamerikanischen Bevölkerung in den USA weitgehend zu schließen (Bratt 2008: 8ff.). Just in seiner Regierungszeit stieg der Anteil von Subprime-Krediten am gesamten Hypothekenmarkt von 7 Prozent im Jahr 2001 auf fast 30 Prozent im Jahr 2007 an (Brooks/Ford 2007).

Es gab indessen kaum jemanden in Washington, der das Ziel, immer mehr Eigenheimbesitz und die Methoden, mit denen es erreicht werden sollte, ernsthaft in Frage gestellt hätte. Selbst viele Sozialliberale, Gewerkschaften und Wohlfahrtsorganisationen hielten die gezielte Vergabe von Hypothekendarlehen an ärmere Haushalte wohl grundsätzlich für eine gute Sache. Während die Einkommensdisparitäten seit den 1970er Jahren in den USA deutlich gestiegen waren und die Lohnentwicklung in vielen Sektoren stagnierte oder sogar rückgängig war, schien auf diese Weise der Weg endlich wieder frei zu sein, um einen gewissen sozialen Ausgleich und Aufstieg zu ermöglichen (vgl. Katz/Turner 2003; Shlay 2006). In der privaten Immobilienwirtschaft profitierte fast jeder von der massenhaften Vergabe von NINJA-Krediten (Marcuse 2008). (NINJA steht für: „no income, no job or assets".) Hinzu kamen Politiker, die stolz darauf verweisen konnten, dass sie immer mehr Familien – unabhängig von ihrer Hautfarbe und trotz wachsender Unsicherheit auf dem Arbeitsmarkt – die Erfüllung des „American Dream" ermöglicht hatten.

Selbst im Mai 2007, als das Platzen der Immobilienblase bereits abzusehen war, schwärmte der Chef der US-Notenbank, Ben Bernanke, noch immer von der Überlegenheit und innovativen Raffinesse der US-amerikanischen Finanzindustrie, die auch Familien ohne Eigenkapital zu Wohlstand verholfen habe (zit. nach

## 5.5 Wohnungspolitik: Der amerikanische Traum vom Eigenheim

ebd.: 564). Im Bericht der amtlichen Untersuchungskommission zu den Ursachen der Finanzkrise wird der Kollaps des für die USA in den letzten Jahrzehnten so wichtigen, auf Wohnimmobilienbesitz und -spekulation gestützten sozialen und wirtschaftlichen Entwicklungsmodells hingegen eher nüchtern beschrieben: „Als Nation haben wir uns in dem Bestreben, denjenigen Familien Kredit zu gewähren, denen der Zugang zu den Finanzmärkten bisher verweigert wurde, überaus ehrgeizige Ziele für den Eigenheimbesitz gesetzt. Trotzdem hat es die Regierung nicht geschafft, sicherzustellen, dass die Philosophie der Chancen und Möglichkeiten mit den Realitäten vor Ort zusammenpasste" (National Commission on the Causes of the Financial and Economic Crisis in the United States 2011: xxvii).

*Aktuelle wohnungspolitische Programme und Leistungen*

Im Folgenden werden die wichtigsten Förderinstrumente und Maßnahmen, mit denen die US-Bundesregierung in den Wohnungsmarkt eingreift und Ressourcen umverteilt, im Einzelnen kurz beschrieben und herausgestellt, welche Bevölkerungs- und Einkommensgruppen von den jeweiligen Maßnahmen profitieren bzw. diese überhaupt in Anspruch nehmen können.

Insgesamt ist auffällig, dass sich im Bereich der Wohnungspolitik, ähnlich wie bei anderen sozialstaatlichen Aufgabenfeldern in den USA, über die Zeit ein extremes Patchwork von Maßnahmen und Programmen, viele davon hochgradig spezialisiert, mit einer erstaunlichen Vielfalt von Zielgruppen, Akteuren und Zuständigkeiten, herausbilden konnte. Allein der aktuelle Jahresbericht des Bundeswohnungsministeriums (HUD) listet mehr als 100 kleinere und größere Förderprogramme auf (US Department of Housing and Urban Development 2011). Da außerdem keine der wohnungspolitischen Leistungen in den USA – von der Eigenheimförderung bis zum Wohngeld für einkommensschwache Mieterinnen – mit einem Rechtsanspruch versehen ist, hängen diese relativ stark von politischen wie auch wirtschaftlichen Entwicklungen und Einflüssen ab.

*Eigenheimförderung*

Zunächst muss bei der Eigenheim- wie bei der Wohnungsbauförderung zwischen direkten und indirekten staatlichen Subventionen und Hilfen unterschieden werden. Bei den Ersteren handelt es sich um Maßnahmen, bei denen staatliche Institutionen entweder unmittelbar Fördermittel an private Akteure verteilen oder ihnen geldwerte Leistungen anbieten; die indirekten werden über das Steuersystem abgewickelt.

*Direkte Förderung*

Für die direkte Unterstützung von Privathaushalten beim Eigenheimerwerb sind von bundesstaatlicher Seite neben der bereits in den 1930er Jahren gegründeten und später dem HUD unterstellten „Federal Housing Administration" (FHA) noch zwei weitere Institutionen zuständig: eine Unterbehörde des Verteidigungsministeriums, das „Department of Veterans Affairs Loans Guarantees", sowie das „Department of Agricultural Rural Housing Loans", das zum Landwirtschaftsministerium des Bundes gehört. Soldaten bzw. Kriegsveteranen und Farmer sind nämlich schon seit dem 19. Jahrhundert besondere Zielgruppen US-amerikanischer Sozialpolitik (vgl. hierzu auch Kap. 4).

Die Bundesagentur FHA – die selbst keine Hypothekenkredite vergibt, sondern diese nur zu besonders günstigen Konditionen (lange Laufzeiten bis zu über 30 Jahren, geringer Eigenkapitalanteil von 3 bis 10 Prozent, vergleichsweise niedrige Zinssätze etc.) vermittelt und gegenüber den Kreditgebern absichert – hat seit 1934 über 34 Millionen Familien beim Erwerb von Wohneigentum unterstützt (US Department of Housing and Urban Development 2011b). Bei der Behörde für Kriegsveteranen und aktive Soldaten waren es seit ihrer Gründung im Jahr 1944 rund 19 Millionen US-Haushalte (Foote 2011: 5); bei der Kreditagentur des Landwirtschaftsministeriums (existent seit 1949), die Eigenheimförderung in ländlichen Gebieten betreibt (seit 1961 für alle Familien und nicht nur für Farmer und deren Angestellte), um die 15 Millionen Haushalte (Katz/Turner 2003: 43). Zudem bietet die Bundesregierung Familien in ländlichen Regionen mit einem unterdurchschnittlichen Einkommen (50 bzw. 80 Prozent des „area median income") und Älteren (über 62 Jahre) direkt Hypotheken und sogar staatliche Zuschüsse beim Erwerb und Erhalt eines Eigenheims an (vgl. Foote 2010). Bei der FHA und der Kreditagentur für Soldaten gibt es keine fixen Einkommensregeln. Trotzdem zählen zu ihrer wichtigsten Zielgruppe „low and moderate-income families", also diejenigen, die auf dem privaten Kapitalmarkt (zumindest vor der Ausweitung der Subprime-Hypotheken in den 1990er Jahren) wenig Chancen auf ein zinsgünstiges Darlehen für den Eigenheimerwerb (gehabt) hätten.

*Indirekte Förderung durch Steuervorteile*

Das Steuersystem in den USA begünstigt Hauseigentümer gegenüber Mietern in mehrfacher Hinsicht und gibt somit zusätzliche finanzielle Anreize für den Immobilienerwerb und -verkauf (vgl. Toder u. a. 2010; Carroll u. a. 2011). Zunächst bietet es seit der grundlegenden Steuerreform von 1986 beim Besitz von Grundeigentum besondere Abschreibungsmöglichkeiten und erlässt Haushalten seit 1997 einen Großteil der Grundstücksgewinnsteuer („capital gains") beim Verkauf eines

## 5.5 Wohnungspolitik: Der amerikanische Traum vom Eigenheim

Eigenheimes (geschätzte Kosten insgesamt für den Fiskus $ 81 Mrd. im Jahr). Als die wichtigste Vergünstigung für Wohneigentümer gilt jedoch die „mortgage interest deduction", die Steuerabsetzbarkeit des Hypothekenzinssatzes, die im Prinzip bereits seit 1913 existiert. Aktuell können Zinsen auf Immobilienhypotheken in den USA bis zu einer Million US-Dollar abgeschrieben werden, plus zusätzliche $ 100.000 auf Eigenkapitaldarlehen. Mit geschätzten Kosten von $ 107 bis 131 Milliarden jährlich (Joint Commitee on Taxation 2012: 51; Todler u. a. 2011: 1) stellt damit die „mortgage interest deduction" das eindeutig teuerste und wichtigste Eigenheimförderprogramm der US-Bundesregierung dar.

Wenig überraschend profitieren hiervon insbesondere Wohlhabende: Von insgesamt 70 Millionen Haushalten, die 2009 einen Anspruch auf die „mortgage interest deduction" geltend machten, waren es in der Gruppe mit einem Jahreseinkommen von über $ 125.000 rund 98 Prozent aller Haushalte, in der Gruppe mit einem Jahreseinkommen zwischen $ 75.000 und $ 125.000 noch 85,5 Prozent und in der Gruppe mit einem Jahreseinkommen unter $ 40.000 nur noch 23,4 Prozent (Toder u. a. 2010: 3). Zudem steigt der Wert der Steuervergünstigung mit dem Einkommen: von durchschnittlich $ 370 für Haushalte in der niedrigsten auf durchschnittlich $ 17.985 für Haushalte, die mehr als $ 100.000 pro Jahr verdienen (ebd.). Zudem monieren Kritiker seit Längerem, dass die „mortgage interest deduction" nicht unwesentlich zu dem extremen Preisanstieg von Wohnimmobilien in den USA, insbesondere in den oberen Marktsegmenten, und zur weiteren Suburbanisierung beigetragen habe, da sie Käufer dazu ermutigt habe, immer größere und teurere Eigenheime am Stadtrand zu erwerben anstatt in kleinere Häuser oder Wohnungen in den innenstädtischen Quartieren zu ziehen (Dreier 2006: 110).

*Unterstützung von Mieterhaushalten*

Die Förderung des Mietwohnungsmarktes sowie der Position von Mieterinnen ist in den USA der überaus großzügigen Eigenheimförderung immer deutlich nachgeordnet geblieben. In vielen Bundesstaaten sorgen zum Beispiel sogenannte „zoning laws" bis heute dafür, dass in bestimmten Stadtteilen, vor allem in den reicheren Vororten, überhaupt keine Miet- und Sozialwohnungen entstehen können, und tragen damit zu einer anhaltenden Marginalisierung dieser Wohnform bei (Shlay 2006).

Zuständig für die Unterstützung von Mieterhaushalten sind seit 1965 das HUD und seine über 3.000 lokalen Wohnungsbehörden. Anders als in Deutschland haben Familien, deren Einkommen unter das Existenzminimum fällt, in den USA keinen Rechtsanspruch auf staatliche Unterstützung in Form von Sozialhilfe und/oder Wohngeld. Eine Subventionierung der Mietkosten durch den Bund sah zwar bereits der 1937 verabschiedete „Housing Act" vor, sie blieb jedoch immer auf einen Bruchteil aller bedürftigen Familien beschränkt. Sie findet sie vor allem durch die Vergabe von sogenannten Vouchers statt, für die es landesweit lange Wartelisten gibt.

*Section 8 Housing Choice Voucher Program*

Dieses seit den 1970er Jahren existierende und zuletzt 1998 reformierte Bundesprogramm dient der finanziellen Unterstützung von Haushalten ohne Eigenheim, die auf den freien Mietwohnungsmarkt angewiesen sind. Um anspruchsberechtigt zu sein, muss das Einkommen mindestens 50 Prozent unter dem lokalen Medianeinkommen (AMI) liegen. 75 Prozent aller Programmmittel sind für besonders arme Personen und Familien reserviert (mit einem Einkommen von weniger als 30 Prozent des AMI). Es wird von den Begünstigten verlangt, ein Drittel ihres Monatseinkommens für die Miete aufzubringen, die Differenz zum vollen Mietbetrag wird (im Rahmen von festgelegten Grenzen) von den lokalen Wohnungsämtern übernommen und geht direkt an die Vermieter. Seit 1998 stellt die Bundesregierung Mittel für rund zwei Millionen Vouchers bereit (US House of Representatives 2008: 15-2), was den Bedarf bei Weitem nicht deckt. Nach Angaben der „National Low Income Housing Coalition" und des „Urban Institute" kommen lediglich 20 bis 25 Prozent aller vom Einkommen her anspruchsberechtigten Haushalte in den USA in den Genuss dieser Wohnbeihilfen (Pelletiere u. a. 2008: 4).

*Sonstige Mietsubventionen*

Neben den oben genannten Vouchers gibt es noch spezielle Programme zur Unterstützung von Mieterhaushalten, die in öffentlichen Sozialwohnungskomplexen untergebracht sind („project-based section 8 rental assistance"), für ältere Menschen (ab 62 Jahre), für Personen mit Körperbehinderungen, Aidskranke, Native Americans, Obdachlose, Soldatenfamilien sowie Farmer und Farmangestellte, die von ganz unterschiedlichen Institutionen verwaltet werden (vgl. McCarty u. a. 2008: 8 ff.). Für alle gelten unterschiedliche Einkommensgrenzen und Vergaberichtlinien. Insgesamt unterstützte der Bund im Jahr 2011 in den USA 4,8 Millionen einkommensschwache Haushalte mit direkten oder indirekten Mietsubventionen (Joint Center for Housing 2012: 6).

*Öffentlicher Wohnungsbau*

Das erste Programm der Bundesregierung zur Errichtung und Finanzierung von öffentlichen Sozialwohnungen stammt – wie bereits ausgeführt – aus dem Jahr

1937. Seit 1965 stellt das HUD Mittel an seine lokalen Behörden für den Neubau von Wohneinheiten, deren Unterhalt und die Unterstützung der dort lebenden Mieterinnen bereit. Mit der Einführung des Programms HOPE VI (1993) können die Verwaltungen vor Ort diese Fördergelder jedoch auch für den Abriss und die Umwandlung von Sozialwohnungen einsetzen. 1994 erreichte deren Bestand mit 1,4 Millionen seinen historischen Höchststand (Schwartz 2010: 102). 1998 verbot die Bundesregierung den lokalen Wohnungsbehörden sogar, ihren lokalen Bestand an Sozialwohnungen weiter auszubauen. Seitdem ist die Zahl der „public housing units" landesweit um etwa 12 Prozent zurückgegangen (ebd.).

Zum Beginn der Immobilienkrise wohnten in den USA noch etwa 2,3 Millionen Menschen in 14.000 von der öffentlichen Hand verwalteten Wohnkomplexen (mit etwa 1,2 Mio. Wohneinheiten), von denen sich etwa 80 Prozent in großstädtischen Regionen befinden (Center on Budget and Policy Priorities 2008: 1) und über die Hälfte in „high-poverty neighborhoods", das heißt in Vierteln mit einer Armutsquote von über 30 Prozent (Turner/Kingsley 2008: 7). Nur 5 Prozent aller Sozialwohnungen wurden in der Zeit nach 1985 errichtet (Schwartz 2010: 102). Ein Viertel aller Sozialwohnungen ist älteren Menschen oder Bewohnern mit Behinderungen vorbehalten. Das Einkommen der dort lebenden Haushalte darf maximal 80 Prozent des lokalen AMI betragen; 40 Prozent aller Sozialwohnungen sind für Mieter reserviert, deren Einkommen 30 Prozent oder weniger des AMI ausmacht (ebd.: 2 f.). In einer Reihe von Städten müssen Bewerber für eine Sozialwohnung aufgrund der Reduzierung des Bestands inzwischen mit Wartezeiten von mehr als zehn Jahren rechnen (National Coalition for the Homeless 2009).

*Sonstige Wohnungsbauförderungen*

Während der öffentliche Wohnungsbau über die Jahrzehnte erheblich an Bedeutung verloren hat, verteilt der Bund etwa seit den 1970er Jahren verstärkt Fördermittel an staatliche und nichtstaatliche Akteure auf kommunaler Ebene, um das Angebot auf dem privaten Mietwohnungsmarkt für einkommensschwache Bevölkerungsgruppen zu vergrößern.

*Community Development Block Grants*

Aus dem Fördertopf „Community Development Block Grants" vergibt das HUD seit 1974 Zuschüsse vor allem an Städte (mit mehr als 50.000 Einwohnerinnen). Mit ihnen sollen die Lebensumstände und Wohnbedingungen einkommensschwacher Bevölkerungsgruppen verbessert werden. Vor Ort werden diese Gelder seit Längerem für die Finanzierung von „neighborhood economic development projects" genutzt, zu denen der Erhalt und die Schaffung von preiswertem Wohnraum, häufig verwaltet von gemeinnützigen Trägern und Vereinen, gehört. Offizielle Angaben zur Anzahl der von Nonprofit-Organisationen mithilfe staatlicher Zuschüsse gebauten und verwalteten Wohnungen liegen nicht vor.

*Low Income Housing Tax Credit*

Diese 1986 eingeführte Einkommenssteuergutschrift kommt vor allem privaten Bauträgern sowie Hauseigentümern (Firmen und Einzelpersonen) zugute, die „low-income housing units" für Mieterinnen errichten bzw. auf dem Wohnungsmarkt anbieten. Um diesen maximal zehnjährigen Steuervorteil in Anspruch zu nehmen, müssen die Bauträger und Hausbesitzer garantieren, dass die Mieten für ihre Wohnungen über einen Zeitraum von mindestens 15 Jahren „erschwinglich" bleiben (als Orientierung gilt eine Familie mit der Hälfte des lokalen Medianeinkommens, die maximal 30 Prozents ihres Einkommens für die Miete aufbringt). Nach Angaben von HUD sind bis heute 2,2 Millionen Wohnungen auf diese Weise vom Bund bezuschusst wurden (US Department of Housing and Urban Development 2012c). Damit übersteigt der Bestand der vom Bund subventionierten privaten Mietwohnungen inzwischen den Bestand an Sozialwohnungen in öffentlicher Hand.

*Programme und Unterstützung für Obdachlose*

Seit Verabschiedung des „Stewart B. McKinney Homeless Assistance Act 1987" stellen fünf verschiedene Bundesministerien, darunter als die wichtigsten das Sozial- und Gesundheitsministerium und das HUD, staatlichen und privaten lokalen Einrichtungen Mittel bereit, um Obdachlosigkeit zu bekämpfen bzw. obdachlosen Menschen zu helfen. Nach den aktuellen Reformen aus dem Jahr 2009 gibt es vier größere HUD-Programme,[63] die insbesondere auf Prävention (d. h. auf die Vermeidung von Obdachlosigkeit) setzen – durch die Bereitstellung von Wohnraum, Mietbeihilfen und weiteren sozialen Dienstleistungen –, und das Programm „emergeny shelter", mit denen Notunterkünfte und Kriseneinrichtungen finanziert werden (vgl. Schwartz 2010: 211 ff.).

Insgesamt bieten in den USA rund 20.000 lokale Einrichtungen und Programme mithilfe von staatlichen und privaten Geldern jede Nacht etwa 660.000 Übernachtungsplätze für Obdachlose an (US Department of Housing and Urban Development 2011b: 12). Seit der Immobilien- und Wirtschaftskrise (2008) sind

---

63 Es handelt sich dabei um das „Supportive Housing Program", das „Shelter Plus Care Program", das „Section 8 Moderate Rehabilitation Program" und das „Homelessness Prevention and Rapid Re-Housing Program".

die Bundesausgaben für „homeless assistance" um fast 80 Prozent, von $ 2,8 auf 4,7 Milliarden, erhöht worden (US Interagency Council on Homelessness 2011: 1). Betrachtet man die Ausgabenentwicklung der staatlichen Wohnungspolitik insgesamt, zeigt sich jedoch, dass bis heute das Gros der öffentlichen Mittel auf die Förderung von Wohneigentum entfällt und damit weiterhin nicht den ärmeren Haushalten und Bedürftigen, sondern eher den Wohlhabenden zugutekommt (Sard/Fischer 2012: 6). Im Jahr 2012 flossen 75 Prozent der insgesamt $ 215 Milliarden „federal housing subsidies" an Hauseigentümer und nur ein Viertel an Mieterhaushalte (ebd.: 9).

*5.5.4 Jüngste Reformen und Ausblick*

Im Zuge der gegenwärtigen Immobilienkrise, die zwischen 2006 und 2011 für mehr als fünf Millionen Familien in den USA die Zwangsräumung und insgesamt einen privaten Vermögensverlust von geschätzten $ 14,3 Billionen bedeutete (Gopal/Gittelsohn 2012; Joint Center for Housing 2012: 3), haben sich viele der strukturellen Probleme des amerikanischen Wohnungsmarktes noch weiter verschärft. Eines der Vordringlichsten ist, dass es insbesondere in den urbanen Regionen immer mehr Wohnungssuchende gibt, denen ein ungenügendes Angebot an bezahlbarem Wohnraum gegenübersteht, und dass der Einkommensanteil, den gerade Mieterhaushalte für die Unterbringung aufbringen müssen, unaufhörlich wächst. Untersuchungen der Harvard-Universität zufolge sind in den USA die Mieten zwischen 1980 und 2009 bundesweit um mehr als 15 Prozent angestiegen (in manchen Regionen zwischen 30 und 50 Prozent), während die durchschnittlichen Einkommen heute deutlich unter dem Stand von 1980 liegen (Joint Center for Housing Studies 2011: 4).

Wer von der Obama-Administration zündende Lösungsansätze bzw. einen wirklichen Neuanfang in der Wohnungspolitik erwartet hatte, sah sich eher enttäuscht. Viele der seit dem Regierungswechsel umgesetzten Maßnahmen im Wohnungsbereich hatten den Charakter von Notprogrammen. So versucht die Bundesregierung seit 2008 mit diversen Interventionen, die schlimmsten Auswirkungen der Immobilienkrise abzufedern. Hierzu gehörten die Verstaatlichung der kurz vor der Pleite stehenden Hypotheken- und Finanzinstitute Fannie Mae und Freddie Mac und die Bemühung, mithilfe der Ausweitung der Aktivitäten der „Federal Housing Administration" eine Erholung oder zumindest eine Beruhigung auf dem Hypothekenmarkt einzuleiten. Ferner stellte die Bundesregierung im Zuge von diversen Rettungsmaßnahmen für überschuldete Eigentümer („Making Home Affordable Program", „Home Affordable Refinance Program" etc.) zusätzliche finanzielle Hilfen und Garantien bereit, um diese vor dem Verlust ihrer Häuser zu schützen. Im Februar 2012 gelang ihr zudem ein öffentlichkeitswirksamer Deal. Nach über einjährigen staatsanwaltlichen Ermittlungen ließen sich fünf der größten US-amerikanischen Bank- und Kreditinstitute (namentlich die Bank of America, JPMorgan, Wells Fargo, die Citigroup und Ally Financial), denen Betrug und eine Mitschuld an der Zuspitzung der Krise sowie an vielen Zwangsvollstreckungen angelastet wird, auf einen Vergleich ein (vgl. Gopal/ Gittelsohn 2012). Dieser sieht vor, die Raten für verschuldete Kreditnehmer zu senken, die Refinanzierung zu vereinfachen und von Zwangsräumungen Betroffenen eine Entschädigung zu zahlen. Beziffert wird der Wert des Pakets auf insgesamt $ 25 Milliarden. Dies ist der größte Vergleich zwischen Unternehmen und dem Staat in der Geschichte der USA, dem in Zukunft weitere zum Beispiel mit der Deutschen Bank folgen könnten. Während Präsident Obama der Öffentlichkeit dies als das „Ende der Rücksichtslosigkeit" präsentierte, sprechen Kritiker angesichts der geringen Zahl von Begünstigten und der eher niedrigen Höhe der Entschädigungen (um die $ 2.000 pro Haushalt) von einem Tropfen auf den heißen Stein (Huffington Post, 8.6.2012).

Perspektivisch, so geht aus einem Bericht des Finanz- und Wohnungsministeriums hervor, soll die staatliche Förderung von Hauseigentum in den USA, sei es über die Garantie von günstigen Hypothekenkrediten oder über hohe Steuerentlastungen für Wohneigentümer und -käufer, allerdings drastisch zurückgefahren werden (vgl. New York Times, 11.2.2011). So wird unter anderem vorgeschlagen, die Finanzinstitute Freddie Mac und Fannie Mae gänzlich aufzulösen, in Zukunft wesentlich weniger Hypothekengarantien zu vergeben und ab dem Jahr 2013 Einkommensgrenzen für die „mortgage interest deduction" einzuführen (Sard/Fischer 2012: 8). Ein Teil der dadurch eingesparten öffentlichen Mittel soll irgendwann in die Förderung des Mietwohnungsmarktes für einkommensschwache Bevölkerungsgruppen fließen.

Ob es sich hier aber tatsächlich um so etwas wie einen Paradigmenwechsel handelt, wie manch einer schon vermutet hat, und sich die staatliche Wohnungspolitik in den USA in Zukunft wirklich mehr für die Interessen von Mieterinnen einsetzen wird, bleibt abzuwarten. Zwar wurde bereits 2008 im Zuge des „Housing and Economic Recovery Act" ein „National Housing Trust Fund" eingerichtet, mit dessen Hilfe in den kommenden zehn Jahren – so die Forderung von der „National Low Income Housing Coalition" und anderen Mieter- und Obdachloseninitiativen – mindestens 1,5 Millionen zusätzliche Mietwohnungen im unteren Preissegment geschaffen werden sollen. 2009 hatte die Obama-Regierung angekündigt, hierfür erst einmal $ 8,25 Milliarden bereitzustellen, die eine Hälfte für den Neubau und die andere Hälfte für die Sanierung bereits bestehender

Miet- und Sozialwohnungen, insbesondere in den Großstädten. Bislang konnte man sich im US-Kongress jedoch noch nicht darauf einigen, aus welchem Topf dieses Vorhaben sowie der „National Housing Trust Fund" überhaupt finanziert werden sollen (vgl. National Alliance to End Homelessness 2012).

## 5.6 Gesundheitspolitik: Zwischen Staat und Markt

Die Gesundheitspolitik ist mit der Planung, Organisation, Steuerung und Finanzierung des Gesundheitssystems befasst. Zu den wichtigsten Akteuren in der Gesundheitspolitik zählen neben staatlichen Instanzen die Krankenkassen, die Interessenvertretungen von Patienten, Ärzten und Apothekern sowie die Pharmaindustrie. Im Zentrum der Diskussion um das öffentliche Gesundheitswesen als wichtigen Teil von Sozialpolitik stehen in der Regel vier Bereiche: die Sicherstellung einer angemessenen Versorgung der Bevölkerung, die Steuerung der Ausgabenentwicklung, die Frage der Kostenübernahme für diverse medizinische Behandlungen und Dienstleistungen sowie der Aspekt der sozialen Sicherung und Kompensation von Einkommensverlusten im Fall von Erwerbsunfähigkeit aufgrund von Unfällen oder Erkrankungen. Zumeist sind die öffentlichen Gesundheitssysteme in modernen Gesellschaften nach dem Versicherungsprinzip organisiert, es bestehen hier aber erhebliche Unterschiede zwischen den Ländern bei der institutionellen Ausgestaltung, der Finanzierung und beim Leistungsangebot.

Der Ausnahmecharakter des US-amerikanischen Wohlfahrtsstaats wurde vielfach mit dem Fehlen eines universellen öffentlichen Krankenversicherungssystems begründet, wie wir es aus den meisten entwickelten Industrienationen Europas kennen (Beland/Hacker 2004; Quadagno 2004). Bis zur Verabschiedung der hochgradig umkämpften Gesundheitsreform unter Präsident Barack Obama, dem „Patient Protection and Affordable Care Act" von 2010, gab es nur einen eingeschränkten öffentlichen Versicherungsschutz. Bis dahin teilte sich das US-amerikanische Gesundheitssystem in einen staatlich organisierten Bereich, der für eine Grundversorgung von meist mittellosen Bevölkerungsgruppen sowie Behinderten und Rentnern aufkommt, und in einen riesigen und wenig regulierten privaten Versicherungsmarkt. Viele US-Amerikaner sind – trotz eines Rückgangs des Abdeckungsgrades und Umfangs betrieblicher Sozialleistungen – weiterhin über ihren Arbeitgeber krankenversichert. Sofern betriebliche Krankenversicherungen nicht Teil von Tarifvereinbarungen sind, basieren sie jedoch auf dem Prinzip der Freiwilligkeit. Nach jüngsten Daten der Zensusbehörde haben 56,1 Prozent aller US-Bürger eine Krankenversicherung über den Arbeitgeber abgeschlossen,

9,6 Prozent sind individuell krankenversichert, und etwas über 30 Prozent qualifizieren sich für eines der öffentlichen Gesundheitsprogramme (Blank 2010). Das Gesundheitssystem in den USA hat einige nicht unwesentliche Vorzüge, die schnell vergessen werden: Wer hier gut verdient und eine umfassende Krankenversicherung besitzt, hat sofortigen Zugang zu den neusten medizinischen Technologien und zu hervorragend ausgebildetem medizinischen Fachpersonal. Im Weltmaßstab sind die USA Spitzenreiter in der medizinischen Grundlagenforschung. Von den letzten 24 Medizin-Nobelpreisträgern kamen 14 aus den Vereinigten Staaten. Die Kehrseite der Medaille: Obwohl der Staat in den USA einen Großteil der medizinischen Versorgung dem Markt überlässt, sind in kaum einem anderen westlichen Land die öffentlichen Gesundheitsausgaben in den letzten Jahrzehnten dermaßen explodiert wie hier. Betrug ihr Anteil am Bruttoinlandsprodukt (BIP) 1980 noch 3,7 Prozent, so waren es 2007 bereits 7,2 Prozent (OECD 2012). Es ist das teuerste Gesundheitssystem aller entwickelten OECD-Staaten: Im Jahr 2010 gaben US-Amerikaner pro Kopf $ 8.402 für ihre Gesundheit aus, doppelt so viel wie beispielsweise in Deutschland. Inzwischen verschlingt die Gesundheitsversorgung – rechnet man private und öffentliche Ausgaben zusammen – in den USA fast 20 Prozent des BIP (Center for Medicare and Medicaid 2010). Schon seit Langem wird das System daher von verschiedenen Seiten als zu kostspielig und ineffizient kritisiert, ohne dass sich daraus aber ein breiter Konsens hinsichtlich der notwendigen Veränderungen ergeben hätte. Kaum ein sozialpolitisches Thema hat die amerikanische Nation in den letzten Jahren so bewegt, aber auch gespalten wie die Reform des Gesundheitswesens.

*5.6.1 Besonderheiten und Probleme*

Die beachtliche Ausgabendynamik im Gesundheitssystem der USA hat ganz unterschiedliche Ursachen. Neben den Hightech-Geräten und anderen kostentreibenden Entwicklungen bei den Behandlungsmethoden gehört hierzu der Umstand, dass der Verwaltungsaufwand auf einem Markt mit einer Unzahl von privaten Versicherungsgesellschaften vergleichsweise groß ist und dass private Unternehmen möglichst hohe Profite erwirtschaften wollen. Zudem ist die US-amerikanische Gesellschaft im Vergleich zu den meisten europäischen Staaten überproportional stark von sogenannten Zivilisationskrankheiten betroffen, darunter Bluthochdruck, Schlaganfall und Diabetes, die häufig mit Übergewicht einhergehen. Nach OECD-Daten sind in den USA 30,6 Prozent der Bürger übergewichtig. Damit liegen die USA deutlich vor allen anderen OECD-Ländern auf Platz eins. Zum Vergleich: In Kanada sind nur 14,3 Prozent der Bevölkerung adipös, in Deutschland 12,9 Prozent (OECD 2005).

## 5.6 Gesundheitspolitik: Zwischen Staat und Markt

Neben der Kostenexplosion zählt das hohe Ausmaß an Nicht- bzw. Unterversicherung zu den zentralen Problemen des US-Gesundheitswesens. Im Jahr 2010 hatten 16,3 Prozent, das sind annähernd 50 Millionen Menschen, in den USA keinerlei Krankenversicherung. Den größten Anteil (30,7 Prozent) der Unversicherten machen Hispanics aus, gefolgt von Afroamerikanern mit 20,8 Prozent (Blank 2010). Generell kann also von einer extrem ungleichen Chancenverteilung im Gesundheitssystem der USA gesprochen werden. Fast jeder Zweite nennt die zu hohen Prämien der privaten Krankenkassen als auschlaggebenden Grund für eine fehlende Versicherung, rund 25 Prozent haben ihren Versicherungsschutz aufgrund von Entlassung verloren oder weil sie ihre Stelle gewechselt haben. Die meisten privaten Krankenversicherungen sind in den USA an den Arbeitsplatz gebunden und können nicht übertragen werden. Etwa 10 Prozent der Nichtversicherten sind junge Menschen, die aus der Familienversicherung ihrer Eltern herausgefallen sind oder sich in der Übergangsphase von der Schule ins Berufsleben befinden (National Center for Health Statistics 2011).

Aber selbst bei vielen Haushalten und Individuen, die in den USA über eine Versicherung verfügen, stellt ein Unfall oder eine Erkrankung ein erhebliches finanzielles Risiko dar, weil sie als unterversichert gelten und die Kassen extrem hohe Eigenbeteiligungen bei medizinischen Behandlungen, Operationen und Krankenhausaufenthalten verlangen. Sage und schreibe zwei Drittel aller privaten Haushaltsinsolvenzen gehen auf Krankheit bzw. die dafür anfallenden Behandlungskosten zurück (Himmelstein u. a. 2009). Allerdings ist es nicht so, dass Unversicherte und sogenannte undokumentierte Migranten in den USA – wie häufig kolportiert wird – vollständig von jedweder Gesundheitsversorgung ausgeschlossen sind. Seit dem „Emergency Medical Treatment and Labor Act" von 1986 sind die meisten Krankenhäuser in den USA gesetzlich verpflichtet, eine Notfallbehandlung vorzunehmen, auch wenn keine Krankenversicherung vorliegt. Untersuchungen zeigen aber, dass Bürger ohne eine Krankenversicherung seltener zum Arzt gehen und so auch ernsthafte Krankheiten oftmals zu spät diagnostiziert werden. Nach Schätzungen von Experten sterben jährlich über 18.000 US-Amerikaner zu früh, weil sie keine ausreichende medizinische Versorgung erhalten (Wilper u. a. 2009: 2289)

Darüber hinaus existiert in den USA bislang keine gesetzliche Regelung zur Lohnfortzahlung im Krankheitsfall. Der „Family and Medical Leave Act" aus dem Jahr 1993 schützt Angestellte bei krankheitsbedingten Fehlzeiten lediglich vor dem Verlust des Arbeitsplatzes und räumt ihnen das Recht ein, befristet unbezahlten Urlaub zu nehmen. Allerdings sind nur Unternehmen mit mehr als 50 Beschäftigten an diese Verpflichtung gebunden und gilt diese nur für Angestellte, die seit mehr als einem Jahr in einer Firma tätig sind. Allerdings können die Unternehmer auf freiwilliger Basis den Angestellten eine Lohnfortzahlung im Krankheitsfall anbieten. Immerhin 61 Prozent der Angestellten in der Privatwirtschaft und 89 Prozent im öffentlichen Dienst profitierten 2009 von solchen freiwilligen Vereinbarungen (US Bureau of Labor Statistics 2010: 1). Im Durchschnitt zahlt der Arbeitgeber bis zu acht Krankheitstagen, sofern der Angestellte länger als ein Jahr bei der Firma beschäftigt ist.

### 5.6.2 Historische Entwicklung

Im Bereich der öffentlichen Gesundheitspolitik können die USA im internationalen Vergleich getrost als Nachzügler und als exzeptionell charakterisiert werden. Während in anderen westlichen Industrienationen die Forderung nach einer Absicherung der Risiken Arbeitsunfälle und Krankheit in die ersten staatlichen Sozialversicherungsprogramme mündete, hat sich in den USA bis heute kein System einer umfassenden gesetzlichen Krankenversicherung herausbilden können. Dabei mangelte es nicht an Debatten und Versuchen, bereits frühzeitig eine solche einzurichten. Bereits in der „Progressive Era" (1890–1914; vgl. hierzu Kap. 4) kämpften zahlreiche Organisationen wie das „National Child Labor Committee", die „National Consumer League", die „Women's Trade Union League" oder die „American Association for Labor Legislation" (AALL) für eine fortschrittliche Sozialgesetzgebung im Gesundheitsbereich. Insbesondere die AALL, ein 1906 gegründeter Zusammenschluss von an Sozialreformen interessierten Sozialwissenschaftlern, Ökonomen und Juristen, der sich zu einem wichtigen Teil der „Progressive Movement" entwickeln sollte (vgl. Gee 2012), setzte sich in dieser frühen Phase moderner sozialstaatlicher Entwicklungen in den USA massiv auch für eine Verbesserung der Gesundheitssituation der Industriearbeiterschaft ein. Nach 1914 gelang es der AALL in mehreren Bundesstaaten, Gesetzesinitiativen auf den Weg zu bringen, die eine kostenlose medizinische Versorgung für alle Beschäftigten vorsahen, darüber hinaus noch Kranken- und Sterbegeld. Diese Vorstöße scheiterten jedoch überall am gut organisierten Widerstand der einflussreichen Ärzteschaft und konservativer politischer Kräfte. Erschwerend kam hinzu, dass die Arbeiterbewegung bei der Frage einer öffentlichen Krankenversicherung gespalten war. Die Bundesorganisation der „American Federation of Labor" (AFL) verbündete sich mit der „National Civic Federation", einer Organisation der Wirtschaftsführer, gegen die AALL-Gesetzesinitiativen, während einige der AFL angegliederte Organisationen wie die „United Mine Workers" diese unterstützten (Quadagno 2005: 21).

## 5.6 Gesundheitspolitik: Zwischen Staat und Markt

Bei diesem Konflikt zeigt sich erneut, dass es in den USA besonders breiter gesellschaftlicher und politischer Bündnisse zur Durchsetzung von Sozialreformen bedarf, auch weil das Regierungssystem hier aufgrund seiner ausgeprägten fragmentierten und dezentralisierten Strukturen und der spezifischen Ausgestaltung von Exekutive und Legislative besonders viele Blockademöglichkeiten bietet. Erfolgreicher waren da die Kampagnen der AALL für mehr Sicherheit am Arbeitsplatz und zur Kompensationen bei Arbeitsunfällen. Bis 1914 stimmten die Landesparlamente in mehr als 30 Bundesstaaten der Einführung einer Arbeitsunfallversicherung („workers' compensation") zu. Während eine stärkere Regulierung von Entschädigungszahlungen und sicherere Arbeitsplätze auch im Interesse der Unternehmer waren, die mehrheitlich entsprechende Gesetze begrüßten, hatte die Idee einer allgemeinen gesetzlichen Krankenversicherung zu diesem Zeitpunkt nur wenige Anhänger. Weder gab es zu Beginn des 20. Jahrhunderts staatlich organisierte Gesundheitsprogramme, noch war die private Versicherungsindustrie in diesem Bereich engagiert.

Bis zum Beginn des 20. Jahrhunderts galt das Versicherungsgeschäft im Bereich Gesundheit als noch nicht lukrativ genug. Erst als mit immensen medizinischen Fortschritten auch die Behandlungskosten entsprechend anstiegen, bildeten sich erste Formen der sozialen Absicherung heraus, zumeist aber zeitlich und vom Umfang her sehr begrenzt. So stellten einige Arbeitgeber eigene Betriebsärzte ein, damit diese die Angestellten im Krankheitsfall versorgen konnten (Starr 1982). Spätestens aber mit der Wirtschaftskrise in den 1920er Jahren verschwanden diese Arrangements wieder, auch weil sich alternative Formen privatwirtschaftlich organisierter Krankenversicherungen etablierten wie zum Beispiel die „Blue-Cross-Systeme" (vgl. hierzu weiter unten). Einer der ersten Gesundheitspläne, der auch die Kostenübernahme für einen mehrwöchigen Krankenaufenthalt vorsah, richtete sich 1929 in Dallas an die dortigen Lehrer und kostete eine Jahresprämie von $ 6 (Bodenheimer/Grumbach 1994: 635).

So blieb es Anfang des 20. Jahrhunderts bei begrenzten und häufig erfolglosen einzelstaatlichen Initiativen, ein öffentliches Sozial- und Gesundheitssystem aufzubauen. Die politische Kultur und Konfiguration des US-Wohlfahrtsstaates der damaligen Zeit war maßgeblich bestimmt durch die Macht und den Einfluss wichtiger Interessengruppen, die sich erfolgreich gegen eine universelle und staatlich organisierte Gesundheitsversorgung sperrten (Hoffman 2001: 113), nicht zuletzt auch deswegen, weil insbesondere Krankenhäuser und Ärzte ihre Kontrolle und Privilegien nicht verlieren wollten (Chasse 1994).

Mit der Großen Depression Ende der 1920er Jahre veränderten sich dann die parteipolitischen Machtkonstellationen in den USA. Der Fokus US-amerikanischer Sozialpolitik verschob sich immer mehr von den Einzelstaaten auf die Bundesebene. In den 1930er Jahren kontrollierten die Demokraten den US-Kongress, dessen Entscheidungsstrukturen aber noch stark von regionalen Interessen geprägt waren. Selbst die Demokratische Partei war gespalten in einen Nord- und einen Südflügel mit erheblich abweichenden sozialpolitischen Vorstellungen auch hinsichtlich der Frage der staatlichen Verantwortung im Bereich der Gesundheitsversorgung. So kam es, dass es bei den Aushandlungsprozessen im Vorfeld der wegweisenden Sozialgesetzgebung von 1935 („Social Security Act") an einer ausreichenden breiten Unterstützerkoalition inner- und außerhalb des Parlamentes fehlte, um neben einer nationalen Rentenversicherung und einem föderalen System der Arbeitslosenunterstützung auch noch eine gesetzliche Krankenversicherung durchzusetzen (Hacker 2002: 208 ff.).

Es war insbesondere der Mobilisierung und dem massiven Einfluss der „American Medical Association" (AMA) zu verdanken, dass eine öffentliche Gesundheitsversorgung die auffälligste sozialpolitische Lücke des New Deals und des modernen amerikanischen Wohlfahrtsstaats blieb (Starr 1982: 269). Die Stärke der AMA basierte zu dieser Zeit auf ihrer umfangreichen Mitgliedschaft, ihren erheblichen Ressourcen, aber vor allem auf der äußerst privilegierten Position, die Ärzte im amerikanischen Gesundheitswesen, in der Gesellschaft und im politischen System traditionell innehaben. Da sie im ganzen Land gut organisiert waren, konnten sie sowohl auf der Bundesebene als auch in allen relevanten Kongressbezirken aktiv werden. Von Bedeutung war auch ihr Einfluss auf die Patienten und damit auf die öffentliche Meinung insgesamt. Ärzte waren und sind bis heute angesehene soziale Akteure mit engen Verbindungen in die Politik. Aus den Auseinandersetzungen um die New-Deal-Gesetzgebung ging die AMA dann mit einer Aura der politischer Unbesiegbarkeit und einer enorm angewachsenen Mitgliedschaft hervor. Dies begründete bis heute ihren Anspruch, im Gesundheitssektor einer der zentralen Akteur zu sein (ebd.: 273).

Die Nachkriegsjahrzehnte waren dann zum einem bestimmt durch den massiven Ausbau eines privaten Versicherungswesens, zum anderen durch vereinzelte Versuche, das öffentliche Element im Gesundheitssektor zu stärken. In den 1920er und 1930er Jahren hatte sich das Angebot noch weitgehend auf Individualversicherungen beschränkt. Die Herausbildung eines betrieblichen Krankenversicherungssystems war dann ein eher zufälliges Resultat spezifischer historischer Umstände (Bodenheimer/Grumbach 1994: 636). Bis in die 1940er Jahre hinein gab es nur wenige Firmen, zu deren Sozialleistungen eine Krankenversicherung zählte. Als dann während des Zweiten Weltkrieges ein Arbeitskräftemangel drohte und die Bundesregierung deswegen zwischenzeitlich sogar die Löhne einfror,

## 5.6 Gesundheitspolitik: Zwischen Staat und Markt

änderten viele Unternehmen diesbezüglich ihre Haltung und umwarben die Arbeiter zunehmend mit dem Angebot, die Kosten für ihre Gesundheitsversorgung zu übernehmen (Starr 1982: 311). Der Bund beschloss daraufhin, zunächst nur als temporäre Maßnahme gedacht, Ausgaben hierfür steuerlich zu fördern.

Aber auch die politischen Initiativen für mehr Verantwortung des Staates bei der Gesundheitsversorgung wurden weiter vorangetrieben. So stellte der Demokrat Harry S. Truman das Versprechen, eine gesetzliche Krankenversicherung einzuführen, gar ins Zentrum seines erfolgreichen Präsidentschaftswahlkampfes von 1948. Allerdings konnte er eine entsprechende Gesetzesinitiative im Kongress später aufgrund einer breiten Opposition aus Republikanern und Südstaaten-Demokraten nicht durchsetzen (Poen 1979: 164 f.). In der Folgezeit konzentrierte sich die Bundesregierung dann eher auf den Ausbau der medizinischen Infrastruktur. Der „Hospital Survey and Construction Act" von 1948 stellte umfangreiche Mittel zum Bau neuer Krankenhäuser bereit. Zudem investierte der Bund beträchtliche Ressourcen in die medizinische Grundlagenforschung und Technologieentwicklung.

In den 1950er Jahren setzten sich dann diejenigen politischen und wirtschaftlichen Kräfte und Interessengruppen durch, die eine staatliche Bezuschussung von privaten Krankenversicherungen über das Steuersystem favorisierten, um somit den Unternehmern mehr Anreize zu bieten, ihren Arbeitern und Angestellten einen entsprechenden Versicherungsschutz anzubieten (Campion 1984). Auch die Gewerkschaften unterstützten eine solche Entwicklung, weil sie im System der betrieblichen Krankenversicherung und deren Verankerung in den Tarifverhandlungen eine Stärkung ihrer Machtposition sahen (Quadagno 2005: 52 ff.). Unter dem republikanischen Präsidenten Dwight D. Eisenhower (1953–1961) sind dann die Fundamente des betrieblichen Krankenversicherungssystems in den USA gefestigt und ausgebaut worden. Die steuerliche Sonderbehandlung der „fringe benefits", die während des Zweiten Weltkrieges zeitlich begrenzt eingeführt worden war, ist mit dem „Revenue Act" von 1954 dauerhaft festgeschrieben worden. Im Jahr 1959 brachte Eisenhower dann noch das „Federal Employee Health Benefits Program" auf den Weg, das es Angestellten des Bundes erlaubte, zu bevorzugten Konditionen eine private Krankenversicherung abzuschließen. Mit der Einführung dieses größten „voluntary employee group insurance program in the world" (Law 1974: 50) schien die Debatte um die Notwendigkeit eines gesetzlichen Krankenversicherungssystems in den USA vorerst beendet. Marion Folsom, damalige Leiterin des Bundesgesundheitsministerium, erklärte im Rückblick: „... the very fact that these voluntary plans had increased at a rapid rate convinced many people that we didn't need government health insurance for working people" (zit. nach Hacker 2002: 226). Zu diesem Zeitpunkt verfügten bereits 71 Prozent aller Beschäftigten in den USA über eine private Krankenversicherung, vermittelt über den Arbeitsplatz (US Social Security Administration 1976). Zu den Gruppen, die von diesem System der Gesundheitsversorgung ausgeschlossen blieben und in der Regel keinerlei Versicherungsschutz im Krankheitsfall hatten, zählten schon damals vor allem Einkommensschwache, Familien mit nur einem Elternteil, Teilzeitbeschäftigte sowie Personen mit chronischen Krankheiten und Behinderungen. Und auch der Abdeckungsgrad bei Rentnern war mit 38 Prozent eher gering (Anderson 1963: 6 ff.). Die damals eingeführte Praxis der privaten Versicherungsunternehmen, ihre Prämien an den geschätzten individuellen Krankheitsrisiken auszurichten, verschärfte das Problem der Unterversicherung nur noch weiter (Cunningham 1997: 100).

Die private Versicherungsindustrie bemühte sich Anfang der 1960er Jahre um eine Lösung dieses offensichtlichen Problems der weitreichenden Exklusion, nicht zuletzt mit der Absicht, einen befürchteten Legitimitäts- und Imageverlust ihrer Branche abzuwenden. Allerdings hielt man die Kosten, die mit der medizinischen Behandlung und Versorgung insbesondere von älteren und chronisch kranken Menschen verbunden waren, für zu hoch. Während einige wichtige Akteure ihren grundsätzlichen Widerstand gegenüber einer stärkeren Rolle des Bundes bei der Gesundheitsversorgung in der Folge aufgaben, blieb die AMA bei ihrer Ablehnung und war lediglich zu einigen geringen Konzessionen auf der Ebene der Einzelstaaten bereit. Die diesbezüglichen politischen Auseinandersetzungen zogen sich dann ohne Ergebnisse bis zur Amtsübernahme von Lyndon B. Johnson (1963-1969) hin, als sich mit einer erneuten deutlichen Mehrheit der Demokraten im US-Kongress ein entsprechendes Reformfenster öffnete. Immer mehr wurde die Einführung einer öffentlichen Krankenversicherung für Ältere und Behinderte zu einer „legislative certainity" (Marmor 2000: 59).

Zunächst sah der Vorschlag der Demokraten lediglich eine staatlich organisierte Versicherung für Senioren vor, die eine Krankenhausbehandlung einbezog, aber nicht eine ärztliche und ambulante Versorgung. Später einigte man sich auf ein beitragsfinanziertes Sozialversicherungssystem zur Abdeckung der Kosten einer medizinischen Grundversorgung für alle Rentner (über 65 Jahre) und auf ein Notprogramm für Arme. Hier kristallisierte sich die Grundstruktur des Gesundheitswesens in den USA heraus, das noch heute Gültigkeit hat: ein steuerlich begünstigter privater Krankenversicherungsmarkt für die Bevölkerung im arbeitsfähigen Alter, eine öffentliche, vom Bund verwaltete Krankenversicherung für Alte und Behinderte (Medicare) und ein aus Steuermitteln finanziertes Bei-

## 5.6 Gesundheitspolitik: Zwischen Staat und Markt

hilfeprogramm für Bedürftige (Medicaid), bei dem die Einzelstaaten über Zugangsbedingungen und Leistungsangebot bestimmen (vgl. hierzu weiter unten). In den 1970er Jahren verabschiedete der Kongress unter dem Eindruck einer ersten größeren Kostenkrise des Gesundheitswesens den „National Health Planning Act". Mit dem Gesetz sollte der Zugang zu einer qualitativen Gesundheitsversorgung erleichtert und zugleich ein stärkeres Element der Kostenkontrolle implementiert werden. Lokale und einzelstaatliche Kommissionen sollten das Angebot und Verteilung medizinischer Ressourcen ständig überwachen und in Kooperation mit den Anbietern medizinischer Dienstleistungen Vorschläge zur Optimierung unterbreiten. Mit dem „Health Maintenance Organisations Act" von 1973 unterstützte der Bund ferner die Einrichtung einer Sonderform privater Krankenversicherungen, mit denen eine bessere Steuerung der Kostenentwicklung im Gesundheitssektor einhergehen sollte: „Health Maintenance Organisations" (HMOs). Dies sind Organisationen, bei denen Versicherte durch Einschreibung ein definiertes Leistungspaket an medizinischer Versorgung mit Basis- und ergänzenden Behandlungsangeboten sowie einen Versicherungsschutz erhalten. Die Versorgung wird durch spezielle HMO-Ärzte übernommen, die hierfür ein festgelegtes Budget bekommen und damit auch das Versicherungsrisiko tragen.

Auf die Kostenexplosion im Gesundheitswesen und das wachsende Problem der Unter- und Nichtversicherten reagierte viele Jahre später auch die Clinton-Regierung. Allerdings scheiterte auch sie – trotz anfänglich positiver Umfragewerte – an einer Reform des Gesundheitswesens, obwohl der 1994 eingereichte Plan erhebliche Konzessionen an dessen historisch gewachsene Struktur, das heißt den spezifischen Public-Private-Mix, gemacht hatte (Hacker 1997). Die Einführung einer nationalen, auf Beiträgen basierenden Pflichtversicherung für alle US-Bürger stand nie auf der Agenda. Man setzte in erster Linie auf eine Ausweitung des privaten Versicherungsschutzes über den Arbeitgeber und auf das sogenannte „Managed-Care"-Prinzip, das sich in den Dekaden zuvor in den USA herausgebildet hatte. Mit der Reform sollten Unternehmen und Institutionen gesetzlich dazu angehalten werden, ihren Angestellten eine Krankenversicherung anzubieten. Wie allgemein bekannt ist, scheiterte auch dieser Vorstoß in Richtung Ausweitung des Versicherungsschutzes an der geschlossen Opposition von konservativen und libertär gesinnten Kongressabgeordneten, an der weiterhin mächtigen AMA und einflussreichen Interessengruppen der Pharma- und Versicherungsindustrie. Und auch die Demokraten standen nicht geschlossen hinter Clintons Reformvorschlag. Seine Gesetzesinitiative kam im US-Kongress nicht mal zu einer Abstimmung, sondern wurde frühzeitig im Ausschusssystem des Parlaments abgewiesen (Hacker 1997).

### 5.6.3 Aktuelle Leistungen und Strukturen

Die relativ komplexen Strukturen, die heute im Gesundheitswesen der USA vorherrschen, sind Ausdruck der oben beschriebenen Entwicklungsprozesse und spezifischen Macht- und Interessenkonstellationen, welche auch im internationalen Vergleich durch eine besondere Rolle des privaten Versicherungsmarktes gekennzeichnet sind. In der ersten Hälfte des 20. Jahrhunderts gab es hier keinerlei nennenswerten öffentlichen Vorkehrungen und staatlich finanzierten Programme zur Krankenversorgung der Bevölkerung. Bis vor kurzem verzichtete die Politik in den USA im Gegensatz zu den meisten anderen entwickelten westlichen Nationen auf einen allgemeinen Versicherungsschutz. Die Mehrzahl der US-Bürger ist weiterhin privat über ihren Arbeitgeber versichert. Im Jahr 2009 waren dies 55,8 Prozent der Bevölkerung (Kaisers Family Foundation 2011a).

Gesetzlich sind die Arbeitgeber weiterhin nicht verpflichtet, ihren Beschäftigten eine Krankenversicherung anzubieten. Anreize setzt der Staat dadurch, dass die Unternehmen die Kosten für die Versicherungen steuerlich absetzen können. Während die meisten Großunternehmen ihre Angestellten gegen Krankheit versichern, verzichten viele der kleinen Unternehmen darauf. Über ein Viertel der US-Bevölkerung qualifiziert sich für eines der öffentlichen Gesundheitsprogramme. 2010 hatten 47,5 Millionen US-Bürger Ansprüche auf Leistungen aus dem Medicare-Programm, fast genauso viele erhielten eine Gesundheitsversorgung im Rahmen von Medicaid. Im Jahr 2009 waren dies in den gesamten USA rund 46,5 Millionen Personen, das heißt rund 15,6 Prozent der Bevölkerung (Statistical Abstract of the United States 2012).

*Private Gruppenversicherungen über den Arbeitgeber*

Der überwiegende Teil der US-Bürger ist aktuell noch über eine betriebliche Gruppenversicherung geschützt. Zwischen 70 und 85 Prozent der anfallenden Prämien übernimmt dabei in der Regel der Arbeitgeber, der auch die Verträge oder Pläne mit den privaten Versicherungsanbietern aushandelt. Den Rest der Kosten müssen die Beschäftigten tragen. Diese variieren zwischen den Anbietern. Im Schnitt lag die jährliche Versicherungsprämie 2012 bei $ 15.745 für eine Familie mit zwei Kindern, wovon der Arbeitgeber $ 11.429 übernahm und der Arbeitnehmer die restlichen $ 4.316 zahlen musste (Kaisers Family Foundation 2012: 83). Für beide Seiten sind die Krankenversicherungskosten steuerlich absetzbar.

Fast alle großen Betriebe bieten solche „group insurances" für ihre Angestellten an. Der Vorteil gegenüber Einzelversicherungen für die Arbeitnehmer ist, dass durch einen großen Versicherungspool Risiken besser umverteilt werden können und damit auch die Kosten und Beiträge sinken. Dies ist insbeson-

## 5.6 Gesundheitspolitik: Zwischen Staat und Markt

dere für Beschäftigte mit größeren Gesundheitsproblemen und hohem medizinischen Bedarf von Bedeutung, weil in einer Art Umlageverfahren die gesünderen Kollegen für sie mitbezahlen. Durch die direkte Verknüpfung des Versicherungsschutzes mit dem Arbeitsplatz – es schließt das Unternehmen den Vertrag mit der Krankenversicherung ab und nicht der einzelne Arbeitnehmer – hat die Gruppenversicherung jedoch auch Nachteile. Wer die Firma verlässt oder entlassen wird, verliert in der Regel zumindest mittelfristig seine Krankenversicherung. Wer erwerbslos ist, kann sich in der Regel keine private Versicherung leisten. Bezieher von Arbeitslosenunterstützung sind nicht automatisch wie in Deutschland weiter krankenversichert. Zudem ist der Abdeckungsgrad in den letzten Jahren stark rückläufig. Zwischen 2000 und 2008 sank er um fünf Prozentpunkte (Holahan/ Cook 2009: 2). Als Hauptgrund für den Rückgang des Abdeckungsgrads müssen an erster Stelle die extrem gestiegenen Prämien genannt werden: Nach Angaben des „National Compensation Surveys" mussten die Arbeitgeber 2009 bereits $ 2 pro Arbeitsstunde für die Krankenversicherung ausgeben (Yi 2010).

*Individuelle private Krankenversicherungen*

Obwohl die Option, sich individuell zu versichern, in der politischen Debatte oftmals als Alternative zur betrieblichen Gruppenversicherung dargestellt wird, ist die Anzahl der Personen, die über einen solchen „individual plan" in den USA verfügen bzw. ihn sich überhaupt leisten können, bislang eher gering. Nach Angaben der Zensusbehörde waren es im Jahr 2012 lediglich etwa neun Prozent aller US-Bürger. Hierzu zählen unter anderem viele Selbstständige, die die Kosten für eine individuelle Krankenversicherung steuerlich absetzen können, während dies für normale Arbeitnehmer bislang nicht möglich ist.

Zwar werden bei individuellen Plänen oftmals vergleichbare Leistungen wie bei den Gruppenversicherungen angeboten, es fallen in der Regel jedoch wesentlich höhere Prämien und Zuzahlungen an. Die Prämien orientieren sich an den zu erwartenden Kosten für die Versicherungsgesellschaften. Das heißt, vor Versicherungsabschluss werden meist weitreichende Informationen über den gesundheitlichen Zustand und etwaige Vorerkrankungen der Bewerber eingeholt, nach denen die Prämien dann errechnet werden. Zudem konnten die privaten Krankenkassen bis zur Gesundheitsreform unter der Obama-Regierung in vielen Bundesstaaten den Versicherungsschutz aus verschiedenen Gründen einfach verweigern oder auch aufkündigen, wenn sich zum Beispiel herausstellte, dass die Angaben des Versicherten unvollständig waren (Läufer 2012: 3).

## „Managed Care" und weitere Entwicklungen im Versicherungswesen

Sowohl Gruppen- als auch Individualversicherungen lassen sich danach unterscheiden, wie das Verhältnis zwischen Patienten, Versicherungen und medizinischen Dienstleistern (Ärzten, Krankenhäusern etc.) geregelt ist. Bei dem traditionellen Versicherungstypus („indemnity" oder „fee for service plans") bezahlt der Patient die Behandlungskosten eines von ihm frei gewählten Krankenhauses oder Arztes zunächst aus eigener Tasche und lässt sich diese dann durch die Versicherung zurückerstatten. Viel verbreiteter sind inzwischen jedoch Versicherungssysteme, die auf einem festen Pool von medizinischen Dienstleistern basieren und zu festgelegten Konditionen bestimmte medizinische Versorgungsleistungen abdecken. Zu den bedeutendsten dieser Anbieter zählt die „Blue Cross Blue Shield Association", ein Zusammenschluss von 39 Krankenkassen, die nach eigenen Angaben annähernd 100 Millionen US-Bürger versichert. Bundesweit haben rund 96 Prozent der Krankenhäuser und 91 Prozent aller niedergelassenen Ärzte Verträge mit dieser Vereinigung abgeschlossen, die auch Leistungen für Medicare-Patienten anbietet.

Generell werden solche Netzwerke von Versicherungs- und Leistungsanbietern, zu denen neben Ärzten auch Gewerkschaften oder Konsumgenossenschaften zählen können, und die von ihnen eingesetzten Techniken, Verfahren und Steuerungsmodelle in den USA unter den Begriff „Managed Care" gefasst. Hauptmotiv von „Managed Care" ist vor allem aus Regierungssicht, die Kosten im Gesundheitssektor zu reduzieren, ohne die Qualität der Versorgung zu senken. Als Pioniere gelten hierbei die bereits erwähnten „Health Maintenance Organizations" (HMOs). Seit den 1970er Jahren haben diese und ähnliche Organisationen, die sich dadurch auszeichnen, dass sie eine Gemeinschaft aus Klienten und Leistungserbringern mit einem festgelegten Gesamtbudget kreieren, aus dem dann alle medizinischen Maßnahmen bezahlt werden, im US-amerikanischen Gesundheitssystem eine enorme Ausbreitung erfahren. Sie sind vertraglich dazu verpflichtet, ihre freiwilligen Mitglieder mit ambulanten, stationären und zum Teil auch zahnärztlichen Leistungen zu versorgen und hierfür den Versicherungsschutz zu übernehmen. Der monatliche Beitrag ist fix und unabhängig von der Inanspruchnahme der Leistungen. Selbstbeteiligung an den Kosten gibt es nur in Ausnahmefällen.

Seit den späten 1990er Jahren hat sich zudem ein System etabliert, „Consumer-driven Health Care" genannt, bei dem individuelle „Health Saving Accounts" oder „Health Reembursement Accounts" zur Finanzierung medizinischer Dienstleistungen genutzt werden können. Erstere werden von den Versicherten bzw. Anlegern selbst kontrolliert, Letztere laufen über den Arbeitgeber und sind in der Regel nicht übertragbar, wenn der Angestellte die Firma verlässt. Voraussetzung für die Eröffnung solcher Anlagekonten ist der Abschluss eines „High Deductible Health Plans", der im Gegensatz zu den üblichen Krankenversicherungen geringere Prämien bei einer höheren Eigenbeteiligung vorsieht. Die Eigenbeteiligung liegt derzeit zwischen $ 1.250 und $ 6.050 bei Einzelversicherten und $ 2.500 und $ 12.100 bei Familienversicherungen (IRS 2012). Die höheren Kosten bei der Eigenbeteiligung können die Versicherten dann mit dem Geld aus ihren Anlagekonten bezahlen.

Seit 2003 werden auch diese Gesundheitskonten von staatlicher Seite steuerlich subventioniert, was – neben den niedrigeren Versicherungsprämien sowohl für Arbeitgeber als auch Arbeitnehmer – zu ihrer raschen Expansion beigetragen hat. 2010 hatten rund 11,4 Millionen US-Bürger einen „Health Saving Account", elfmal mehr als noch 2005 (America's Health Insurance Plans 2011). Nach Angaben des Bundesarbeitsministeriums haben rund 14 Prozent aller Arbeitnehmer in der Privatwirtschaft die Möglichkeit, über ihren Arbeitsplatz ein solches Gesundheitskonto einzurichten (Bureau of Labor Statistics 2011). Sie sind insbesondere bei jüngeren Leuten recht populär: 2008 waren 26 Prozent der auf diese Weise Krankenversicherten Personen unter 20 Jahren (America's Health Insurance Plans 2011). Die Befürworter von „Consumer-driven Health Care" verweisen insbesondere auf das kostensenkende Potenzial, während Kritiker davon ausgehen, dass sich viel zu viele Geringverdiener auch diese Form der Krankenversicherung nicht werden leisten können.

*Staatliche Krankenversicherung für Ältere und Behinderte: Medicare*

Während immer mehr Arbeitnehmer in den letzten Jahren in den USA ihren Versicherungsschutz verloren haben, gibt es für alle Personen über 65 Jahre und solche, die aufgrund einer Erkrankung oder Behinderung langfristig erwerbsunfähig sind, seit 1965 das nationale und vom Bund verwaltete Sozialversicherungsprogramm Medicare. Finanziert wird es analog zur staatlichen Rente über Beiträge der Arbeitnehmer und Arbeitgeber, aber auch über allgemeine Steuermittel. Seit den 1960er Jahren sind die Kosten für Medicare kontinuierlich angestiegen, sowohl in absoluten Zahlen als auch in Relation zum Bruttoinlandsprodukt. 2010 kostete Medicare den US-Staat $ 524 Milliarden und machte damit rund 15 Prozent aller vom Bund finanzierten Sozialleistungen aus (Kaisers Family Foundation 2011a: 1).

Medicare setzt sich seit 2006 aus vier Leistungsbereichen zusammen:
- Part A ist eine Pflichtversicherung für die Krankenhausbehandlung, unter bestimmten Umständen wird auch ein Teil der Kosten von kurzfristigen

Unterbringungen in Pflegeheimen bezahlt. In der Regel werden die Kosten der ersten 20 Tage eines Krankenhausaufenthaltes komplett von Medicare übernommen, für die darauffolgenden Behandlungs- und Unterbringungskosten müssen die Patienten eine Zuzahlung leisten.
- Part B, die „medical insurance", deckt die Kosten für Arztbesuche ab. Dieser Teil von Medicare ist keine Pflichtversicherung und übernimmt rund 80 Prozent der zuvor zur Genehmigung anstehenden ärztlichen Behandlungskosten (beginnend ab der Höhe von $ 140). Den Rest müssen die Versicherten aus eigener Tasche beisteuern.
- Bei Part C geht es um sogenannte Medicare-Advantage-Pläne, die seit Verabschiedung des „Balanced Budget Act" von 1997 von privaten Unternehmen angeboten werden können, aber staatlich kontrolliert werden. Personen und Haushalte, die sich für eine solche private Zusatzkrankenversicherung entscheiden, bekommen einen Teil der Versicherungsbeiträge für Medicare zurückerstattet.
- Part D besteht aus einer unter der Bush-Regierung 2004 eingeführten privaten Zusatzversicherung, mit der ein Teil der Kosten für verschreibungspflichtige Medikamente übernommen wird. Auch hier sind die Anbieter spezialisierte Unternehmen, die von der für Medicare zuständigen Bundesbehörde reguliert und überwacht werden.

*Fürsorgeprogramme für Bedürftige: Medicaid und SCHIP*

Das ebenfalls 1965 eingeführte Programm Medicaid sorgt für eine medizinische Grundversorgung für Personen und Kinder in Haushalten, die unter eine bestimmte Einkommensgrenze fallen. Die Leistungen werden weitgehend anteilig aus Steuermitteln des Bundes und der Einzelstaaten finanziert, aber auf der subnationalen Ebene verwaltet. Das heißt, dass es regional unterschiedliche Regelungen hinsichtlich der Zugangsbedingungen und des Leistungsangebots gibt. In den meisten Einzelstaaten darf das Haushaltseinkommen nicht 133 Prozent des Armutslevels überschreiten, um anspruchsberechtigt zu sein. Darüber hinaus müssen weitere Voraussetzungen erfüllt sein wie zum Beispiel eine körperliche Behinderung, eine Schwangerschaft oder Erziehungspflichten gegenüber minderjährigen Kindern. Rund 60 Millionen US-Bürger mit geringem Einkommen qualifizieren sich derzeit für Leistungen aus dem Programm, annähernd die Hälfte davon ist minderjährig (29 Mio.), rund ein Viertel sind Rentner (6 Mio.) und Menschen mit Behinderungen (8 Mio.), wobei auf die zuletzt genannten Gruppen mit $ 12.500 bzw. $ 14.500 pro Jahr die eindeutig höchsten Ausgaben entfallen. Bei Kindern betragen die durchschnittlichen Aufwendungen lediglich $ 2.100 (Kaisers Family Foundation 2010). Allerdings existiert für Kinder in allen Staaten seit 1997 das „State Children's Health Insurance Program" (SCHIP). Anspruchsberechtigt sind hier Minderjährige, deren Eltern ein Einkommen haben, das für Medicaid zu hoch ist, aber zu niedrig, um eine private Krankenversicherung bezahlen zu können.

Unter Medicaid und SCHIP wird eine breite Palette von Leistungen angeboten. Zusätzlich zu einer medizinischen Notversorgung können auch Kosten für Langzeitbehandlungen übernommen werden, die von Medicare oder von privaten Versicherungen überhaupt nicht oder nur zum Teil abgedeckt sind. Obwohl der offizielle Leistungskatalog recht vielfältig ist, ist der Zugang vielerorts de facto eher eingeschränkt. Das hängt damit zusammen, dass aufgrund der reduzierten Vergütung Ärzte nur wenige Anreize haben, Medicaid-Patienten zu behandeln (Havemann/Wolfe 2010: 54). Trotzdem hat sich insbesondere Medicare spätestens in der jüngsten Finanz- und Wirtschaftskrise zu einem wichtigen sozialen Programm für viele US-Bürger erwiesen, da Arbeitslose, auch wenn sie Lohnersatzleistungen erhalten, in den USA anders als zum Beispiel in Deutschland keinen Krankenversicherungsschutz genießen. Nicht nur die seit 2007 extrem gestiegenen Erwerbslosenzahlen haben daher die Ausgaben für Medicaid rapide in die Höhe schießen lassen. Sie betrugen 2011 rund $ 300 Milliarden, das macht rund 16 Prozent aller Gesundheitsausgaben in den USA aus (Statistical Abstract of the United States 2012)

## 5.6.4 Jüngste Reformen und Ausblick

Die wachsende Zahl von Nichtversicherten sowie die Kostenexplosion im amerikanischen Gesundheitswesen stellten bereits vor Beginn der Finanz- und Wirtschaftskrise im Jahr 2008 eines der gravierendsten innenpolitischen Probleme dar, das kaum mehr ignoriert werden konnte. Zum Amtsantritt Präsident Barack Obama hatte sich der Reformdruck dermaßen erhöht, dass er und seine Partei ein erneutes Reformfenster sahen, um gegen die vielen Defizite und Unzulänglichkeiten anzugehen. Es zeigte sich jedoch bald, dass die spezifischen und historisch gewachsenen Akteurs- und Interessenkonstellationen im US-Gesundheitssystem eine grundlegende Strukturreform erneut verhindern würden, wie sie sich insbesondere progressive Demokraten mit einer Stärkung des öffentlichen Einflusses erhofft hatten. Die Palette der Reformvorschläge reichte von der Forderung nach der Einführung eines Single-Payer-Systems wie in Kanada, in dem der Staat alle Gesundheitskosten für alle Bürger aus Steuermitteln finanziert, bis zur Minimallösung in Form einer „public option", einer öffentlichen Krankenversicherung, die in Konkurrenz zu den privaten Versicherungsangeboten für mehr Wettbewerb sorgen und somit die Kosten im Gesundheitssektor senken sollte. Behindert durch eine extreme parteipolitische Polarisierung, schwierige Mehrheitsfindungsprozesse und eine breite Öffentlichkeit, die sich zum Teil vehement gegen eine grundlegende Reform aussprach, gelang es der Obama-Administration am Ende nur, ein Gesetz durchzubringen, das die grundlegenden Strukturen im Gesundheitsbereich intakt ließ, dafür aber den privaten Versicherungsmarkt stärker reguliert und staatlich subventioniert.

Mit dem 2010 mit knapper Mehrheit verabschiedeten „Patient Protection and Affordable Care Act" war das Ziel verbunden, in allen Einzelstaaten neue Versicherungsmärkte („exchanges") zu schaffen, die private Policen zu moderaten Preisen und nach gesetzlich geregelten Kriterien anbieten sollen. Hier sollen dann alle US-Amerikaner mit einem Einkommen von bis zu 400 Prozent der Armutsgrenze, die über keine betriebliche Krankenversicherung verfügen und keinen Anspruch auf staatliche Leistungen haben, einen erschwinglichen Krankenversicherungsschutz erwerben können. Die Grundstruktur, dass eine Krankenversicherung vorrangig an den Arbeitsplatz gekoppelt und wichtiger Teil der unternehmerischen Sozialpolitik ist, bleibt erhalten. Allerdings wurde der Schutz der Individuen gegenüber den Versicherungsunternehmen gestärkt. Diese dürfen beispielsweise nicht mehr aufgrund von Vorerkrankungen („preexisting conditions") einen Versicherungsschutz verweigern. Zudem können die Vertragsbedingungen nicht länger einseitig aufgekündigt oder abgewandelt werden, falls sich die Gesundheitssituation des Versicherungsnehmers verändert hat. Darüber hinaus sind die nicht unerheblichen privaten Zuzahlungen, die die Versicherten in der Regel zu leisten haben, auf einen bestimmten Jahresbetrag gestutzt worden.

Der stärkeren Regulierung der Versicherungsbranche steht die Einführung einer allgemeinen Versicherungspflicht gegenüber, was in der Geschichte der USA einmalig ist und die dem privaten Markt nach Schätzungen rund 30 Millionen neue „Kunden" bringen wird. Ab 2014 muss dann jeder US-Bürger und auch jedes Unternehmen mit mehr als 50 Beschäftigten, das seinen Angestellten keine Gruppenversicherung anbietet, eine Strafe zahlen. Die Reform soll nach Berechnungen des „Congressional Budget Office" zu einer Reduzierung des Haushaltsdefizits um rund $ 84 Milliarden in den kommenden zehn Jahren beitragen. Finanziert werden soll sie durch Kosteneinsparungen im System sowie zahlreiche neue Gebühren und Steuern.

Auch wenn die duale Struktur des Gesundheitssektors mit ihrem Schwerpunkt auf dem privaten Versicherungsmarkt weiter fortgeschrieben worden ist, kann der „Patient Protection and Affordable Care Act" von 2010 als die ambitionierteste Sozialreform seit der Ära der Great Society unter Lyndon B. Johnson in den 1960er Jahren betrachtet werden. Zahlreiche Defizite im privaten System wurden durch die neuen Regeln entschärft. Zudem sind nicht nur die Rechte der bereits Versicherten gestärkt worden, es wurden auch neue und bezahlbare Versicherungsoptionen für eher einkommensschwache Bevölkerungsgruppen geschaffen. Der Abdeckungsgrad im Gesundheitssystem soll so in den nächsten Jahren auf über 95 Prozent steigen. Ob die Strukturprobleme des US-Gesundheitssystems aber mit dieser Reform langfristig gelöst werden können, ist zu bezweifeln. Die Dominanz und Vielfalt der privaten Versicherungsanbieter, die mit hohen Verwaltungs- und Marketingkosten verbunden sind und Teil der Misere sind, die man bekämpfen wollte, blieben unangetastet, und es stellt sich die Frage, warum die privaten Akteure von nun an mit einer anderen Logik auf dem Versicherungsmarkt agieren sollen als all die Jahre zuvor.

Zudem ist die Gesundheitsreform in der Öffentlichkeit weiterhin äußerst umstritten. Mitt Romney, republikanischer Präsidentschaftskandidat, drohte sogar damit, sie bei einem Wahlsieg im November 2012 wieder rückgängig zu machen. Bereits zuvor hatten mehrere Landesregierungen gegen das Gesetz geklagt, meist mit der Begründung, die neu eingeführte Versicherungspflicht verstoße gegen die Verfassung. Aus der Sicht der Kläger ist diese Vorgabe des Bundes ein unzulässiger Eingriff in die Belange der Bürger und Einzelstaaten. Im Juni 2012 hat der Supreme Court diese Klagen jedoch als unbegründet zurückgewiesen. Nach Einschätzung der Mehrheit der Richter kann die Versicherungspflicht mit der Steuerhoheit des US-Kongresses gerechtfertigt werden, da die angedrohte Strafe für Nichtversicherte nichts anders als eine Steuerforderung sei, was nicht gegen die Verfassung verstoße. Obwohl die Demokraten und Präsident Obama damit einen wichtigen Sieg davongetragen haben, bleibt das Gesundheitswesen wohl der sozialpolitische Bereich, in dem sich die unterschiedlichen politischen und ökonomischen Vorstellungen der Demokraten und Republikaner am unversöhnlichsten gegenüberstehen. Die Republikaner und ihr Präsidentschaftskandidat treten für eine Dezentralisierung und Privatisierung der Verantwortung bei der Krankenversorgung und Gesundheitsvorsorge ein, während die Demokraten mit Amtsinhaber Barack Obama den Solidaritätsgedanken in der Gesundheitspolitik und auch die Rolle des Bundes hierbei weiter stärken wollen.

In einer mittelfristigen Perspektive werden sich die Strukturen des US-amerikanischen Gesundheitssektors nicht grundlegend verschieben. Eine Entwicklung in Richtung eines öffentlichen universellen Krankenversicherungssystems ist aufgrund der politischen Konstellationen nicht zu erwarten. Das etablierte System der privaten Krankenversicherungen über den Arbeitsplatz wird dominant bleiben, daran werden auch die neu geschaffenen Versicherungsmärkte („Exchanges") kaum etwas ändern. Weitere Konflikte sind jedoch beim Programm Medicaid vorprogrammiert. Mit der Reform von 2010 sind die Zugangsbedingungen zu diesem Gesundheitsprogramm für Einkommensschwache deutlich gesenkt worden, damit mehr Menschen versorgt werden können. Allerdings hat das Oberste Verfassungsgericht entschieden, dass die Einzelstaaten diese Ausweitung, die mit einer enormen Ausgabensteigerung verbunden ist, nicht mittragen müssen (Campbell 2012). Daher werden über kurz oder lang Debatten einsetzen, wie die Zahl der Unterversorgten und Unversicherten in den USA effektiv zu senken ist. Als mögliche Option dürfte hier eine Zentralisierung des Medicaid-Programms in Betracht gezogen werden. Nicht zuletzt auch deswegen, weil die meisten Einzelstaaten die mit Medicaid verbundene große finanzielle Last nicht mehr lange werden schultern können.

### 5.7 Rentenpolitik: „The Third Rail of American Politics"[64]

Die Alterssicherung der Bevölkerung gehört neben dem Schutz vor Risiken wie Invalidität (durch Arbeitsunfälle) und Arbeitslosigkeit traditionell zu den Kernfeldern der Sozialpolitik. Bei der Herausbildung moderner Wohlfahrtsstaaten im Zeitalter der Industrialisierung waren Rentensysteme unter den ersten Sozialversicherungen, die eingeführt wurden. Ihre zentrale Aufgabe, die früher anderen Hilfsstrukturen wie zum Beispiel der kommunalen Armenfürsorge oder den Großfamilien zufiel, besteht darin, nicht mehr erwerbstätigen oder erwerbsfähigen alten Menschen ein Auskommen zu ermöglichen. Sollten Renten oder Pensionen am Anfang karitative oder familiäre Formen der Unterhaltssicherung von Gebrechlichen nur ergänzen, haben sie diese im Laufe der Zeit fast vollständig abgelöst. Heute werden sie vielfach als ein Instrument der Sicherung des Lebensstandards begriffen, indem sie ab einem bestimmten Alter oder im Falle einer gesundheitsbedingten Erwerbsminderung oder -unfähigkeit einen adäquaten Ersatz für ausgefallene Arbeitseinkommen bieten.

Auch in den USA steht die Alterssicherung seit jeher im Zentrum sozialpolitischer Aktivitäten und Auseinandersetzungen. Hier hat sich, wenn auch im internationalen Vergleich relativ spät, ein recht komplexes System öffentlicher, aber auch privater Vorkehrungen und Leistungen herausgebildet, die sich zum Teil gegenseitig bedingen. Die erste und staatlich organisierte Säule besteht aus

---

64 „The Third Rail of American Politics" ist ein sehr häufig verwendetes Synonym für ein Thema, das dermaßen umstritten ist und kontrovers diskutiert wird, dass Veränderungen kaum möglich sind. In diesem Fall ist die Reform der öffentlichen Rentenversicherung in den USA gemeint.

## 5.7 Rentenpolitik: „The Third Rail of American Politics"

der gesetzliche Renten- und Invalidenversicherung, „Old Age and Survivors Insurance and Disability Insurance" (OASID), umgangssprachlich einfach „Social Security" genannt. Sie gilt als das Herzstück des „Social Security Act" von 1935 und wurde in den Nachkriegsjahrzehnten immer weiter ausgebaut. Die zweite Säule bildet der Bereich der betrieblichen oder berufsbezogenen Rentensysteme, der sich zurzeit in einem Umbruch befindet und immer mehr mit der dritten Säule, der rein individuellen Altersvorsorge, die vorrangig über die Kapital- und Versicherungsmärkte organisiert wird, verschmilzt. Beide Formen der privaten Absicherung werden mit erheblichen Steuervergünstigungen staatlich gefördert.

Vergleicht man den Bereich der Alterssicherung in den USA mit dem der Gesundheitsversorgung, so zeigt sich bei den Grundstrukturen ein wichtiger Unterschied: Auch wenn die Fundamente für die betriebliche Altersvorsorge in den USA bereits vor dem „Social Security Act" gelegt wurden, hat sich das entsprechende System erst in den 1940er Jahren zum Teil auch in Reaktion auf die Defizite des gesetzlichen Rentenprogramms massiv ausgeweitet und als komplementäre Säule etablieren können. Inzwischen hat sich die während des New Deals eingeführte gesetzliche Rentenversicherung allerdings zum finanzstärksten, umfassendsten und populärsten Sozialversicherungssystem in den USA entwickelt. Im Jahr 2012 bezogen rund 56 Millionen US-Bürger Social-Security-Leistungen in einem Umfang von $ 778 Milliarden (Social Security Administration 2012).

### 5.7.1 Besonderheiten und Probleme

Zur besonderen Erfolgsbilanz von „Social Security" zählt, dass mit ihrer Einführung und insbesondere der massiven Expansion in der Phase nach dem Zweiten Weltkrieg das Problem der Altersarmut erheblich verringert werden konnte. In Kombination mit Medicare, der Krankenversicherung für Senioren (vgl. hierzu Kap. 5.6), hat sich die gesetzliche Rentenversicherung im Laufe der Jahrzehnte zu einem der erfolgreichsten sozialstaatlichen Programme in den USA entwickelt. In den 1960er Jahren lag die Armutsrate von Älteren in den USA mit rund 35 Prozent doppelt so hoch wie beim Rest der Bevölkerung. 2010 war sie auch infolge der schrittweisen Ausweitung von „Social Security" auf 9 Prozent gesunken. Damit liegt die Armutsrate bei den über 65-Jährigen heute deutlich unter dem Durchschnittswert bei der Bevölkerung unterhalb des Rentenalters, die 13,7 Prozent beträgt (US Congress 2004: Appendix A; DeNavas u. a. 2010: 15).

Es ist also nicht verwunderlich, dass die gesetzliche Rente zusammen mit Medicare in der US-Bevölkerung auf eine sehr breite Unterstützung stößt und sich mit der AARP (vormals „American Association of Retired People") eine äußerst einflussreiche Lobbygruppierung herausgebildet hat, die bislang verschiedene

Angriffe auf das Programm abwenden konnte. Diese Attacken hatten bereits in den 1980er Jahren begonnen, als die Reagan-Regierung mit diversen Maßnahmen auf massive Kosteneinsparungen drängte. Zuletzt hat Präsident George W. Bush (2001–2009) mit Vorschlägen für eine Teilprivatisierung von „Social Security" an einem der Grundpfeiler des US-amerikanischen Wohlfahrtsstaates gerüttelt und versucht, auch hier sein sozialpolitisches Konzept der „ownership society" durchzusetzen. Jedoch erfolglos. Bereits in den 1930er Jahren sprachen sich annähernd 90 Prozent der US-Amerikaner für eine öffentliche Unterstützung von bedürftigen Alten aus (Cook/Jacobs 2001: 2 f.). Später votierten viele sogar für eine Ausweitung der Leistungen der gesetzlichen Rentenversicherung (Friedland 1994: 5). Um mögliche Finanzierungslücken zu schließen, erklärte man sich auch dazu bereit, höhere Beiträge zu zahlen, um somit die Leistungen konstant zu halten (Jacobs/Shapiro 1999).

Begründet werden die konservativen Reformversuche zumeist mit den demographischen Entwicklungsperspektiven, die langfristig die finanzielle Stabilität des öffentlichen Rentensystems bedrohen würden. Verwiesen wird in diesem Zusammenhang häufig auf die sogenannte Babyboomer-Generation, die geburtenstarken Jahrgänge der Nachkriegsgeneration bis Anfang der 1960er Jahre, die in Kürze in den Ruhestand gehen werden und das Rentensystem überlasten könnten. Mittelfristig scheint die Finanzierung der Social-Security-Leistungen allerdings kein Problem, auch wegen der im Vergleich zu Europa relativ hohen Geburtenraten (vgl. hierzu Kap. 5.2). Nach aktuellen Berechnungen ist die Finanzierung der staatlichen Renten in den USA unter den momentanen Bedingungen noch bis zum Jahr 2033 gesichert (Reno u. a. 2012).

*5.7.2 Historische Entwicklung*

Die Idee zur Etablierung eines öffentlichen und beitragsfinanzierten Rentensystems kam in den USA vergleichsweise spät auf, lange nachdem die meisten europäischen Staaten mit umfassenden Sozialgesetzgebungen ein solches bereits eingeführt hatten. Eine Vorreiterrolle nahm im späten 19. Jahrhundert diesbezüglich Deutschland ein (hier wurde schon 1889 unter Bismarck eine staatliche Invaliden- und Altersversicherung beschlossen), gefolgt von Dänemark (1891), Großbritannien (1908) und Frankreich (1910) (Schmidt 2005: 182). Zu diesem Zeitpunkt (ab 1875) gab es für die Industriearbeiterschaft in den Vereinigten Staaten erste Betriebsrentensysteme, die allerdings nicht weitverbreitet waren, während Kriegsveteranen, Witwen und alleinstehende Mütter, Schwerbehinderte sowie ein Teil der Lehrerschaft und Angestellte des Bundes als Erste in den USA in den Genuss von staatlichen Pensionsleistungen kamen (vgl. Skocpol 1992).

## 5.7 Rentenpolitik: „The Third Rail of American Politics"

Zu Beginn des 20. Jahrhunderts bezogen schätzungsweise 18 Prozent der US-Bevölkerung über 65 Jahre eine staatliche Pension, die Mehrheit davon Bürgerkriegsveteranen (Murswieck 2008: 648). Diese basierte jedoch noch nicht auf einem modernen Verständnis von universellen Sozialversicherungen, die als Lohnersatzsysteme konzipiert sind, sondern folgte einer eher traditionellen Logik der Gegenseitigkeit und der Patronage: Staatliche Hilfe beim Unterhalt wurde nur dann gewährt, wenn die Bürger zuvor etwas Besonderes für ihr Land geleistet oder geopfert hatten, sei es als Soldat oder als Ehefrau oder Mutter, die ihren Mann oder Sohn im Krieg verloren hatte. Manche Autoren machen diese vielen Sonderprogramme mitverantwortlich dafür, dass in den Vereinigten Staaten universelle Sozialversicherungsleistungen so lange einen so schweren Stand hatten (vgl. z. B. Rimlinger 1983: 61 f.).

Eine neue Ära der Alterssicherung, die sich stark am Bismarck-Modell orientierte, begann mit der Sozialgesetzgebung des New Deals. Wichtigster Pushfaktor war sicherlich die Große Depression zu Beginn der 1930er Jahre. Das offensichtliche Scheitern der bis dahin etablierten öffentlichen und privaten Hilfsstrukturen, darunter auch das rudimentäre System betrieblicher Renten, hatte Franklin Delano Roosevelt als Präsidenten ins Weiße Haus gebracht und bescherte den Demokraten für viele Jahre deutliche Mehrheiten im Kongress. Damit fanden zentrale Ideen der „Progressive Era" Eingang in den legislativen Prozess, darunter auch Vorschläge zur sozialen Unterstützung von älteren Menschen, die zunächst aber nur temporär sein sollte. Die Einführung einer staatlichen Rentenversicherung stieß zu Beginn noch auf erheblichen Widerstand. Konservative kritisierten „Social Security" als eine Verletzung der traditionellen amerikanischen Vorstellungen von Selbsthilfe und Individualismus, während von Seiten der Gewerkschaften der Vorwurf kam, die vorgesehene Abgabenlast für die Arbeitnehmer sei unsozial (Schild 2003: 137 f.). Nach längeren Kontroversen hinsichtlich der Finanzierung entschied man sich am Ende der 1930er Jahre für das noch heute gültige Umlageverfahren („pay-as-you-go"), das heißt, dass die laufenden Einnahmen zur unmittelbaren Deckung der anfallenden Ausgaben genutzt werden. Dieser Option konnten beide politische Lager zustimmen.

Die Stunde privatwirtschaftlich organisierter Versicherungssysteme für das Alter schlug eigentlich auch erst mit der Verabschiedung des „Social Security Act" von 1935. Obwohl betriebliche Rentenpläne bereits seit 1914 steuerlich begünstigt wurden, blieb ihre Verbreitung zunächst marginal. Bis zum Ausbruch der großen Wirtschaftskrise kam etwa jeder zehnte Arbeitnehmer in den USA in den Genuss einer solchen Altersvorsorge (Hacker 2003: 89), danach sanken die Zahlen wieder deutlich, bedingt durch finanzielle Engpässe und Massenentlassungen. Erst mit den durch die New-Deal-Gesetzgebung geschaffenen Rahmenbedingungen, die auch Einfluss auf die Arbeitsbeziehungen nahmen und die Rolle der Gewerkschaften stärkten, sowie mit der ökonomischen Expansion nach dem Zweiten Weltkrieg waren die Voraussetzungen gegeben für den Ausbau des privaten Pensionssystems.

Zwischen dem Zeitpunkt des Inkrafttretens der gesetzlichen Rentenversicherung (1939) und den 1950er Jahren fungierte die betriebliche Altersvorsorge in den USA als Ergänzung des öffentlichen Rentenversicherungssystems. Richtete sich die gesetzliche Rente in der ersten Zeit vornehmlich an Arbeitnehmer mit mittlerem oder geringem Einkommen, entwickelten sich die betrieblichen Pensionen immer mehr zu einem Instrument, mit dem Unternehmen insbesondere Fachkräfte und Hochqualifizierte umwarben und sie an sich binden konnten. Als die Umsetzung und Ausweitung des Social-Security-Programms in den 1940er Jahren dann auch noch für eine gewisse Zeit aufgrund politischer Streitigkeiten im Kongress stagnierte (Hacker 2002: 112), kam es zu einem weiteren Bedeutungszuwachs betrieblicher Sozialleistungen, die zudem für Arbeitnehmer und Arbeitgeber den großen Vorteil hatten, dass mit ihnen nicht unbeträchtliche finanzielle Vergünstigungen verbunden waren. Unternehmen, die ihren Angestellten eine Zusatzleistung zur staatlichen Rente boten, konnten damit ihre erheblich gestiegene Steuerlast verringern und ihr gesellschaftliches und soziales Image verbessern. Entscheidend für die rasante Ausweitung der unternehmerischen Sozialpolitik war auch die Unterstützung durch die Gewerkschaften, die in der Inkorporation betrieblicher Renten- und Gesundheitspläne in die „collective bargaining arrangements" eine erhebliche Ausweitung ihres Einflusses sahen. In einer Zeit, in der sich Lohnverhandlungen zunehmend schwieriger gestalteten, gerieten „fringe benefits" zu einem immer wichtigeren Teil der Tarifverträge, mit denen Gewerkschaften die Beschäftigungsbedingungen ihrer Mitglieder verbessern konnten. Bereits 1960 verfügten über 45 Prozent aller Erwerbstätigen über eine Betriebsrente (Murswieck 1988: 19). Einmal etablierte Programme und Strukturen entwickelten dann eine institutionelle Beharrungskraft und ließen spezifische Bündnis- und Interessenkoalitionen entstehen, die sich im Folgenden massiv und zum Teil sehr erfolgreich für deren Erhalt bzw. Ausweitung einsetzten.

Die 1970er Jahre sahen dann bei der Altersvorsorge in einigen Bereichen eine Leistungsexpansion, bei ersten Bestrebungen, diese wieder einzuschränken. Mit dem „Social Security Act" aus dem Jahr 1972 wurden wichtige Weichen für die weitere Entwicklung gestellt. Zu den zentralen Neuerungen zählte die Anpassung der Rentenleistungen an die Lebenshaltungskosten („indexing"),

## 5.7 Rentenpolitik: „The Third Rail of American Politics"

was zunächst zu ihrem kontinuierlichen Anstieg führte. Mit dem „Employment Retirement Income Security Act" (ERISA) von 1974 versuchte die Bundesregierung dann, wenn auch relativ spät, stärker regulierend in den Bereich der privaten Rentenversicherungen einzugreifen. Sie begründete diesen Schritt mit ihrer indirekten, aber nicht unerheblichen finanziellen Unterstützung dieser Form der Altersabsicherung über das Steuersystem. Das Gesetz hatte mehrere Zielsetzungen: So sollten die betrieblichen Rentenpläne insgesamt finanziell besser abgesichert werden und die Beschäftigten bei einem Arbeitsplatzwechsel ihre Pensionsansprüche behalten können. Zu den zentralen Elementen von ERISA gehörte die Einrichtung eines quasi-öffentlichen Fonds – die „Pension Benefit Guaranty Company" –, deren Aufgabe darin bestand, die Erträge aus den betrieblichen Rentenversicherungen zu garantieren. Die Bundesregierung reagierte mit diesem neuen Instrument auf einen Reihe spektakulärer Firmenpleiten in den 1970er Jahren, in deren Folge Tausende Arbeitnehmer ihre Ansprüche aus den betrieblichen Rentenplänen verloren hatten. Finanziert wird dieser Fonds über einen gemeinsamen Versicherungspool, in den die Unternehmen Beiträge einzahlen müssen, wenn sie weiterhin in den Genuss von Steuervergünstigungen kommen wollen. Zudem müssen die Arbeitgeber seitdem eine Mindestdeckung ihrer Rentenfonds garantieren. Damit wurde ein öffentlich reguliertes Sicherungsnetz zum Schutz vor unterfinanzierten privaten Versicherungsplänen eingerichtet. Bei der Ratifizierung beschrieb der damalige Präsident Ford das Gesetz als „a model of what can be done by government to improve the lives of Americans within the private sector without harming the dynamics of the free enterprise system" (zit. nach Hacker 2002: 152). Allerdings endete die Expansion des privaten Versicherungsmarktes mit der Verabschiedung von ERISA und stabilisierte sich auf dem noch heute gültigen Niveau: Demnach sind im Schnitt etwa 40 Prozent der arbeitenden Bevölkerung in den USA zusätzlich zur staatliche Rente in ein System der privaten Altersvorsorge eingebunden.

Mit ERISA etablierte sich dann auch noch die dritte Säule der Altersabsicherung in den USA: Das Gesetz förderte die Anlage von sogenannten „individual retirement accounts" (IRA), ursprünglich nur für solche Arbeitnehmer, die über keinerlei zusätzliche betriebliche Altersvorsorge verfügten. Seit 1981 und der Verabschiedung des „Economic Recovery Tax Act" können aber alle Beschäftigten Steuervergünstigungen für ein solches Anlagekonto (bis zu $ 2.000) geltend machen. Die Ausweitung dieser vollkommen individualisierten Altersvorsorge ist das zentrale Entwicklungsmerkmal in der Geschichte der US-Rentenpolitik seit den 1980er Jahren (ebd.: 163 ff.). Sie fand mit dem Versuch einer Teilprivatisierung von „Social Security" unter der Administration von George W. Bush ihren vorläufigen Kulminationspunkt, die von vielen als ein unmittelbarer Affront gegen die Arbeiterschaft wahrgenommen wurde. Mit Verweis auf die angeblich äußerst schwierige Finanzlage des öffentlichen Rentensystems setzte Präsident Bush bereits im ersten Jahr seiner Amtszeit eine überparteiliche Kommission unter Vorsitz des früheren demokratischen Senators Patrick Moynihan ein, die einen Vorschlag zur Reform dieser wichtigsten amerikanischen Sozialversicherung erarbeiten sollte. Bereits im Wahlkampf hatte George W. Bush seine Reformpläne skizziert: Danach sollten Kürzungen beim Social-Security-Programm und damit verbundene Leistungseinbußen durch die Einführung von „Personal Retirement Accounts" – individuelle Sparkonten, die eine Geldanlage an den Aktienmärkten erlaubt und damit eine höherer Rendite versprachen – kompensiert werden. Zu diesem Zweck sollte ein Teil der Rentenbeiträge (damals betrug die „payroll tax" 12,4 Prozent) auf von den Arbeitnehmern zu kontrollierende persönliche Anlagekonten überführt werden. Verzögert durch die Anschläge von 9/11 präsentierte die Bush-Administration ihre Reformvorstellungen dann erst einige Jahre später in einem Papier unter der Überschrift „Strenghtening Social Security for the 21st Century", in dem sie nochmals die Vorteile von „Personal Retirement Accounts" betonte (President of the United States 2005). Dabei spielten Konzepte wie die „ownership society", „flexibility" und „control" eine zentrale Rolle. Aber auch hier blieben die Vorschläge insgesamt recht vage und wenig überzeugend. So gelang es der Bush-Administration nicht, der Öffentlichkeit in den USA die Notwendigkeit einer grundlegenden Reform von des Social-Security-Systems plausibel zu machen. In relativ kurzer Zeit formierte sich ferner eine starke Oppositionskoalition aus Demokraten und der AARP, die Bushs Versuch der Teilprivatisierung am Ende scheitern ließ.

Wie die Gesundheitspolitik ist auch die Entwicklung im Bereich der Renten- und Alterssicherung durch einen spezifischen Mix aus privaten und öffentlichen Versorgungselementen gekennzeichnet. Parallel zur Etablierung von „Social Security" haben sich zum Teil in Ergänzung zum öffentlichen Rentenversicherungsprogramm eine Vielzahl privater Programme und Vorsorgemechanismen etabliert. Wie Béland und Hacker (2004) argumentieren, haben die spezifischen Kontextbedingungen bei der Herausbildung der großen Sozialversicherungsprogramme in den 1930er Jahren zu diesen spezifischen Mustern in der Mischung privater und öffentlicher Elemente in der Alterssicherung geführt. Im Gegensatz zur Gesundheitspolitik dominierten im öffentlichen Diskurs der 1930er Jahre progressive Ideen zur Einführung einer öffentlichen Rentenversicherung (ebd.: 47). Der private Bereich entwickelte sich dann eher reaktiv und komplementierend, dabei allerdings auch sehr erfolgreich. Einmal etablierte Programme und Strukturen entwickeln dann einerseits eine institutionelle Beharrungskraft, anderseits aber auch politische Unterstützerkoalitionen, die sich für den Erhalt oder sogar die Ausweitung solcher Programme einsetzen und die später folgende Entwicklung maßgeblich beeinflussen. Spätestens seit den 1980er Jahren fordern aber insbesondere konservative politische Kräfte im Kontext von Haushaltsengpässen und steigenden Ausgaben einen Ausbau der privaten Absicherung im Alter. Neue Elemente wurden hinzugefügt, die grundlegende Struktur ist allerdings bis in die Gegenwart intakt geblieben.

*5.7.3 Aktuelle Grundstrukturen und Leistungen*

Das etablierte System der Altersvorsorge in den USA lässt sich also grob vereinfacht in einen öffentlichen und einen privaten Bereiche unterteilen, die sich zum Teil ergänzen und gegenseitig bedingen und über deren jeweilige Relevanz und zukünftige Bedeutung politisch recht kontrovers debattiert wird. Der gesetzlichen Renten- und Invalidenversicherung steht eine Vielfalt an privaten Formen der Altersvorsorge gegenüber, die sich noch weiter in betriebliche Absicherungen und rein individuelle Anlage- und Sparkonten unterteilen lassen.

*Die gesetzliche Renten- und Invalidenversicherung*

„Social Security" bzw. offiziell die „Old Age and Survivors Insurance and Disability Insurance" (OASID) ist ein beitragsfinanziertes Sozialversicherungssystem, in das fast alle US-Bürger während ihres Arbeitslebens einzahlen, um so Ansprüche auf Lohnersatzleistungen im Falle von Verrentung und Erwerbsunfähigkeit zu erhalten und ihren Familienangehörigen im Fall ihres Ablebens eine staatliche Unterstützung zu sichern. Das offizielle Renteneintrittsalter liegt derzeit in den USA bei 65,5 Jahren, die Altersgrenze wird aber bis zum Jahr 2022 graduell auf 67 Jahre angehoben.

Die gesetzliche Rentenversicherung „Social Security" kann annährend als universell charakterisiert werden, da heute inzwischen rund 96 Prozent der Arbeiter und Angestellten in den USA beitragspflichtig und somit in das System einbezogen sind. Derzeit beträgt der Arbeitnehmerbeitrag, die sogenannte „Payroll Tax", 6,2 Prozent des monatlichen Gehalts bis zu einem Jahreseinkommen von $ 90.000. Die Arbeitgeber zahlen den gleichen Beitrag in die Versicherungskasse. Selbstständige sind ebenfalls über die OASID versichert, müssen aber den doppelten Betrag abführen wie Lohnabhängige, wobei die Hälfte davon steuerlich absetzbar ist. Die gesetzliche Rentenversicherung in den USA ist wie das deutsche Pendant nach dem „Pay-as-you-go"-Prinzip organisiert. Die gegenwärtigen Rentenzahlungen werden also aus den Beiträgen der heutigen Arbeitnehmer finanziert. Ein Anspruch auf Leistungen aus dem Bundesrentenversicherungsprogramm ergibt sich aus den eingezahlten Beiträgen. Die Höhe der Rentenleistungen orientiert sich am Durchschnittsverdienst der letzten 35 Jahre. Im Jahr 2012 erhielt ein Arbeiter in Ruhestand im Durchschnitt im Monat $ 1.230 als Rente aus dem Programm (Social Security Administration 2012). Damit lag die Bruttolohnersatzquote in den USA für das Medianeinkommen 2010 bei 39,4 Prozent und damit weit unter dem Durchschnittswert in den OECD-Ländern von 57,3 Prozent (OECD 2011).

Für den Fall, dass die abgeführten Beiträge der Arbeitnehmer höher ausfallen als die Leistungsverpflichtungen, gibt es einen nationalen „Social Security Trust Fund", in den die Überschüsse fließen. Dieser wurde infolge von kurzzeitigen Finanzierungsengpässen Anfang der 1980er Jahre auf Empfehlung der von Präsident Reagan eingesetzten „Greenspan Commission" geschaffen, um Reserven anzulegen. Im Jahr 2006 befanden sich in diesem Fond rund $ 2 Billionen, was nach offiziellen Berechnungen ausreichen sollte, um das Rentenniveau in den USA bis zum Jahr 2052 stabil zu halten (Baker/Rosnick 2004: 1).

Im Jahr 2012 bezogen 55,6 Millionen Personen Leistungen aus dem OASID-Programm, darunter 35,8 Millionen Rentner und deren Angehörige, 8,6 Millionen Erwerbsunfähige und deren Familien und annähernd die gleiche Zahl von Hinterbliebenen (Reno u. a. 2012:17). Fast vier Millionen der Leistungsempfänger sind Kinder (Social Security Administration 2012). Im selben Jahr überstiegen die ausgezahlten Leistungen den Wert von $ 1,5 Billionen. Für über 65 Prozent der Rentner machen die Social-Security-Leistungen mindestens die Hälfte ihrer Einkünfte aus (Social Security Administration 2011: 12). Ohne die gesetzliche Rentenversicherung würden rund 40 Prozent der Älteren in den USA unter die Armutsgrenze fallen (ebd.: 8). Ihre enorme Bedeutung wird auch daran deutlich, dass für rund 34 Prozent der Senioren die OASDI-Leistungen annähernd 90 Prozent ihres Gesamteinkommens ausmachen, bei 21 Prozent sind die Leistungen gar das einzige Einkommen im Alter (ebd.: 9).

Aus diesen Daten zur Zusammensetzung der Einkommen von älteren Menschen in den USA wird deutlich, dass die staatliche Rente eine ganz zentrale, aber bei weitem nicht die einzige Einnahmequelle von US-Bürgern im Alter ist. Neben „Social Security" existiert ein komplexes System von privaten Formen der Altersabsicherung, das – wie bereits beschrieben – zu einem erheblichen Teil vom Staat subventioniert und reguliert wird und in den meisten Fällen an ein Beschäftigungsverhältnis gekoppelt ist. Selbst wenn es inzwischen auch in vielen anderen westlichen Staaten einen erheblichen Bedeutungszuwachs der privaten Altersvorsorge zu verzeichnen gibt, rechtfertigt es der spezifische US-amerikanische Mix

## 5.7 Rentenpolitik: „The Third Rail of American Politics"

aus öffentlichen und privaten Rentenleistungen, die USA als einen „Divided Welfare State" zu bezeichnen (Hacker 2002). Das Mischungsverhältnis hat sich über die Zeit deutlich verschoben. Lag zu Beginn der 1950er Jahre der Anteil von öffentlichen an allen Rentenleistungen noch bei 41 Prozent, ist er bis in die 1970er Jahre auf rund 70 Prozent angestiegen, um zu Beginn des 21. Jahrhunderts wieder auf rund 47 Prozent abzufallen (ebd.: 78). Allerdings erreichen beide Leistungssysteme immer mehr Menschen. 1940 waren nur 55 Prozent aller Arbeitnehmer in den USA von der gesetzlichen Rentenversicherung erfasst, und nur 15 Prozent aller Beschäftigten verfügten über eine betriebliche oder private Zusatzversicherung. Ende der 1980er Jahre erreichte der Abdeckungsgrad des staatlich organisierten Rentensystems 95 Prozent, während 46 Prozent der Erwerbsbevölkerung zusätzlich eine private Altersvorsorge hatten (ebd.).

*Private Altersvorsorge im Umbruch*

Die Vereinigten Staaten haben den weltweit größten Rentenmarkt, dessen Anlagevermögen 2007 auf $ 6,1 Billionen geschätzt wurde (US Department of Labor 2010: 1). Insgesamt lässt sich für die USA seit Ende der 1970er Jahre eine erhebliche Ausdifferenzierung und Individualisierung der privaten Altersvorsorge konstatieren. Im Folgenden wird zunächst ein Überblick zu den von Arbeitgeberseite angebotenen Zusatzrenten und diversen Spar- und Anlageplänen zur Altersabsicherung ihrer Beschäftigten gegeben. Danach werden die wichtigsten Veränderungen bei der betrieblichen Altersvorsorge und der damit verbundene „risk shift" seit Beginn der 1980er Jahre erläutert. Auf im engeren Sinne private Formen der Vorsorge (Lebensversicherungen, individuelles Sparen, Immobilienerwerb etc.), die „dritte Säule" der Alterssicherung, wird nur insofern eingegangen, wie diese von staatlicher Seite gezielt gefördert werden.

*Employer-Sponsored Pensions*

In den USA arbeitet etwas mehr als die Hälfte aller Beschäftigten in Unternehmen, die ihnen zusätzlich zur gesetzlichen Rente eine Altersabsicherung anbieten; im öffentlichen Dienst sind es über 80 Prozent (Copeland 2010: 9). Diese Zahlen sind seit Ende der 1970er Jahre in etwa konstant geblieben, während sich die Art der Vorsorgepläne und -leistungen stark gewandelt hat und der Anteil der Beschäftigten, der tatsächlich in ein Betriebsrentensystem eingebunden ist, abgenommen hat (Munnell/Quinby 2009: 2). Von staatlicher Seite werden die finanziellen Aufwendungen für die betriebliche Altersvorsorge seit 1913 relativ großzügig durch Steuerfreibeträge begünstigt. Schätzungen zufolge beliefen sich diese im Jahr 2007 auf $ 117,4 Milliarden (Joint Committee on Taxation 2007: 5). Die betrieblichen Pensions- und Vorsorgepläne unterliegen zudem einigen gesetzlichen Mindestanforderungen, die eine gewisse Aufsicht, Kontrolle und Transparenz für die Arbeitnehmer garantieren sollen. Diese Auflagen sind seit 1974 im „Employee Retirement Income Security Act" geregelt.

Betriebliche Pensionskassen und -pläne lassen sich zunächst nach ihrer Größe und Trägerschaft unterscheiden. Bereits hier zeigt das US-amerikanische System eine erstaunliche Vielfalt: Ihre Zahl hat sich von 300.000 Mitte der 1970er Jahre auf gegenwärtig über 850.000 erhöht, wovon die meisten recht klein sind, das heißt nur wenige Beschäftigte (zwischen 2 und 25) umfassen (US Department of Labor 2010: 17) und daher von der Firmenleitung oder den Versicherten selbst verwaltet werden.

Bei sämtlichen betrieblichen Pensionsfonds und Vorsorgeplänen werden die angesammelten Beiträge und Rücklagen – unabhängig von Größe und Organisationsform – fast ausschließlich auf dem Kapitalmarkt angelegt. Etwa zwei Drittel aller Fonds haben Aktienanteile zwischen 55 und 75 Prozent und investieren den Rest ihres Vermögens in Staatsanleihen und Wertpapiere, aber auch in Hochrisiko-Anlagen wie Hedge- oder Private-Equity-Fonds (vgl. Byrd 2009; Karmin 2009). Auch Immobilien gehören bei einigen zum Portfolio. Die lange Zeit vorherrschenden Renditeerwartungen von um die 8 Prozent gelten vielen Experten nicht erst seit Beginn der weltweiten Finanzkrise als überzogen und unseriös (vgl. Copeland 2010). Außerdem häufen sich Berichte über aktuelle oder bereits absehbare Deckungslücken vieler Pensionsfonds (ebd.). Daher ist ein weiteres wichtiges Unterscheidungskriterium für die verschiedenen betrieblichen Vorsorgesysteme die Art und Weise, wie die Chancen und Risiken verteilt sind. Entscheidend ist, ob die Pläne auf dem Leistungs- oder Beitragsprinzip beruhen. Generell unterscheidet man zwischen Verträgen, die dem Arbeitnehmer im Voraus festgelegte Leistungen zusichern, und solchen Plänen, bei denen die spätere Pensionshöhe durch die marktabhängige Verzinsung des Rentenguthabens bestimmt wird.

- **Defined Benefit Plans:** Bei klassischen, leistungsbezogenen Betriebsrenten trägt der Arbeitgeber die Risiken und Chancen der Kapitalmarktentwicklung. In der Regel entscheiden professionelle Fondsmanager über die Anlage der von den Unternehmern abgeführten Beiträge. Werden in einem Unternehmen „defined benefit plans" angeboten, ist die Teilnahme für die Angestellten in der Regel automatisch und obligatorisch. Sie garantieren dem Arbeitnehmer – unabhängig von Marktschwankungen – eine bestimmte Pensionsleistung in Form einer monatlichen Rente, die auf Grundlage der Dienstjahre und dem erzielten Gehalt, meist dem der letzten Arbeitsjahre, berechnet wird. Diese festgelegte Betriebsrente wird bis zum Ableben des Arbeitnehmers

## 5.7 Rentenpolitik: „The Third Rail of American Politics" 233

gezahlt. Der wichtigste Nachteil gerade aus der Sicht von jüngeren Arbeitnehmern, die nicht mehr davon ausgehen können, Jahrzehnte in demselben Unternehmen beschäftigt zu sein, besteht darin, dass Arbeitsplatzwechsel die Leistungshöhe der späteren Pension stark mindern.

- **Defined Contribution Plans**: Bei beitragsbezogenen Vorsorgeplänen, wie sie heute mehrheitlich von den Unternehmen angeboten werden, verpflichten sich die Arbeitgeber oder die Arbeitnehmer oder beide gemeinsam, monatlich eine bestimmte Summe auf ein Konto einzuzahlen. Diese Pläne werden nach einem Paragraphen des US-amerikanischen Einkommenssteuergesetzes häufig auch vereinfachend 401(k)-Pläne genannt. Im Prinzip handelt es sich dabei weniger um ein traditionelles Betriebsrentensystem, als vielmehr um eine steuerlich begünstigte Form der Sparförderung, bei der diverse Beitrags- und Anlagemodelle zum Einsatz kommen. Bei 401(k)-Plänen gibt es bislang keine Beitragspflicht des Arbeitsnehmers. Eine Auszahlung des Pensionsguthabens ist in der Regel frühestens im Alter von 55 Jahren vorgesehen. Als Vorteil gegenüber traditionellen Betriebsrenten gilt, dass die Leistungsansprüche bei einem Arbeitsplatzwechsel relativ problemlos übertragbar sind. Beim Renteneintritt stehen dem Beschäftigten allerdings keine festgelegten und vor allem keine lebenslangen monatlichen Bezüge zu, sofern er sich nicht für den Kauf einer Leibrente entschließt. Die Höhe der späteren Leistungen hängt von den geleisteten Beiträgen und insbesondere von den Anlageerfolgen auf dem Kapitalmarkt ab. Die damit verbundenen Risiken und Chancen tragen allein die Beschäftigten.

- **Hybrid Plans**: Zu den Mischformen, die aus beiden Systemen Elemente vereinen, gehören „cash balance plans" oder „target benefit plans". Bei den Ersteren werden die Arbeitgeber- und Arbeitnehmerbeiträge auch auf ein individuelles Konto eingezahlt, aber fest verzinst.

Auch „Individual Retirement Accounts" haben einen hybriden Charakter, weil sie weder eindeutig dem betrieblichen noch dem privaten System der Altersvorsorge zuzurechnen sind (vgl. hierzu Hacker 2002: 163 ff.). Als sie 1974 mit Verabschiedung des „Employee Retirement Income Security Act" (ERISA) eingeführt wurden, richteten sie sich ausschließlich an diejenigen Beschäftigten ohne einen Zugang zu „employer-sponsored pensions" wie zum Beispiel Mitarbeiter kleiner Firmen oder Selbstständige. Auch diesen Gruppen sollten nach dem Willen der Regierung bei regelmäßigen Einzahlungen auf ein Rentensparkonto Steuererleichterungen zugutekommen. Seit 1981 kann nun jeder, der über steuerpflichtiges Einkommen verfügt, ein solches privates Pensionskonto eröffnen und Erträge aus anderen Rentensparplänen in diese überführen. Unterdessen existie-

*Abbildung 15:* Entwicklung privater Rentenpläne (Anzahl in Millionen), 1975-2007

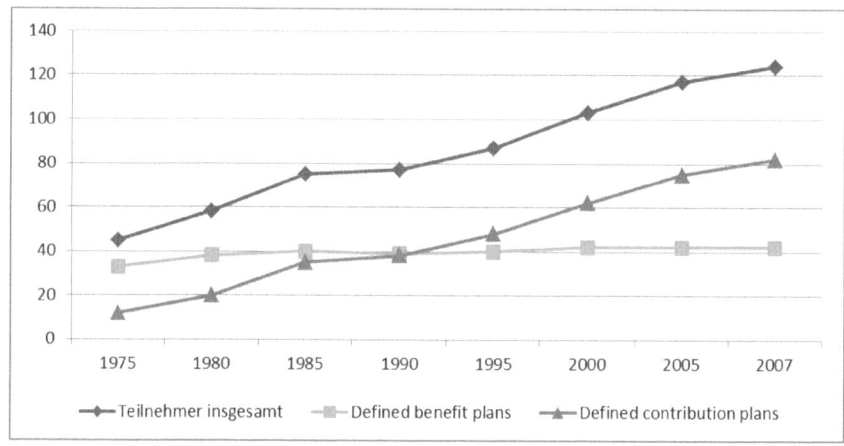

Quelle: Kaisers Family Foundation 2012

ren zehn verschiedene Arten von „Individual Retirement Accounts" (IRA), die von Banken, Versicherungsgesellschaften, aber auch immer häufiger von Arbeitgebern angeboten werden, weil sie als das „Pensionssystem" mit dem niedrigsten Verwaltungsaufwand gelten (Munnell/Quinby 2009). So entfällt seit den 1980er Jahren auch der größte Anteil des Wachstums auf dem privaten Rentenmarkt auf IRA, die zusammen mit den 401(k)-Plänen inzwischen in den USA die am weitesten verbreitete Form der Altersvorsorge außerhalb des Sozialversicherungssystems darstellen. Anfänglich von der Politik als komplementär zu den traditionellen Betriebsrenten gedacht, haben zahlreiche Unternehmen ihr Pensionssystem inzwischen vollständig auf beitragsbezogene Spar- und Investmentpläne umgestellt. Für die meisten Arbeitnehmer – so das Ergebnis empirischer Studien – bedeutet dies in der Regel eine merkliche finanzielle Verschlechterung im Rentenalter.

Bezogen auf die Privatwirtschaft stellen sich die Verschiebungen in den letzten drei Jahrzehnten folgendermaßen dar: Anfang der 1980er Jahre waren noch 62 Prozent aller Arbeitnehmer, die eine Pensionsvorsorge hatten, ausschließlich über einen „defined benefit plan" abgesichert und 12 Prozent allein über einen „defined contribution plan". 2007 war der Anteil der ersteren auf 17 Prozent gesunken und der Anteil der letzteren auf 63 Prozent gestiegen; für fast 20 Prozent aller „Versicherten" galt, dass sie über beide Formen der Altersvorsorge verfügten (Center for Retirement Research 2009). Es ist davon auszugehen, dass sich dieser Entwicklungstrend zu Ungunsten von Renten mit Leistungsprimat in den nächsten Jahren noch weiter fortsetzen wird. Nach Angaben der „Pension Benefit Guaranty Corporation" sind allein im Jahr 2008 17 Prozent aller „defined benefit plans" von den Unternehmen vollständig „eingefroren" worden, was bedeutet, dass keine neuen Arbeitnehmer mehr in die Pensionskasse aufgenommen werden und die Leistungsansprüche der bereits „Versicherten" gekappt worden sind und nicht mehr – wie ursprünglich vorgesehen – mit weiteren Dienstjahren ansteigen werden (Purcell 2009: 4). Etwa ein Drittel aller Großunternehmen hatte zudem angekündigt, aus Wettbewerbs- und Kostengründen ihre traditionellen Betriebsrentensysteme in Zukunft entweder erheblich einschränken oder ganz auf individuelle Rentenkonten umstellen zu wollen, um sich ihrer langfristigen Zahlungsverpflichtungen gegenüber den Beschäftigten zu entledigen (ebd.). Damit werden Arbeitsverträge mit Leistungsgarantien in Bezug auf die spätere Rente, von denen heute immerhin noch über 40 Millionen US-Amerikaner profitieren, immer mehr zu einem Auslaufmodell.

*5.7.4 Jüngste Reformen und Ausblick*

Lange Zeit galt das System der öffentlichen Alterssicherung in den USA in gewisser Weise als sakrosankt. Umfassende Leistungseinschränkungen und -kürzungen kamen nicht infrage bzw. waren politisch nicht durchsetzbar. Die gesetzliche Rentenversicherung ist auch heute noch unter der Bevölkerung und Wählerschaft überaus populär. Zudem sind die Alten in den USA vergleichsweise gut politisch organisiert, was sich auch wieder bei der versuchten Teilprivatisierung von „Social Security" in den 2000er Jahren gezeigt hat.

Als Barack Obama 2009 ins Weiße Haus einzog, sprach er sich relativ schnell gegen jedwede Form der Privatisierung des gesetzlichen Rentensystems aus. Allerdings schürt die horrende Staatsverschuldung der USA immer mehr die bereits vorhandene Stimmung im Land gegen steigende Sozialausgaben. Diese macht auch vor den bislang recht beliebten, zugleich aber auch kostenintensiven Sozialversicherungssystemen nicht Halt und scheint inzwischen auch das Weiße Haus erreicht zu haben. Die von Obama eingesetzte Kommission zur Reduzierung des Haushaltsdefizits des Bundes hat konkrete Vorschläge erarbeitet, wie mit dem Ausbau der privaten Säulen der Vorsorge Einsparungen im öffentlichen Rentensystem erzielt werden könnten (Nichols 2011). Auch im Präsidentschaftswahlkampf 2012 hat dieses Thema eine Rolle gespielt. Schließlich hat der Vizepräsidentschaftskandidat der Republikaner, Paul Ryan, noch drastischere Reformen und Einschnitte bei „Social Security" angemahnt. Selbst wenn Präsident Bush 2003 noch eindeutig mit dem Vorhaben einer Teilprivatisierung der gesetzlichen Rentenversicherung gescheitert ist und sich auch in der aktuellen Reformdebatte ein breites Bündnis für den Erhalt der gesetzlichen Rente zu Wort gemeldet hat, lässt sich in den USA seit einiger Zeit ein Trend beobachten, den die Soziologin Jill Quadagno bereits Ende der 1990er Jahre als die Entwicklung hin zu einem „capital investment welfare state" beschrieben hat. Im Gegensatz zur Geschichte der Einführung und Expansion von öffentlichen Sozialleistungen, die in den USA von größeren Reformwellen gekennzeichnet war (vgl. hierzu Kap. 4), handelt es sich bei dem seit Längerem stattfindenden Wandel nach Quadagno eher um einen inkrementellen und schleichenden Prozess. Erinnert sei in diesem Zusammenhang auch an die These von den „New Politics of the Welfare State" (Pierson 1994), wonach der Rückbau von Sozialleistungen und ihrer Reichweite einer anderen politischen Logik folgt als der Ausbau von wohlfahrtsstaatlichen Arrangements. Eine Strategie der Politik, unter diesen veränderten Rahmenbedingungen überhaupt noch weitreichende Veränderungen durchsetzen zu können, bestünde darin, im öffentlichen Diskurs die Problemdefinition und das Thema insgesamt neu zu bestimmen. Dabei scheint es nahezuliegen, die Forderung nach einer Umstrukturierung des öffentlichen Rentensystems mit der Zielsetzung einer gesicherten Zukunft für die nachfolgenden Generationen zu verbinden. Diese Strategie, die anscheinend nun auch die Obama-Administration eingeschlagen hat, verspricht wahrscheinlich mehr Erfolg als beispielsweise lediglich Kürzungen bei den aktuellen Leistungsbeziehern zu verlangen, um so kurzfristig die Finanzsituation der Versicherungskassen zu stabilisieren.

## 5.8 Sozialhilfe- und Armutspolitik: Der Kampf gegen „Abhängigkeit"

Die Bekämpfung von Armut in Form von Einkommenshilfen, meist Sozialhilfe oder Fürsorge genannt, gehört nach landläufigen Definitionen zu den wichtigsten Aufgaben moderner Wohlfahrtsstaaten. Im Gegensatz zu Sozialversicherungsleistungen wird diese Art von öffentlicher Unterstützung aus allgemeinen Steuermitteln bestritten und nicht nur in monetärer Form („cash assistance"), sondern häufig auch als Sach- und Dienstleistung („in-kind assistance") zur Verfügung gestellt. Voraussetzung für den Leistungsbezug ist in der Regel der Nachweis einer besonderen Notlage oder Bedürftigkeit, die anhand von bestimmten Einkommens- und Vermögensgrenzen gemessen wird. Während in manchen Ländern das zentrale

## 5.8 Sozialhilfe- und Armutspolitik: Der Kampf gegen „Abhängigkeit"   237

Ziel von Sozialhilfepolitik die Verhinderung bzw. die Verringerung von Armut ist, verfolgen andere Staaten den Anspruch, über das reine Existenzminimum hinaus allen Bürgern ein „Leben in Würde", das heißt mit einem Grundmaß an gesellschaftlichen Partizipationschancen zu ermöglichen. Dies schlägt sich zum einen in der Generosität der Hilfen zum Lebensunterhalt nieder und zum anderen darin, inwieweit sie eher als ein einklagbarer rechtlicher Anspruch ausgestaltet sind oder stärker als ein „wohltätiger Akt" zugunsten ausgewählter Zielgruppen begriffen werden. Vielerorts sind mit dem Bezug von Sozialhilfeleistungen heute wieder – ähnlich wie bei der Armenfürsorge im 19. Jahrhundert – eine Reihe von Anforderungen an den individuellen Lebenswandel der Begünstigten verbunden.

In den USA, die als residuales und liberales Wohlfahrtssystem gelten (vgl. hierzu Kap. 1), in dem die übergeordnete Vorstellung ist, dass sich die Menschen bei der Existenzsicherung zuallererst auf ihre eigene Arbeitskraft, die Familie und eventuell noch auf andere private Ressourcen und Netzwerke stützen sollen, wird der Bezug von staatlichen Einkommensbeihilfen nicht als soziales Recht angesehen, sondern vielmehr als etwas, was den Status des Staatsbürgers untergräbt. Lange Zeit war es die mit dem New Deal eingeführte Familienfürsorge „Aid to Families with Dependent Children" (AFDC), die insbesondere auf konservativer Seite die Gemüter erhitzte und ins Zentrum von Armutsdebatten rückte, die in den USA seit jeher – neben anderen Beweggründen moralischer und materieller Natur – auch immer schon einen rassistischen Subtext haben. Schließlich ist in den USA von materieller Deprivation trotz der Wahl eines schwarzen Präsidenten im Jahr 2008 weiterhin überproportional stark der afroamerikanische Teil der Bevölkerung betroffen. Seit der Ablösung von AFDC durch ein zeitlich befristetes und dezentralisiertes Unterstützungsprogramm im Zuge der legendären Sozialhilfereform von 1996 unter der Clinton-Regierung haben andere Formen der Einkommensbeihilfen wie Sachleistungen oder Lohnsubventionierungen über das Steuersystem in den USA vermehrt an Bedeutung gewonnen, sowohl in Bezug auf das Ausgabenniveau als auch hinsichtlich der Zahl derjenigen, die diese Hilfen in Anspruch nehmen.

Zu den wichtigsten „income assistance programs" gehören gegenwärtig: die Familienfürsorge für Eltern mit minderjährigen Kindern, seit 1997 „Temporary Assistance for Needy Families" (TANF) genannt, Ernährungshilfen aus dem Programm „Supplemental Nutrition Assistance", Wohngeld und andere „housing subsidies" (vgl. hierzu Kap. 5.5), Einkommensbeihilfen für bedürftige Senioren und körperlich Behinderte („Supplemental Security Income"), verschiedene steuerbasierte Sozialleistungen wie der „Earned Income Tax Credit" sowie einige kleinere einzelstaatliche Sozialhilfeprogramme, die unter der Rubrik „General Assistance" geführt werden. Seit 1990 haben sich die Ausgaben für diese Einkommensbeihilfen in den USA von $ 63 auf 217 Milliarden mehr als verdreifacht und machen zusammen rund zehn Prozent der gesamten sozialen Transferleistungen des Bundes aus (US Census Bureau 2012).

### 5.8.1 Besonderheiten und Probleme

Fürsorgeleistungen gehören in den USA traditionell zu den umstrittensten sozialpolitischen Instrumenten, obwohl die Ausgaben für monetäre Hilfen für verschiedene Gruppen von Bedürftigen und Mittellosen, gemessen am Bruttoinlandsprodukt und an der Kostenentwicklung im Bereich der Altersversorgung und Gesundheit, in den USA schon immer eher bescheiden ausfielen.

Dies hat mit der anhaltenden Wirkmächtigkeit eines dominanten kulturellen Leitbild zu tun, auf das wir schon in mehreren vorangegangenen Kapiteln aufmerksam gemacht haben, nämlich das von der hohen Eigenverantwortlichkeit des Individuums bei der Daseinsvorsorge. Dem entspricht eine starke Erwerbszentriertheit sowie eine gesellschaftliche Stigmatisierung aller Personengruppen und Lebensweisen, die mit schlechter, das heißt selbst verschuldeter psychologischer, ökonomischer und sozialer Abhängigkeit in Verbindung gebracht werden. Abhängigkeit kann man daher als einen ideologischen „Schlüsselbegriff in der US-amerikanischen Politik" (Fraser/Gordon 1997: 180) betrachten, insbesondere in Hinsicht auf die Entwicklung und Ausrichtung von Sozialhilfeleistungen. Der Streit darum, wer wirklich bedürftig ist und wie diesen Bedürftigen, den „deserving poor" oder „truly needy", geholfen werden kann, ohne sie dauerhaft oder übermäßig von staatlicher Unterstützung abhängig zu machen, durchzieht die gesamte Geschichte der US-amerikanischen Sozial- und Armutspolitik.

Verstärkt wird diese Tendenz noch durch den weitgehend dezentralisierten Charakter der amerikanischen Sozialhilfeprogramme, der sich schwächend auf deren Akzeptanz und Legitimität ausgewirkt und maßgeblich dazu beigetragen hat, dass sich keine breite nationale Unterstützung wie im Falle von „Social Security" herausbilden konnte. Dabei forcieren die ausgeprägten föderalen Strukturen der USA nicht nur die Fragmentierung des politischen Systems. Sie tragen auch dazu bei, politische Verantwortlichkeiten zu verwischen bzw. diese zwischen den verschiedenen Ebenen hin und her zu schieben. Darüber hinaus lassen sich jenseits der allgemein recht massiven ethnischen und sozialen Ausdifferenzierung der US-Gesellschaft und den damit einhergehenden Verteilungskonflikten auch noch starke geographische Spaltungen festmachen, von denen die bedeutsamste bis dato die zwischen dem frühzeitig industrialisiertem Norden und dem weiterhin agrarisch geprägten Süden ist. Diese Spaltungen haben – zusammen

## 5.8 Sozialhilfe- und Armutspolitik: Der Kampf gegen „Abhängigkeit"

mit der gezielten Strategie des Bundes, der subnationalen Ebene weitreichende Handlungsspielräume im Umgang mit Armutsproblemen zu überlassen – zu einem System der Einkommensbeihilfen für Bedürftige geführt, das wenig koordiniert und aufeinander abgestimmt ist, sondern aus einer kaum zu überschaubaren Vielfalt von regionalen und lokalen Ansätzen und Leistungen besteht, die mit wenigen Ausnahmen wenig großzügig ausfallen und eher schwer zugänglich sind. Nicht von ungefähr kommt in den USA die Behauptung, „programs for the poor" seien in der Regel armselige Programme.

Das Resultat ist ein schwaches und überaus lückenhaftes soziales Auffangnetz für all diejenigen, die aufgrund verschiedenster Gründe keiner ausreichenden Erwerbstätigkeit nachgehen können bzw. aus den vorgelagerten Systemen der Einkommenssicherung wie zum Beispiel der Arbeitslosenunterstützung herausgefallen sind (vgl. hierzu Kap. 5.1). Es besteht ein gewisses Paradox darin, dass die USA im Feld der Armutsforschung und -berichterstattung über viele Jahrzehnte international führend waren, aber bis heute eine der höchsten Armutsraten in der westlichen Welt verzeichnen und an einer Armutsmessung festhalten, von denen viele Kritiker meinen, dass sie die gegenwärtige soziale Lage nur ungenügend abbildet. Der sogenannte „poverty threshold", auf dem die Statistiken sowie das Gros der Berichterstattung und sozialwissenschaftlichen Arbeiten über die Armutsentwicklung in den USA beruhen, liegt im Gegensatz zu anderen Ländern eine absolute Armutsdefinition zugrunde. Sie orientiert sich an einem bereits 1965 entwickelten und an Ernährungsanforderungen orientierten Berechnungsmodell, was dazu führt, dass das Ausmaß der Armut aufgrund inzwischen gestiegener Lebenshaltungskosten (vor allem in den Bereichen Wohnraumversorgung, Ausbildung und Gesundheit) von den amtlichen Statistiken nicht mehr adäquat erfasst wird (vgl. Garfinkel u. a. 2012).

Nach den jüngsten Daten des Zensusbüros leben in den USA über 46 Millionen Menschen unterhalb der offiziellen Armutsgrenze, das sind rund 15,2 Prozent der gesamten Bevölkerung (Blank 2012). Alleinstehende gelten als arm, wenn sie weniger als $ 11.344 im Jahr an Einkommen haben. Bei einer dreiköpfigen Familie liegt die Armutsgrenze bei einem jährlichen Einkommen von $ 15.030. Diese Armutsraten sind statistische Durchschnittswerte, hinter denen sich spezifische Muster der sozialen Ungleichheit in den USA verbergen (vgl. hierzu auch Kap. 2). Die Armutsrate unter Schwarzen und Hispanics liegt mit 27,9 bzw. 26,6 Prozent deutlich über der der weißen Bevölkerung (9,9 Prozent). Überproportional leiden auch Kinder unter Armut. Fast jedes fünfte Kind lebt in einer als arm geltenden Familie, und annähernd jedes zweite Kind ohne im Haushalt lebenden Vater wächst in Armut auf. Zu den Besonderheiten in den letzten Jahrzehnten gehört auch die steigende Zahl der sogenannten „working poor", also Menschen, die trotz eines oder mehrerer Jobs noch unter der Armutsgrenze leben. Nach Angaben des Bundesarbeitsministeriums betrifft dies landesweit 10,5 Millionen Arbeitnehmer (US Bureau of Labor Statistics 2012).

### 5.8.2 Historische Entwicklung

Noch bis ins 20. Jahrhundert hinein dominierte in den USA die aus England stammende Tradition der Armengesetzgebung, die Elisabethanischen „Poor Laws" von 1594 und 1601, die eine öffentliche Verantwortung der Kommunen für Bedürftige etabliert hatte, finanziert aus lokalen Grundsteuern (vgl. Piven/Cloward 1977; Trattner 1989). Nach diesen Gesetzen gab es drei Klassen von Armen: erstens Vagabunden und Landstreicher, die aufgrund des Fehlens eines festen Wohnortes keinerlei Anspruch auf Hilfe hatten, zweitens die Erwerbsunfähigen wie Alte, Gebrechliche und Waisen, die als die „deserving poor" galten, und drittens diejenigen, die man für die „undeserving poor" hielt, weil sie angeblich aufgrund von Faulheit, Trunkenheit oder anderen individuellen Charakterschwächen keiner regelmäßigen Arbeit nachgingen. Diese Klassifizierung entschied in der Regel über die Form der lokalen Unterstützung, die von Bundesstaat zu Bundesstaat und häufig auch von Stadt zu Stadt erheblich variieren konnte. Die öffentliche Armenfürsorge sah in den meisten Regionen für die „deserving poor" bescheidene Geldleistungen sowie Ernährungs- oder Heizbeihilfen im Winter vor, während insbesondere männliche Erwachsene in sogenannte Armenhäuser gesteckt wurden und dort im Gegenzug für ihren Lebensunterhalt arbeiten mussten. Staatliche Instanzen, vor allem auf der Bundesebene, spielten in diesem System lange Zeit nur eine untergeordnete Rolle. Sie gaben lediglich den gesetzlichen Rahmen für die Armutsverwaltung vor und überließen den Gemeinden und privaten Instanzen die Ausführung.

Die Entwicklung öffentlicher Fürsorgepolitik vollzog sich dann in zwei Phasen (vgl. Katz 1986): Die Erste umfasste die Kolonialzeit bis zum Ende des Bürgerkriegs (1890) und war vom Prinzip des Armenhauses geprägt, und die Zweite reichte von der Progressiven Ära bis zum New Deal in den 1930er Jahren, eine Zeit, in der sich der moderne, „halbfertige" amerikanische Wohlfahrtsstaat herausgebildet hat. Das kommunale System der „poor houses", wozu geschlossene Einrichtungen wie Arbeitshäuser, Waisenheime, Spitäler, Irrenanstalten oder Gefängnisse zählten, stellte einen ersten Bruch mit rein privaten und stark christlich geprägten voluntaristischen Formen der Fürsorge und Armenpflege dar. In Abgrenzung zum Prinzip der Nächstenliebe waren sie von der Grundidee beeinflusst, dass es einer sozialen Kontrolle und Disziplinierung der Armen bedarf,

## 5.8 Sozialhilfe- und Armutspolitik: Der Kampf gegen „Abhängigkeit" 241

um sie auf den Weg der Tugend (zurück) zu führen. Öffentliche Hilfen, die nicht an die Einlieferung in ein Armenhaus oder eine Arbeitsverpflichtung gebunden waren, auch „outdoor relief" genannt, erreichten in den USA zu diesem Zeitpunkt nur einen winzigen Teil aller Bedürftigen, gerieten im Verlauf des 19. Jahrhunderts trotzdem aber immer wieder unter enormen Rechtfertigungsdruck, gerade von Seiten der Kirchen und anderer einflussreicher privater „Charity Organization Societies", die hiermit ihren Einflussbereich bedroht sahen.

Erst im Zuge der massiven Industrialisierungs- und Urbanisierungsprozesse Ende des 19. Jahrhunderts und ihrer sozialen Folgen wie Proletarisierung und Pauperisierung, Auflösung von traditionellen Familienstrukturen etc. vollzog sich in den USA ein Paradigmenwechsel in der Sozialpolitik: weg von der hauptsächlich privaten Philanthropie und kommunalen Armutsfürsorge hin zu einer größeren Rolle der Einzelstaaten und der Bundesregierung sowie „wissenschaftlicher Wohltätigkeit". Von nun an sollte die Gewährung von öffentlicher Unterstützung möglichst an objektiv zu messende Kriterien von Bedürftigkeit geknüpft sein. An die Stelle der Vorstellung von einer vornehmlich dezentral und häufig auch privat organisierten und auf die moralische Transformation der Bedürftigen ausgerichteten Wohltätigkeit trat ein Verständnis von einer stärker zentralisierten Sozialpolitik, die sich an anderen Kriterien wie etwa der Hebung der Volksgesundheit oder der Stärkung von Familien als zentraler Sozialisationsinstanz orientieren sollte. Insgesamt verschob sich in dieser Phase, die in vielerlei Hinsicht von den Ideen bürgerlicher Sozialreformer und der politischen Bewegung des Progressivismus in den städtischen Industriezentren beeinflusst war, die Art und Weise, wie über Armut und deren Bekämpfung nachgedacht und diskutiert wurde: Die Verantwortung wurde nun weniger individuell gefasst, sondern vermehrt als eine kollektive und gesellschaftliche definiert.

Erste sozialpolitische Initiativen der Bundesregierung im 19. Jahrhundert galten den Opfern und Hinterbliebenen des Bürgerkrieges (vgl. Kap. 4). Hinzu kamen staatliche Hilfen bei Flutkatastrophen oder Ernteausfällen. Zu den bevorzugten Zielgruppen staatlicher Fürsorgepolitik avancierten später neben Alten und Kranken alleinerziehende Mütter mit ihren Kindern. Für die letztere Gruppierung gab es zu Anfang des 20. Jahrhunderts mit den sogenannten „Mothers' Pensions" die ersten von den Einzelstaaten verwalteten Sozialhilfeprogramme. Diese stellen die Vorläufer der später unter dem New Deal eingeführten Einkommensbeihilfen für alleinstehende Frauen mit abhängigen Kindern dar. Von diesen „Pensionen" konnten in den 1920er Jahren landesweit etwa 46.000 Familien profitierten (Wilke 2002: 23 ff.). Zwar verdoppelte sich diese Zahl bis zum Jahr 1930, jedoch blieb der Anteil anspruchsberechtigter Haushalte, der tatsächlich Unterstützung bezog, mit 6 Prozent äußerst gering. Mit 80 Prozent stellten Witwen die überwältigende Mehrheit der damaligen Leistungsbezieherinnen dar, die meisten von ihnen weißer Hautfarbe. Lediglich 3 Prozent aller Hilfebeziehenden waren afroamerikanischer Abstammung, von denen fast alle in den Nordstaaten lebten (ebd.).

Die Große Depression in den 1930er Jahren markierte dann den entscheidenden Bruch mit den gut 300 Jahre alten Prinzipien der lokal verwalteten, föderalistisch abgesicherten Armenfürsorge. 13 Millionen Arbeitslose, etwa ein Viertel der Bevölkerung, waren eine kolossale Überforderung der einzelstaatlichen Hilfssysteme, die unter der steigenden Last zusammenzubrechen drohten. Unterstützten diese im Jahr 1929 noch 334.000 Menschen, so stieg diese Zahl in nur vier Jahren auf 18 Millionen an, so dass sich die Bundesregierung unter der Führung von Präsident Franklin D. Roosevelt zum Eingreifen genötigt, aber auch legitimiert sah. Die New-Deal-Politik verhalf dem neuen Verständnis von staatlicher Wohlfahrt in den USA schließlich zum Durchbruch. Zum einen unterband die 1933 neu geschaffene „Federal Emergency Relief Administration" den Transfer öffentlicher Mittel an private Organisationen. Zum anderen stand der „Social Security Act" (SSA) von 1935 und das von ihm etablierte System der Einkommenssicherung für den großen sozialpolitischen Sprung nach vorn, auch wenn die alte Unterscheidung zwischen „würdigen" und „unwürdigen Armen" in den USA niemals wirklich aufgegeben wurde (vgl. hierzu Kap. 3).

Während der Bund die Zuständigkeit für öffentliche Beschäftigungsprogramme übernahm und auf eine national einheitliche Rentenversicherung drängte, überließ er die Hauptverantwortung für die Arbeitslosenversicherung und den Lebensunterhalt von hilfsbedürftigen Alten, Blinden und Kindern weiterhin den Einzelstaaten. Bei der 1935 eingeführten Sozialhilfe „Aid for Dependent Children" (ADC) setzte Washington über seine finanziellen Zuschüsse einige wenige Grundstandards, die Ausgestaltung der Leistungen oblag jedoch weitgehend den Einzelstaaten. 1935 waren zudem noch die meisten Sozialexperten davon überzeugt, dass mit der Wiederbelebung der Wirtschaft nach dem Krieg und einem stetigen Ausbau der Sozialversicherungssysteme steuerfinanzierte Einkommenshilfen bald überflüssig werden sollten. Dies war jedoch nicht der Fall, wie die Entwicklung der Empfängerzahlen zeigt: Bezogen 1938 gut 250.000 Familien Unterstützung aus dem ADC-Programm, waren es aufgrund einer Ausweitung der Anspruchsberechtigung 1956 bereits rund 600.000 Familien, wobei der größte Anstieg in den Jahren nach 1964 stattfand.

Ein Anspruch auf Unterstützung war gegeben, „wenn ein Kind hilfsbedürftig ist, weil ihm der elterliche Unterhalt oder die persönliche Fürsorge fehlt, sei

## 5.8 Sozialhilfe- und Armutspolitik: Der Kampf gegen „Abhängigkeit"

es aufgrund des Todes, der dauerhaften Abwesenheit von zu Hause oder der physisch/psychischen Unfähigkeit eines Elternteils" (Section 406a des Social Security Act, zit. nach Leibfried 1977: 20). 1950 wurde die Bundessozialgesetzgebung dahingehend ergänzt, dass neben minderjährigen Kindern in Familien mit nur einem Elternteil von nun an auch deren Mütter berechtigt waren, für ihren eigenen Unterhalt Leistungen zu beziehen. Dementsprechend wurde das Bund-Staaten-Programm später in „Aid to Families with Dependent Children" (AFDC) umbenannt. Eine zusätzliche Ausweitung erfolgte 1962 mit dem Programm AFDC-UP („Aid to Families with Dependent Children – Unemployed Parents"), das den Einzelstaaten über weitere Bundeszuschüsse Anreize geben sollte, auch solche Familien finanziell zu unterstützen, in denen beide Elternteile zusammenlebten und der Vater entweder arbeitsunfähig oder längere Zeit erwerbslos war (Kaplan 1997).

Während in den unmittelbaren Nachkriegsjahrzehnten die Sozialhilfe für Familien politisch und gesellschaftlich relativ wenig Beachtung erfuhr, änderte sich dies in den 1960er und 1970er Jahren. Mit der Wiederentdeckung des Themas Armut inmitten von wachsendem Reichtum in den USA gerieten auch die Einkommensbeihilfen für verschiedene Zielgruppen wieder neu in den Blick. Zum einem entschied sich der Bund mit der Verabschiedung des „Economic Opportunity Act" von 1964 und zahlreichen anderen sozialpolitischen Maßnahmen (vgl. hierzu Kap. 5.3) für eine Ausweitung der staatlichen Verantwortung für Armutsprobleme und stellte zu ihrer Bekämpfung deutlich mehr finanzielle Mittel bereit. Unter der Johnson-Administration (1963–1969) haben sich die Sozialausgaben des Bundes in den USA fast verdreifacht. Zugleich verstärkte sich aber auch die Kritik an einigen Grundprinzipien und Mechanismen des Sozialhilfesystems. Im Zentrum der Auseinandersetzungen standen die wachsenden Kosten bei einer fehlenden Zielgenauigkeit bzw. Effektivität der weitgehend dezentral verwalteten Hilfsprogramme.

Gab es in den 1960er Jahren in Washington noch eine beträchtliche Unterstützung für die Einführung von universellen Leistungen wie zum Beispiel ein garantiertes Grundeinkommen, so mehrten sich bereits in den 1970er Jahren die Stimmen, die Sozialhilfeleistungen für Erwachsene im Erwerbsalter einschränken und wieder stärker mit einer Arbeitsverpflichtung verknüpfen wollten (vgl. Ventry 2000). Die Auseinandersetzungen um den „Family Assistance Plan" der 1970 mit Unterstützung der Nixon-Administration in den US-Kongress eingebracht wurde, verdeutlicht diesen Wandel (vgl. Steensland 2007). Sie markieren den Übergang von einer Debatte, in deren Zentrum die negativen sozialen Folgen von Armut stehen, hin zu einer Diskussion über das Problem der „Abhängigkeit von Wohlfahrt". Nixons „Family Assistance Plan" basierte auf dem Steuersystem, genauer auf dem Konzept einer negativen Einkommenssteuer (abgekürzt NIT), das auf den Ökonomen Milton Friedman zurückgeht. Die dahinterstehende Idee ist recht simpel: Während die meisten Bürger Steuern auf ihre Einkommen zahlen müssen, erhalten diejenigen, die unter eine bestimmte Einkommensgrenze fallen, über das Steuersystem vom Staat einen Zuschuss, was eine Art Grundsicherung auch für Nichterwerbsfähige dargestellt hätte. Mit einer Neuausrichtung der US-Armutspolitik an diesem Konzept des Grundeinkommens für alle sollten zum einen administrative Kosten eingespart und zum anderen die Stigmatisierung aufgehoben werden, die mit dem Bezug von Sozialhilfeleistungen in der Regel verbunden ist. Allerdings war der Plan politisch nicht durchsetzbar, weil vor allem Konservative fürchteten, dass er nicht ausreichende Arbeitsanreize beinhaltete. Viele Sozialliberale lehnten ihn aufgrund der aus ihrer Sicht zu niedrigen Bedarfs- und Leistungsbemessung ab.

Nach dem Scheitern dieses für damalige und heutige Verhältnisse radikalen Reformversuchs des immer noch dezentral organisierten Sozialhilfesystems in den USA kam es in den 1970er Jahren auf der Bundesebene zu zwei politischen Kompromissen. Zum einen wurden 1972 die 1935 aufgelegten Fürsorgeprogramme für Alte und Blinde sowie die 1950 geschaffene Einkommensbeihilfe für Behinderte in dem Bundesprogramm „Supplemental Security Income" (SSI) zusammengefasst. Während mit diesem Schritt die Einzelstaaten finanziell stark entlastet und die Empfänger offiziell in den Kreis der „würdigen Armen" aufgenommen wurden, einigte man sich im US-Kongress Mitte der 1970er Jahre in Washington darüber hinaus auf eine Abgabenentlastung für die wachsende Gruppe der Niedrigverdiener, und zwar auf den „Earned Income Tax Credit" (EITC), der 1978 im Einkommenssteuerrecht festgeschrieben wurde und sich in den folgenden Jahren zu einem der erfolgreichsten Sozialprogramme der USA entwickeln sollte (vgl. hierzu weiter unten). Selbst unter der Amtszeit von Roland Reagan (1981–1989), der bekanntlich ein expliziter Sozialstaatsgegner war, wurden sowohl die Leistungen als auch der Empfängerkreis des EITC erheblich ausgebaut, während der Zugang zu Leistungen der Familienfürsorge AFDC erschwert wurde. In der Folge verloren etwa eine Million Menschen ihren Anspruch auf Sozialhilfe (Seeleib-Kaiser 2000: 117).

Begleitet wurden die in den 1980er Jahren im Rückblick noch vergleichsweise moderaten Reformen des Sozialhilferechts von massiven öffentlichen Attacken auf sozialliberale Prinzipien und Zielsetzungen der Armutspolitik. Obwohl es im Laufe des 20. Jahrhunderts auch in den USA zu einer „schleichenden Nationalisierung" wohlfahrtsstaatlicher Aufgaben (Pierson 1995: 302) zugunsten bedürftiger Bevölkerungsgruppen gekommen war, setzten die meisten Konser-

## 5.8 Sozialhilfe- und Armutspolitik: Der Kampf gegen „Abhängigkeit" 245

vativen auf die erneute Stärkung der Rechte und Autonomie der Einzelstaaten, insbesondere bei der Sozialhilfepolitik. Neoliberale und konservativ-paternalistische Ansätze entwickelten sich dann spätestens in den 1990er Jahren mithilfe von einflussreichen Medien und Forschungseinrichtungen, die Sozialhilfemissbrauch und die ökonomischen Fehlanreize des Systems beklagten (vgl. Handler 1995; Mink 1998), zum Mainstream in der US-amerikanischen Armutsdebatte. Nicht nur in der Republikanischen Partei, die ab 1994 den Kongress beherrschte, fanden sie eine breite Anhängerschaft, sondern auch unter den „New Democrats" wie Bill Clinton, die ähnlich wie Teile der Sozialdemokratie in Westeuropa mit einem „Dritten Weg" liebäugelten (vgl. Reich 1999; Myles/Quadagno 2000; Béland u. a. 2002). Das alte sozialliberale Anliegen, eine gesellschaftliche Inklusion der Armen durch (begrenzte) materielle Teilhabe und positive Anreize (Investitionen in Ausbildung, Sozialarbeit und Infrastruktur) sicherzustellen, galt zu diesem Zeitpunkt als weitgehend diskreditiert (Weaver 2000). Anknüpfend an Ideologien der Armenfürsorge im 19. Jahrhundert kam es in den USA im Zuge der Diskussionen um die vermeintlichen Pathologien und Abhängigkeiten der „underclass" mit unterschiedlichen Akzentuierungen zu einer Reaktivierung der Vorstellung von „unwürdigen Armen", die nur mit Zwang aus ihrer materiellen Not und von ihrem sozialschädlichen Verhalten zu befreien seien. Dieser neue „paternalistische Konsens" mündete schließlich in die Sozialhilfereform von 1996, den „Personal Responsibility and Work Opportunity Reconciliation Act" (PRWORA). Mit diesem umfangreichen Gesetzespaket wurde der durch den New Deal begründete und in den 1960er Jahren ausgebaute Rechtsanspruch von bedürftigen Familien mit Kindern auf bundesstaatliche Hilfe zugunsten einer zeitlich befristeten und stark konditionierten Unterstützung abgeschafft. Der Dissens zwischen den verschiedenen politischen Lagern und Strömungen konzentrierte sich fortan auf die konkreten Mittel und benötigten Anreizstrukturen, um das gemeinsame Ziel, die Unabhängigkeit von Sozialhilfe („self-sufficiency"), zu erreichen.

### 5.8.3 Aktuelle Strukturen und Leistungen

Das heutige Sicherheitsnetz für Bedürftige in den USA basiert zum Teil noch auf Strukturen und Funktionsmechanismen, die im Zuge des New Deals in den 1930er Jahren geschaffen wurden. Es hat aber insbesondere seit den 1970er Jahren noch eine weitere erhebliche Ausdifferenzierung und Fragmentierung erfahren. Nach Auskunft des „Congressional Research Service" existierten 2009 allein 82 „means-tested federal programs" (Spar 2011). Das materielle Wohlergehen sowie der Grad der sozialen Absicherung von Erwerbslosen oder zeitweilig Erwerbsunfähigen hingen hier selbst in den goldenen Jahren des Wohlfahrtsstaates schon immer extrem stark von ihrem jeweiligen Familienstand, ihrem Wohnort und zu einem gewissen Grad auch von ihrer Hautfarbe ab.

So wurde eine Unterstützung von Bedürftigen ohne unterhaltspflichtige Kinder, in den USA „General Assistance" oder „General Relief" genannt, vom Bundesgesetzgeber nie verbindlich vorgeschrieben, sondern ist immer eine freiwillige Leistung der Einzelstaaten und Kommunen geblieben. Im Jahr 2011 boten noch 33 Staaten „General Assistance" an, wobei mehrheitlich nur als erwerbsunfähig eingestufte Personen anspruchsberechtigt sind. In nur zwölf Bundesstaaten in den USA können auch alleinstehende Menschen ohne eine Krankheit oder körperliche Behinderung Sozialhilfe beantragen, die aber fast überall so niedrig ausfällt, dass sie noch nicht einmal auf 50 Prozent der Armutsgrenze kommt (vgl. Schott/Cho 2011). Besonders auffällig bei den steuerfinanzierten Einkommensbeihilfen und Sachleistungen ist, dass die meisten inzwischen an eine Beschäftigung bzw. an den Nachweis der Arbeitsbereitschaft geknüpft sind, so dass viele Experten unterdessen zu Recht von einem „work-conditioned public support system" sprechen (vgl. Weaver 2009; Blank 2010).

Die größten institutionellen und programmatischen Veränderungen hat es in den vergangenen drei Jahrzehnten im Bereich der Familienfürsorge gegeben. Diese Einkommensbeihilfen zeichnen sich dadurch aus, dass hier die untergeordneten Verwaltungsstrukturen traditionell einen erheblichen Einfluss auf die Ausgestaltung der Leistungen und die Anspruchsberechtigung haben. Hier gilt als Grundprinzip: Die Einzelstaaten und Kommunen sind nicht per Verfassung oder per Gesetz vom Bund dazu verpflichtet, diese anzubieten, sondern erhalten lediglich durch finanzielle Zuweisungen Anreize, Programme zu übernehmen und umzusetzen. Wie groß der Ermessensspielraum auf der subnationalen Ebene bei der Ausgestaltung von Sozialleistungen ist, hängt von der Art der Bundeszuschüsse ab, die entweder eine enge Zweckbindung aufweisen oder pauschaliert werden können. Pauschalisierte „block grants" an die Einzelstaaten, die inzwischen in den meisten steuerfinanzierten Sozialprogrammen vorherrschen, sind durch recht allgemein gefasste Vorgaben gekennzeichnet und erlauben es den untergeordneten Verwaltungseinheiten, eigene Schwerpunktsetzungen bei der Mittelverwendung vorzunehmen (vgl. Finegold u. a. 2004).

*Einkommenshilfen für Familien: Von ADFC zu TANF*

Die USA zeichnen sich bis heute dadurch aus, dass sie keine national koordinierte Familienpolitik und keine universellen öffentlichen Leistungen wie Kinder- oder Erziehungsgeld kennen, mit denen Eltern finanziell entlastet werden (vgl. hierzu Kap. 5.2). Dagegen konzentrieren sich hier die staatlichen Interventionen seit

## 5.8 Sozialhilfe- und Armutspolitik: Der Kampf gegen „Abhängigkeit"

jeher auf eine bestimmte Zielgruppe, nämlich mittellose alleinerziehende Mütter und deren minderjährige Kinder. Das speziell für sie 1935 eingerichtete Unterstützungsprogramm „Aid to Families with Dependent Children" (AFDC), aus dem 1996 noch etwa 4,6 Millionen arme Haushalte monetäre Leistungen erhielten (US Department of Health and Human Services 2006: A-18), war von Anfang an aber alles andere als großzügig und sicherte nur in wenigen Regionen das Existenzminimum. In 80 Prozent der Einzelstaaten waren die Geldtransfers aus dem AFDC-Programm am Ende des 20. Jahrhunderts so gering, dass die Empfänger weiterhin deutlich unter der offiziellen Armutsgrenze leben mussten (Albert 2000: 304). Bekam eine dreiköpfige Familie 1970 noch durchschnittlich $ 640 pro Monat an staatlicher Unterstützung, so waren es Mitte der 1990er Jahre nur noch $ 515 und 2008 nur noch $ 417 (Anderson u. a. 2011: 20).

Trotzdem bot das AFDC-System den Einzelstaaten und Kommunen die Option, zumindest einen Teil der Armutsbevölkerung vom Arbeitszwang zu befreien und deren Einkommen mithilfe von Bundes- und Landesmitteln zu alimentieren, was vor allem in Zeiten ökonomischer Krisen und hoher Arbeitslosigkeit von Bedeutung war. Die Finanzzuweisungen aus Washington wurden zudem automatisch an die Entwicklung der Sozialhilfebevölkerung angepasst. Außerdem hatten AFDC-Bezieherinnen bis zur Sozialhilfereform unter der Clinton-Regierung 1996 einen vom Bund garantierten Anspruch auf eine kostenlose Gesundheitsversorgung und Lebensmittelmarken. Zudem bezogen sie häufig auch noch Wohngeld, so dass ein Auskommen – wenn auch auf niedrigstem Niveau – möglich war. Darüber hinaus mussten die Einzelstaaten seit einigen Grundsatzurteilen des Supreme Court in den 1960er und 1970er Jahren allen anspruchsberechtigten Familien ohne Diskriminierung und bürokratische Willkür eine finanzielle Unterstützung gewähren (vgl. Piven/Cloward 1977; Sosin 1986). Abgelehnten Antragstellern hatten die lokalen Verwaltungen außerdem ein Einspruchsrecht zu garantieren. Vor allem die zuletzt genannte Vorgabe begründet die gängige Qualifizierung von AFDC als einer Sozialleistung mit Rechtsanspruch („entitlement").

Angesichts drastisch steigender Bezugszahlen – von 3,4 Millionen Personen im Jahr 1961 auf 11 Millionen im Jahr 1981 (US House of Representatives 2012: Table 7–9) – geriet die Familiensozialhilfe immer mehr zum bevorzugten Wahlkampfthema konservativer Politiker, die Kostenargumente mit dem Vorwurf an ihre liberalen Gegner verbanden, über eine zu große Permissivität in der Sozialpolitik traditionelle US-amerikanische Normen und Werte wie individuelles Leistungsstreben, ökonomische Selbstständigkeit und den Familienzusammenhalt zu unterminieren (Waddan 1997; Weaver 2000). Außerdem setzte der politische Angriff auf das Recht auf Sozialhilfe gerade dann verstärkt ein, als immer mehr afroamerikanische Familien und Migranten von diesem profitieren konnten (Gilens 2003). Schon ab den 1970er Jahren gab es eine Reihe von Vorstößen sowohl auf nationaler Ebene als auch von Seiten der Einzelstaaten, AFDC stärker in eine Übergangshilfe umzuwandeln und Sozialhilfeempfängerinnen auf die Aufnahme einer Erwerbsarbeit vorzubereiten. Diese sollten verpflichtet werden, an Weiterbildungs- oder anderen beschäftigungsfördernden Maßnahmen teilzunehmen. Hiermit vollzog sich unter der Formel „From Welfare to Work" ein Wandel der sozialpolitischen Zielsetzungen der Familienfürsorge: weg von dem Ziel der materiellen Teilhabe hin zur Ermöglichung der Arbeitsmarktpartizipation als vermeintliche Garantie für Autonomie und Selbstbestimmung (Mätzke 2008).

Präsident Clinton unterzeichnete schließlich im August 1996 den „Personal Responsibility and Work Opportunity Act" (PRWORA). In dieses weitreichende Gesetz, das von Konservativen und vielen Liberalen gleichermaßen befürwortet wurde, waren zum Teil recht widersprüchliche Grundannahmen über Armutsursachen und die Zielsetzungen von Sozialhilfepolitik eingeflossen. Gemeinsam war ihnen, dass sie erstens demographische Verschiebungen und ein verändertes Reproduktionsverhalten, das heißt die erhebliche Zunahme von unehelichen Kindern und von Familien ohne männlichen Ernährer seit den 1960er Jahren, für die anhaltende Armut unter Kindern, Jugendlichen, Frauen und ethnischen Minoritäten in den USA verantwortlich machten. Zweitens bestand Einigkeit darüber, dass die Familiensozialhilfe (AFDC) aufgrund ihrer vermeintlich falschen Anreizstrukturen (Schwächung des Arbeitsethos und der Heiratsbereitschaft unter den Beziehern) abgeschafft und in ein neues beschäftigungsorientiertes Transfersystem überführt werden sollte. Als wichtigstes Novum gegenüber der alten Sozialhilfestruktur konnten Vertreter von sozialkonservativen und neoliberalen Positionen die Abschaffung eines Rechtsanspruchs von bedürftigen Familien auf staatliche Unterhaltszahlungen, eine allgemeine Arbeitsverpflichtung selbst für Menschen mit erheblichen Beschäftigungsbarrieren, eine zeitliche Befristung der Sozialhilfeleistungen des Bundes auf maximal fünf Jahre sowie die Ausgrenzung von neu zugewanderten Migranten und ihren Familien aus der sozialpolitischen Verantwortung des Bundes durchsetzen. Waren Einwanderer – bei einem legalen Aufenthalt – zuvor Staatsbürgern in Bezug auf soziale Rechte in den USA weitgehend gleichgestellt gewesen, macht es der PRWORA nun im Wesentlichen vom Datum ihrer Einreise und der Länge ihres Aufenthaltes in den Vereinigten Staaten abhängig, welche Leistungen sie in Anspruch nehmen dürfen (vgl. Fix/ Passel 2002; Singer 2004).

Die Details der Umsetzung der Arbeitsverpflichtung sowie die Entscheidung über die Anwendung weiterreichender Sanktions-, Erziehungs- und Kontrollinst-

## 5.8 Sozialhilfe- und Armutspolitik: Der Kampf gegen „Abhängigkeit"

rumente überließen die Gesetzgeber in Anlehnung an die sogenannte Philosophie des „New Federalism" noch weitgehender als zuvor den Einzelstaaten und lokalen Sozialverwaltungen(vgl. Falk 2011). Dies hat zu einer ungewöhnlich hohen Varianz im staatlichen Umgang mit Sozialhilfeempfängern bzw. Antragstellern geführt (vgl. Kassabian u. a. 2012). Als einziges größeres Zugeständnis an linksliberale Positionen wurden nach 1996 verschiedene Bundestöpfe zur Subventionierung von Kinderbetreuungskosten für Familien mit Niedrigeinkommen in einem Förderprogramm konsolidiert und gegenüber dem alten System um etwa $ 4 Milliarden aufgestockt (Burke 2004: 5). Die Zuschüsse aus Washington für das Bund-Länder-Programm, das AFDC ablöste und auf der Bundesebene „Temporary Assistance for Needy Families" (TANF) getauft wurde, basieren seitdem nicht mehr auf Grundlage der Zahl der Leistungsbezieher, sondern erfolgen in Form eines Pauschalbetrags, der an verschiedene Auflagen gebunden ist wie zum Beispiel die Anforderung an die Bundesstaaten und Kommunen, in einem bestimmten Zeitraum eine gewissen Prozentsatz an zuvor erwerbslosen Frauen in Arbeit zu bringen oder auf andere Weise die Sozialhilfequote zu senken (vgl. Falk 2011).

Insgesamt fließt heute wesentlich weniger Geld direkt in die Taschen von mittellosen Familien mit Kindern: Entfielen 1996 noch 76 Prozent aller aufgewendeten TANF-Mittel auf „cash benefits", waren es 2011 nur noch 30,6 Prozent (Zedlewski u. a. 2012: 2). Zudem hat sich lediglich ein Bruchteil aller Bundesstaaten (etwa 15 Prozent) bemüht, nach 1996 Versorgungslücken auszugleichen, die durch die Einführung von Zeitlimits und die Ausgrenzung von Migranten aus vom Bund finanzierten Sozialleistungen entstanden sind. Noch weniger – etwa zehn Prozent – haben sich dafür entschieden, Leistungen im Rahmen ihrer TANF-Programme mit einem einklagbaren Rechtsanspruch zu versehen (Grell 2008: 139). Die meisten Landesgesetze haben dagegen nun auch die finanzielle Unterstützung von Not leidenden Familien – analog zur Daseinsfürsorge für Alleinstehende – zu einer freiwilligen kommunalen Leistung erklärt, die jederzeit eingeschränkt oder verweigert werden kann, ohne mit rechtlichen Folgen rechnen zu müssen.

Erstaunlich hoch ist darüber hinaus die Zahl der Bundesstaaten, die über die Vorgaben des PRWORA hinaus weitere Restriktionen in ihre Landesgesetze aufgenommen haben, welche die Inanspruchnahme von Sozialhilfeleistungen erschweren oder ganz verhindern können. Neben zusätzlichen zeitlichen Befristungen gehören hierzu in mehr als der Hälfte aller Bundesstaaten unterschiedliche Sanktionsstrategien, die nach Stand der Forschungslage zumindest teilweise den drastischen Rückgang der Zahl der Hilfebeziehenden seit 1996 erklären können. Außerdem konzentrieren sich immer mehr lokale Sozialverwaltungen in den USA darauf, bedürftige Familien möglichst ganz von der Antragstellung auf monetäre Unterstützung abzuhalten und sie an private Wohlfahrtseinrichtungen zu verweisen (Zedlewski u. a. 2012: 2). So nahmen im Jahr 2004 bundesweit weniger als fünf Prozent aller TANF-Bezieherinnen an längerfristigen berufsqualifizierenden Maßnahmen teil; in lediglich sieben Staaten lag ihr Anteil bei über zehn Prozent (Minoff 2006: 3).

Trotzdem gelten die Sozialhilfereform und das von ihr etablierte dezentralisierte System der Einkommensbeihilfen und Beschäftigungsförderung für Familien mit minderjährigen Kindern in den USA parteiübergreifend als eine Erfolgsgeschichte (vgl. z.B. Haskins 2006). Hierfür werden vor allem zwei Indikatoren herangezogen: erstens der Rückgang der Sozialhilfequote und zweitens die Steigerung der Erwerbsquote von Alleinerziehenden. Innerhalb von nur zehn Jahren nach Verabschiedung des PRWORA war die Zahl der Sozialhilfebeziehenden bundesweit um 70 Prozent, von über 12 auf etwa 4 Millionen Personen gesunken (US House of Representatives 2012: Table 7–9); eine wirklich bemerkenswerte Entwicklung, die von vielen als eine „Win-win-Situation" für Staat, Gesellschaft und die Betroffenen interpretiert worden ist. Ferner sind heute deutlich mehr alleinerziehende Frauen in den USA berufstätig als noch in den 1990er Jahren: Bundesweit stieg ihre Erwerbsquote zwischen 1995 und 2000 um 11,3 Prozentpunkte an und erreichte 2000 mit 73 Prozent ihren vorläufigen Höhepunkt (Sherman u. a. 2004: 2). Auch bei der Armutsentwicklung gab es zunächst eindeutig positive Trends: Zwischen 1996 und 2000 ging die bundesweite Armutsrate von 13,7 auf 11,3 Prozent zurück, die Kinderarmut sank sogar von 21,8 auf 16,2 Prozent, um danach wieder deutlich anzusteigen (Witte 2004). Welche Faktoren im Einzelnen für diese Entwicklungen verantwortlich waren, ist in der Fachliteratur weiterhin umstritten. Da die höchsten Rückgänge bei den Fallzahlen kurz vor und nach Verabschiedung des PRWORA erfolgten, führen die meisten Studien diese auf den ökonomischen Aufschwung in der zweiten Hälfte der 1990er Jahre und damit einhergehende verbesserte Beschäftigungschancen für niedrigqualifizierte Arbeitnehmer, vor allem für alleinerziehende Frauen, zurück (Moffitt/ Roff 2000; Acs u.a 2001; Blank 2002). Hinzu kamen die Ausweitung des „Earned Income Tax Credit" (vgl. hierzu weiter unten) und mehr staatliche Unterstützung bei der Kinderbetreuung (vgl. hierzu Kap. 5.2), was die Arbeitsanreize gerade für Geringqualifizierte zusätzlich erhöht haben mag.

Andere Untersuchungen messen rigiden Zeitlimits und den ausgebauten Sanktionsmöglichkeiten in den regionalen TANF-Programmen eine entscheidende Bedeutung bei der Senkung der Sozialhilfequote zu (Soss u. a. 2006; Lens 2006). Vergleiche machen deutlich, dass in Staaten mit einer besonders strikten Sanktionspraxis die Inanspruchnahme von Sozialhilfe am stärksten gesunken

## 5.8 Sozialhilfe- und Armutspolitik: Der Kampf gegen „Abhängigkeit"  251

ist. Nach Angaben des Center on Budget and Policy Priorities (Parrott/Sherman 2006), die auf Modellrechnungen des Bundessozialministeriums basieren, kann etwa die Hälfte des Rückgangs der Sozialhilfequoten mit den ab 1996 eingeführten verschärften Zugangsregeln und Diversionsstrategien der Einzelstaaten und Kommunen erklärt werden, von denen überproportional stark Immigranten, Personen mit erheblichen Gesundheitsproblemen und einer niedrigen Schulbildung betroffen seien. Demnach erhielten zehn Jahre nach Verabschiedung der Sozialhilfereform auch nur noch rund 40 Prozent aller vom Einkommen her anspruchsberechtigten Familien monetäre Unterstützung aus dem TANF-Programm, während es beim Vorgängerprogramm in den 1980er Jahren immerhin noch rund 80 Prozent gewesen waren (Schott 2011).

*Ernährungshilfen*

Zu den wenigen bundesweiten Sozialhilfeleistungen, die sich in gewisser Weise als krisentauglich erwiesen haben und auf die in den letzten Jahren immer mehr Haushalte in den USA zurückgreifen, zählen Ernährungshilfen, die eine Besonderheit des amerikanischen Sozialhilfesystems darstellen. Insgesamt gibt es in den USA aktuell 15 inländische Food-Aid-Programme, von denen das bekannteste das Food-Stamp-Programm ist, im Jahr 2008 offiziell in „Supplemental Nutrition Assistance Program" umbenannt, abgekürzt SNAP. Hinzu kommen spezielle Lebensmittelhilfen für Senioren, Schwangere und Mütter mit Kleinkindern und diverse Schulspeisungsprogramme (vgl. Hanrahan 2009). Sie machen mit jährlich fast $ 80 Milliarden einen wachsenden Teil des Sozialbudgets des Bundes aus (US Department of Agriculture 2010: 2), werden mehrheitlich vom Landwirtschaftsministerium verwaltet und erfreuen sich einer vergleichsweise großen gesellschaftlichen und politischen Akzeptanz. Erstens gilt diese Mischform aus Geld- und Sachleistung als besonders zielgerichtet und wenig missbrauchsanfällig. Zweitens bieten Lebensmittelhilfen eine moralische Vergewisserung dafür, dass selbst in Krisenzeiten niemand in den USA wirklich hungern muss. Und drittens hatte die US-amerikanische Regierung bereits frühzeitig „Food Aid" als Korrektur der landwirtschaftlichen Überproduktion entdeckt, so dass sich humanitäre Zwecke immer wieder mit kommerziellen Interessen der einheimischen Landwirtschaft und Lebensmittelindustrie verbinden ließen. Diese Form der sozialstaatlichen Unterstützung ist ein Resultat der Großen Depression, als 1935 erstmals einheimische Agrarprodukte, öffentlich organisiert und im größeren Stil, an bedürftige Familien und an Schulen verteilt wurden (vgl. Poppendieck 1986).

In seiner jetzigen modernen Form geht das SNAP-Programm auf den „War on Poverty" in den 1960er Jahren zurück (vgl. Richardson 1979). 1964 etablierte der Kongress mit Verabschiedung des „Food Stamp Act" dann ein dauerhaftes und landesweites Programm zur Unterstützung von einkommensschwachen Familien, um eine ausreichende und gesunde Ernährung für alle US-Bürger sicherzustellen. Damals konnten anspruchsberechtigte Haushalte sowohl Nahrungsmittel direkt von öffentlichen Stellen als auch Lebensmittelmarken bzw. Coupons beziehen, mit denen sie dann in ausgewählten Geschäften einkaufen konnten. Die Einkommens- und Vermögensgrenzen waren lange Zeit identisch mit denen, die die Landesregierungen für den Bezug von Fürsorgeleistungen aus dem AFDC-Programm festgelegt hatten. Die meisten Familien im Sozialhilfebezug waren in den USA schon immer darauf angewiesen, die in vielen Regionen äußerst bescheidenen Unterhaltszahlungen mit Lebensmittelmarken aufzustocken, um einigermaßen über die Runden zu kommen.

1977 kam es unter der Präsidentschaft von Jimmy Carter zu ersten Versuchen, den Bezug von „Food Stamps" aus Kostengründen wieder einzuschränken, indem man die Zugangsbedingungen verschärfte und die Einkommensanrechnung änderte. Unter anderem mussten Antragsteller, die erwerbslos waren, sich als arbeitsuchend registrieren lassen. In der Folge sank die Zahl der Personen, die Lebensmittelmarken bezogen, von mehr als 18 Millionen im Jahr 1976 auf knapp 16 Millionen im Jahr 1978. Wie Abbildung 16 zeigt, hat es seitdem jedoch eine fast ununterbrochene Ausweitung des „Food Stamp"-Programms gegeben. Lediglich während der Amtszeit von Ronald Reagan und zu Beginn des 21. Jahrhunderts, als eine unmittelbare Auswirkung der Sozialhilfereform von 1996, kam es zu einem nennenswerten Rückgang bei der Zahl der Leistungsbezieher.

Seit Verabschiedung des „Personal Responsibility and Work Opportunity Act" von 1996 sind die meisten neu zugewanderten Migranten in den USA vom Bezug von Ernährungsbeihilfen ausgeschlossen. Ferner können Bedürftige ohne unterhaltspflichtige Kinder nur maximal drei Monate in einem Zeitraum von drei Jahren Leistungen beziehen, wenn sie weniger als 20 Stunden in der Woche einer Erwerbstätigkeit nachgehen. Arbeitslose müssen ihre Bereitschaft nachweisen, eine Anstellung zu finden, oder im Gegenzug an Beschäftigungsmaßnahmen teilnehmen (Falk/Aussenberg 2012: 3 ff.).

Aktuell leistungsberechtigt sind automatisch alle, die andere Sozialhilfeleistungen wie TANF oder SSI (vgl. den folgenden Abschnitt) beziehen, und solche Haushalte, deren Einkommen unter 100 Prozent der offiziellen Armutsgrenze liegt; in 27 Bundesstaaten liegt die Einkommensgrenze inzwischen höher und zwar bei 130 Prozent der Armutsgrenze. Die Vermögensgrenze beträgt offiziell $ 2.000 bzw. $ 3.250 bei Haushalten, in denen Senioren oder Behinderte leben. Häuser, Wohnungen, Autos oder etwa Alters- und Lebensversicherungen werden

## 5.8 Sozialhilfe- und Armutspolitik: Der Kampf gegen „Abhängigkeit"

*Abbildung 16:* Entwicklung der Bezugszahlen bei den Lebensmittelmarken 1969–2012

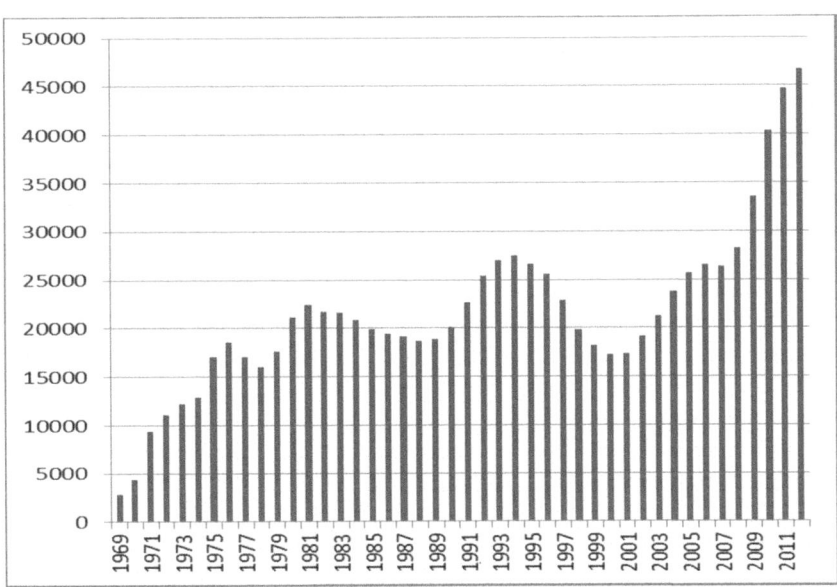

Quelle: United States Department of Agriculture 2012

nicht angerechnet (ebd.: 1). Im Gegensatz zu TANF bestimmt allein der Bund über die maximale Leistungshöhe, die sich wie auch die Armutsgrenze an den durchschnittlichen Ausgaben aller US-Bürger mit niedrigem Einkommen für Nahrungsmittel orientiert. 2010 lag der Höchstbetrag bei etwa $ 200 pro Monat für Alleinstehende und bei $ 668 für eine vierköpfige Familie; die durchschnittliche Leistungshöhe pro Person betrug $ 133 (Purtell/Gershoff 2012).

Im Jahr 2012 bezogen 46,4 Millionen US-Amerikaner, das heißt annähernd jeder sechste Bürger, Ernährungsbeihilfen, wobei sich die Zahl, bedingt durch die allgemeine Wirtschaftskrise und die hohe Arbeitslosigkeit, seit 2005 fast verdoppelt hat. Bei schätzungsweise sechs Millionen Personen stellen „Food Stamps" das einzige Einkommen dar. Nach Angaben des Landwirtschaftsministeriums (Eslami u. a. 2011) setzt sich der Empfängerkreise zur Hälfte aus Haushalten mit Kindern und zur Hälfte aus Alleinstehenden zusammen, wobei nur etwa über 8 Prozent aller SNAP-Bezieher älter als 60 Jahre sind. Überproportional hoch mit

22 Prozent ist der Anteil von afroamerikanischen Familien, ein Trend, der sich in den letzten Jahren verstärk hat.

*Ergänzende Einkommenshilfe für Ältere und Behinderte*

Dass Ältere in den USA wesentlich seltener als Haushalte mit Kindern Lebensmittelmarken beantragen (müssen), mag auch damit zusammenhängen, dass das US-Sozialsystem bislang relativ gut gegen Altersarmut gewappnet war. Es existieren hier zwei Formen der Grundabsicherung im Alter. Die erste stellt eine Mindestrente im Rahmen der Sozialversicherung dar (vgl. hierzu Kap. 5.7), die zweite eine bedürftigkeitsgeprüfte Transferleistung im Rahmen des Bundesprogramms „Supplemental Security Income" (SSI).

Das SSI-Programm löste 1974 eine Vielfalt unkoordinierter und von den Einzelstaaten mitfinanzierter Fürsorgeleistungen für Alte, Blinde und anderweitig Behinderte ab. Heute ist es eine Art Auffangprogramm („program of last resort") für alle, die aufgrund körperlicher und psychischer Beeinträchtigungen nicht allein für sich sorgen können und keine oder nur unzureichende Ansprüche aus dem staatlichen Sozialversicherungssystem erworben haben. Antragsteller über 65 Jahre müssen sich keiner medizinischen Untersuchung, aber einer strengen Bedürftigkeitsprüfung unterziehen. Grundsätzlich sind Personen mit einem Vermögen von über $ 2.000 nicht anspruchsberechtigt, bei Ehepaaren liegt die Vermögensgrenze bei $ 3.000 (Moulta-Ali 2011: 2). Die maximale monatliche Leistung beträgt derzeit $ 674 pro Person und $ 1.011 für ein Ehepaar (ebd.: 1), wobei viele Bundesstaaten die steuerfinanzierten SSI-Transfers des Bundes aus eigenen Mitteln noch aufstocken. Die Höhe der zusätzlichen „state payments" hängt in der Regel davon ab, ob die Antragsteller in der eigenen Wohnung leben oder in einer Einrichtung untergebracht sind. Zudem haben SSI-Bezieher automatisch einen Anspruch auf eine Gesundheitsversorgung im Rahmen von Medicaid.

Als das Programm SSI 1974 eingeführt wurde, nahmen um die 2,3 Millionen Senioren (das entsprach 8 Prozent aller damals über 65-Jährigen) seine Leistungen in Anspruch. Seitdem hat SSI jedoch als Grundsicherung für alte Menschen an Bedeutung verloren. Inzwischen beziehen nur noch 1,2 Millionen oder 2,9 Prozent aller Personen im Rentenalter „ergänzendes Sozialeinkommen". Die deutliche Mehrheit, fast 70 Prozent, sind Frauen. Etwa 7 Millionen Menschen dagegen, darunter auch Minderjährige, erhielten SSI aufgrund einer dauerhaften Behinderung, die ihnen eine Erwerbstätigkeit unmöglich macht. Das sind 84 Prozent aller Leistungsbezieher (US House of Representatives 2008: 3-27).

## 5.8 Sozialhilfe- und Armutspolitik: Der Kampf gegen „Abhängigkeit"

*Lohnsubventionierung für Geringverdiener: Der „Earned Income Tax Credit"*
Der viel zitierte „Earned Income Tax Credit" (EITC) ist zwar keine Sozialhilfeleistung im klassischen Sinne, verdient es aber, hier in diesem Kapitel abschließend aufgeführt zu werden, weil er sich aber spätestens ab Anfang der 1990er Jahre zu einem der wichtigsten Instrumente zur Senkung der Armutsraten in den USA entwickelt hat. Er richtet sich allerdings nur an Erwerbstätige, genauer an die wachsende Gruppe der „working poor".

Nach verschiedenen wenig fruchtbaren regionalen Experimenten mit Lohnaufstockungen und Kombilöhnen sowie gescheiterten Vorstößen in Richtung eines garantierten Grundeinkommens in den 1960er und 1970er Jahren beschloss die Bundesregierung unter Präsident Gerald Ford zum ersten Mal im Kontext eines Konjunkturprogramms, Arbeiterfamilien mit Kindern von den stark gestiegenen Sozialversicherungsbeiträgen über das Steuersystem zu entlasten. Der maximale Steuerzuschuss betrug damals $ 400, etwa 6,2 Millionen Haushalte gehörten zu den Begünstigten (Holt 2006: 2). 1978 wurde der anfangs nur als eine temporäre Krisenmaßnahme gedachte EITC von der Carter-Administration durch seine Festschreibung im Einkommensteuerrecht auf eine dauerhafte Basis gestellt. In den 1980er Jahren entwickelte er sich dann zu einem zentralen Element der Doppelstrategie der US-Regierung, bestehend aus „Welfare to Work" und „Making Work Pay", die zum einen für Sozialhilfeempfänger und andere Erwerbslose verschiedene (positive und negative) Anreize zur Arbeitsaufnahme schaffen wollte und zum anderen darauf bedacht war, dass Erwerbstätige im Niedriglohnsektor in der Lage dazu sind, eine Familie zu ernähren (vgl. Peters 2005). Dass der EITC in der Amtszeit von Reagan mit der Steuerreform von 1986 eine erheblich Ausweitung und Aufwertung als Instrument zur Armutsbekämpfung erfuhr, hing nicht zuletzt damit zusammen, dass es für direkte Lohnzuschüsse oder eine Erhöhung der Mindestlöhne in dieser Hochphase neoliberaler Wirtschaftspolitik in den USA keine politischen Mehrheiten gab. 1993 sorgte dann eine Gesetzesinitiative der Clinton-Regierung dafür, dass sich der Wert des EITC verdoppelte und auch alleinstehende Arbeitnehmer im Alter zwischen 25 und 64 Jahren von ihm profitieren können, wenn auch in deutlich niedrigerer Höhe als Eltern von minderjährigen Kindern. Ab 1994 führte noch eine Reihe von Bundesstaaten zusätzlich zum Bundesprogramm eigene Steuergutschriften ein, die den nationalen EITC um durchschnittlich 10 bis 15 Prozent aufstocken. Inzwischen gibt es einen regionalen EITC in 23 Staaten (Tax Policy Center 2012).

Seitdem hat sich der EITC zum Anti-Armuts-Programm in den USA mit der breitesten politischen Unterstützung und der höchsten Steigerungsrate entwickelt. Allein zwischen 1990 und 1994 wuchs die Zahl der Begünstigten um

50 Prozent. 1996 hatte er die Sozialhilfe TANF in Bezug auf das Finanzvolumen und die Empfängerzahlen bereits hinter sich gelassen, 1998 überflügelte er dann auch noch das „Food Stamps Program". 2010 erhielten über 27 Millionen US-Haushalte Lohnzuschüsse über das EITC-Programm; wobei schätzungsweise 6,3 Millionen Erwachsene und 3,3 Millionen Kinder damit über die offizielle Armutsschwelle gehoben wurden (Center on Budget and Policy Priorities 2012). Die durchschnittliche Steuerrückerstattung, die auf einem knapp zweiseitigen Anhang zur Einkommenssteuererklärung beim Finanzamt beantragt werden muss, betrug durchschnittlich $ 2.770 für Familien mit Kindern und $ 259 für Alleinstehende (ebd.). Umfrageergebnissen zufolge planen viele Haushalte diese Einmalzahlungen für größere Anschaffungen bzw. Reparaturen ein bzw. finanzieren damit medizinische Dienstleistungen wie Arztbesuche, die sie sich sonst nicht leisten könnten (Holt 2006).

Die Höhe der derzeitigen EITC-Leistungen aus dem Bundesprogramm ergibt sich aus der Anzahl der Kinder und dem jährlichen Bruttoerwerbseinkommen. Bis zu einem festgesetzten Einkommen bekommen Arbeitnehmer zu jedem verdienten Dollar einen bestimmten Zuschuss gewährt. Bei einem Einkommen über dieser festgesetzten Grenze verringert sich der Steuerzuschuss dann bis zu einem Maximaleinkommen, ab dem man sich nicht mehr für die Gutschrift qualifiziert. Um die Struktur des Programms zu verdeutlichen, soll hier anhand einer Familie mit zwei Kindern die Funktionsweise des EITC dargestellt werden. Eine Familie mit zwei Kindern konnte im Jahr 2012 bei einem Einkommen von unter $ 41.952 eine Gehaltsaufstockung durch den EITC beantragen. Die maximale Steuergutschrift betrug dabei $ 5.236. Diesen Maximalbetrag bekommt die Familie in der Einkommenspanne zwischen $ 13.090 und $ 17.090, danach verringert sich der Zuschuss wieder um eine festgesetzte Rate und läuft bei dem oben genannten Maximaleinkommen aus (Tax Policy Center 2012).

Bei aller Popularität des EITC ist zu beachten, dass er – jenseits seiner sozialpolitischen Funktion als Instrumentarium zur Eindämmung von Armut – in erster Linie eine staatliche Subventionierung des Niedriglohnsektors darstellt und damit auch einen Beitrag dazu leistet, die dort vorherrschenden schlechten Arbeitsbedingungen zu legitimieren und festzuschreiben. Schon bereits vor der aktuellen Wirtschaftskrise galten 27 Prozent aller Beschäftigten in den USA als absolute Geringverdiener, seitdem ist ihr Anteil auf fast ein Drittel angestiegen (Edelmann 2012). Und es sieht so aus, als würde dieser Trend – angesichts anhaltend hoher Arbeitslosigkeit und der Schwäche der Gewerkschaften – in den nächsten Jahren eher noch weiter zunehmen. Hinzu kommt ein Phänomen, das sich mit der zunehmend einseitigen Fixierung sozialpolitischer Maßnahmen in

5.8 Sozialhilfe- und Armutspolitik: Der Kampf gegen „Abhängigkeit"

den USA auf den Erwerbsbereich und der Vernachlässigung traditioneller Sozialhilfeleistungen verschärft hat.

*Verschiebungen im Sozialhilfesystem*

Das Sozialhilfesystem in den USA war im Vergleich mit anderen westlichen Ländern, die häufig über universelle Leistungen oder zumindest über nationale Standards für steuerfinanzierte Einkommenshilfen verfügen, schon immer stark fragmentiert und dezentralisiert. Mit der föderalen Organisationsstruktur geht zudem traditionell eine bemerkenswerte Varianz bei den Zugangsbedingungen und bei der Großzügigkeit der Leistungshöhen einher. So kann es passieren, dass eine Familie, die in einem Bundesstaat Anspruch auf Unterhaltszahlungen, auf Wohngeld oder Unterstützung bei der Kinderbetreuung hat, bei einem Umzug in einen Nachbarstaat vollkommen leer ausgehen würde. Auch diese Form der Ungleichheit hat sich in den letzten Jahrzehnten intensiviert.

Lange Zeit stand, bedingt durch den ausgeprägten maternalistischen Strang der Wohlfahrtspolitik in den USA, zudem das Fürsorgeprogramm für alleinerziehende Mütter (bis 1996 AFDC, danach TANF genannt) im Zentrum des amerikanischen Sozialhilfesystems, dem andere Hilfen und Programme in gewisser Weise nachgeordnet waren. Auch das hat sich im Laufe des 20. Jahrhunderts und insbesondere seit der Sozialhilfereform von 1996 deutlich verändert. Spätestens seit Mitte der 1990er Jahre hat sich der Schwerpunkt der Anti-Armuts-Politik in den USA verschoben: weg von direkten monetären Transfers hin zu Sachleistungen und über das Steuersystem generierten Sozialleistungen. Nach Berechnungen des Harvard-Ökonomen Edward Glaeser (2012) betrug das Verhältnis von Geld- zu Sachleistungen 1968 noch 3 : 2. Heute liegt es bei 1 : 5,6. Bei der Familienfürsorge TANF handelt es sich eigentlich gar nicht mehr um eine Sozialhilfe im klassischen Sinne: So flossen 2009 von den insgesamt $ 33,5 Milliarden nur noch 27,8 Prozent in monetäre Hilfen, der Rest wurde vor allem für Dienstleistungen wie „child care" oder sogenannte „work support programs" und administrative Leistungen aufgewendet. Zudem entfällt inzwischen ein wesentlich größerer Anteil der Hilfeleistungen für Arme in den USA auf Lebensmittelmarken ($ 53,6 Mrd.); ähnlich hoch waren die Ausgaben für den EITC ($ 59,3 Mrd.) (Zedlewski 2012: 6).

Aber auch was die Ausgabenhöhe insgesamt anbelangt, hat die Familienbeihilfe TANF im Vergleich zu anderen Sozialhilfeprogrammen deutlich an Bedeutung verloren. Nach jüngsten Daten aus dem Jahr 2011 wurden im Rahmen des TANF-Programms, wenn die Ausgaben für „child support" herausgerechnet werden, insgesamt $ 26,4 Milliarden ausgegeben. Das sind deutlich weniger als für das Programm der Ernährungshilfen ($ 53,6 Mrd.) oder den EITC mit $ 59,2 Milliarden (ebd.).

### 5.8.4 Jüngste Reformen und Ausblick

Bezogen auf die Ausgaben für Fürsorge- und Sozialhilfeleistungen in den USA waren 2009 und 2010 eindeutig Ausnahmejahre. Im Rahmen des Konjunkturprogramms von 2009, das mit dem „American Recovery and Reinvestment Act" im Kongress verabschiedet wurde, hatte die Bundesregierung die Mittel für sie um fast ein Fünftel aufgestockt (vgl. Peter 2010). Ein zusätzlicher Notfonds für TANF in Höhe von $ 7 Milliarden sollte den Bundesstaaten die Möglichkeit geben, mehr bedürftigen Familien mit Geldleistungen, aber auch subventionierter Beschäftigung unter die Arme zu greifen. Die mit der Sozialhilfereform von 1996 verbundenen Auflagen und Restriktionen wurden allerdings nicht gelockert. Die Bundesmittel für „Food Stamps" erhöhten sich um $ 19,9 Milliarden oder um 13 Prozent, was bedeutete, dass die monatlichen Leistungen um durchschnittlich $ 80 pro Bezieher stiegen. Rentner und Behinderte, die Anspruch auf SSI-Leistungen haben, erhielten im Sommer 2009 eine einmalige Sonderzahlung in Höhe von $ 250, was den Bund $ 14,2 Milliarden kostete. Auch für das EITC-Programm stellte die Bundesregierung zusätzliche Mittel bereit, die speziell kinderreichen Familien zugutekommen sollten. So erhöhte sich etwa für Haushalte mit Geringverdienern und drei und mehr Kindern die maximale Steuergutschrift um $ 629 auf $ 5.627 im Jahr.

Obwohl dieser „Stimulus Act" nicht zuletzt auch wegen der Verlängerung der Bezugsdauer von Arbeitslosengeld einer beträchtlichen Anzahl von US-Bürgern dabei geholfen haben mag, mit den negativen Auswirkungen der Krise etwas besser zurechtzukommen, stellt er keine langfristige Lösung für die vielfältigen Armutsprobleme in den USA und die offensichtlichen Defizite des sozialen Sicherheitsnetzes dar. Obwohl gerade in vielen Einzelstaaten und Kommunen Sondermittel zur Unterstützung von mittellosen Familien zur Verfügung stehen, erreichen die Sozialbehörden, die sich im Zuge der „Welfare Reform" von 1996 zum Teil in Trutzburgen, zum Teil in Beschäftigungs- und Vermittlungsagenturen verwandelt haben, viele Betroffene überhaupt nicht mehr (vgl. Danziger 2010; Edelmann 2012: 87 ff.). Insgesamt hat die 2008 eingesetzte Finanz- und Wirtschaftskrise deutlich gezeigt, wie umfassend das Sozial- und Wirtschaftsmodell der USA auf einen dynamischen Arbeitsmarkt, insbesondere einen ständig wachsenden Niedriglohnsektor, angewiesen ist. Wenn dieser nicht mehr so aufnahmefähig ist wie in der gegenwärtigen Wirtschaftskrise, ist das auch zuvor schon recht fragile soziale Gleichgewicht in den USA ernsthaft bedroht.

## 5.8 Sozialhilfe- und Armutspolitik: Der Kampf gegen „Abhängigkeit"

Zuletzt hatte der demokratische Präsidentschaftskandidat John Edwards 2008 die Bekämpfung der Armut in den USA ins Zentrum seiner Kampagne gestellt und damit gegen seinen Widersacher Barack Obama verloren, der bis heute lieber von den Aspirationen und betrogenen Hoffnungen der Mittelschichten und der hart arbeitenden US-Amerikaner spricht. Hiermit war es ihm möglich, mit großen Anstrengungen eine temporäre parlamentarische Mehrheit für die Verabschiedung mehrerer Konjunkturpakete und seine umstrittene Gesundheitsreform zusammenzubekommen. Eine grundsätzliche Umkehr in der Armutspolitik scheint dagegen momentan undenkbar. Öffentlichkeitswirksam wurde im Weißen Haus schon einmal über die Einführung einer Reichensteuer nachgedacht, vorgeschlagen unter anderem vom dem Milliardär Warren Buffett. Die Abgabe dürfte, so die Einschätzung vieler Beobachter, kein wirklich ernsthafter Ansatz zur Lösung der enormen Schuldenprobleme des Landes sein, könnte aber Wählerstimmen aus dem linksliberalen Lager bringen.

Dass das Sicherheitsnetz eines Landes wie der USA auch etwas mit Fragen von „citizenship" (Bürgerstatus) und Demokratie zu tun hat, wird angesichts der einseitigen Fokussierung auf ökonomische Fragen und quantifizierbare Aspekte wie Einkommens- und Armutsverteilung oftmals vergessen. Schon lange vor der aktuellen Krise hat die Philosophin und Politologin Judith Shklar die Mischung aus Bevormundung und Geringschätzung, die Menschen ohne ausreichendes Erwerbseinkommen entgegengebracht wird, kritisiert. Für sie teilt das Sozial- und Wirtschaftsmodell der USA das Gros der Menschen immer mehr in zwei Klassen von Staatsbürgern ein: in eine erste Klasse, die über eine regelmäßige und auskömmliche Arbeit verfügt, und eine zweite Klasse, die von öffentlicher Hilfe abhängig ist und deren Mitglieder auch nicht länger als vollwertige Bürger anerkannt seien und zunehmend aus dem demokratischen Gemeinwesen ausgegrenzt würden (Shklar 1991: 62 f.). Dementsprechend wäre die zukünftige Ausgestaltung der Demokratie und der Bürgerrechte das wesentliche Thema, bei dem es bei der Umgestaltung des Wohlfahrtsstaates eigentlich geht.

# 6. Fazit: Sozialpolitik in der Krise – Versuch einer Bilanz

6. Fazit: Sozialpolitik in der Krise – Versuch einer Bilanz

Die Debatte um die Zukunft von Sozialpolitik und der damit verbundenen Zielsetzungen und Perspektiven von Sicherheit, Umverteilung und einer gerechteren Gesellschaft hat im Kontext der jüngsten Wirtschafts- und Finanzkrise in den USA erneut an Bedeutung gewonnen. Über die bislang bekannten Ausmaße hinaus haben es die US-Amerikaner mit einer extrem hohen Erwerbslosigkeit, einer zugespitzten Armutsproblematik, die bereits Teile der Mittelschichten erfasst hat, einer horrenden Staatsverschuldung sowie einer schon über einen längeren Zeitraum stagnierenden oder nur halbherzig wieder Fahrt aufnehmenden Ökonomie zu tun. All dies lässt die in diesem Buch skizzierten Strukturen, Probleme und vielfältigen Herausforderungen des amerikanischen Wohlfahrtsregimes noch schärfere Konturen annehmen. Es stellt sich abschließend die Frage, in welche Richtung sich die amerikanische Sozialpolitik in den nächsten Jahren entwickeln könnte. Um diese Frage auch nur annähernd beantworten zu können, müssen zunächst die skizzierten Grundfeste des US-Sozialmodells pointiert zusammengefasst werden.

Das soziale Gleichgewicht und der soziale Frieden beruhen vereinfachend zusammengefasst auf drei Säulen: erstens auf einem qualitativ hochwertigen und als zugänglich empfundenen Bildungs- und Hochschulsystem, das die notwendigen Lebenschancen generierte, zweitens auf einem starken, dynamischen und aufnahmefähigen Arbeitsmarkt und drittens auf einem Modell des kreditfinanzierten Konsums, wozu auch der Erwerb von Wohneigentum zählt. Alle drei Säulen sind nicht vollkommen zusammengebrochen, aber erscheinen seit dem Platzen der Immobilienblase im Jahr 2007 und deren Nachwehen angeschlagen oder wackelig. Folgt man dem Stimmungsbild, das Journalisten und Wissenschaftler seit einigen Jahren von den Vereinigten Staaten zeichnen, dann ist der „amerikanische Traum" nicht ausgeträumt, aber es herrscht eine nachhaltige Verunsicherung hinsichtlich der zentralen Funktionsmechanismen der kapitalistischen Marktwirtschaft.

Das öffentliche Schulsystem, aber auch der Stolz auf die Vielfalt und hohe Qualität der Universitäten und höheren Bildungseinrichtungen, die nicht nur den Eliten, sondern allen begabten und ehrgeizigen Schülern unabhängig von sozialer Herkunft, Nationalität und Hautfarbe offenstehen und den Wohlstand der Gesellschaft mehren, haben in den USA eine Bedeutung, die in Europa lange Zeit unterschätzt wurde. Kaum jemand erinnert sich noch an den Sputnik-Schock, als die US-Regierung mitten im Kalten Krieg entdecken musste, dass die feindliche Sowjetunion in Hinblick auf die weitere Entwicklung der Raumfahrt den Vereinigten Staaten technologisch überlegen oder zumindest ebenbürtig war. Ähnlich muss es heute vielen Bildungsverantwortlichen in den USA ergehen, die erschrocken feststellen müssen, dass derzeit wesentlich mehr junge Chinesen und Asiaten als US-Amerikaner ein Ingenieurstudium abschließen und fast die Hälfte aller in den USA ausgebildeten Doktoranden in den Naturwissenschaften Ausländer sind, die voraussichtlich zu einem Großteil wieder in ihr Heimatland zurückkehren werden (Roler 2012). Vor Kurzem bescheinigte die OECD dem Land dann auch noch einmal, bei der Vorbereitung seiner Schüler auf den Arbeitsmarkt im großen Stil zu versagen. Zwar gebe es, gemessen am Bruttoinlandsprodukt, immer noch viel mehr aus als die meisten anderen OECD-Staaten, dennoch seien die Leistungen der amerikanischen Schüler kurz vor dem Abschluss im internationalen Vergleich beim Lesen, Rechnen und in Naturwissenschaften so mäßig, dass die USA ihre Position als eine der fortgeschrittensten wissensbasierten Ökonomien zu verlieren drohen.

Dazu gesellt sich eine strukturelle Massen- und zum Teil auch Langzeitarbeitslosigkeit, ein bislang weitgehend unbekanntes Problem in den USA, welches man zuvor für ein spezifisch europäisches Phänomen gehalten hatte und womit das Vertrauen der US-Bevölkerung in die Überlegenheit und Effizienz ihres Wirtschafts- und Wohlfahrtsmodells noch weiter erschüttert wird. Nicht weniger als das Dogma, dass ein weitgehend deregulierter und stetig expandierender Arbeitsmarkt auf Dauer dafür Sorge tragen wird, dass alle – ob Frauen oder Männer, ob alleinerziehend, mit vielen Kindern oder alleinstehend, ob hoch oder niedrig qualifiziert, Eingewanderte oder Alteingesessene – selbstverantwortlich für sich und ihre Familien ein Auskommen verdienen können, steht zur Disposition. Der Staat musste in den vergangenen Jahren massiv eingreifen und seine Unterstützung für Millionen von Arbeitslosen – sei es in Form von direkten monetären oder Sachhilfen (insbesondere „Food Stamps") – in einem seit den 1930er Jahren unbekannten Ausmaß ausweiten, damit aus der Misere auf dem Arbeitsmarkt keine größeren sozialen Verwerfungen und Unruhen hervorgingen.

Reichte das Erwerbseinkommen zum Leben nicht aus und auch nicht der „Earned Income Tax Credit", mit dem Niedriglöhne von staatlicher Seite seit den 1970er Jahren massiv subventioniert wurden, dann half vielfach die dritte Säule, die das soziale Gleichgewicht in den USA zusätzlich stützte: der kreditfinanzierte

## 6. Fazit: Sozialpolitik in der Krise – Versuch einer Bilanz

Konsum. Mit ihm konnten sowohl reale Lohnsenkungen als auch temporäre Engpässe bei der Einkommensgenerierung auf dem Arbeitsmarkt ausgeglichen werden – zumindest so lange, bis es Ende des 20. Jahrhunderts erste Anzeichen dafür gab, dass dies kein nachhaltiges ökonomisches und ökologisches Entwicklungsmodell sein würde. Dem sozialpolitischen Vorbild der „Eigentümergesellschaft" folgend, propagierte die Politik jedoch – angefangen von „neuen Demokraten" wie Bill Clinton bis hin zum selbsterklärten „leidenschaftlichen Konservativen" George W. Bush –, die Hausbesitzerquote insbesondere unter ethnischen Minderheiten und ärmeren Familien mit fragwürdigen Finanzierungsmethoden in die Höhe zu treiben (Brandolini 2010). Dieser schon von Jefferson formulierte Traum vom Eigenheim für alle Bürger, von Tugendhaftigkeit, Selbstverantwortung und Unternehmertum, wurde mit Schuldscheinen aufrechterhalten, die spätestens mit der Hypothekenkrise von 2007 nicht mehr einlösbar waren (Daguerre 2011). Niemand hätte jedoch voraussehen können, dass ein spezifischer Strang der US-amerikanischen Sozialpolitik, der lange Zeit mehr oder minder erfolgreich als eine Art Parallel- oder sogar Gegenprogramm zum klassischen Wohlfahrts- bzw. Sozialversicherungsstaat sowie als Substitut für stagnierende oder sogar gefallene Reallöhne fungierte, irgendwann dermaßen aus dem Ruder laufen könnte, dass er am Ende eine der schwersten weltweiten Wirtschaftskrisen auslösen würde. Bis heute sind deren Ausmaße und Kosten nicht vollständig abzusehen.

Es wäre jedoch verfehlt, alle Probleme des amerikanischen Wohlfahrtsstaates und das aus der Balance geratene soziale Gleichgewicht in den USA lediglich als Folge der jüngsten Wirtschaftskrise zu sehen. So resultiert die Krise des Arbeitsmarktes und des ökonomischen Wachstumsmodells aus drei längerfristigen Transformationsprozessen, die auch in anderen Ländern eine Rolle spielen, in den USA aber besonders frühzeitig und stark zum Ausdruck kamen: die Deindustrialisierung, verbunden mit einer massiven Krise der Gewerkschaften und der Schwächung ihrer Verhandlungsmacht, ein relativer Zuwachs an äußerst hochqualifizierten, aber auch schlecht ausgebildeten Immigranten auf dem Arbeitsmarkt und eine Zunahme atypischer Beschäftigungsverhältnisse. Zusammen mit anderen Trends hat der Niedergang des gewerkschaftlichen Organisationsgrads wahrscheinlich am meisten dazu beigetragen, dass sich die politischen Verantwortlichen, aber auch die Unternehmen etwa ab den 1980er Jahren nicht mehr genötigt sahen, das Engagement für die soziale Absicherung der Arbeiter und Angestellten, das den Jahrzehnten um die Mitte des letzten Jahrhunderts entstammt, aufrechtzuerhalten bzw. an die veränderten Bedingungen anzupassen. Folge davon war die Ausweitung des Niedriglohnsektors mit Beschäftigungsverhältnissen, bei denen die Einkommen oftmals noch unter der Armutsgrenze liegen und den

Angestellten keine Krankenversicherung, keine zusätzliche Altersvorsorge und auch kaum mehr Aufstiegsmöglichkeiten und langfristige Perspektiven geboten werden (Hudson 2007: 294).

Parallel zur wachsenden Einkommensvolatilität sind in den letzten 20 Jahren nicht nur die Kosten für eine Hochschulausbildung, sondern auch noch die Ausgaben für die Krankenversicherung in den USA kontinuierlich angestiegen. Dabei verschlechtert sich die Situation noch dadurch, dass die traditionell so wichtige Säule der Sicherheit, die betrieblichen Sozialleistungen für Gesundheit und Altersvorsorge, immer stärker wegzubrechen scheint. Immer mehr Unternehmen, darunter auch Großkonzerne wie General Motors oder IBM, versuchen sich ihrer sozialen Verantwortung gegenüber ihren Beschäftigten zu entledigen. Umfangreiche „fringe benefits", wie sie bis weit in die 1980er Jahre hinein für die Mehrheit der Arbeitnehmer in den USA noch selbstverständlich waren und auf denen ein Teil ihres Wohlstands beruhte, sind heute hart umkämpft. So hat sich die Zahl der Angestellten, die zusätzlich zur staatlichen eine Betriebsrente im klassischen Sinne erwarten können, seitdem halbiert und auch beim Abdeckungsgrad bei betrieblichen Krankenversicherungen gibt es, wie wir gezeigt haben, einen deutlichen Rückgang. Dem konnten ausgeweitete Steuervergünstigungen für Familien mit Kindern, der stetige Ausbau des EITC und auch andere eher zögerlich vorangetriebene Maßnahmen wie die sukzessive Anhebung des Mindestlohns in den Einzelstaaten und später auf der Bundesebene nicht wirklich entgegenwirken. Einkommensrückgänge und eine wachsende ökonomische Unsicherheit kennzeichnen demnach seit dem Ende des Wirtschaftsbooms der 1990er Jahre die Lebensrealität von immer mehr US-Amerikanern. So war im Jahr 2009 sage und schreibe jeder fünfte Haushalt in den USA von Einkommensverlusten betroffen, die über 25 Prozent lagen. In den 1980er Jahren betraf dies nur jeden zehnten Haushalt (Rockefeller Foundation 2010).

Wie hat nun die Politik auf diese Entwicklungstendenzen reagiert, bzw. welche Chancen hätte der Bund, zusammen mit den Einzelstaaten und Kommunen diesen in Zukunft etwas anderes als die bereits bekannten Strategien der Privatisierung und weiteren Verlagerung der sozialpolitischen Verantwortung auf die subnationale Ebene, die Haushalte oder den karitativen Sektor entgegenzusetzen, die manche Autoren als einen „great risk shift" (Hacker 2006) gekennzeichnet haben? Im einleitenden Kapitel zur Geschichte und Entwicklung des amerikanischen Wohlfahrtsregimes wurde herausgestellt, dass umfangreiche Sozialreformen in der Vergangenheit in erster Linie während Krisenzeiten möglich waren bzw. in solchen Situationen, die von den Eliten und der Bevölkerung als Bedrohung oder besondere Herausforderung wahrgenommen wurden. So ist beispiels-

## 6. Fazit: Sozialpolitik in der Krise – Versuch einer Bilanz

weise die Arbeitslosenversicherung in den USA, zusammen mit dem Rentenversicherungssystem „Social Security, erst infolge der großen Wirtschaftsdepression in den 1930er Jahren eingeführt worden, um die sozialen Kosten und Risiken eines flexiblen und weitgehend unregulierten Arbeitsmarktes zu kompensieren.

Wir denken, dass die Ausführungen in diesem Buch gezeigt haben, dass die Wohlfahrtspolitik in den USA auch heute noch auf eine spezifische Weise ein „Krisenphänomen" bleibt. Sie gewinnt an Fahrt, wenn größere gesellschaftliche Verwerfungen drohen, und wird meist wieder schnell zurückgefahren und eingeschränkt, wenn soziale Unruhen ausbleiben und allein die Aussicht auf ein erneutes wirtschaftliches Wachstum die Ideologie des freien Marktes und Unternehmertums sowie die Kritik an „big government" und den zu hohen Steuerbelastungen wieder ins Zentrum sozialpolitischer Debatten rückt.

Für eine kurze Zeit war in den USA der Wohlfahrtsstaat, der mit dem Zerfall des sozialliberalen Konsensus spätestens in den 1980er Jahren zum Gegenstand konservativer Angriffe geworden war, wieder als positive Größe in die US-Politik zurückgekehrt, und zwar mit dem Präsidentschaftswahlkampf 2008 und dem daraus hervorgegangenen Sieger Barack Obama, der sich die Reform des maroden Gesundheitswesens auf die Fahnen geschrieben hatte und auch sonst „radikalen Wandel" versprach. Nach der achtjährigen Amtszeit von George W. Bush und angesichts der schwierigen wirtschaftlichen und sozialen Lage, in der sich das Land befand, waren damals die Erwartungen groß, dass sich ähnlich wie in den 1930er und 1960er Jahren ein „window of opportunity" öffnen würde, um zentrale sozialpolitische Reformen durchzusetzen. In Präsident Barack Obama personalisierten sich diese Hoffnungen auf strukturelle Veränderungen, da er selbst als transformativer Politiker und visionäre Persönlichkeit auftrat und schnell die Rede von einem möglichen „New New Deal" die Runde machte (vgl. Packer 2008; Grunwald 2008). Allerdings hinkt der Vergleich mit der New-Deal-Programmatik der Roosevelt-Administration und der Ausgangslage während der Großen Depression, weil Obama in einem komplett anderen politischen und ökonomischen Kontext agieren musste. Zum Ersten trat er sein Amt an, als das ganze Ausmaß der Krise noch nicht wirklich absehbar war. Teilweise wurde die damalige Situation von der neuen Administration politisch auch falsch eingeschätzt. Es fehlte Obama darüber hinaus innerhalb seiner Partei, in den Ministerien und selbst unter seinen engsten Mitarbeitern, geschweige denn von den Mehrheitsverhältnissen im US-Kongress, ein breiter Konsens über die anzustrebenden Reformen und gesellschaftlichen Veränderungen, wie er in den 1930er Jahren während des New Deals weitgehend existiert hatte, obwohl auch damals erhebliche Widerstände von politischen und wirtschaftlichen Eliten zu überwinden waren. Obama allerdings musste mit einer bislang kaum gekannten Fundamentalopposition seitens der immer weiter nach rechts rückenden Republikaner zurechtkommen. Zudem hatte Obama mit Ausnahme seines Großprojekts, der Gesundheitsreform, auch keine weiteren sozialpolitischen Themen, Ideen, Innovationen oder Narrative im Gepäck und auf seiner Agenda, mit der man potenzielle Bündnispartner hätte mitreißen und motivieren können, sich für einen über weiterreichenden Wandel einzusetzen. Seine Administration führte vielmehr in vielen Bereichen mehr oder minder die Sozialpolitik der vorherigen Regierungen fort, angefangen bei Steuersenkungen und einer finanziellen Aufstockung von bereits bestehenden Sozialprogrammen und -leistungen wie Medicaid und „Food Stamps" (Daguerre 2012). Auch im Zentrum der umstrittenen Konjunkturprogramme standen Steuersenkungen und -vergünstigen als primäres Instrument zur Unterstützung der Mittelschichten und der Unternehmen, aber auch der Not leidenden „working poor". Rund 37 Prozent der vom Kongress bewilligten Zusatzmittel zur Ankurbelung der Wirtschaft flossen in steuerpolitische Maßnahmen, den größten Etatposten machte der „Making Work Pay Tax Credit" aus, der auf einer massiven Expansion des EITC basierte (Mettler 2010: 810). Um dem Problem der Langzeitarbeitslosigkeit Herr zu werden, verabschiedete der US-Kongress das „Emergency Unemployment Compensation"-Programm, das die Bezugsdauer der Leistungen aus der Arbeitslosenversicherung in den folgenden Jahren auf maximal 99 Wochen verlängerte, ein Novum in der Geschichte der amerikanischen Sozialpolitik (Institut for Policy Studies 2009: 14 ff.). Auch eine Reihe von anderen sozialstaatlichen Programmen zum Beispiel im Bereich der Wohnungs- und Bildungspolitik, erhielten, wie in den einzelnen Themenkapiteln beschrieben, zwischen 2009 und 2012 temporär eine bessere finanzielle Ausstattung. Es wurde jedoch keinerlei Versuch unternommen, strukturell etwas an der problematischen sozialpolitischen Aufgabenteilung zwischen Bund und Einzelstaaten zu ändern. Mit der Rückgabe der im New Deal erworbenen Kompetenzen des Bundes in der Sozialhilfe unter der Clinton-Regierung hat der Bund in den USA seitdem bewusst Abstand genommen von allen Bestrebungen hin zu einer Universalisierung von Transferleistungen. Die Obama-Administration hat diese Tradition bewusst fortgesetzt, die weiterhin auf eine strikte Trennung zwischen „Welfare" und „Social Security" hinausläuft, und ansonsten entschieden, eher ad hoc und ohne weiterreichendes Konzept auf die vielfältigen sozialpolitischen Herausforderungen zu reagieren.

Sozialpolitik und sozialpolitische Reformperspektiven werden aber zudem ganz maßgeblich von gesellschaftlichen, ökonomischen und institutionellen Rahmenbedingungen und Realitäten bestimmt, die auch von charismatischen US-Präsidenten mit starkem Willen und großen Ambitionen nicht einfach ignoriert oder

## 6. Fazit: Sozialpolitik in der Krise – Versuch einer Bilanz

umgangen werden können. Hierzu zählt die Vielfalt bereits bestehender Strukturen von Sozialpolitik, hinter denen immer spezifische Interessen- und Bündniskoalitionen stecken, wie auch die vorherrschenden Machtverhältnisse und -konstellationen im Parlament, in den Parteien und in den verschiedenen politischen Institutionen. Seit Mitte der 1990er Jahre hat sich der politische Diskurs in den USA nach rechts verschoben, insbesondere in der Republikanischen Partei, die zeitlich stark unter dem Einfluss der sogenannten Tea-Party-Bewegung stand, aber auch bei den Demokraten. Zugleich manifestiert sich der Antagonismus zwischen den beiden Großparteien in einer klaren Polarisierung im Kongress, die kontraproduktiv auf die politische Entscheidungsfähigkeit wirkt und immer wieder zu einer politischen Blockadesituation führt (Mann/Ornstein 2010). In jüngster Zeit zeigte sich das exemplarisch bei den Diskussionen um die Reautorisierung der Einkommenshilfe für bedürftige Familien (TANF). Jeder Versuch der Demokraten, eine Gesetzesänderung auszuhandeln, die mittellosen Familien und Müttern mit minderjährigen Kindern wieder so etwas wie einen Rechtsanspruch auf monetäre Unterstutzung durch die Sozialbehorden eingeraumt hatte, wurde von den Republikanern kategorisch mit dem Verweis auf eine damit verbundene Unterminierung des Arbeitsethos und der Gefahr einer Abhängigkeit von Sozialleistungen abgelehnt. Folge: Die Obama-Administration brachte das Thema erst gar nicht auf die legislative Tagesordnung.

Zusätzlich lassen sich aber zum Schluss noch einige wichtige institutionelle Hürden benennen, die umfassende sozialpolitische Reformen in den USA momentan erschweren oder sogar ganz unmöglich machen (vgl. Daguerre 2012: 404): Zunächst ist die aktuelle Reformstrategie der Obama-Administration, die sich vornehmlich auf schon etablierte Leistungen und Programmstrukturen konzentriert, begrenzt durch die Unsichtbarkeit und Fragmentiertheit dieser Strukturen. Viele der Sozialleistungen und -systeme in den USA sind entweder „hidden" (Howard 1997), „divided" (Hacker 2002) oder können als „submerged" (Mettler 2010) charakterisiert werden. Etwa ein Drittel aller Sozialausgaben in den USA erfolgen in Form von Steuersubventionen und -vergünstigungen. Hier wird meist zuerst auf den EITC verwiesen. Es gibt aber noch eine Bandbreite von weiteren Umverteilungsmaßnahmen in den USA, die wir in den vorangegangenen Kapiteln in ihrer Funktionsweise erläutert haben, wie die steuerliche Förderung von Hypotheken auf Häuser, von privaten Krankenversicherungen, Bildungsinvestitionen oder individuellen Rücklagen für die Altersvorsorge, die eher den mittleren und gehobenen Einkommensgruppen zugutekommen. Solche Transferstrukturen sind jedoch wesentlich weniger sichtbar und werden in der Öffentlichkeit weniger kontrovers diskutiert als Sozialprogramme, die direkt Geld- oder Sachleistungen verteilen, wie dies bei TANF, der Arbeitslosenversicherung, bei „Social Security" oder dem „Food Stamp Program" der Fall ist und über die auch häufiger (negativ) berichtet wird. Damit sind die Letzteren auch leichter angreifbar und als Teil der allgemein als zu hoch betrachteten Sozialausgaben zu stigmatisieren. Zudem ist die Sozialpolitik in den USA viel fragmentierter als in den meisten anderen westlichen Wohlfahrtsstaaten, wo es im Laufe der historischen Entwicklung meist zu einer umfassenden Zentralisierung der wichtigsten Sozialprogramme und Leistungen gekommen ist und die nicht wie in den USA teilweise ganz unterschiedlichen Logiken folgen, weil sie auf unterschiedlichen Regierungsebenen angesiedelt sind und dann auch noch auf eine große Zahl von Ministerien und andere Behörden verteilt werden. So kann bei der Bevölkerung und in der Öffentlichkeit auch keine Vorstellung davon entstehen, wie ein kohärenteres und umfassenderes Wohlfahrtsregime überhaupt aussehen könnte, dessen Leistungen dann auch besser aufeinander abgestimmt werden könnten, eventuell auch weniger kosten würden und trotzdem effektiv wären. Die reale Gefahr einer langfristigen Abkehr der Stimmungslage und Politik in den USA von einer stärkeren Umverteilung zugunsten der Schwachen hängt ja auch damit zusammen, dass eine Erosion der finanziellen Grundlage der sozialen Sicherungssysteme in den USA unverkennbar ist, wenn nichts unternommen wird, um etwa die Kostenexplosion im Gesundheitswesen einzudämmen. Wer will schon auf Dauer ein privates und öffentliches Sozial- und Bildungssystem mit seinen Steuern finanzieren, das in vielerlei Hinsicht eines der teuersten der westlichen Welt ist, aber überaus erfolglos in Bezug auf die Bekämpfung von Armut oder die Versorgung von Haushalten mit mittleren oder niedrigen Einkommen ist. Daher kann auch nicht überraschen, dass Obamas eher inkrementeller und wenig überzeugender Reformansatz in der Sozialpolitik, der sich auf fragmentierte und wenig transparente Programme und Strukturen stützt, nur bedingt auf Begeisterung und häufiger sogar in der letzten Zeit auf massive Ablehnung stößt.

Die Aussicht auf strukturelle Veränderungen in der Wirtschafts- und Sozialpolitik in den USA wird auch dadurch getrübt, dass sich die Machtverhältnisse zwischen dem Arbeitgeber- und dem Arbeitnehmerlager in den letzten Jahrzehnten deutlich zuungunsten der Letzteren verschoben haben. So hat der Einfluss von Unternehmen und deren Interessenverbänden auf die Politik durch ganz unterschiedliche Entwicklungen immer mehr zugenommen, während kaum jemand mehr die Interessen der US-Amerikaner mit niedrigem Einkommen im politischen Prozess offensiv vertritt. Zudem ist die Verbindung zwischen der Demokratischen Partei und den Gewerkschaften immer schwächer geworden, genauso wie die gewerkschaftliche Kampf- und Überzeugungskraft, vor allem aufgrund der rapide gesunkenen Mitgliederzahlen seit den 1960er Jahren. Im US-Kongress ist zudem die Anzahl derjenigen Abgeordneten, die offen die politischen und wirtschaftlichen Eliten vertreten, stärker geworden, was nicht zuletzt damit zusammenhängt, dass diese über Wahlkampfspenden und gezielte Lobbypolitik ihre Interessen im politischen Prozess wesentlich effektiver artikulieren können als ressourcenschwächere Bevölkerungsgruppen. Während Harrison und Bluestone (1988) bereits vor Längerem auf die allmähliche Auflösung des alten Sozialvertrages zwischen Kapital, Arbeit und Staat verweisen, sprechen Hacker und Pierson (2010) inzwischen von einem neuen Klassenkampf in den USA, der diesmal maßgeblich von oben geführt wird. In einem solchen Kontext, in dem sich das Terrain der politischen Auseinandersetzungen aufgrund ungleich verteilter Ressourcen zwischen Kapital und Arbeit derart stark verlagert hat, ist es leicht, jede Forderung nach einer Ausweitung von Sozialpolitik als sozialistisch oder antiamerikanisch abzustempeln. Die Tea-Party-Bewegung und ihr mediales Sprachrohr „Fox News" haben dies im Kontext der Debatte um die Gesundheitsreform 2009 und 2010 eindrucksvoll unter Beweis gestellt (Daguerre 2012: 405).

Auch die Komplexität des legislativen Prozesseses in den USA, insbesondere auf Bundesebene, muss als ein bremsender Faktor von sozialpolitischen Reformen zum Schluss noch erwähnt werden. Das Gesetzgebungsverfahren ist komfür die Beteiligten. Fast immer erweist es sich als notwendig, aufgrund der fehlenden Parteidisziplin im Vorfeld von Abstimmungen eine breite Unterstützerkoalition zu mobilisieren und mit viel Geschick zusammenzuhalten (Jacobs/King 2010: 798). Aufgrund der zahlreichen Vetopunkte im politischen System fällt es machtvollen Lobbygruppen auch eher leicht, Gesetze zu blockieren oder ganz zu verhindern. So braucht man zum Beispiel nur eine Handvoll von Senatoren davon zu überzeugen, gegen ein Gesetz zu stimmen, damit es im US-Kongress kaum mehr eine Chance hat. Die dort benötigten breiten Mehrheiten setzen zudem eine überparteiliche Zusammenarbeit voraus, die unter den gegenwärtigen Bedingungen eines äußerst polarisierten Kongresses und eines aufgeheizten politischen Klimas kaum mehr denkbar ist. Die meisten großen Sozialreformen des 20. Jahrhunderts wurden in den USA mit der umfassenden Zustimmung von Demokraten und Republikanern verabschiedet. Es ist zwar nicht ausgeschlossen, dass dies auch in näherer Zukunft in Washington D.C. wieder möglich sein wird. Zum Zeitpunkt des Abschlusses dieses Buches – September 2012 – standen die beiden Parteien und ihre wesentlichen Kandidaten und Vertreter sich jedoch zu antagonistisch und unversöhnlich gegenüber, als dass man sich eine inhaltliche und programmatische Annäherung in den Feldern der Wirtschafts-, Sozial, Steuer- und Haushaltspolitik, die ja viel miteinander zu tun haben, überhaupt vorstellen konnte.

Insgesamt sollen abschließend die wichtigsten Kennzeichen und Entwicklungsdynamiken der Sozialpolitik in den USA noch einmal festgehalten werden, die aus unserer Sicht konstitutiv für das Verständnis von Sozialpolitik in den USA sind und diese auch in den kommenden Jahren bestimmen werden:

- **Der komplexe und unkoordinierte Charakter der Sozialpolitik in den USA.** Es lässt sich kein übergreifendes sozialpolitisches Prinzip im Wohlfahrtsregime der USA feststellen. Programme unterscheiden sich sowohl in ihren Funktionslogiken als auch hinsichtlich der Zielgruppen und derjenigen, die von ihnen profitieren. Der Aufbau vollzog sich inkrementell, das heißt, er fußt auf einer Vielzahl von verschiedenen, auf unterschiedlichen politischen Ebenen angesiedelten öffentlichen wie privaten Mustern. Diese sind nur zu einem geringen Teil miteinander verbunden bzw. vereinbar. Und diese Entwicklung vollzog sich in Auseinandersetzung mit einer wichtigen, institutionell, konstitutionell und kulturell verankerten Tradition der Dezentralisierung. Generell ist der Sozialstaat für Rentner in den USA relativ gut ausgebaut, während Menschen im erwerbsfähigen Alter in Notlagen und bei Unterstützungsbedarf einem sehr fragmentierten, lückenhaften und unübersichtlichen System sozialer Sicherung und Hilfen gegenüberstehen.
- **Die große Relevanz privater Systeme sozialer Absicherung.** Diese privaten Systeme und Versicherungen haben sich teilweise ergänzend, teilweise in ihrer Funktion als äquivalentes Prinzip zur lückenhaften öffentlichen Absicherung herausgebildet. Zum Teil sind sie gesetzlich vorgeschrieben, zumeist beruhen sie aber auf der Grundlage von Freiwilligkeit und entsprechenden Vereinbarungen. Der Gesundheitssektor kann an dieser Stelle exemplarisch genannt werden. Bis 2010 existierte keine Versicherungspflicht. Die Arbeitnehmer und ihre Angehörigen mussten sich mit Ausnahme von Rentnern freiwillig privat, in der Regel über ihren Arbeitsplatz krankenversichern. Mit dem Ausbau der privaten sozialen Absicherungen haben sich auch mächtige Wirtschafts- und Ständeinteressen herausgebildet und organisiert, die am Erhalt dieses zweigeteilten privat-öffentlichen Sozialsystems festhalten wollen, weil es für sie recht profitabel ist.
- **Die verborgene Sozialpolitik.** Private soziale Absicherung bedeutet nicht, dass der Staat hier überhaupt keine Rolle spielt. Über rechtliche und institutionelle Regulierungen sowie das Steuersystem greift er in einem erheblichen Maße in die Verteilung und Umverteilung von Ressourcen zugunsten bestimmter Bevölkerungsgruppen ein und versucht deren Verhalten zu beeinflussen. Gerade steuerliche Subventionierungen von privaten Aufwendungen für die Kindererziehung, die soziale Absicherung oder die Altersvorsorge sind in

den USA seit den 1970er Jahren kontinuierlich ausgebaut worden. Zugleich werden hiermit viele traditionelle sozialpolitische Ansprüche der Umverteilung unterlaufen und im Ergebnis entsprechende Leistungen auch deutlich zurückgefahren. Insgesamt wird aufgrund dieser eher verborgenen Strukturen von Sozialstaatlichkeit, die in den USA bereits seit Beginn des 20. Jahrhunderts wirkmächtig sind, die allgemeine Unterstützung in der Bevölkerung und in der Öffentlichkeit für den amerikanischen Wohlfahrtsstaat als relativ schwach eingeschätzt.

- **Die starke Ausprägung und Entwicklung hin zum aktivierenden Sozialstaat (Workfare-Prinzip).** Bedingt durch das gesellschaftlich tief verankerte liberale Prinzip der starken Eigenverantwortung und des Individualismus kommt in den USA dem Arbeitsmarkt eine immens wichtige Funktion bei der Wohlfahrtsproduktion zu. Folglich ist der Arbeitsmarkt kaum reguliert. Das Hire-and-Fire-Prinzip soll zu seiner Flexibilisierung beitragen, und die Arbeitslosenversicherung ist grundsätzlich darauf ausgerichtet, nur kurze Phasen von Arbeitslosigkeit zu überbrücken. Damit erweist sich der amerikanische Wohlfahrtsstaat in längeren Wirtschaftskrisen, wenn immer mehr Menschen freigesetzt werden und der Arbeitsmarkt nicht mehr ausreichende Erwerbsmöglichkeiten bereitstellt, als sehr einseitig, lückenhaft und armutsverschärfend.

Auch wenn wir uns mit Spekulationen hinsichtlich des Ausgangs der Präsidentschaftswahlen 2012 zurückhalten werden – die Fertigstellung des Manuskripts erfolgte vier Wochen vor den Wahlen im November 2012 –, ist es nicht allzu gewagt zu behaupten, dass es auch diesmal – wenn auch nicht vielleicht mit derselben Eindeutigkeit wie noch 2008 – wieder zu einer Abstimmung über die zukünftige Ausrichtung des Wohlfahrtsregimes in den USA kommen wird. Wir haben uns der Beantwortung der Frage nach den Perspektiven und Optionen amerikanischer Sozialpolitik eher strukturell genähert und weniger inhaltlich. So viel nur zum Schluss: Das republikanische Tandem Romney/Ryan steht ganz eindeutig für mehr Privatisierung und damit für einen weiteren Rückzug öffentlicher und kollektiver Verantwortung in der Sozialpolitik. Der amerikanische Wohlfahrtsstaat drohte dann in der Tat zu dem kleinen und rückständigen Gebilde zu werden, als den sich ihn viele Europäer immer schon vorgestellt haben. Diese gängige, aber in vielerlei Hinsicht historisch und institutionell unzutreffende Auffassung haben wir mit dem vorliegenden Buch hoffentlich ein wenig ins rechte Bild rücken können.

# Literatur

Literatur

Abu-Lughood, Janet L. (2007): Race, Space, and Riots in Chicago, New York, and Los Angeles: Oxford u. a.: Oxford University Press
Ackerman, David M. (2002): Public Aid and Faith-Based Organizations (Charitable Choice): Background and Selected Legal Issues. Washington D.C.: Congressional Research Service
Acs, Greg/Loprest, Pamela/Roberts, Tracy (2001): Final Synthesis Report of Findings from ASPE „Leavers" Grants. Washington D.C.: Urban Institute
Adams, Sean Patrick (2008): The Early American Republic: A Documentary Reader. Oxford: Wiley-Blackwell
Adams, Willi Paul (1997): Die Vereinigten Staaten von Amerika. Frankfurt a.M.: Fischer Verlag
Adams, Willi Paul (1999): Die USA vor 1900. München: Oldenbourg Verlag
Adema, Willem (2009): How Expensive is the Welfare State? Gross and Net Indicators in the OECD Social Expenditures Database (SOCX). OECD Social, Employment and Migration Working Papers No. 92. Paris: OECD Publishing
Albeda, Randy (2012): Different Anti Poverty Programs. Same Single-Mother Poverty. Fifteen Years of Welfare Reform. In: Dollar & Sense 298 (http://www.dollarsandsense.org/archives/2012/0112albelda.html)
Alber, Jens (2009): The Rise and the Decline of the US Educational System. Berlin: unveröffentlichtes Manuskript
Alber, Jens/Gilbert, Neil (Hrsg.) (2010): United in Diversity? Comparing Social Models in Europe and in America. Oxford/u. a.: Oxford University Press
Albert, Vicky (2000): Reducing Welfare Benefits: Consequences for Adequacy of and Eligibility for Benefits. In: Social Work. Journal of the National Association of Social Workers 45(4), 300-310
Alesina, Alberto/Glaeser, Edward/Sacerdote, Bruce (2005): Work and Leisure in the US and Europe: Why So Different? Cambridge: NBER Macroeconomics Annual
Almond, Gabriel A./Verba, Sidney (1963): The Civic Culture. Political Attitudes and Democracy in Five Nations. Princeton: Princeton University Press
Alston, Lee J./Ferrie, Joseph P. (1999): Southern Paternalism and the American Welfare State. New York: Cambridge University Press
Amenta, Edwin (1998): Bold Relief: Institutional Politics and the Origins of Modern Social Policy. Princeton: Princeton University Press
Amenta, Edwin u. a. (1992): A Hero for the Aged? The Townsend, the Political Mediation Model, and US Old Age Policy, 1934-1950. In: American Journal of Sociology 2, 308-339
Amenta, Edwin/Bonastia, Chris/Carren, Neal (2001): US Social Policy in Comparative and Historical Perspective: Concepts, Images, Arguments, and Research Strategies. In: Annual Review of Sociology 27, 213-234
America's Health Insurance Plans (2011): Health Savings Accounts and Account Based Health Plans: Research Highlights (http://www.ahip.org/AHIPResearch/)
American Bar Association (2010): Majority of Employment Discrimination Is Brought By Individuals, Chicago, 9.6.1010 (http://www.americanbarfoundation.org/news/225)
Anderson, Eric (1999): Dangerous Donations: Northern Philanthropy and Southern Black Education, 1902-1930. Columbia: University of Missouri Press

Anderson, Terry H. (2004): The Pursuit of Fairness. A History of Affirmative Action. Oxford u. a.: Oxford University Press

Anderson, Theresa/Kairys, Katharina/Wiseman, Michael (2011): Activation and Reform in the United States: What Time Has Told. Washington D.C.: George Washington Institute of Public Policy

Annie E. Casey Foundation (2012): Children in Single-Parent Families by Race. Baltimore (http://datacenter.kidscount.org/data/acrossstates/Rankings.aspx?ind=107)

Applebaum, Eileen/Milkman, Ruth (2009): Time for Change? US Work-Family Policy in the Age of Obama: Life-Course Perspective and Social Policies. In: CESifo DICE Report 7(4), 12-15

Austin, Andrew/Levit, Mindy R. (2012): Mandatory Spending Since 1962. Washington D.C.: Congressional Research Service

Badek, Bianca (2010): Ursachen der Immobilienkrise in den USA. Wissenschaftliche Hochschule Lahr

Badgett, M.V. Lee/Herman, Jody L. (2011): Patterns of Relationship Recognition by Same-Sex Couples in the United States. Los Angeles: The Williams Institute/University of California

Baker, Dean/Rosnick, Davis (2004): Basic Facts on Social Security and Proposed Benefit Cuts and Privatization. Economic and Policy Research Briefing Paper 16. New York: Center for Economic and Policy Research

Baldwin, Peter (2009): Is the US Really a Nation of God-Fearing Darwin-Haters? In: Spiegel Online, 6.6.2009 (http://www.spiegel.de/international/europe/0,1518,628389,00.html)

Bane, Mary Jo/Coffin, Brent/Thiemann, Ronald (Hrsg.) (2000): Who Will Provide? The Changing Role of Religion in American Social Welfare. Boulder: Westview Press

Béland, Daniel (2005): Social Security: History and Politics from the New Deal to the Privatization Debate. Lawrence: University Press of Kansas

Béland, Daniel (2006): What Ownership Society? Debating Housing and Social Security Reform in the United States. SEDAP Research Paper No. 150. Hamilton: McMaster University

Béland, Daniel (2010): What Is Social Policy? Understanding the Welfare State. Cambridge: Polity Press

Béland, Daniel/Chantal, Francois Vergniolle de/Waddan, Alex (2002): Third Way Social Policy: Clinton's Legacy? In: Policy and Politics (30)1, 19-30

Béland, Daniel/Hacker Jacob S. (2004): Ideas, Private Institutions and American Welfare State „Exceptionalism": The Case of Health and Old-Age Insurance, 1915-1965. In: International Journal of Social Welfare 13, 42-54

Béland, Daniel/Waddan, Alex (2007): Conservative Ideas and Social Policy in the United States. In: Social Policy & Administration (41)7, 768-786

Béland, Daniel/Waddan, Alex (2010): The Politics of Social Policy Change: Lessons of the Clinton and Bush Presidencies. In: Policy & Politics (38)2, 217-233

Béland, Daniel/Waddan, Alex (2011): Ideen und sozialpolitischer Wandel. Konzeptionelle Überlegungen am Beispiel der USA. In: Zeitschrift für Sozialreform (57)4, 463-485

Bellah, Robert N. (1967): Civil Religion in America. In: Daedalus, Journal of the American Academy of Arts and Sciences 96, 1-21

Bellah, Robert N./Madsen, Richard/Sullivan, William M./Swidler, Ann/Tipton, Steven M. (1996): Habits of the Heart: Individualism and Commitment in American Life. St. Barbara: University of California Press

Bensel, Richard Franklin (1984): Sectionalism and American Political Development, 1880-1980. Madison: University of Wisconsin Press

Berkowitz, Edward D. (1991): America's Welfare State: From Roosevelt to Reagan. Baltimore: Johns Hopkins University Press

Berkowitz, Edward D./McQuaid, Kim (1992): Creating the Welfare State – The Political Economy of 20th-Century Reform. Lawrence: University Press of Kansas

Bernstein, Irving (1996): Guns or Butter: The Presidency of Lyndon Johnson. Oxford u.a.: Oxford University Press

Bianchi, Suzanne B. (2011): Changing Families, Changing Workplaces. In: The Future of Children (21) 2, 15-36

Birnbaum, Norman (2004): Verlust mit Folgen. Das Vermächtnis des New Deal in der amerikanischen Politik. In: Gewerkschaftliche Monatshefte, 5/2004, 344-369

Blank, Rebecca (2009): The New American Model of Work-Conditioned Public Support. In: Alber, Jens/Gilbert, Neil (Hrsg.): United in Diversity. Comparing Social Models in Europe and America. Oxford u.a.: Oxford University Press, 176-198

Blank, Rebecca M. (2002): US Welfare Reform: What's Relevant for Europe? CESifo Working Paper No. 753. München: Institut für Wirtschaftsforschung

Blank, Rebecca M. (2010): The New American Model of Work-Conditioned Public Support. In: Alber/Gilbert (Hrsg.), a.a.O, 176-198

Blank, Rebecca M. (2011): Income, Poverty, and Health Insurance Coverage in the United States: 2010. Washington D.C.: US Department of Commerce

Blank, Rebecca M./Kovak, Brian K. (2009): The Growing Problem of Disconnected Single Mothers. In: Heinrich, Carolyn J./Scholz, John Karl (Hrsg.). Making the Work-Based Safety Net Work Better: Forward-Looking Policies to Help Low-Income Families. New York: Russell Sage, 227-257

Block, Fred (2007): Understanding the Diverging Trajectories of the United States and Western Europe: A Neo-Polanyian Analysis. In: Poltics and Society (35)1, 3-33

Bluestone, Barry/Harrison, Bennett (1988): The Growth of Low-Wage Employment. In: The American Economic Review 78(2), 124-128

Bobo, Lawrence D./Thompson, Victor (2010): Racialized Mass Incarceration: Poverty, Prejudice, and Punishment. In: Markus, Hazel R./Moya, Paula (Hrsg.): Doing Race: 21 Essays for the 21st Century. New York: Norton, 322-356

Bodenheimer, Thomas/Grumbach, Kevin (1994): Paying for Health Care. In: The Journal of the American Medical Association 272(8), 634-639

Bonoli, Giualinao (2005): The Politics of the New Social Policies: Providing Coverage Against New Social Risks in Mature Welfare States. In: Policy and Politics 33(3), 431-449

Boorstin, Daniel (1965): The Americans. The National Experience. New York: Vintage Books

Borchert, Jens (1995): Die konservative Transformation des Wohlfahrtsstaates. Frankfurt a.M./New York: Campus Verlag

Boris, Eileen/Kleinberg, Sonja J. (2003): Mothers and Other Workers. (Re)Conceiving Labor, Maternalism, and the State. In: Indiana University Press (15)3, 90-117

Boushey, Heather (2011): The Role of Government in Work-Family Conflict. In: The Future of Children (21) 2, 163-190

Boushey, Hetaher/Eizenga, Jordan (2011): Toward a Strong Unemployment Insurance System. The Case for an Expanded Federal Role. Washington D.C.: Center for American Progress

Boustan, Leah Platt/Margo, Robert A. (2011): White Suburbanization and African-American Home Ownership 1940-1980. NBER Working Paper 16702. Cambridge: National Bureau of Economic Research

Bowen, William G./Bok, Derek (1998): The Shape of the River: Long-Term Consequences of Considering Race in College and University Admissions. Princeton: Princeton University Press

Boyer, Ernest L. (1990): Civic Education for Responsible Citizens. In: Educational Leadership, November 1990, 4-7
Bracey, Gerald W. (2005): No Child Left Behind: Where Does the Money Go? A Policy Brief. Temple: Education Policy Studies Laboratory
Brandolini, Andrea (2010): Political Economy and the Mechanics of Politics. In: Politics and Society 38(2), 212-226
Bratt, Rachel G. (1986): Public Housing: The Controversy and Contribution. In: Bratt, Rachel G./ Hartman, Chester/Meyerson, Ann (Hrsg.): Critical Perspectives on Housing. Philadelphia: Temple University Press, 362-377
Bratt, Rachel G. (2008): Homeownership as Social Policy in the U.S.: Risk and Responsibility After the Subprime Crisis. Medford: Tufts University
Brooks/Ford (2007): The United States of Subprime Loans. In: The Wall Street Journal Online, 11.10.2007
Brown, Meta u. a. (2012): Grading Student Loans. New York: Federal Reserve Bank of New York
Brown, Michael K. (1999): Race in the American Welfare State: The Ambiguities of ‚Universalistic' Social Policy Since the New Deal. In: Reed, Adolph (Hrsg.): Without Justice for All: The New Liberalism and the Retreat from Racial Equality. Boulder: Westview Press, 93-122
Brubaker, John S./Willis, Rudy (1997): Higher Education in Transition: A History of American Colleges and Universities. New Brunswick: Transaction Publisher
Bruche, Gert (1984): Zwischen antizyklischer Beschäftigungspolitik und Förderung benachteiligter Gruppen. Mitteilungen aus der Arbeitsmarkt- und Berufsforschung, 17. Jg./1984. Bonn
Burghardt, John u. a. (2001): Does Job Corps Work? Summary of the National Job Corps Study. Princeton: Mathematica Policy Research
Burghart, Devin/Zeskind, Leonard (2010): Tea Party Nationalism: A Critical Examination of the Tea Party Movement and the Size, Scope, and Focus of Its National Factions. Kansas City: The Institute for Research & Education on Human Rights (http://www.irehr.org/issue-areas/tea-party-nationalism)
Burke, Vee (2004): Welfare Reform: An Issue Overview. Washington D.C.: Congressional Research Service
Burns, Melinda (2011): Affirmative Action Bans: Who gets Hurt? In: Miller-McCune, 17.1.2011 (http://www.miller-mccune.com/education/affirmative-action-bans-who-gets-hurt-26955)
Burstein, Paul (1988): Discrimination, Jobs, and Politics. The Struggle for Equal Employment Opportunity in the United States since the New Deal. Chicago/London: University of Chicago Press
Burt, Martha R./Nightingale, Demetra Smith (2010): Repairing the U.S. Social Safety Net. Washington D.C.: The Urban Institute Press
Busemeyer, Marius R. (2007): Bildungspolitik in den USA. Eine historisch-institutionalistische Perspektive auf das Verhältnis von öffentlichen und privaten Bildungsinstitutionen. In: Zeitschrift für Sozialreform 53(1), 57-78
Caldwell, Christopher (2008): Reality Dawns in Real Estate. In: The Financial Times, 27./28.9.2008, 11
Campbell, Andrea (2012): The Future of US Health Care. In: Boston Review, 13. August (http://www.bostonreview.net/BR37.4/andrea_louise_campbell_affordable_care_act_health_medicaid_single_payer_.php)
Campion, Frank D. (1984): The AMA and US Health Policy Since 1940. Chicago: Chicago Review Press
Cancian, Maria/Danzinger, Sheldon (2009): Changing Poverty and Changing Antipoverty Policies. National Poverty Center Working Paper Series #09-06. Madison

Caraley, Demetrios James (1992): Washington Abandons the Cities. In: Political Science Quarterly, 107(1), 1-30
Carlson, Allen C. (2005): The Fertility Gap: Recrafting American Population Policy for a Depopulating World. Washington D.C.: Family Research Council
Carroll, Robert/O' Hare, John/Swagel, Phillip L. (2011): Costs and Benefits of Housing Tax Subsidies. Washington D.C.: The Pew Charitable Trust
Castles, Francis G. (1998): The Really Big Trade-Off: Home Ownership and the Welfare State in the New World and the Old. In: Acta Politica 33/1998, 5-19
Castles, Francis G. (2009): What Welfare States Do: A Disaggregated Expenditure Approach. In: Journal of Social Policy (38)1, 45-62
Center for Retirement Research (2009): Workers with Pension Coverage by Pension Type. Boston
Center on Budget and Policy Priorities (2008): Introduction to Public Housing. Washington D.C.
Center on Budget and Policy Priorities (2012): The Earned Income Tax Credit. Washington D.C.
Centers for Medicare and Medicaid Services (2010): National Health Expenditure Accounts (http://www.cms.gov/Research-Statistics-Data-and-Systems/Statistics-Trends-and-Reports/NationalHealthExpendData/NationalHealthAccountsHistorical.html)
Charities Aid Foundation (2012): World Giving Index 2011. A Global View of Giving Trends. London (https://www.cafonline.org/pdf/World_Giving_Index_2011_191211.pdf)
Chasse, Dennis J. (1994): The American Association for Labor Legislation and the Institutionalist Tradition in National Health Insurance. In: Journal of Economic Issues 28(4), 1063-1090
Child Welfare League of America (2009): California's Children 2009. Arlington (http://www.cwla.org)
Church, Robert L. (1976): Education in the United States. An Interpretive History. New York: Free Press
Cogan, John F./Michell, Olivia S. (2003): Perspectives from the President's Commission on Social Security Reform. In: Journal of Economic Perspectives 17(2), 149-172
Cohen, Ronald D./Mohl, Raymond A. (1979): The Paradox of Progressive Education. The Gary Plan and Urban Schooling. Washington (N.J.): Kenikat Press
Coleman, James S. (1966): Equality of Educational Opportunity. Washington D.C.: National Center for Educational Statistics
Collins, Sara R. (2007): Consumer-Driven Health Care. Why It Won't Ails the United States Health System. In: The Journal of Legal Medicine 28, 53-77
Congressional Budget Office (2004): The Outlook for Social Security. Washington D.C.
Congressional Budget Office (2009): Estimated Impact of the American Recovery and Reinvestment Act on Employment and Economic Output as of September 2009. Washington D.C.
Congressional Budget Office (2012): Individual Income Tax Revenue Trends (Historical Tables). Washington D.C.
Conley, Dalton/Gifford, Brian (2006): Home Ownership, Social Insurance, and the Welfare State. In: Sociological Forum 1/21, 55-82
Cook, Fay Lomax/Barrett, Edith (1992): Support for the American Welfare State: The Views of Congress and the Public. New York: Columbia University Press
Cook, Fay Lomax/Jacobs, Lawrence R. (2001): American Attitudes Towards Social Security: Popular Claims Meet Hard Data, Social Security Brief 10. Washington D.C.: National Academy of Social Insurance
Copeland, Craig (2010): Employment-Based Retirement Plan Participation: Geographic Differences and Trends, 2009. Employment Benefits Research Institute Issue Brief No. 348. Washington. D.C.
Cortina, Kai S./Frey, Kristina (2009): Privatschulen in den USA: Geschichte und aktuelle Kontroversen: In: Zeitschrift für Pädagogik 5(55), 701-715

CREDO (2009): Center for Research on Education Outcomes. Multiple Choice: Charter School Performance in 16 States. Stanford: Stanford University Press
Cremin, Lawrence A. (1970): American Education. The Colonial Experience, 1607-1783. New York: Harpers and Row
Crosby, Faye J. (2004): Affirmative Action Is Dead. Long Live Affirmative Action. New Haven/London: Yale University Press
Cunningham, Robert (1997): The Blues: A History of the Blue Cross and Blue Shield. DeKalb: Northern Illinois University Press
Daguerre, Anne (2011): US Social Policy in the 21$^{st}$ Century: The Difficulties Of Comprehensive Social Reform. In: Social Policy & Administration 45(4), 389-407
Dahl, Robert (1976): Democracy in the United States: Promise and Performance. Chicago: Rand McNally
Danzinger, Sandra K. (2010): The Decline of Cash Welfare and Implications for Social Policy and Poverty. Ann Arbor: Unversity of Michigan Press
Dauber, Michele (2012): The Sympathetic State: Disaster Relief and the Origins of the American Welfare State. Chicago: University of Chicago Press
Davies, Gareth (1996): From Opportunity to Entitlement: The Transformation and Decline of Great Society Liberalism. Lawrence: University Press of Kansas
DeNavas, Carmen, Proctor/Bernadette D./Lee, Cheryl (2005): Income, Poverty, and Health Insurance Coverage in the United States: 2004. Washington D.C.: US Department of Commerce (http://www.census.gov/prod/2005pubs/p60-229.pdf)
DeParle, Jason (2010): Contesting Jobless Claims Becomes a Boom Industry. In: The New York Times, 3.4.2010
DeParle, Jason (2012): Harder for Americans to Rise from Lower Rungs. In: The New York Times, 4.1.2012
Dewey, Joh (1938): Experience and Education. New York: Macmillian Publishing Company
Dobbin, Frank (1992): The Origins of Private Social Insurance: Public Policy and Fringe Benefits in America, 1920-1950. In: The American Journal of Sociology 97(5), 1416-1450
Dobbin, Frank (2002): Is America Becoming More Exceptional? How Public Policy Corporatized Social Citizenship. In: Rothstein, Bo/Steinmo, Sven (Hrsg.): Restructuring the Welfare State. New York: Palgrave MacMillan, 49-77
Dolbeare, Cushing N./Saraf, Irene Basloe/Crowley, Sheila (2004): Changing Priorities. The Federal Budget and Housing Assistance 1976-2005. Washington D.C.: The National Low Income Housing Coalition
Domhoff, G. William (1996): State Autonomy or Class Dominance? Case Studies on Policymaking in America. New York: Aldine de Gruyter
Dreier, Peter (2006): Federal Housing Subsidies: Who Benefits and Why? In: Bratt, Rachel G./Stone, Michale E./Hartmann, Chester (Hrsg.): A Right to Housing: Foundation for a New Social Agenda. Philadelphia: Temple University Press, 105-138
Dreier, Peter/Hulchanski, David J. (1993): The Role of Nonprofit Housing in Canada and the United States: Some Comparisons. In: Housing Debates (1)4, 43-80
Du Bois, W.E.B (1903): The Souls of Black Folks. Chicago: A.C. McClurg
Dynan, Karen/Gayer, Ted (2011): The Government's Role in the Housing Finance System: Where Do We Go from Here? Washington D.C.: Brookings Institution
Edelman, Peter (2012): The State of Poverty in America. In: The American Prospect, 22.7.2012

Edelman, Peter (2012): So Rich, So Poor. Why It Is So Hard To End Poverty in America. New York: New Press
Edsall, Thomas B. (2012): The Reproduction of Privilege. In: The New York Times, 12.3.2012
Eggert, Wolfgang/Krieger, Tim (2009): „Home Ownership" als Substitut für Sozialpolitik: Zum Entstehen der Finanzkrise in den USA. In: Wirtschaftsdienst 6/2009, 390-396
Eichenhofer, Eberhard (1990): Recht der sozialen Sicherheit in den USA. Baden Baden: Nomos
Elazar, Daniel J. (1984): American Federalism: A View from the States. New York: Harper & Row
Elwood, J. Mark. (1988): Causal Relationships in Medicine: A Practical System for Critical Appraisal: Oxford u. a.: Oxford University Press
Eslami, Esa/Filion, Kai/Strayer, Mark (2011): Characteristics of Supplemental Nutrition Assistance Program Households: Fiscal Year 2010. Washington D.C.: US Department of Agriculture
Esping-Andersen, Gøsta (1985): Politics Against Markets. Princeton: Princeton University Press
Esping-Andersen, Gøsta (1990): The Three Worlds of Welfare Capitalism. Cambridge: Polity Press
Esping-Andersen, Gøsta (1999): Social Foundations of Postindustrial Economies. Oxford u. a.: Oxford University Press
Esping-Andersen, Gøsta (2002): Why We Need a New Welfare State. Oxford u. a.: Oxford University Press
Etzioni, Amitai (1995): Die Entdeckung des Gemeinwesens: Ansprüche, Verantwortlichkeiten und das Programm des Kommunitarismus. Stuttgart. Schäffer-Poeschel Verlag
Evans, Peter/Reuschemeyer, Dietrich/Skocpol, Theda (Hrsg.) (1985): Bringing the State Back In. New York: Cambridge University Press
Evans, Trevor (2008): Die internationalen finanziellen Turbulenzen. In: Etxezarreta, Miren u. a. (Hrsg.): EuroMemo 2007. Hamburg: VSA Verlag, 143-162
Falk, Gene (2011): The Temporary Assistance for Needy Families (TANF) Block Grant: A Primer on TANF Financing and Federal Requirements. Washington D.C: Congressional Research Center
Falk, Gene/Aussenberg, Randy Alison (2012): The Supplemental Nutrition Assistance Program: Categorical Eligibility. Washington D.C.: Congressional Research Service
Falke, Andreas (2008): Föderalismus und Kommunalpolitik. In: Lösche/Loeffelholz (Hrsg.), a. a. O., 261-287
Farris, Anne/Nathan, Richard P./Wright, David J. (2004): The Expanding Administrative Presidency: George Bush and the Faith-Based Initiative. Roundtable on Religion and Social Welfare Policy. Albany: Nelson A. Rockefeller Institute of Government
Feldman, Stanley/Zaller, John (1992): A Simple Theory of the Survey Response: Answering Questions versus Revealing Preferences. In: American Journal of Political Science (36)3, 579-616
Feldman, Stanley/Zaller, John (1992): The Political Culture of Ambivalence: Ideological Responses to the Welfare State. In: American Journal of Political Science 36(1), 268-307
Fellowes, Matthew, C./Rowe, Gretchen (2004): Politics and the New American Welfare States. In: American Journal of Political Science (48) 2, 362-373
Finegold, Kenneth (2005): The United States Federalism and its Counter-Factuals. In: Obinger, Herbert/Leibfried, Stephan/Castles, Francis C. (Hrsg.): Federalism and the Welfare State. New World and European Experiences. Cambridge: Cambridge University Press, 138-178
Finegold, Kenneth/Wherry, Laura/Schardin, Stephanie (2004): Block Grants: Historical Overview and Lessons Learned. Washington D.C.: Urban Institute
Fix, Michael/Passel, Jeffrey (2002): The Scope and Impact of Welfare Reform's Immigrant Provisions, Washington D.C.: Urban Institute

Flora, Peter/Heidenheimer, Arnold J. (1981): The Historical Core and Changing Boundaries of the Welfare State. In: Flora, Peter/Heidenheimer, Arnold J. (Hrsg.): The Development of Welfare States in Europe and America. New Brunswick/London: Transaction Books, 81-121
Foote, Bruce E. (2010): USDA Rural Housing Programs: An Overview. Washington D.C.: Congressional Research Center
Fording, Richard C. (1997): The Conditional Effect of Violence as a Political Tactic: Mass Insurgency, Welfare Generosity, and Electoral Context in the American States. In: American Journal of Political Science 41, 1-29
Forever Free: The Story of Emancipation and Reconstruction. New York: Alfred A. Knopf
Forry, Nicole D. (2009): The Impact of Child Care Subsidies on Low-Income Single Parents: An Examination of Child Care Expenditures and Family Finances. In: Journal of Family and Economic Issues (30)1, 43-54
Frankenberg, Erica/Lee, Chungmei (2002): Race in American Public Schools: Rapidly Resegregating School Districts. Cambridge: The Civil Rights Project/Harvard University
Fraser, Nancy/Gordon, Linda (1992): Contract versus Charity. Why is there no Social Citizenship in the United States? In: Socialist Review 22, 45-68
Fraser, Nancy/Gordon, Linda (1994): A Genealogy of Dependency: Tracing a Keyword of the U.S. Welfare State. In: Signs: Journal of Women in Culture and Society (19) 2, 309-336
Fraser, Nancy/Gordon, Linda (1997): Abhängigkeit im Sozialstaat. Genealogie eines Schlüsselbegriffs. In: Fraser, Nancy: Die halbierte Gerechtigkeit. Frankfurt a.M.: Suhrkamp Verlag, 180-220
Frederickson, George M. (2003): The Historical Construction of Race and Citizenship in the United States. Genf: United Nations Research Institute for Social Development (http://action.web.ca/home/narcc/attach/Fredrick1.pdf)
Free, Lloyd/Cantrill, Hadley (1968): The Political Beliefs of Americans. New York: Simon and Schuster
Freeman, Richard B. (2007): America Works: Critical Thoughts on the Exceptional U.S. Labor Market. New York: Russell Sage Foundation
Friedland, Robert B. (1994): When Support and Confidence Are at Odds: The Public's Understanding of the Social Security Program. Washington D.C.: National Academy of Social Insurance
Friehs, Barbara (2002): Das amerikanische Schulwesen zwischen Marktideologie und staatlicher Verantwortung: Standardisierung, Privatisierung und Wettbewerb als Reformprogramm für das amerikanische Schulsystem. Frankfurt a. M.: Peter Lang
Galinsky, Ellen/Bond, James T./Sakai, Kelly (2009): National Study of Employers, Families and Work Institute. Washington D.C.
Gans, Herbert J. (1995): The War Against the Poor: The Underclass and Antipoverty Policy. New York: Basic Books
Gans, Herbert J. (1999): The Positive Functions of Poverty. In: ders. (Hrsg.): Making Sense of America. Sociological Analysis and Essays. Lanham: Rowman & Littlefield, 73-85
Garfinkel, Irwin/Rainwater, Lee/Smeeding, Timothy (2010): Wealth & Welfare States. Is America a Laggard or Leader? Oxford u. a.: Oxford University Press
Gee, John (2012): Twilight of Consensus: The American Association for Labor Legislation and Academic Public Policy Research. In: Penn History Review (19)2, 1-27
Gilbert, Neil (2002): Transformation of the Welfare State. Oxford u. a.: Oxford University Press
Gilbert, Neil (2004): Welfare Policy in the United States: The Road from Income Maintenance to Workfare. In Gilbert, Neil/Parent, Antoine (Hrsg.): Welfare Reform. A Comparative Assessment of the French and U.S. Experiences. New Brunswick/London: Transaction Publishers, 55-66

Gilens, Martin (1999): Why Americans Hate Welfare: Race, Media, and the Politics of Antipoverty Policy. Chicago/London: University of Chicago Press
Gilens, Martin (2003): How the Poor Became Black. The Racialization of American Poverty in the Mass Media. In: Schram u. a. (Hrsg.), a. a. O., 101-130
Giloth, Robert P. (2004): Comparative Local Workforce Politics in Six Cities: Theory and Action. In: Giloth, Robert P. (Hrsg.): Workforce Development Politics. Civic Capacity and Performance. Philadelphia: Temple University Press, 212-248
Glaeser, Edward (2012): Cash Is Better Than Food Stamps in Helping the Poor. Bloomberg, 28.2.2012
Glazer, Nathan (1988): The Limits of Social Policy. Cambridge: Harvard University Press
Goldin, Claudia/Katz, Lawrence F. (1999): Human Capital and Social Capital: The Rise of Secondary Schooling in America, 1910-1940. In: Journal of Interdisciplinary History 29, 683-723
Goodwin, Joanne L. (1997): Gender and Politics of Welfare Reform: Mothers' Pensions in Chicago, 1911-1929. Chicago/London: University of Chicago Press
Gordon, Ian/Raja, Tsaneem (2012): 164 Anti-Immigrant Lwas Passed Since 2010? In: Morher Jones, März/April 2012 (http://www.motherjones.com/politics/2012/03/anti-immigration-law-database)
Gordon, Linda (1994): Pitied But Not Entitled: Single Mothers and the History of Welfare. New York: Free Press
Gornick, Janet C./Heron, Alexandra/Eisenbrey, Ross (2007): The Work-Family-Balance. An Analysis of European, Japanese, and U.S. Work-Time Policies. Washington D.C.: Economic Policy Institute
Gornick, Janet C./Meyers, Marcia C. (2005): Families That Work: Policies for Reconciling Parenthood und Employment. New York: Russell Sage Foundation Publications
Gotham, Kevin Fox/Wright, James D. (2008): Housing Policy. In: Midgley, James/Tracy, Martin B./Livermore, Michelle (Hrsg.): Handbook of Social Policy. Los Angeles u. a.: Sage Publications, 401-420
GPO (2012): Budget of the US Government 2012. Washington, D.C.: US Government Printing Office
Graham, Hugh Davis (1990): The Civil Rights Era: Origins and Development of National Policy. Oxford u. a.: Oxford University Press
Graham, Hugh Davis (2001): Affirmative Action for Immigrants? The Unintended Consequences of Reform. In: Skrentny (Hrsg.), a. a. O., 53-70
Gräser, Marcus (2009): Wohlfahrtsgesellschaft und Wohlfahrtsstaat. Bürgerliche Sozialreform und Welfare State Building in den USA und Deutschland 1880-1940. Göttingen: Vandenhoek & Ruprecht
Greenhouse, Steven (2008): The Big Squeeze. Tough Times for the American Worker. New York: Knopf
Grell, Britta (2008): Workfare in den USA. Das Elend der US-amerikanischen Sozialhilfepolitik. Bielefeld: Transcript Verlag
Grell, Britta (2010): „Feeding America and the World": Zur Geschichte und ungewissen Zukunft des Tafelsystems in den USA. In: Selke, Stefan (Hrsg.): Kritik der Tafeln in Deutschland. Standortbestimmungen zu einem ambivalenten sozialen Phänomen. Wiesbaden: VS Verlag für Sozialwissenschaften, 127-146
Griffin, John David/Newman, Brian (2008): Minority Report: Evaluating Political Equality in America. Chicago/London: University of Chicago Press
Grisse, Christian/Klitgaard, Thomas/Sagin, Ayşegül (2011): The Vanishing U.S. – E.U. Employment Gap. New York: Federal Reserve Bank of New York

Gross, Robert A. (2002): Giving in America: From Charity to Philanthropy. In: Friedmann, Lawrence/McGarvie, Mark D. (Hrsg.): Charity, Philanthropy, and Civility in American History. Cambridge: Cambridge University Press, 29-47
Hacker, Jacob S. (1997): The Road to Nowhere. The Genesis of Clinton's Plan for Health Security. Princeton: Princeton University Press
Hacker, Jacob S. (2002): The Divided Welfare State: The Battle Over Public and Private Social Benefits in the United States. Cambridge: Cambridge University Press
Hacker, Jacob S. (2006): The Great Risk Shift. The New Economic Insecurity and the Decline of the American Dream. Oxford u. a.: Oxford University Press
Hacker, Jacob S. (2011): Working Families at Risk: Understanding and Confronting the New Economic Insecurity. In: Plotnick u. a. (Hrsg.), a. a. O., 31-70
Hacker, Jacob S./O'Leary, Ann (Hrsg.) (2012): Shared Responsibility, Shared Risk. Government, Markets, and Social Policy in the Twenty-First Century. Oxford u. a.: Oxford University Press
Hacker, Jacob S./Pierson, Paul (2002): Business Power and Social Policy: Employers and the Formation of the American Welfare State. In: Politics and Society 30(2), 277-325
Hacker, Jacob S./Pierson, Paul (2010): Winner-Take-All Politics. How Washington Made the Rich Richer – And Turned Its Back on the Middle Class. New York u. a.: Simon & Schuster
Hackworth, Jason (2005): Die „Reform" des öffentlichen Wohnungsbaus als „Rache" an den Armen. In: Eick, Volker/Sambale, Jens (Hrsg.): Sozialer Wohnungsbau, Arbeitsmarkt(re)integration und der neoliberale Wohlfahrtsstaat in der Bundesrepublik und Nordamerika. Berlin: John-F.-Kennedy-Institut, 15-31
Hacker, Jacob/Pierson, Paul (2005): Off Center. The Republican Party and the Erosion of American Democracy. New Haven: Yale University Press
Hamilton, Dona Cooper/Hamilton, Charles V. (1997): The Dual Agenda. Race and Social Welfare Policies of Civil Rights Organizations. New York: Columbia University Press
Handler, Joel F. (1995): The Poverty of Welfare Reform. New Haven u. a.: Yale University Press
Handler, Joel F./Hasenfeld, Yeheskel (2007): Blame Welfare, Ignore Poverty and Inequality. New York/Cambridge: Cambridge University Press
Hanrahan, Charles (2009): Agricultural Export and Food Aid Programs. Washington D.C.: Congressional Research Service
Hanushek, Eric A. (1998): Conclusions and Controversies about Effectiveness of School Resources. In: Economic Policy Review 4(1), 11-27
Harloe, Michael (1995): The People's Home? Social Rented Housing in Europe and America. Cambridge: Blackwell Publishers
Harper, Shannon/Reskin, Barbara (2005): Affirmative Action at School and on the Job. In: Annual Review of Sociology 31, 357-379
Harrington, Michael (1962): The Other America: Poverty in the United States. New York: Macmillan
Harris, G. L. A. (2009): Revisiting Affirmative Action in Levelling the Playing Field. Who Have Been the True Beneficiaries Anyway? In: Review of Personnel Administration (29) 4, 354-372
Hartz, Louis (1955): The Liberal Tradition in America: An Interpretation of American Political Thought Since the Revolution. New York: Harcourt Brace
Harvey, David (2012): Rebel City. From the Right to the City to the Urban Revolution. London: Verso
Haskins, Ron (2006): Work over Welfare: The Inside Story of the 1996 Welfare Reform Law. Washington D.C.: Brookings Institution Press
Haskins, Ron/Sawhill, Isabel V. (2009): Creating an Opportunity Society. Economic Mobility. Washington D.C.: Brookings Institution Press

Hays, R. Allen (1995): The Federal Government and Urban Housing: Ideology and Change in Public Policy. Albany: State University of New York Press

Heclo, Rodney (2003): Multiple Theoretical Traditions in American Politics and Racial Policy Inequality. In: Political Research Quarterly (56)4, 401-408

Heidenheimer, Arnold J. (1981): Education and Social Security Entitlement in Europe and America. In: Flora, Peter/Heidenheimer Arnold j. (Hrsg.): The Development of Welfare States in Europe and America. New Brunswick/London: Transaction Publisher, 269-304

Herbst, Chris M. (2008): Who Are the Eligible Non-Recipients of Child Care Subsidies? In: Children and Youth Services Review 30, 1037-1054

Hero, Rodney E./Preuhs, Robert R. (2007): Immigration and the Evolving Welfare State: Examining Policies in the U.S. States. In: American Journal of Political Science, 51(3), 498-517

Herrmann, Dietrich (2001): Mitgliedschaft in den USA: Debatten um Einwanderung, Staatsbürgerschaft und Wahlrecht. In: Vorländer, Hans/Herrmann, Dietrich (Hrsg.): Nationale Identität und Staatsbürgerschaft in den USA. Opladen: Leske + Budrich, 105-153

Herrick, John M. (2009): Social Policy in the Progressive Era. In: Midgley/Livermore (Hrsg.), a. a. O., 114-132

Herz, Tom (2006): Understanding Mobility in America. Washington D.C.: Center for American Progress (http://www.americanprogress.org/issues/2006/04/Hertz_MobilityAnalysis.pdf)

Heyman, Jody/Alison, Earle/Hayes, Jeffrey (2007). The Work, Family, and Equity Index. How Does the United States Measure Up? Boston/Montreal: Project on Global Working Families

Higham, John (2002): Strangers in the Land: Patterns of American Nativism, 1860-1925. Chapel Hill: Rutgers University Press

Hill, Herbert (1997): Vom Ausschluß der Schwarzen zum Kampf gegen Affirmative Action: Die rassistischen Praktiken der Gewerkschaften. In: Lüthje/Scherrer (Hrsg.), a. a. O., 44-63

Himmelstein, David u. a. (2009): Medical Bankruptcy in the United States, 2007: Results of a National Study. In: The American Journal of Medicine 20(10), 1-6

Hobson, Barbara/Lindholm, Marika (1997): Collective Identities, Women's Power Resources, and the Making of Welfare States. In: Theory and Society (26)4, 475-508

Hochschild, Jennifer L. (1981): What's Fair? American Beliefs about Distributive Justice: Cambridge: Harvard University Press

Hochschild, Jennifer (2002): Affirmative Action as Culture War. In: Goldberg, David Theo/Solomos, John (Hrsg.): The Blackwell Companion to Racial and Ethnic Studies. Oxford u. a.: Blackwell Publishers, 282-303

Hochschild, Jennifer L./Scovronick, Nathan (2004) The American Dream and the Public Schools. Oxford u. a.: Oxford University Press

Hodgson, Godfrey (1996): The World Turned Right Side Up: A History of the Conservative Ascendancy in America. Boston: Houghton Mifflin

Hoefer, Michael/Rytina, Nancy/Baker, Bryan C. (2012): Etstimates of the Unauthorized Immigrant Population Residing in the United States: January 2012. Washington D.C.: Office of Immigration Statistics

Hoffman, Beatrix (2001): The Wages of Sickness: The Politics of Health Insurance in Progressive America. Chapel Hill: University of North Carolina Press

Hofstadter, Richard (1944): Social Darwinism in American Thought, 1860-1915. Philadelphia: University of Pennsylvania Press

Hofstadter, Richard (1948): The American Political Tradition, and the Men Who Made It. New York: A.A. Knopf

Holahan, John/Cook, Alison (2009): Changes in Health Insurance Coverage, 2007-2008: Early Impact of the Recession, Issue Paper, Kaiser Commission on Medicaid and the Uninsured. Washington, D.C.
Holt, Steve (2006): The Earned Income Tax Credit at Age 30: What We Know. Washington D.C.: Brookings Institution
Holzer, Harry H. (2009): Workforce Development As An Antipoverty Strategy: What Do We Know? What Should We Do? In: Focus (26)2, 62-68
Holzer, Harry/Neumark, David (2006): Affirmative Action: What Do We Know? In: Journal of Policy Analysis and Management (25)2, 463-490
Howard, Christopher (1997): The Hidden Welfare State. Tax Expenditures and Social Policy in the United States. Princeton: Princeton University Press
Howard, Christopher (2003): Is The American Welfare State Unusually Small? In: Political Science and Politics (36)3, 411-416
Howard, Christopher (2007): The Welfare State Nobody Knows. Debunking Myths About U.S. Social Policy. Princeton: Princeton University Press
Hudson, Kenneth (2007): The New Labor Market Segmentation: Labor Market Dualism in the New Economy. In: Social Science Research 36, 286-312
Human Rights Campaign (2012): State Wide Employment Laws and Policies. Washington D.C.
Hutchings, Vicent L. (2009): Change or More of the Same? Evaluating Racial Attitudes in the Obama Era. In: Public Opinion Quarterly(73)5, 917-942
Immergluck, Dan (2011): The Local Wreckage of Global Capital: The Subprime Crisis, Federal Policy and High-Foreclosure Neighborhoods in the US. In: International Journal of Urban and Regional Research (35)1, 130-146
Institute for Policy Studies (2009): Battled by the Storm (http://www.ips-dc.org/reports/battered-by-the-storm)
IRS (2012): Health Saving Accounts and Other Tax-Favored Health Plans, Department of Treasury. Washington, D.C.
Jackson, Kenneth T. (1985): Crabgrass Frontier: The Suburbanization of the United States. Oxford u. a.: Oxford University Press
Jacob, Lawrence R./King, Desmond (Hrsg.) (2010): Obama at the Crossroads. Politics, Markets, and the Battle for America's Future. Oxford u. a.: Oxford University Press
Jacobs, Lawrence R./Shapiro, Robert Y. (1999): Myths and Understandings out Public Opinion Towards Social Security: Knowledge, Support and Reformism. New York: A Century Foundation Report
Jaeger, Friedrich (1997): Gesellschaft und Gemeinschaft. Die Gesellschaftstheorie des Kommunitarismus und die politische Ideengeschichte der „civil society" in den USA. In: Mergel, Thomas/Welskopp, Thomas (Hrsg.): Geschichte zwischen Kultur und Gesellschaft. Beiträge zur Theoriedebatte. München: C.H. Beck, 299-321
Jaeger, Friedrich (2001): Amerikanischer Liberalismus und zivile Gesellschaft. Perspektiven sozialer Reform zu Beginn des 20. Jahrhunderts. Göttingen: Vandenhoeck & Ruprecht
Jahn, Elke J. (2004): Employment at Will Versus Employment Against Will – Kündigungsschutz in Deutschland und USA im Vergleich. In: Industrielle Beziehungen (11)3, 177-202
Janoski, Thomas (1990): The Political Economy of Unemployment. Active Labor Market Policy in West Germany and the United States. Berkeley u.a.: University of California Press
Jencks, Christopher (1992): Rethinking Social Policy. Race, Poverty, and the Underclass. Cambridge/London: Harvard University Press

Joas, Hans (1995): Der Kommunitarismus – eine neue „progressive Bewegung"? In: Forschungsjournal Neue soziale Bewegungen 3(8), 29-38
Joint Center for Housing Studies (2011): America's Rental Housing. Meeting Challenges, Building on Opportunities. Cambridge: Harvard University
Joint Committee on Taxation (2007): Present Law and Background Relating to Qualified Retirement Plans (JCX-103-07). Washington D.C.
Joint Committee on Taxation (2012): Estimates of Federal Tax Expenditures For Fiscal Years 2011-2015. Washington D.C.
Jonas, Gilbert S. (2005): Freedom's Sword: The NAACP and the Struggle against Racism in America, 1909-1969. New York: Routledge
Jorgensen, Lloyd P. (1987): The State and the Non-Public School, 1825-1925. Columbia: University of Missouri Press
Kaisers Family Foundation (2010): Kaisers Commission on Medicaid Facts. Menlo Park (http://www.kff.org/medicaid/upload/7235-04.pdf)
Kaisers Family Foundation (2011a): Employer Health Benefits. Annual Report. Menlo Park (http://ehbs.kff.org/pdf/2011/8225.pdf)
Kaisers Family Foundation (2011b): Medicare Spending and Financing: A Primer. Menlo Park (http://www.kff.org/medicare/upload/7731-03.pdf)
Kaisers Family Foundation (2012): Employer Health Benefits 2012. Annual Survey (http.//ehbs.kff.org/pdf/2012/8345.pdf)
Kamerman, Sheila B./Gatenio-Gabel, Shirley (2007): Early Childhood Education and Care in the United States: An Overview of the Current Policy Picture. In: International Journal of Child Care and Education Policy (1)1, 23-34
Kamerman, Sheila B./Kahn, Alfred J. (2001): Child and Family Policies in the United States at the Opening of the Twenty-first Century. In: Social Policy & Administration (35) 1, 69-84
Kaplan, Thomas (1997): Welfare Policy and Caseloads in the United States: Historical Background. In: Institute for Research on Poverty (Hrsg.): Informing the Welfare Debate: Perspectives on the Transformation of Social Policy, Special Report, No. 70. Madison: University of Wisconsin
Kasper, Birgit (2004): Stadterneuerungspolitik in Chicago. In: Petz, Ursula von (Hrsg.): „Going West?" Stadtplanung in den USA – gestern und heute. Dortmunder Beiträge zur Raumplanung (Bd. 116), 9-103
Kassabian, David/Whitesell, Anne/Huber, Erica (2012): Welfare Rules Databook: State TANF Policies as of July 2011. Washington D.C.: Urban Institute
Katz, Bruce/Turner, Margery Austin (2003): Rethinking Local Affordable Housing Strategies: Lessons from 70 Years of Policy and Practice. A Discussion Paper. Washington D.C.: Urban Institute/Brookings Institution
Katz, Lawrence F. (2010): Long-Term Unemployment in the Great Recession. Testimony for Joint Economic Committee des US Congress, 29.4.2010. Washington D.C.
Katz, Michael B. (1986): In the Shadow of the Poorhouse: A Social History of Welfare in America. New York: Basic Books
Katz, Michael B./Stern, Mark J. (2001): Poverty in Twentieth-Century America. America at the Millennium Project Working Paper #7 (http://www.sp2.upenn.edu/america2000/wp7all.pdf)
Katznelson, Ira (2005): When Affirmative Action Was White. An Untold History of Racial Inequality in Twentieth-Century America. New York/London: W.W. Norton & Company

Kaufmann, Franz-Xaver (2001): Der deutsche Sozialstaat im internationalen Vergleich. In: Bundesministerium für Arbeit und Sozialordnung und Bundesarchiv (Hrsg.): Geschichte der Sozialpolitik in Deutschland seit 1945 (Bd. 1). Baden-Baden, 799-989

Kaufmann, Franz-Xaver (2002): Sozialpolitik und Sozialstaat: Soziologische Analysen. Opladen: Leske & Budrich

Kaufmann, Franz-Xaver (2003): Varianten des Wohlfahrtsstaates. Der deutsche Sozialstaat im internationalen Vergleich. Frankfurt a.M.: Suhrkamp Verlag

Keller, Morton (1977): Affairs of the State: Public Life in Nineteenth Century America. Cambridge: Harvard University Press

Kelly, Alfred H./Harbinson, Winfried A./Belz, Hermann (1991): The American Constitution. Its Origin and Development. New York u.a.: W.W. Norton & Company

Kelly, Nathan J. (2009): The Politics of Income Inequality in the United States. New York: Cambridge University Press

Kennedy, David (1999): Freedom from Fear: The American People in Depression and War, 1929–1945. Oxford u.a.: Oxford University Press

Kilgour, John G. (2010): Unemployment Insurance in the 21$^{st}$ Century. In: Compensation & Benefits Review (42)3, 152-161

King, Desmond (1996): Sectionalism and Policy Formation in the United States: President Carter's Welfare Initiatives. In: British Journal of Political Science 26, 337-367

King, Desmond (1999): In the Name of Liberalism: Illiberal Social Policy in the United States and Britain. Oxford u.a.: Oxford University Press

King, Desmond D./Smith Rogers M. (2005): Racial Orders in American Political Development. In: American Political Science Review 99, 75-92

King, Desmond S./Smith, Rogers M. (2012): Still a House Divided: Race and Politics in Obama's America. Princeton: Princeton University Press

Kirwan Institute fort he Study of Race and Ethnicity (2010): Unemployment Insurance, the Recession, and Race. Columbus: Ohio State University

Kletzer, Lori G./Rosen, Howard F. (2006): Reforming Unemployment Insurance for the Twenty-First Century Workforce. Washington D.C.: Brookings Institution

Kloppenberg, James T. (2008): Liberalism. In: Kazin, Michael (Hrsg.): The Princeton Encyclopedia of United States Political History. Princeton: Princeton University Press, 475-484

Kohl, Stephan (2006): Nordamerikanisches und deutsches Hochschulsystem im Vergleich. Universität Mainz (http://www.studgen.uni-mainz.de/manuskripte/kohl.pdf)

Kollmann, Geoffrey (1996): Summary of Major Changes in the Social Security Cash Benefits Program: 1935-1996. Washington D.C.: Congressional Research Service

Kolonikova, Natalie (2009): Community Colleges. A Route to Upward Mobility. Federal Reserve Bank of St. Louis (http://www.stlouisfed.org/community_development/assets/pdf/CommunityColleges.pdf)

Kornbluh, Felicia A. (1996): The New Literature on Gender and the Welfare State: The U.S. Case. In: Feminist Studies 22, 171-197

Korpi, Walter (1978): The Working Class in Welfare Capitalism: Work, Unions and Politics in Sweden. London: Routledge

Korpi, Walter (1983): The Democratic Class Struggle. London: Routledge

Koven, Seth/Miche, Sonya (1990): Womanly Duties: Maternalist Policies and the Origins of Welfare States in France, Germany, Great Britain, and the United States, 1880–1920. In: The American Historical Review(95)4, 1076-1108

Kozol, Jonathan (1992): Savage Inequalities: Children in America's Schools. New York: Harper Collins
Kudrle, Robert T./Marmor, Theodore R. (1981): The Development of the Welfare State in North America. In: Flora, Peter/Heidenheimer, Arnold J. (Hrsg.): The Development of Welfare States in Europe and America. New Brunswick/London: Transaction Books, 81-121
Kullmann, Cornelia/Siegel, Stephan (2005): Real Estate and its Role in Household Portfolio Choice. Seattle: University of Washington
Labor Project for Working Families (2010): The Changing Workplace: Union Women Build Power. In: Labor Family News, Winter 2010 (http://www.working-families.org)
Ladd-Taylor, Molly (1994): Mother-Work: Women, Children Welfare, and the State: 1890-1930. Chicago: University of Illinois Press
LaLonde, Robert D. (2003): Employment and Training Programs. In: Moffitt, Robert A. (Hrsg.): Means-Tested Programs in the United States. Chicago: University of Chicago Press, 517-585
Lammert, Christian (2008): „A More Compassionate America?" Die Sozial- und Bildungspolitik der Bush-Administration. In: Amerikastudien (53)3, 421-442
Lammert, Christian (2009): Social Security under Pressure. Privatisierung und Alterssicherung unter George W. Bush. ZENAF Arbeits- und Forschungspapiere 2/2009. Frankfurt a.M.: Zentrum für Nordamerika-Forschung/Goethe-Universität
Lange, Stefan (2000): Auf der Suche nach der guten Gesellschaft – Der Kommunitarismus Amitai Etzionis. In: Schimank, Uwe/Volkmann, Ute (Hrsg.): Soziologische Gegenwartsdiagnosen. Opladen: Leske + Budrich, 257-276
Langley, Paul (2008): The Everyday Life of Global Finance: Saving and Borrowing in Anglo-America. Oxford u. a.: Oxford University Press
Läufer, Ines (2012): Krankenversicherung in den USA: Problemaufriss und Überblick über zentrale Reformziele. Diskussionspapier Nr. 1. Köln: Otto-Wolf-Institut für Wirtschaftsordnung
Law, Sylvia A. (1974): Blue Cross: What Went Wrong. New Haven: Yale University Press
Leachman, Michael u. a. (2011): Rebuilding the Unemployment Insurance System: A Deficit-Neutral Plan that Limits Tax Increases and Maintains Benefits. Washington D.C./New York: Center on Budget and Policy Priorities & National Employment Law Project
Leibfried, Stephan (1977): Vorwort. In: Piven/Cloward (Hrsg.) 1977, a. a. O., 9-67.
Leibfried, Stephan/Pierson, Paul (Hrsg.) (1995): European Social Policy: Between Fragmentation and Integration. Washington D.C.: Brookings Institution
Leman, Christopher (1977): Patterns of Policy Development: Social Security in the United States and Canada. In: Public Policy 25, 261-291
Lenhardt, Gero (2006): Deutsche Zerrbilder amerikansicher Hochschulen. In: Die Hochschule 1/2006, 149-169
Lens, Vicki (2006): Work Sanctions Under Welfare Reform: Are They Helping Women to Achieve Self-Sufficency? In: Duke Journal of Gender Law & Policy 13(2), 255-230
Lens, Vicky (1998): Welfare Reform and the Family Cap: Rhetoric Versus Reality. In: Journal of Children and Poverty (4)2, 19-37
Lesthaege, Ron J./Neidert, Lisa (2006): The „Second Demographic Transition" in the U.S.: Spatial Patterns and Correlates. In: Population and Development Review(34) 4, 391-400
Leuchtenburg, William (1983): In the Shadow of FDR: From Harry Truman to Ronald Reagan. Ithaca: Cornell University Press
Levine, Daniel (1988): Poverty and Society: The Growth of the American Welfare State in International Comparison. New Brunswick: Rutgers University Press

Levine, Linda (2008): Leave Benefits in the United States. Report for Congress. Washington D.C.: Congressional Research Service
Levy, Denise/Michel, Sonya (2004): More Can Be Less: Child Care and Welfare Reform in the United States. In: Michel, Sonya/Mahon, Rianne (Hrsg.): Child Care Policy at the Crossroads. Gender and Welfare State Restructuring. London: Routledge, 239-263
Lichtenberger, Elisabeth (1989): Die „neue Obdachlosigkeit". In: Tagungsbericht und wissenschaftliche Abhandlung (47. Deutscher Geographentag 1989, Saarbrücken), 414-422
Lichtenberger, Elisabeth (1995): Der Immobilienmarkt in politischen Systemvergleich. In: Geographische Zeitschrift 1/83, 21-29
Lieberman, Robert C. (1998): Shifting the Color Line: Race and the American Welfare State. Cambridge: Harvard University Press
Lieberman, Robert C. (2003): Race and the Limits of Solidarity. American Welfare State Development in Comparative Perspective. In: Schram, Sanford F./Soss, Joe/Fording, Richard C. (Hrsg.): Race and the Politics of Welfare Reform. Ann Arbor: University of Michigan Press, 23-46
Lind, Georg (2009): Amerika als Vorbild? Erwünschte und unerwünschte Folgen aus Evaluationen. In: Bohl, Thorsten / Kiper, H. (Hrsg.): Lernen aus Evaluierungsergebnissen – Verbesserungen planen und implementieren. Bad Heilbrunn: Klinkhardt, 61-79
Lindsey, Duncan (2003): The Welfare of Children. Oxford u. a.: Oxford University Press
Linn, Robert L. (2008): Toward a More Effective Definition of Adequate Yearly Progress. In: Berkley Law School (http://www.law.berkeley.edu/files/Toward_a_More_Effective_Definition_of_AYP_11.1.06.pdf)
Lipset, Seymour Martin (1979): The First New Nation. The United States in Historical and Comparative Perspective. New York: W.W.Norton & Company
Lipset, Seymour Martin (1996): American Exceptionalism. A Double-Edged Sword. New York: W.W. Norton & Company
Lipset, Seymour Martin/Marks, Gary Marks (2000): It Didn't Happen Here: Why Socialism Failed in the United States. New York: W.W. Norton & Company
Livermore, Michelle/Lim, Younghee (2009): Employment Policy and Social Welfare. In: Midgley, James/Livermore, Michelle (Hrsg.): The Handbook of Social Policy. Los Angels u. a.: Sage Publications, 485-506
Lockhart, Charels (2003): The Roots of American Exceptionalism: Institutions, Culture, and Policies. New York: Palgrave MacMillan
Lösche, Peter (2008): Verbände, Gewerkschaften und das System der Arbeitsbeziehungen. In: ders. (Hrsg.): Länderbericht USA. Bonn: Bundeszentrale für politische Bildung, 274-314
Lösche, Peter/Loeffelholz, Hans Dietrich von (Hrsg.) (2008): Länderbericht der USA, Geschichte, Politik, Wirtschaft, Gesellschaft, Kultur. Bonn: Bundeszentrale für politische Bildung
Lower-Basch, Elizabeth (2008): Tax Credits and Public Benefits: Complementary Approaches to Supporting Low-Income Families. Washington D.C.: Center for Law and Social Policy
Lowi, Theodore L. (1995): The End of the Republican Era. Norman: University of Oklahoma Press
Lüthje, Boy/Scherrer, Christoph (Hrsg.) 1997: Zwischen Rassismus und Solidarität. Diskriminierung, Einwanderung und Gewerkschaften in den USA. Münster: Westfälisches Dampfboot
Lynd, Robert S./Lynd, Helen M. (1929): Middletown: A Study in Contemporary American Culture. Oxford: Harcourt Brace
MacPherson, Crawford Brough (1962): The Political Theory of Possessive Individualism: Hobbes to Locke. Oxford u. a.: Oxford University Press

Maloney, Patricia/Mayer, Karl, Ulrich (2009): The US Education System. Can it be a Model for Europe? In: Alber/Gilbert (Hrsg.). a. a. O., 328-358
Mann, Michael (2007): Die dunkle Seite der Demokratie. Eine Theorie der ethnischen Säuberung. Hamburg: Hamburger Edition
Mann, Thomas E./Ornstein, Norman J. (2012): It's Even Worse than it Looks: How the Constitutional System Collided with the New Politics of Extremism. New York: Basic Books
Manna, Paul (2010): The No Child Left Behind Act and Educational Accountability in the United States. Vortrag auf der Konferenz „Understanding and Evaluating New Accountability Regimes", University of Toronto, 5./6. Februar 2010 (http://pmanna.people.wm.edu/research/MannaEducationInUS_v01-27-10.pdf)
Manza, Jeff (2000): Political Sociological Models of the US New Deal. In: Annual Review of Sociology 26, 297-322
Manza, Jeff (2000): Race and the Underdevelopment of the American Welfare State. In: Theory and Society 29, 819-832
Marcus, Alan I. (Hrsg.) (2005): Engineering in a Land Grant Context: The Past, the Present, and Future of an Idea: West Lafayette: Purdue University Press
Marcuse, Peter (1998): Mainstreaming Public Housing: A Proposal to a Comprehensive Approach to Housing Policy. In: Varady, David P. u. a. (Hrsg.): New Directions in Urban Public Housing. New Brunswick: Center for Urban Policy Research, 23-44
Marcuse, Peter (2008): Ein anderer Blick auf die Subprime-Krise. In: PROKLA 153/2008, 561-568
Marmor, Theodor R. (2000): The Politics of Medicare. New York: De Gruyter
Marshall, Thomas H. (1983): The Right to Welfare and Other Essays. London: Heinemann
Massey, Douglas/Denton, Nancy (1993): American Apartheid: Segregation and the Making of the Underclass. Cambridge: Harvard University Press
Mätzke, Margitta (2008): Der sozialpolitisch aktive Staat im liberalen Wohlfahrtsregime der USA. Manuskript für die Konferenz „Die nächste Transformation? Marktwirtschaftliche Politik: Ursachen, Dynamiken, Ergebnisse", 4.-5.9.2008 in Köln
May, Elaine T. (1995): Barren in the Promised Land: Childless Americans and the Pursuit of Happiness. New York: Basic Books
Mayer, Victoria (2008): Crafting a New Conservative Consensus on Welfare Reform: Redefining Citizenship, Social Provision, and the Public/Private Divide. In: Social Policies (15)2, 154-181
McCall, Leslie/Kenworthy, Lane (2009): Americans' Social Policy Preferences in the Era of Rising Inequality. In: Perspectives on Politics 7(3), 459-484
McCarty, Maggie u. a. (2008): Overview of Federal Housing Assistance Programs and Policy. Washington D.C.: Congressional Research Service
McClosky, Mayhew/Zaller, John (1984): The American Ethos. Public Attitude Towards Capitalism and Democracy. Cambridge: Harvard University Press
McGerr, Michael (2003): A Fierce Discontent: The Rise and Fall of the Progressive Movement in America, 1870-1920. New York: Free Press
McKeown-Moak, Mary P. (2001): Financing Higher Education in the New Century: The Third Annual Report from the States. Denver: State Higher Education Executive Officers
Mead, Lawrence M. (1986): Beyond Entitlement: The Social Obligations of Citizenship. New York: Free Press
Mead, Lawrence M. (1996): The New Paternalism: Supervisory Approaches to Poverty. Washington D.C.: Brookings Institution Press

Meeropol, Michael (1998): Surrender: How the Clinton Administration Completed the Reagan Revolution. Ann Arbor: University of Michigan Press
Meister, Wolfgang/Ochel, Wolfgang (2003): Tax Privileges for Families in an International Comparison. CESifo Dice Report 1/2003. München
Mettler, Suzanne (2005): Sodiers to Citizens: The G.I. Bill and the Making of the Greatest Generation. Oxford u. a.: Oxford University Press
Mettler, Suzanne (2010): Reconstituting the Submerged State: The Challenges of Social Policy Reform in the Obama Era. In: Perspectives on Politics 8(3), 803-824
Mettler, Suzanne (2011): The Submerged State. How Invisible Government Policies Undermine American Democracy. Chicago/London: University of Chicago Press
Michel, Sonya (1999): Children's Interets/Mothers' Rights: The Shaping of America's Child Care Policy. New Haven: Yale University Press
Michel, Sonya/Boyd, Monica/Lutz, Helma u. a. (2011): Women, Migration and the Work of Care: The United States in Comparative Perspective. Washington D.C.: Woodrow Wilson International Center for Scholars
Midgley, James/Livermore, Michelle (Hrsg.) (2009): The Handbook of Social Policy. Los Angeles u. a.: Sage Publications
Mikelson, Kelly S./Nightingale Smith, Demetra (2004): Estimating Public and Private Expenditures on Occupational Training in the United States. Washington D.C.
Milkman, Ruth (2009): Class Disparities, Market Fundamentalism and Work-Family Policy: Lessons from California. In: Gornick, Janet C./Meyers, Marcia K. (Hrsg.): Gender Equality. Transforming Family Divisions of Labor. London/New York: Verso, 339-364
Mink, Gwendolyn (1993): Welfare, Women, and Race. In: American Quarterly 45(3), 671-680
Mink, Gwendolyn (1998): Welfare's End. Ithaca: Cornell University Press
Mink, Gwendolyn (2001): Violating Women: Rights Abuses in the Welfare Police State. In: The ANNALS of the American Academy of Political and Social Science (577)1, 79-93
Minoff, Elisa (2006): Participation in TANF Work Activities in 2004. Washington D.C.: Center for Law and Social Policy
Mittelstadt, Jennifer (2001): „Dependency as a Problem to Be Solved": Rehabilitation and the American Liberal Consensus on Welfare in the 1950s. In: Social Politics: International Studies in Gender, State, and Society 8(2), 228-257
Moffitt, Robert A./Roff, Jennifer (2000): The Diversity of Welfare Leavers. Baltimore: John Hopkins University
Morgan, Kimberley J. (2001): A Child of the Sixties: The Great Society, the New Left, and the Politics of Federal Child Care. In: The Journal of Policy History (13)2, 215-25
Morgan, Kimberly (2006): Working Mothers and the Welfare State. Religion and the Politics of Work-Family Policies in Western Europe and the United States. Stanford: Stanford University Press
Morgan, Kimerly J./Campbell, Andrea Louise (2011): The Delegated Welfare State. Medicare, Markets, and the Governance of Social Policy. Oxford u. a.: Oxford University Press
Morris, Andrew (2004): The Voluntary Sector's War on Poverty. In: The Journal of Policy History 16(4), 275-305
Moulta-Ali, Umar (2011): Supplemental Security Income (SSI). Washington D.C.: Congressional Research Service
Moynihan, Daniel Patrick (1965): The Negro Family: The Case for National Action. Washington D.C.: Office of Policy Planning and Research/US Department of Labor

Munnell, Alicia/Quinby, Laura (2009): Pension Coverage and Retirement Security. Center for Retirement Research at Boston College: Chestnut Hill
Münnich, Sascha (2010): Interessen und Ideen. Die Entstehung der Arbeitslosenversicherung in Deutschland und den USA. Frankfurt a.M./New York: Campus Verlag
Murray, Charles (1984): Losing Ground: American Social Policy, 1950-1980. New York: Free Press
Murswieck, Axel (1988): Sozialpolitik in den USA. Eine Einführung. Opladen: Westdeutscher Verlag
Murswieck, Axel (2008): Die amerikanische Gesellschaft. In: Lösche, Peter (Hrsg.): Länderbericht USA. Bonn: Bundeszentrale für politische Bildung, 580-711
Myles, John/Quadagno, Jill (2000): Envisioning a Third Way: The Welfare State in the Twenty-First Century. In: Contemporary Sociology 29 (1), 156-167
Myrdal, Gunnar (1944): An American Dilemma. The Negro Problem and Modern Democracy. New York/London: Harper & Row
Nasaw, David (1979): Schooled to Order: A Social History of Public Schooling in the United States. Oxford u. a.k: Oxford University Press
National Alliance to End Homelessness 2012: National Housing Trust Fund (http://www.endhomelessness.org/content/article/detail/2440)
National Association of Child Care Resource & Referal Agencies (2011): Child Care in America. Factsheet. Washington D.C.
National Center for Education Statistics (1993). 120 Years of American Education: A Statistical Portrait. Washington D.C.: US Department for Education (http://0-nces.ed.gov.opac.acc.msmc.edu/pubs93/93442.pdf)
National Center for Education Statistics (2011): Comparative Indicators of Education in the United States and Other G-8 Countries: 2011. Washington D.C.
National Center for Education Statistics (2012): National Assessment of Adult Literacy. Institute of Education Sciences. Washington D.C. (http://nces.ed.gov/naal/lit_history.asp#illiteracy).
National Center for Education Statistics (2012): Projections of Education Statistics 2012. Washington D.C.: US Department of Education
National Center for Health Statistics (2011): Health, United States, 2012. With Special Feature on Socioeconomic Status and Health. Washington D.C.: US Department of Health and Human Services
National Center for Public Policy and Higher Education (2011): Affordability and Transfer: Criticcal to Increasing Baccalaureate Degree Complition (Policy Alert, June 2011). Washington D.C.
National Commission on the Causes of the Financial and Economic Crisis in the United States (2011): The Financial Crisis Inquiry Report. Washington D.C.
National Conference of State Legislatures (2008): State Family and Medical Leave Laws that Differ from the Federal FMLA. Washington D.C. (http://www.ncsl.org/print/employ/fam-medleave.pdf)
National Employment Law Project (2010): State Reports and Statistics. New York
National Law Center on Homelessness and Poverty (2012): Homelessness & Poverty in America. An Overview. Washington D.C. (http://www.nlchp.org/hapia.cfm
Nelson, Barbara J. (1990): The Origins of the Two-Channel Welfare State: Workmen's Compensation and Mothers' Aid. In: Gordon, Linda (Hrsg.) (1990): Women, the State, and Welfare. Madison: University of Wisconsin Press, 123-151
Nichols, John (2011): The Nation: Obama's Social Security Dilemma. In: NPR News, 7.12.2011 (http://www.npr.org/2011/01/25/133207198/the-nation-obamas-social-security-dilemma)
Nicholson, Walter/Needels, Karen (2006): Unemployment Insurance: Strengthening the Relationship Between Theory and Policy. In: The Journal of Economic Perspectives (20)3, 47-70

Noble, Charles (1997): Welfare As We Knew It: A Political History of the American Welfare State. Oxford u. a.: Oxford University Press

Nothaft, Frank E. (2004): The Contribution of Home Value Appreciation to US Economic Growth. In: Urban Policy Research (22)1, 23-34

O'Connor, Alice (2001): Poverty Knowledge: Social Science, Social Policy and the Poor in Twentieth Century U.S. History. Princeton: Princeton University Press

O'Connor, Brendan (2004): A Political History of the American Welfare System. Oxford: Rowman & Littlefield Publishers

O'Connor, Julia/Orloff, Ann Shola/Shaver Sheila (1999): States, Markets, Families: Gender, Liberalism and Social Policy in Australia, Canada, Great Britain and the United States. Cambridge: Cambridge University Press

O'Leary, Christopher J./Eberts, Randall (2008): The Wagner-Peyser Act and U.S. Employment Service: Seventy-Five Years of Matching Job Seekers and Employers. Washington D.C.: Center for Employment Security Education and Research

O'Leary, Christopher J./Eberts, Randall (2009): Employment and Training Policy in the United States during the Economic Crisis. Working Paper No. 10-161. Kalamazoo: W.E. Upjohn Institute for Employment Research

O'Leary, Christopher J./Straits, Robert A. (2004): Intergovernmental Relations in Employment Policy: The United States Experience. In: Noel, Alain (Hrsg.): Federalism and Labour Market Policy: Comparing Different Governance and Employment Strategies. Montreal u. a.: McGill-Queen's University Press, 25-82

Obinger, Herbert/Wagschal, Uwe (Hg.) (2000): Der gezügelte Wohlfahrtsstaat – Sozialpolitik in reichen Industrienationen. Frankfurt a.M./New York: Campus Verlag

OECD (2006): Education at a Glance. OECD Indicators. Paris

OECD (2010): Employment Outlook 2010. Paris

OECD (2010): Social Expenditure Database. Paris (www.oecd.org/els/social/expenditure)

OECD (2011): Gross Pension Replacement Rates. In: Pensions at a Glance 2011: Retirement-Income Systems in OECD and G20 Countries. Paris

OECD (2011): Statistic Extracts. National Accounts at a Glance. Paris

Omi, Michael/Winant, Howard (1994): Racial Formation in the United States. From the 1960s to the 1990s. New York/London: Routledge

Ong, Paul (Hrsg.) 1999: Impacts of Affirmative Action. Policies & Consequences in California. Walnut Creek: Altamira Press

Oorschot, Wim van (2007): Culture and Social Policy: A Developing Field of Study. In: International Journal of Social Welfare 16, 129-139

Oorschot, Wim van/Halman, Loek (2000): Blame or Fate, Individual or Social? An International Comparison of Popular Explanations of Poverty. In: European Societies 2(1), 1-28

Orloff, Ann Shola (1988): The Political Origins of America's Belated Welfare State. In: Weir u. a. (Hrsg.), a. a. O., 37-80

Orloff, Ann Shola (1993): The Politics of Pensions: A Comparative Analysis of Britain, Canada, and the United States, 1880-1940. Madison: University of Wisconsin Press

Orloff, Ann Shola (2002): Explaining US Welfare Reform: Power, Gender, Race and the US Policy Legacy. In: Critical Social Policy (22)1, 96-118

Parrott, Sharon/Sherman, Arloc (2006): TANF at 10: Program Results Are More Mixed Than Often Understood. Washington D.C: Center on Budget and Policy Priorities

Peck, Jamie (2001): Workfare States. New York: Guilford Press

Peck, Jamie/Theodore, Nikolas (2000): „Work first": Workfare and the Regulation of Contingent Labour Markets. In: Cambridge Journal of Economics (24)1, 199-138
Pelletiere, Danilo u. a. (2008): Housing Assistance for Low Income Households: State Do Not Fill the Gap. Washington D.C.: National Low Income Housing Coalition
Peter, Waltraut (2005): Der amerikanische Earned Income Tax Credit als Beispiel einer „make work pay"-Strategie. In: IW-Trends – Vierteljahresschrift zur empirischen Wirtschaftsforschung (http://www.iwkoeln.de/de/studien/iw-trends/beitrag/53895)
Peter, Waltraut (2010): US-Sozialpolitik in Zeiten der Krise. In: IW Trends – Vierteljahresschrift zur empirischen Wirtschaftsforschung 37(4), 1-18
Peters, Anne/Birkhäuser, Noah (2005): Affirmative Action a l' Americaine – Vorbild für Europa?. In: Zeitschrift für ausländisches öffentliches Recht und Völkerrecht 65, 1-34
Peterson, Christopher L. (2008): Subprime Lending, Foreclosure and Race: An Introduction to the Role of Securization in Residential Mortgage Finance. Columbus: Kirwan Institute for the Study of Race and Ethnicity
Pew Research Center (2012): Divison, Uncertainty over Court's Health Care Ruling (2.7.2012). Washington D.C. (http://www.people-press.org/files/legacy-pdf/7-2-12%20Health%20Care%20Release.pdf)
Pfau-Effinger, Birgit (2009): Wohlfahrtsstaatliche Politiken und ihre kulturellen Grundlagen. In: Österreichische Zeitschrift für Soziologie (34)4, 3-21
Pierson, Paul (1991): Beyond the Welfare State? The New Political Economy of the Welfare. Oxford: Polity Press
Pierson, Paul (1994): Dismantling of the Welfare State?: Reagan, Thatcher, and the Politics of Retrenchment. Cambridge/New York: Cambridge University Press
Pierson, Paul (1995): The Creeping Nationalization of Income Transfers in the United States. In: Leibfried/Pierson (Hrsg.), a. a. O., 301-328
Pierson, Paul (1996): The New Politics of the Welfare State. In: World Politics 48(2), 143-179
Pierson, Paul (Hrsg.) (2001): The New Politics of the Welfare State. Oxford: Oxford University Press
Pinn, Anthony B. (2005): The African American Religious Experience in America. Westport: Greenwood Press
Pitts, Steven (2011): Black Workers and the Public Sector. Berkeley: Center for Labor Research and Education/University of California, Berkeley
Piven, Francis Fox/Cloward, Richard A. (1971): Regulating the Poor: The Functions of Public Welfare. New York: Pantheon Books
Piven, Frances Fox/Cloward, Richard A. (1977): Regulierung der Armut. Die Politik der öffentlichen Wohlfahrt. Frankfurt a.M.: Suhrkamp Verlag
Piven, Francis Fox/Cloward, Richard A. Cloward (1977): Poor People's Movements: Why They Succeed, How they Fail. New York: Pantheon Books
Plotnick, Robert D. u. a. (Hrsg.) (2011): Old Assumptions, New Realities. Economic Security for Working Families in the 21st Century. New York: Russell Sage Foundation
Pocock, J.G.A. (1993): Die andere Bürgergesellschaft. Zur Dialektik von Tugend und Korruption. New York/Frankfurt a.M.: Campus Verlag
Poen, Monte M. (1979): Harry S. Truman versus the Medical Lobby: The Genesis of Medicare. Columbia: University of Missouri Press
Pontusson, Jonas/Clayton, Richard (1998): Welfare-State Retrenchment Revisited: Entitlement Cuts, Public Sector Restructuring, and Inegalitarian Trends in Advanced Capitalist Societies. In: World Politics, (51)1, 67-98

Popkin, Susan J. u.a. (2004): A Decade of HOPE VI: Research Findings and Political Challenges. Washington D.C.: Urban Institute
Poppendieck, Janet E. (1986): Breadlines Knee Deep in Wheat: Food Assistance in the Great Depression. New Brunswick: Rutgers University Press
Powe, Lucas A. (2000): The Warren Court and American Politics. Cambridge: Harvard University Press
President's Commission (2001): Strengthening Social Security and Creating Personal Wealth for all Americans. Washington, D.C.
Purcell, Partick (2009): Income and Poverty Among Older Americans in 2008. Washington D.C.: Congressional Research Service
Purtell, Kelly M. / Gershoff, Elizabeth T. (2012): Low Income Families' Utilization of the Federal „Safety Net": Individual and State-Level Predictors of TANF and Food Stamp Receipt. Washington D.C.: National Poverty Center
Putnam, Robert D./Campbell, David E. (2010): American Grace. How Religion Divides and Unites Us. New York u.a.: Simon & Schuster
Quadagno, Jill S. (1984): Welfare Capitalism and the Social Security Act of 1935. In: American Sociological Review 49, 632-647
Quadagno, Jill S. (1994): The Color of Welfare. How Racism Undermined the War on Poverty. New York u.a.: Oxford University Press
Quadagno, Jill S. (1999): Creating a Capital Investment Welfare State: The New American Exceptionalism. In: American Sociological Review 61(1), 1-11
Quadagno, Jill S. (2004): Why the United States Has No National Health Insurance: Stakeholder Mobilization Against the Welfare State, 1945-1996. In: Journal of Health and Social Behaviour 45, 25-44
Quadagno, Jill S. (2005): One Nation Uninsured. Why the US Has No National Health Insurance. Oxford: Oxford University Press
Quadagno, Jill S./Street, Debra (2005): Ideology and Puiblic Policy: Antistatism in American Welfare State Transformation. In: The Journal of Policy History, 17(1), 52-71
Quade, Benno/O'Leary, Christopher J./Dupper, Ockert (2008): Activation from Income Support in the US. In: Eichhorst, Werner/Kaufmann, Otto/Konle-Seidl, Regina (Hrsg.): Bringing the Jobless into Work? Experiences with Activation Schemes in Europe and in the US. Berlin/Heidelberg: Springer-Verlag, 345-414
Ravitch, Diana (1983): The Troubled Crusade: American Education, 1945-1980. New York: Basic Books
Ray, Rebecca (2008): A Detailed Look at Parental Leave Policies in 21 OECD Countries. Washington D.C.: Center for Economic and Policy Research
Ray, Rebecca / Gornick, Janet C, / Schmitt, John (2009): Parental Leave Policies in 21 Countries. Assessing Generosity and Gender Equality. Washington, D.C.: Center for Economic and Policy Research
Reddy, Sudeep (2011): Downturn's Ugly Trademark: Steep, Lasting Drop in Wages. In: The Wall Street Journal, 11.1.2011
Reese, Ellen (2001): The Politics of Motherhood: The Restriction of Poor Mother's Welfare Rights in the United States, 1949-1960. In: Social Politics: International Studies in Gender, State, and Society, 8(1), 65-112
Reich, Robert (1999): We Are All Third Wayers Now. In: American Prospect, März/April 1999, 46-51
Reich, Robert B. (2012): Mitt Romney und das neue vergoldete Zeitalter. In: Blätter für deutsche und internationale Politik 9/12, 45-52

Reilly, Philip (1991): The Surgical Solution: A History of Involuntary Sterilization in the United States. Baltitmore: John Hopkins University Press

Rein, Martin (1996): Is America Exceptional? The Role of Occupational Welfare in the United States and the European Community. In: Shalev, Michael (Hrsg.): The Privatization of Social Policy. London: Palgrave, 27-43

Relyea, Harold C. (2008): Presidential Directives. Background and Overview, Congressional Research Service, Report 98-611. Washington D.C.

Reno, Virginia P./Walker, Elisa/Bethell, Thomas (2012): Social Security Finances: Findings of the 2012 Trustees Report, National Academy of Social Insurance, Social Security Brief 39. Washington D.C. (http://www.nasi.org/research/2012/social-security-finances-findings-2012-trustees-report)

Rhein, Thomas (2009): Arbeit und Armut im transatlantischen Vergleich. IAB-Kurzbericht 1/2009. Nürnberg: Institut für Arbeitsmarkt- und Berufsforschung

Rhein Thomas (2010): Ist Europa auf dem Weg zum „Turbo-Arbeitsmarkt"? IAB-Kurzbericht 10/2010. Nürnberg: Institut für Arbeitsmarkt- und Berufsforschung

Richardson, Joe (1979): A Concise History of the Food Stamp Program. Washington D.C: Congressional Research Service

Rieger, Elmar (1992): Die Institutionalisierung des Wohlfahrtsstaates. Opladen: Westdeutscher Verlag

Rimlinger, Gaston V. (1971): Welfare Policy and Industrialization in Europe, America, and Russia. New York: Wiley

Rimlinger, Gaston V. (1983): Capitalism and Human Rights. In: Daedalus 112(4), 54-77

Rimlinger, Gaston V.(1993): Welfare Policy and Industrialization in Europe, America and Russia. New York: Gregg Rivivals

Roberts, Dorothy E. (1996): Welfare and the Problem of Black Citizenship. In: The Yale Law Journal, 105(6), 1563-1602

Roberts, Sam (2008): A Generation Away, Minorities May Become Majority in the US. In: The New York Times, 14.8.2008

Robertson, David Brian (1999): Voluntarism Against the Open Shop: Labor and Business Strategies in the Battle for American Labor Markets. In: Studies in American Political Development 13, 146-185

Rockefeller Foundation (2010): Economic Security at Risk, (http://economicsecurityindex.org/assets/state_reports/ESI_cross_state.pdf)

Roler, Emma (2012): State Budget Cuts for Research Universities Imperil Competitiveness. In: The Chronicle of Higher education, 17.1.2012

Rose, David L. (1994): Twenty-Five Years Later: Where Do We Stand on Equal Employment Opportunity Law Enforcement? In: Burstein, Paul (Hrsg.): Equal Employment Opportunity. Labor Market Discrimination and Public Policy. New York: De Gruyter, 39-52

Rose, Nancy E. (1995): Workfare or Fair Work. Women, Welfare, and Government Programs. New Brunswick: Rutgers University Press

Rosenberg, Hans (1967): Große Depression und Bismarckzeit, Frankfurt a.M.: Ullstein

Ruhm, Christopher (2011): Policies to Assist Parents with Young Children. In: Future of Chuldren 21(2), 37-68Sandel, Michael (1995): Liberalismus oder Republikanismus. Von der Notwendigkeit der Bürgertugend. Wien: Passagen Verlag

Sandel, Michael (1995): Liberalismus oder Republikanismus. Von der Notwendigkeit der Bürgertugend. Wien: Passagen Verlag

Sapiro, Virginia (1986): The Gender Basis of American Social Policy. In: Political Science Quarterly (101)2, 221-238

Sard, Barbara/Fischer, Will (2012): Renters' Tax Credit Would Promote Equaity and Advance Balanced Housing Policy. Washington D.C.: Center on Budget and Policy Priorities

Schelke, Waltraud (2000): Vom großen Bruder lernen? Der Earned Income Tax Credit im US-amerikanischen Workfare-System. In: Schupp, Jürgen/Solga, Heike (Hrsg.): Niedrig entlohnt = niedrig qualifiziert? Chancen und Risiken eines Niedriglohnsektors. Berlin: Max-Planck-Gesellschaft für Bildungsforschung

Schild, Georg (2003): Zwischen Freiheit des Einzelnen und Wohlfahrtsstaat. Amerikanische Sozialpolitik im 20. Jahrhundert. Paderborn u. a.: Ferdinand Schöningh

Schlesinger, Arthur M. (1944): A Biography of a Nation of Joiners. In: American Historical Review 50, 1-25

Schlesinger, Arthur M. Jr. (1959): The Coming of the New Deal. Boston: Houghton-Mifflin

Schmidt, Manfred G. (2005): Sozialpolitik in Deutschland. Historische Entwicklung im internationalen Vergleich. Wiesbaden: VS Verlag

Schmitt, John (2011): Labor Market Policy in the Great Recession. Some Lessons from Denmark and Germany. Washington D.C.: Center for Economic and Policy Research

Schott, Liz (2011): Policy Basics: An Introduction to TANF. Washington D.C.: Center on Budget and Policy Priorities

Schott, Liz/Cho, Clara (2011): General Assistance Programs: Safety Net Weakening Despite Increased Need. Washington D.C.: Center on Budget and Policy Priorities

Schram, Sanford F. (2006): Welfare Discipline. Discourse, Governance, and Globalization. Philadelphia: Temple University Press

Schram, Sanford F./Soss, Joe/Fording, Richard C. (Hg.) (2003): Race and the Politics of Welfare Reform: Ann Arbor: University of Michigan Press

Schwartz, Alex F. (2010): Housing Policy in the United States. An Introduction. New York/London: Taylor & Francis

Schwartz, Hermann/Seabrooke, Leonard (2008): Varieties of Residential Capitalism in the International Political Economy: Old Welfare States and New Politics of Housing. In: Comparative European Politics 3/6, 237-261

Seabrooke, Leonard (2008): Embedded Liberalism is Dead, Long Live Embedded Liberalism: National Welfare Concerns and International Policy Responses to the Subprime Crisis, Vortrag auf der Konferenz "The Political Economy of the Subprime Crisis – The Economics, Politics and Ethics of Response"

Seeleib-Kaiser, Martin (2000): Kulturelle und politisch-institutionelle Determinanten des US-amerikanischen Wohlfahrtsstaates. In: Obinger/Wagschal (Hrsg.), a. a. O., 95-129

Shaefer, Luke H. (2010): Identifying Key Barriers to Unemployment Insurance for Disadvantaged Workers in the United States. In: Journal of Social Policy (39)3, 439-460

Shaefer, Luke H./Edin, Kathy (2012): Extreme Poverty in the United States, 1996 to 2011. Washington D.C.: National Poverty Center

Shalev, Michael (2008): Class Divisions Among Women. In: Politics & Society (36)3, 421-444

Shanks, Trina R. Williams (2005): The Homestead Act of the Nineteenth Century in its Influence on Rural Lands. St. Louis: Center for Social Development/Washington University (http://csd.wustl.edu/Publications/Documents/WP05-52.pdf)

Sheets, Robert/Crawford, Steohen/Soares, Louis (2012): Rethinking Higher Education Business Models. Washington D.C.: Center for American Progress

Shefter, Martin (1986): The Organization and Disorganization of the American Working Class in the Late Nineteenth Century. In: Katznelson, Ira/Zolberg, Aristide R. (Hrsg.): Working-Class

Formation: Nineteenth-Century Patterns in Western Europe and the United States. Princeton: Princeton University Press, 197-267

Shell, Kurt L. (1989): Amerikanische Einstellungen zur Armut und sozialen Ungleichheit. In: Döring, Diether/Hauser, Richard (Hrsg.): Politische Kultur und Sozialpolitik. Ein Vergleich der Vereinigten Staaten und der Bundesrepublik Deutschland unter besonderer Berücksichtigung des Armutsproblems. Frankfurt a.M./New York: Campus Verlag, 11-24

Sherman, Arloc/Fremstead, Shawn/Parrott, Sharon (2004): Employment Rates for Single Mothers Fell Substantially During Recent Period of Labor Market Weakness. Washington D.C.: Center on Budget and Policy Priorities

Shklar, Judith (1991): American Citizenship. The Quest for Inclusion. Cambridge/London: Harvard University Press

Shlay, Anne B. (2006): Low-Income Homeownership: American Dream or Delusion? In: Urban Studies 3/43, 511-531

Shlomo, Jonathan Ben (2011): Unterschiede in den Eigentumsquoten von Wohnimmobilien – Erklärungsversuche und Wirkungsanalyse. Lahr: Wissenschaftliche Hochschule Lahr

Singer, Audrey (2004): Welfare Reform and Immigrants. In: Kretsedemas, Philip/Aparicio, Ana (Hrsg.): Immigrants, Welfare Reform, and the Poverty of Policy. Westport: Praeger Publishers, 21-34

Skocpol, Theda (1992): Protecting Soldiers and Mothers: The Political Origins of Social Policy in the United States. Cambridge. Harvard University Press

Skocpol, Theda (1996): Boomerang: Clinton's Health Security Effort and the Turn Against Government in US Politics. New York: Norton & Company

Skocpol, Theda (1999): How Americans Became Civic. In: Skocpol/Fiorina (Hg.), a. a. O., 27-80

Skocpol, Theda/Fiorina, Morris P. (Hg.) (1999): Civic Engagement in American Democracy. Washington D.C.: Brookings Institution Press

Skocpol, Theda/Ikenberry, John (1983): The Political Formation of the American Welfare State. In Historical and Comparative Perspective. In: Tomasson, Richard F. (Hrsg.): Comparative Social Research 6: The Welfare State, 1883-1983. London: JAI Press, 87-148

Skowronek, Stephen (1993): The Politics Presidents Make: Leadership from John Adams to George Bush. Cambridge: Cambridge University Press

Skrentny, John David (1996): The Ironies of Affirmative Action: Politics, Culture, and Justice in America. Chicago/London: University of Chicago Press

Skrentny, John David (Hrsg.) (2001): Color Lines. Affirmative Action, Immigration, and Civil Rights Options for America. Chicago/London: University of Chicago Press

Smith, Anna Marie (2007): Welfare Reform and Sexual Regulation. New York: Cambridge University Press

Smith, Rogers M. (1993): Beyond Tocqueville, Myrdal, and Hartz: The Multiple Traditions in America. In: The American Political Science Review 87(3), 549-566

Smith, Rogers M. (1997): Civic Ideals: Conflicting Visions of Citizenship in U.S. History. New Haven: Yale University Press

Social Security Administration (2001): Fast Facts and Figures About Social Security (http://www.ssa.gov/policy/docs/chartbooks/fast_facts/2001/index.html)

Social Security Administration (2011): State Assistance Programs for SSI Recipients, January 2011. Washington D.C.

Social Security Administration (2012): Beneficiary Data: Benefits Paid by Type of Beneficiary. Baltimore MD: Social Security Administration (http://www.ssa.gov/oact/progdata/benefits.html)

Solomon-Fears, Carmen (2011): Teenage Pregnancy Prevention: Statistics and Programs. Washington D.C.: Congressional Research Service
Sombart, Werner (1906): Warum gibt es in den Vereinigten Staaten keinen Sozialismus? Tübingen: J.C.B. Mohr
Somers, Margaret/Block, Fred (2001): From Poverty to Perversity: Ideas, Markets, States, and Institutions over Two Centuries of Welfare Debate. In: American Sociological Review 70(2), 260-287
Sosin, Michael R. (1986): Legal Rights and Welfare Change, 1960-1980. In: Danziger, Sheldon H./ Weinberg, Daniel H. (Hrsg.): Fighting Poverty: What Works and What Doesn't. Cambridge: Harvard University Press, 260-283
Soss, Joe/Fording, Richard/Schram, Sanford F. (2006): The Color of Devolution: Race, Federalism, and the Politics of Social Control. Madison: University of Wisconsin Madison
Spar, Karen (2011): Federal Benefits and Services for People with Low Income: Programs, Policy, and Spending, FY2008-FY2009. Washington D.C.: Congressional Research Service
Spring, Joel (2001): The American School: 1542-2000. New York: McGraw-Hill
Starke, Peter (2008): Radical Welfare State Retrenchment. A Comparative Analysis. Houndmills: Palgrave MacMillan
Starr, Paul (1982): The Social Transformation of American Medicine. The Rise of a Sovereign Profession and the Making of a Vast Industry. New York: Basic Books
Steensland, Brian (2006): Cultural Categories and the American Welfare State: The Case of a Guaranteed Income Policy. In: American Journal of Sociology 111, 1273-1236
Steensland, Brian (2007): The Failed Welfare Revolution: America's Struggle Over Guaranteed Income Policy. Princeton: Princeton University PressStephanson, Anders (1995): Manifest Destiny: American Expansionism and the Empire of Right. New York: Hill and Wang
Stettner, Andrew (2011): Confronting the UI Solvency Crisis. New York: National Employment Law Project
Stevens, Beth (1988): Blurring the Boundaries: How the Federal Government Has Influenced Welfare Benefits in the Private Sector. In: Weir u.a. (Hrsg.), a.a.O., 123-148
Stoll, Michael (2011): Workforce Development and Public Policy: Addressing New Realities in Low-Skill Labor Markets. In: Plotnick, Robert D. u.a. (Hrsg.): Old Assumptions, New Realities. Ensuring Economic Security for Working Families in the 21$^{st}$ Century. New York: Russell Sage Foundation, 71- 102
Stone, Susan (2009): Education and Social Policy. In: Midgley, James/Livermore, Michelle (Hrsg.): The Handbook of Social Policy. London u.a.: Sage, 507-523
Streeck, Wolfgang (2011): Volksheim oder Shopping Mall? Die Reproduktion der Gesellschaft im Dreieck von Markt, Sozialstruktur und Politik, Working Paper 11/5. Köln: Max-Planck-Institut für Gesellschaftsordnung
Sundstrom, Ronald R. (2008): The Browning of America and the Evasion of Social Justice. Albany: State University of New York Press
Sunstein, Cass R. (2003): Why Does the American Constitution Lack Social and Economic Guarantees? Chicago: University of Chicago, Public Law Working Paper No. 36 (http://www.law.uchicago.edu/academics/publiclaw/index.html)
Tavernise, Sabrina (2011): Aid for Child Care Drops When It Is Needed Most. In: New York Times, 13.11.2011
Tax Policy Center (2012): State Earned Income Tax Credits Based at the Federal EITC. Washington D.C.: Urban Institute and Brookings Institution

Tax Policy Center (2012): Tax Facts: Historical EITC Parameters. Urban Institute und Brookings Institution (http://www.taxpolicycenter.org/taxfacts/displayafact.cfm? ocid=36)
Tax Policy Center (2012): Taxation and the Family: How Does the Tax System Subsidize Child Care Expenses? Washington D.C.: Brookings Institution
Teles, Steven M. (1996): Whose Welfare? AFDC and Elite Politics. Lawrence: University Press of Kansas
Teles, Steven M. (2009): The Eternal Return of Compassionate Conservatism. In: National Affairs XX, 107-126
Thelen, Kathleen (1999): Historical Institutionalism in Comparative Politics. In: Annual Review of Political Science 2, 369-404.
Titmuss, Richard M. (1976): Commitment to Welfare. London: Harper Collins
Tocqueville, Alexis de (1835 [1959]): Über die Demokratie in Amerika. Stuttgart: Klett Verlag
Toder, Eric u. a. (2010): Reforming the Mortgage Interest Deduction. Washington D.C.: Urban Institute/Tax Policy Center
Tonelson, Alan (2000): The Race to the Bottom: Why a Worldwide Worker Surplus and Uncontrolled Free Trade Are Sinking American Living Standards. New York: Basic Books
Trattner, Walter I. (1989): From Poor Law to Welfare State. A History of Social Welfare in America. New York: The Free Press
Trow, Martin (1997): The Exceptionalism of American Higher Education. In: Trow, Martin/Nyborn, Thorsten (Hrsg.): University and Society. London/Philadelphia: Kingsley, 156-172
Turetsky, Vickie (2000): Realistic Child Support Strategies for Low Income Fathers, Center for Law and Social Policy. Washington D.C.
Turner, Margery Austin/Kingsley, Thomas G. (2008): Federal Programs for Addressing Low-Income Housing Needs. A Policy Primer. Washington D.C.: Urban Institute
US Bureau of Labor Statistics (2010): On Paid Sick Leave. In: Program Perspectives 2(2): 1-6
US Bureau of Labor Statistics (2012): A Profile of the Working Poor, 2010. Report 1035. Washington D.C.: US Department of Labor
US Census Bureau (2011): Income, Poverty, and Health Insurance Coverage in the United States. Washington D.C.
US Census Bureau (2011): Overview of Race and Hispanic Origin: 2010, 2010 Census Briefs. Washington D.C.
US Census Bureau (2012): The 2012 Statistical Abstract. The National Data Book (http://www.census.gov/compendia/statab)
US Census Bureau (2012a): American Housing Survey. Metropolitan Data. Washington D.C.
US Census Bureau (2012b): Homeownership Rate for the US and Regions: 1965 to Present. Washington D.C.
US Department of Agriculture (2010): The Food Assistance Landscape. FY 2009 Annual Report. Washington D.C.: Economic Research Service
US Department of Education (The Office of Special Education and Rehabilitative Services) (2011): Programs and Projects. Washington D.C.
US Department of Education, National Center for Education Statistics. (2012). Digest of Education Statistics, 2011. Washington D.C.
US Department of Education (2012): National Center for Education Statistics (2011): The Condition of Education. Washington D.C.
US Department of Health and Human Services (2010): TANF Recipients as of January 2010. Washington D.C.

US Department of Health and Human Services, Office of Family Assistance (2006): Caseload Data. Washington D.C

US Department of Housing and Urban Development (2011a): Programs of HUD. Major Mortgage, Grant, Assistance, and Regulatory Programs. Washington D.C.

US Department of Housing and Urban Development (2011b): The 2010 Annual Homeless Assessment Report to Congress. Washington D.C.

US Department of Housing and Urban Development (2012a): Home Equity Conversion Mortgages for Seniors. Washington D.C.

US Department of Housing and Urban Development (2012b): Avoiding Foreclosure. Washington D.C.

US Department of Labor (2001): Pension and Welfare Benefits Administration. Private Pension Plan Bulletin. Form 5500 Annual Reports. Washington, D.C.

US Department of Labor (2007): Family and Medical Leave Act Regulations: A Report on the Department of Labor's Request for Information. Proposed Rule, Wage and Hour Division. Washington D.C.

US Department of Labor (2009): Unemployment Insurance Financial Handbook. Washington D.C.

US Department of Labor (2010): Private Pension Plan Bulletin. Historical Tables and Graphs. Washington, D.C.

US Department of Labor (2010a): Comparison of State Unemployment Laws, Kapitel 3: Monetary Entitlement. Washington D.C.

US Department of Labor (2010b): Comparison of State Unemployment Laws. Kapitel 3 u. 5: Monetary Entitlement und Nonmonetary Eligibility. Washington D.C.

US Department of Labor (2011): Databases, Tables, and Calculators by Subject. Washington D.C.

US Department of Labor (2011a): National Compensation Survey: Employment Benefit in The United States. Washington, D.C.

US Department of Labor (2011c): Union Members Summary, Pressemitteilung v. 21.1.2011. Washington D.C.

US Department of Labor (2011b): Women's Employment During the Recovery. Washington, D.C.

US Department of Labor (2011d): Minimum Wages. Washington D.C.

US Department of Labor (2012): Facts on Executive Order 11246 – Affirmative Action. Washington D.C.

US Equal Employment Opportunity Commission (2012a): Charge Statistics (1997 – 2011). Washington D.C.

US Equal Employment Opportunity Commission (2012b): All Statutes (1997 – 2011). Washington D.C.

US General Accounting Office (1993): Unemployment Insurance. Program's Ability to Meet Objectives Jeopardized. Washington D.C.

US Government Accountability Office (2007): Unemployment Insurance. Receipt of Benefits Has Declined, with Continued Disparities for Low-Wage and Part-Time Workers. Washington D.C.

US Government Accountability Office (2011): Multiple Employment and Trainings Programs. Report to Congress. Washington D.C.

US House of Representatives (2004): A Chronology of Housing Legislation and Selected Executive Actions, 1892-2003. Washington D.C.

US House of Representatives (2004): Committee on Ways and Means: Overview of Entitlement Programs: 2004 Green Book. Washington D.C.

US House of Representatives (Committee on Ways and Means) (2008): Green Book. Section 4: Unemployment Compensation. Washington D.C.

US House of Representatives, Committee on Ways and Means (2008): Green Book. Section 1: Social Security. Washington D.C.

US House of Representatives, Committee on Ways and Means (2012): 2011 Green Book. Chapter TANF. Tables and Figures. Washington D.C.
US Interagency Council on Homelessness (2011): Fiscal Year 2012 Federal Government Homelessness Budget Fact Sheet. Washington D.C.
US Social Security Administration (1976): Social Security Bulletin 39(9), 3-21
Vale, Lawrence (2007): The Ideological Origins of Affordable Homeownership Efforts. In: Rohe, William M./Watson, Harry L. (Hrsg.): Chasing the American Dream. New Perspectives on Affordable Homeownership. Ithaca/London: Cornell University Press, 15-40
Ventry, Dennis J. (2000): The Collision of Tax and Welfare Policy: The Political History of the Earned Income Tax Credit. Joint Center for Poverty Research Working Paper. Evanston: Institute for Policy Research
Verba, Sidney/Schlozman Lehman, Kay/Brady, Henry E. (1995): Voice and Equality: Civic Voluntarism in American Politics. Cambridge: Harvard University Press
Veysey, Lawrence R. (1965): The Emergence of the American University. Chicago: University of Chicago Press
Vorländer, Hans (1997): Hegemonialer Liberalismus. Politisches Denken und politische Kultur in den USA 1776-1920. Frankfurt a.M./New York: Campus Verlag
Vorländer, Hans (2008): Politische Kultur. In: Lösche, Peter (Hg.): Länderbericht USA. Bonn: Bundeszentrale für politische Bildung, 196-236
Vroman, Wayne (2009a): Unemployment Insurance Recipients and Nonrecipients in the CPS. In: Monthly Labor Review, October 2009, 44-53
Vroman, Wayne (2009b): More Employers Fighting Unemployment Benefits. In: The Washington Post, 12.2.2009
Wacquant, Loïc (2009): Punishing the Poor: The Neoliberal Government of Social Insecurity. Durham: Duke University Press
Waddan, Alex (1997): The Politics of Social Welfare. The Collapse of the Centre and the Rise of the Right. Cheltenham u. a.: Edward Elgar Publishing
Wagschal, Uwe (2000): Besonderheiten im gezügelten Sozialstaat. In: Obinger / Wagschal (Hrsg.), a.a.O., 37-72
Wahl, Angelika von (1996): Öffentliche Auftragsvergabe als Mittel der Frauenförderung: Das amerikanische Modell der „Affirmative Action". In: Kritische Justiz 1996, 180-196
Waldfogel, Jane (2009): The Role of Family Policies in Antipoverty Politics. In: Cancian, Maria/ Danzinger, Sheldon (Hrsg.): Changing Poverty, Changing Policies. New York: Russel Sage Foundation, 242-265
Wandner, Stephen A. (2008): Employment Programs for Recipients of Unemployment Insurance. In: Monthly Labor Review, October 2008, 17-27
Wandner, Stephen/Stettner, Andrew (2000): Why Are Many Jobless Workers Not Applying for Benefits? In: Monthly Labor Review (123) 6, 21-32
Weaver, Kent R. (2000): Ending Welfare as We Know It. Washington D.C.: Brookings Institution Press
Weaver, Kent R. (2009): The Politics of Low-Income Families in the United States. In: Heinrich, Carolyn J./Scholz, John Karl (Hrsg.): Making the Work-Based Safety Net Work Better: Forward-Looking Policies to Help Low-Income Families. New York: Russell Sage, 292-338
Weaver, Kent R. (2011): The Politics of Low-Income Families in the United States. In: Heinrich, Carolyn J./Scholz, John Karl (Hrsg.): Making the Work-based Safety Net Work Better. New York: Russel Sage Foundation, 292-338

Weber, Max (1986 [1906]): „Kirchen" und „Sekten" in Nordamerika. In: Gesammelte Aufsätze zur Religionssoziologie, Bd. I. Tübingen: Mohr Siebeck

Weir, Margaret (1988): The Federal Government and Unemployment: The Frustration of Policy Innovation from the New Deal to the Great Society. In: Weir, Margaret/Orloff, Ann Shola/Skocpol, Theda (Hrsg.): The Politics of Social Policy in the United States. Princeton: Princeton University Press, Princeton, 149-197

Weir, Margaret (1992): Innovation and Boundaries in American Employment Policy. In: Political Science Quarterly (107)2, 249-269

Weir, Margaret (1993): Politics and Jobs. The Boundaries of Employment Policy in the United States. Princeton: Princeton University Press

Weir, Margaret (1995): Poverty, Social Rights, and the Politics of Place in the United States. In: Leibfried/Pierson (Hrsg), a.a.O., 329-354

Weir, Margaret (1998): Political Parties and Social Policy Making. In: Dies. (Hg.): The Social Divide in the United States. Washington D.C.: XX, 1-47

Weir, Margaret/Orloff, Ann Shola/Skocpol, Theda (1988): Understanding American Social Policy. In: Dies. (Hg.): The Politics of Social Policy in the United States. Princeton: Princeton University Press, 3-27

Weir, Margaret/Orloff, Ann Shola/Skocpol, Theda (Hrsg.) (1988): The Politics of Social Policy in the United States. Princeton: Princeton University Press

Weller, Christian (2007): Pure: A Proposal for More Retirement Income Security. In: Journal of Aging and Social Policy 19(1), 21-38

Wenger, Jeffery B. (2003): Divided We Fall. Deserving Workers Slip Through America's Patchwork Unemployment Insurance System. Washington D.C.: Economic Policy Institute

Wennemo, Irene (1998): The Development of Family Policy: A Comparison of Family Benefits and Tax Reductions for Families in Eighteen OECD Countries. In: O'Connor, Julia S./Olson, Gregg M. (Hrsg.): Power Resource Theory and the Welfare State. Toronto: University of Toronto Press, 70-97

White, Linda A. (2002): Ideas and the Welfare State: Explaining Child Care Policy Development in Canada and the United States. In: Comparative Political Studies (35) 6, 713-743

Wilensky, Harold L. (1965): Industrial Society and Social Welfare. New York: Free Press

Wilensky, Harold L. (1975): The Welfare State and Equality: Structural and Ideological Roots of Public Expenditure. Berkeley: University of California Press

Wilensky, Harold L. (1985): Comparative Social Policy. Theories, Methods, Findings, Institute of International Studies. San Diego: University of California Press

Wilke, Uwe (2002): Sozialhilfe in den USA. Die Reform in Texas und Wisconsin. Frankfurt a.M./ New York: Campus Verlag

Williamson, Vanessa/Skocpol, Theda/Coggin, John (2011): The Tea Party and the Remaking of Republican Conservatism. In: Perspectives on Politics 9(1), 25-43

Wilper, Andrew P. u.a. (2009): Health Insurance and Mortality in US Adults. In: American Journal of Public Health 99(2), 2289-2295

Wilson, Julius (1987): The Truly Disadvantaged. The Inner City, the Underclass, and Public Policy. Chicago: University of Chicago Press

Wilson, William Julius (1987): The Truly Disadvantaged: The Inner City, the Underclass, and Public Policy. Chicago: University of Chicago Press

Wincott, Daniel (2012): Ideas, Policy Change, and the Welfare State. In: Béland, Daniel/Cox, Robert Henry (Hrsg.): Ideas and Politics in Social Science Research. Oxford/New York: Oxford University Press, 143-166

Wing, Kennard T./Roeger, Katie L./Pollak, Thomas H. (2009): The Nonprofit Sector in Brief. Public Charities, Giving, and Volunteering, 2009. Washington D.C.: Urban Institute

Witte, Griff (2004): Poverty Up as Welfare Enrollment Declines. Nation's Social Safety Net in Tatters as More People Lose Their Jobs. In: Washington Post, 26.9.2004, A03

Wittenburg, David C. u. a. (1999): Analysis of Unemployment Insurance Recipiency Rates. Unemployment Insurance Occasional Paper 99-7. Washington D.C.: US Department of Labor

Wolch, Jennifer (1990): The Shadow State: Government and Voluntary Sector in Transition. New York: The Foundation Center

Wolfe, Alan (1975): The Limits of Legitimacy: Political Contradictions of Contemporary Capitalism. New York: Free Press

Wolfe, Alan (2003): The Irony of School Choice: Liberals, Conservatives, and the New Politics of Race. In: ders. (Hrsg.): School Choice: The Moral Debate. Princeton: Princeton University Press, 41-74

Wolff, Edward (2002): Is the Equalizing Effect of Retirement Wealth Wearing Off? Working Paper No. 420. New York: The Levy Economics Institute

Wong, Kenneth K. (1999,): Funding Public Schools: Politics and Policies. Lawrence: University Press of Kansas

Wood, Gordon (1976): Social Radicalism and the Idea of Equality in the American Revolution. Houston: University of St. Thomas Press

Woods, Dorian W. (2012): Family Policy in Transformation. US and UK Policies. Basingstoke: Palgrave Macmillan

Wuthnow, Robert (2004): Saving America? Faith-based Services and the Future of Civil Society. Princeton: Princeton University Press

Yi, Song G. (2010): Consumer-Driven Health Care: What Is It, and What does It Mean for Employees and Employers? Washington D.C.: US Bureau of Labor Statistics

Young, Brigitte (2009): Vom staatlichen zum privatisierten Keynesianismus. Der globale makroökonomische Kontext der Finanzkrise und der Privatverschuldung. In: Zeitschrift für Internationale Beziehungen 1/16, 141-159

Zedlewski, Sheila (2012): TANF and the Broader Safety Net. Urban Institute Brief 4. Washington D.C.

Zedlewski, Sheila / Callan, Thomas / Acs, Gregory (2012): TANF at 16: What Do We Know? Washington D.C.: Urban Institute

Ziliak, Stephen T. (2004): Poor Law-United States. In: Herrick, John M./Stuart, Paul H. (Hrsg.): Encyclopaedia of Social Welfare in the United States. New York: Sage Publications. 274-277

Zundel, Alan F. (2000): Declarations of Dependency. The Civic Republican Tradition in U.S. Poverty Policy. Albany: State University of New York Press

The manufacturer's authorised representative in the EU is Springer Nature Customer Service Centre GmbH, Europaplatz 3, 69115 Heidelberg, Germany. If you have any concerns regarding our products, please contact ProductSafety@springernature.com

Printed and bound by CPI Group (UK) Ltd, Croydon, CR0 4YY

23/03/2026

02076675-0010